GÜTERSLOHER
VERLAGSHAUS

Gütersloher Verlagshaus. Dem Leben vertrauen

Hans-Martin Lübking

Persönlich genommen

Ein Andachtsbuch

Gütersloher Verlagshaus

Bibliografische Information der Deutschen Nationalbibliothek

Die Deutsche Nationalbibliothek verzeichnet diese Publikation in der Deutschen Nationalbibliografie; detaillierte bibliografische Daten sind im Internet über http://dnb.d-nb.de abrufbar.

FSC
www.fsc.org
MIX
Papier aus verantwortungsvollen Quellen
FSC® C005833

Verlagsgruppe Random House FSC-DEU-0100
Das für dieses Buch verwendete FSC-zertifizierte Papier
Munken Premium Cream liefert Arctic Paper Munkedals AB, Schweden.

1. Auflage

Umschlagfotos: Mitte: © Sternstunden – Fotolia.com / Unten: © Simon Coste – Fotolia.com
Satz: Satz!zeichen, Landesbergen
Druck und Einband: Těšínská tiskárna, a.s., Český Těšín
Printed in Czech Republic
ISBN 978-3-579-05941-9

www.gtvh.de

Wenn ich in einer Andacht von einer interessanten Person erzähle, ist die Aufmerksamkeit immer groß. Bei biblischen Besinnungen oder allgemeinen Betrachtungen schweifen die Gedanken der Zuhörer schon mal ab, bei einem biografischen Portrait möchte man hingegen keinen Satz verpassen.
Biografien interessieren, sie machen Überzeugungen und Theorien oft erst verständlich. Theologie und Geschichte werden dort anschaulich und nachvollziehbar, wo sie anhand von Biografien dargestellt werden.
»*Persönlich genommen*« stellt die wichtigsten Personen des Alten und Neuen Testaments in 65 Biografien historisch verständlich, pointiert und in ihrem theologischen Profil vor. Männer und Frauen halten sich dabei zahlenmäßig in etwa die Waage. Kurze Porträts erinnern zugleich an interessante Persönlichkeiten aus Literatur, Kunst, Politik sowie der Kirchen- und Kulturgeschichte, deren Glaube, soziales Engagement oder Lebensbeispiel exemplarisch sind und nicht vergessen werden sollten.
Der Aufbau des Buches ist wochenorientiert. Es beginnt mit Neujahr und folgt dem Kirchenjahr bis zum Jahresende. Mit dem biblischen Wochenspruch korrespondieren alltagsnah formulierte Gebete und ausgewählte Gesangbuchverse. Besondere Bilder und literarische Beispiele vertiefen die biografischen Profile oder nehmen die Themen der jeweiligen Sonntage auf. Sie haben eine eigene Qualität und können auch für sich stehen.
»*Persönlich genommen*« ist ein Andachtsbuch, das bei verschiedenen Anlässen und in unterschiedlichen Situationen benutzt werden kann: in Veranstaltungen und bei Sitzungen, in Gemeindegruppen oder bei Geburtstagen. Es kann aber auch zur persönlichen Orientierung gelesen werden.

Hans-Martin Lübking

Alles, was ihr tut mit Worten oder mit Werken, das tut alles im Namen des Herrn Jesus und dankt Gott, dem Vater, durch ihn. *Kolosser 3,17*

GEBET

Das neue Jahr
ist erst ein paar Stunden alt.
Was es bringen wird, wissen wir noch nicht.
Ob wir es heil und gesund überstehen?
Ob wir in unseren persönlichen Fragen in diesem Jahr
einen Schritt weiter kommen?
Ob unsere Pläne fürs neue Jahr aufgehen
und wir unsere guten Vorsätze durchhalten?
Wir wollen uns nicht grundlos fürchten, Gott,
aber ein wenig Angst haben wir doch auch,
wenn wir an das neue Jahr denken.
Darum bitten wir dich, Gott:
Nimm dich unser an, bleibe in der Nähe
und halte deine Hand über uns,
auch im neuen Jahr.
Amen.

GESANGBUCH

Wir gehn dahin und wandern von einem Jahr zum andern,
wir leben und gedeihen vom alten bis zum neuen.

Gelobt sei deine Treue, die alle Morgen neue;
Lob sei den starken Händen, die alles Herzleid wenden.

Sprich deinen milden Segen zu allen unsern Wegen,
lass Großen und auch Kleinen die Gnadensonne scheinen.

Paul Gerhardt (1653), EG 58,2.7.11

Was die Bibel auf den ersten Seiten von Adam erzählt, gilt für jeden Menschen. Es geht nicht um eine bestimmte Person mit dem Namen »Adam«, sondern um den Menschen überhaupt, »adam« auf Hebräisch. Nach dem älteren Schöpfungsbericht formt Gott Adam, den Menschen, aus dem Staub der »adamah«, des Erdbodens. Hier ist ein uraltes und in vielen Kulturen verbreitetes Motiv aufgenommen: Der Mensch gehört zur Erde, sie ist sein natürlicher Lebensraum, mit ihr ist er verbunden, ihm ist sie aber auch zur Bearbeitung und Bewahrung anvertraut. Bis heute wird im Begräbnisritual an diese Herkunft erinnert: »Von Erde bist du genommen, zur Erde sollst du wieder werden.«

Adam ist aber zugleich mehr als ein bloßer Erdklumpen. Er ist Geschöpf Gottes, »der ihm den Atem des Lebens eingehaucht hat. Und so wurde der Mensch ein lebendiges Wesen.« (1 Mose 2,7) Adam gehört zur Erde und hat doch eine Beziehung zum Himmel. Er ist Geschöpf unter Geschöpfen und doch auf Gott hin geschaffen.

Adam ist kein Einzelgänger, sondern ein soziales Wesen, auf Gemeinschaft angelegt. »Es ist nicht gut, dass der Mensch allein sei« (1 Mose 2,18), heißt es in der Bibel. Unter den Tieren findet Adam keinen Lebenspartner. Da baut Gott aus einer der Rippen Adams eine Frau. Der biblische Erzähler greift zu diesem altertümlichen und oft missverstandenen Bild, um die Zusammengehörigkeit und Entsprechung von Mann und Frau zu verdeutlichen. So kommt die Erschaffung des Menschen erst mit der Erschaffung der Frau zum Ziel. Gott hat den Menschen nicht einzeln, sondern als Paar geschaffen.

Adam lebt in einer Schöpfung, in der Gott für den Menschen sorgt und dieser alles hat, was er zum Leben braucht. Die ganze Schöpfung hat Gott ihm anvertraut, er soll sie bebauen und bewahren und im Auftrag Gottes verwalten. Doch Gott hat Adam auch eine Grenze gesetzt. Von allen Bäumen im Gottesgarten darf er essen, »aber von dem Baum der Erkenntnis des Guten und des Bösen sollst du nicht essen, denn an dem Tag, da du davon isst, musst du sterben.« (1 Mose 2,17) In seiner Fürsorge für den Menschen zieht Gott eine Grenze: Er soll darauf vertrauen, dass Gott für ihn sorgt – aber er soll nicht anfangen, selbst zu bestimmen, was für ihn gut oder schädlich ist.

Die Fortsetzung ist bekannt. Adam und Eva überschreiten genau diese Grenze, sie wollen selber die Herren über ihr Leben sein. In der Bibel wird diese Geschichte überschrieben mit »Der Sündenfall«. Doch weder von Sünde noch von Fall ist hier die Rede. Was hier geschildert wird, ist der Versuch einer Erklärung, wie es zum Bruch und Zwiespalt in der Existenz des Menschen gekommen ist, zum Bruch mit dem Schöpfer und zum Zwiespalt zwischen den Geschöpfen. Adam und Eva wollen nun selbst bestimmen – und darum werden sie hineingerissen in die Widersprüche, die jenseits des Paradieses das Leben bestimmen: Arbeit bestimmt das Leben – doch die Arbeit ist oft genug voller Mühsal und Plage; Männer und Frauen können miteinander glücklich werden – doch diese Gemeinschaft ist auch geprägt von Spannungen und Machtspielen; Menschen und Tiere, Geschöpfe Gottes die einen wie die anderen, werden einander zu Feinden.

»Da gingen beiden die Augen auf, und sie erkannten, dass sie nackt waren.« (1 Mose 3,7) Beide wissen nun, was gut und böse ist, beide haben nun ihr Leben in die Hand genommen – aber das volle, unzerstörte, erfüllte Leben, das ist ihnen verloren gegangen.

Auguste Rodin, »Die Hand Gottes«, 1896. Marmorausführung 1902 von Soudbinine, 94 x 82,5 x 54,9 cm, Musée Rodin, Paris/Frankreich
© der Vorlage: akg-images, Berlin

»Da machte Gott, der HERR, den Menschen aus Erde vom Acker und blies ihm den Atem des Lebens in seine Nase. Und so ward der Mensch ein lebendiges Wesen.« (1 Mose 2,7)
Auguste Rodin hat den Bibelvers ernst genommen. Gott schafft den Menschen mit seiner Hand – Adam und Eva. In Rodins Plastik sind beide eingerollt wie im Mutterleib. Noch sind beide nicht fertig, noch ist Gottes Hand am Werk.
Kaum ein Bildhauer hat so ausdrucksstarke Hände geschaffen wie Rodin. Für ihn besaß die Hand die Fähigkeit, ganz aus sich heraus Spannungen darzustellen. Nicht zufällig verstand sich Rodin als Künstler zugleich als »Handlanger Gottes«.

(1.1.1484–11.10.1531)

Ulrich Zwingli, am 1.1.1484 in Wildhaus geboren, war von Anfang an dazu bestimmt, eine kirchliche Laufbahn einzuschlagen. Nach dem Studium in Wien und Basel war Zwingli zunächst 12 Jahre Pfarrer in Glarus und Einsiedeln und nahm in dieser Zeit auch als Feldprediger mit Schweizer Truppen an Schlachten in Oberitalien teil. Unter dem Einfluss des damals berühmtesten Humanisten, Erasmus von Rotterdam, erkannte er in diesen Jahren immer mehr die Reformbedürftigkeit der Kirche und fing an, das Neue Testamen mit anderen Augen zu lesen.

Als er 1518 zum »Leutpriester« ans Großmünster in Zürich berufen wurde, begann er sofort in seinen Predigten, biblische Schriften in ihrem Zusammenhang auszulegen. Er predigte kirchenkritisch, setzte sich mit der Heiligenverehrung, dem Mönchtum und der Messe auseinander und forderte die Aufhebung des Zölibats.

Seine Predigten riefen ziemliche Unruhe hervor. In einer spektakulären Aktion veranstalteten angesehene Zürcher Bürger mitten in der Fastenzeit ein öffentliches Wurstessen. Zwingli verteidigte das Vorgehen mit seiner ersten reformatorischen Schrift »Von Erkiesen und Fryheit der Speysen«. Zur Klärung der anstehenden Fragen berief der Rat der Stadt eine große Disputation ein, die 1523 stattfand und aus der Zwingli als Sieger hervorging. Als Ergebnis der Disputation wies der Stadtrat alle Prediger an, künftig »schriftgemäß« zu predigen.

Zwischen 1523 und 1525 reformierte Zwingli nach und nach die ganze Zürcher Kirche. Aus den Kirchen wurden die Bilder entfernt, und alle Klöster wurden geschlossen. Mit der Messe verschwanden Orgel und Altäre, Reliquien, Firmung und Letzte Ölung. Die Kirchenreform in Zürich bedeutete einen radikalen Bruch mit der katholischen Tradition. Stadt und Kirche wirkten in Zürich eng zusammen, um aus der Stadt ein Gemeinwesen zu machen, das sich am Willen Gottes orientierte.

Dabei ging Zwingli trotz seiner entschiedenen Forderungen vorsichtig zu Werke. An dem spektakulären Wurstessen nahm er selbst nicht teil, und obwohl er bereits 1522 die Witwe Anna Reinhart heiratete, verschwieg er diese Ehe zwei Jahre lang.

Während der evangelische Glaube von Zürich aus in Bern, Basel, St. Gallen, Konstanz und anderen Orten Fuß fasste, schlossen sich die innerschweizerischen Kantone zu einem katholischen Bündnis zusammen und nahmen Kontakt zu den mächtigen Habsburgern auf. In dieser Situation versuchte Zwingli, anders als Luther als Theologe auch Politiker, ein Bündnis evangelischer Städte zustande zu bringen. 1529 folgte er der Einladung Landgraf Philipps von Hessen, der sich um ein Defensivbündnis aller Evangelischen gegen Kaiser Karl V. bemühte, zu einem Religionsgespräch nach Marburg. Dort sollte im Gespräch mit Luther und den Wittenbergern vor allem der Abendmahlsstreit beigelegt werden. Für Zwingli war das Heil eine rein innerliche Erfahrung. Er sah in Brot und Wein nur Symbole. Christus war ihm im Abendmahl zwar gegenwärtig, aber nur insoweit sich die Gemeinde an ihn erinnert und sich zu ihm bekennt. Luther hielt dagegen an der realen Gegenwart Christi in Brot und Wein fest. In 14 Artikeln konnten Wittenberger und Schweizer eine Übereinstimmung feststellen, aber in der entscheidenden Frage, »ob der wahre Leib und das Blut Christi leiblich im Brot und Wein sei«, konnte man nur den Dissens feststellen.

Auch wenn das Bündnis aller evangelischen Fürsten und Städte nicht zustande kam, kämpfte Zwingli unverdrossen für eine evangelische Schweiz. Seine heftige Propaganda gegen die katholischen Kantone musste schließlich zum Krieg führen. Am 11. Oktober 1531 kam es zur Schlacht bei Kappel. Zwingli, der als Feldprediger die kleine Zürcher Streitmacht begleitete, fiel in dieser Schlacht »tapfer kämpfend«, wie es im ältesten Bericht heißt. Sein Leichnam wurde gevierteilt und verbrannt.

Wir sahen seine Herrlichkeit, eine Herrlichkeit als des eingeborenen Sohnes vom Vater, voller Gnade und Wahrheit. *Johannes 1,14*

GEBET

Ich habe Jesus nicht mit meinen eigenen Augen gesehen.
Ich gehörte nicht zu den Zuhörern der Bergpredigt.
Ich war nicht dabei, als er Zachäus vom Baum holte.
Ich stand nicht daneben, als er der Ehebrecherin vergab.
Ich saß nicht mit im Boot, als er den Sturm stillte.
Ich gehörte nicht zu den Fünftausend, die er satt machte.
Ich stand nicht in den Straßen Jerusalems, als er sein Kreuz trug.
Ich gehörte nicht zu den Frauen, die ihn sahen als Auferstandenen.
Ich war damals nicht dabei, aber ich will auch gesund werden,
ich will auch satt werden,
ich will auch, dass mir vergeben wird.
Ich war nicht dabei, als Gott Mensch wurde.
Aber ich bitte dich, Gott,
lass mich ein Mensch werden,
ein Mensch nach deinem Willen.
Amen.

GESANGBUCH

Die ihr schwebt in großem Leide,
sehet,
hier ist die Tür zu der wahren Freude;
fasst ihn wohl, er wird euch führen
an den Ort,
da hinfort euch kein Kreuz wird rühren.

Ich will dich mit Fleiß bewahren;
ich will dir leben hier,
dir will ich hinfahren;
mit dir will ich endlich schweben
voller Freud ohne Zeit
dort im andern Leben.

Paul Gerhardt (1653), EG 36,7+12

Ist Eva an allem schuld? Hat nicht damals im Paradies alles angefangen, als Eva sich von der Schlange verführen ließ und den Apfel aß? »Da sah die Frau, dass es gut wäre, von dem Baum zu essen, dass er eine Lust wäre für die Augen und verlockend, weil er klug machte. Und sie nahm von der Frucht und aß und gab ihrem Mann, der bei ihr war, auch davon, und er aß.« (1 Mose 3,6) Eva – das Urbild weiblicher Verführung, Eva – der Beginn der sündigen Menschheit? Über Jahrhunderte hinweg, sowohl im Judentum wie im Christentum, hat man den Vers aus der Schöpfungserzählung so gelesen, dass Eva uns alle »hineingerissen« hat. Bei Jesus Sirach heißt es: »Von einer Frau nahm die Sünde ihren Anfang, ihretwegen müssen wir alle sterben.« (25,32) Und auch im Neuen Testament, im 1. Timotheusbrief, kann man lesen: »Adam wurde nicht verführt, die Frau aber hat sich zur Übertretung verführen lassen.« (2,14)

Zahlreiche Abbildungen in der Kunstgeschichte folgen dieser Deutung – auch Michelangelos berühmte Darstellung in der Sixtinischen Kapelle in Rom: Adam verlässt das Paradies reumütig und zerknirscht, Eva dagegen trotzig, als fühlte sie sich ungerecht behandelt. Steht das so in der Bibel? Die Übertretung des Gebotes ist nach der biblischen Erzählung keine Tat der Eva allein. Auch Adam isst von der Frucht, er muss dazu nicht verführt oder gar gezwungen werden. Adam macht mit. Von einem Apfel übrigens ist in der Bibel gar nicht die Rede, er stammt erst aus dem späten Mittelalter. Wer die Geschichte Evas auf den ersten Seiten der Bibel liest, spürt einen frauenfeindlichen Beigeschmack. Gegen jede biologische Vernunft und Erfahrung ist Adam der Erstgeschaffene, aus dessen Körper eine Frau erst herausoperiert wird. Die Frau wird als »Hilfe« für den Mann geschaffen. Wie die Tiere erhält sie ihren Namen vom Mann: Eva – »die Mutter aller, die leben«. »Adam spricht, die Frau schweigt und wird bejubelt. Ihre Identität gewinnt sie vom und durch den Mann.« (D. Sölle) Die biblische Erzählung spiegelt die patriarchale Welt des bäuerlichen Palästina. Die soziale Rangordnung zwischen Mann und Frau wird als gegeben vorausgesetzt, aber, und das ist das Erstaunliche, sie wird letztlich nicht gutgeheißen. Die leidvolle Realität der Frau, die ihr Liebesverlangen nicht nur mit der Mühsal von Schwangerschaft und den Gefahren der Geburt, sondern auch noch mit der Unterordnung unter ihren Mann bezahlen muss, entspricht gerade nicht dem ursprünglichen Willen des Schöpfers. Die Verfluchungen, die Adam und Eva treffen, erklären, warum das Leben so oft mühselig und schmerzvoll ist. Doch Fluch und Feindschaft, Verlangen und Herrschaft, Dornen und Disteln, Arbeit und Schweiß gehören nicht zum Leben, das Gott mit der Schöpfung gewollt hat, sondern zu dem Leben, wie es sich durch menschliche Störung und Schuld entwickelt hat.

Im Anfang war nicht die Feindschaft zwischen Menschen und Tieren und nicht die mühselige Arbeit voller Vergeblichkeit. Adam und Eva sollten den Garten bebauen und bewahren. Eva war nicht das »Gefäß der Sünde«, wie es bei den Kirchenvätern heißt, sondern die Mutter aller, die da leben. Am Anfang war Liebe ohne Herrschaft, in der ein Mann gegen alle späteren gesellschaftlichen Konventionen seine Familie verlässt, um eins zu werden mit der Frau (1 Mose 2,24).

Marie-Luise Kaschnitz hat eine kleine Erzählung über Adam und Eva geschrieben. Als Adam und Eva das Paradies verlassen mussten, ging es ihnen lange Zeit ziemlich schlecht. Doch allmählich arbeiteten sie sich hoch. Sie hatten sich ein Haus gebaut, einen Garten gepflanzt, Tiere gezähmt und einen fruchtbaren Acker angelegt. Nach Kain und Abel kamen weitere Kinder und wuchsen heran. Ein bescheidenes Glück. Doch dann merkt Adam beim Tod eines starken Tieres in seiner Herde, dass auch er sterblich ist und all sein Tun und Schaffen vergeblich sein könnte. Er wird unzufrieden und misstrauisch und wittert Verrat, wenn er Eva mit den Kindern lachen sieht. Wird er denn nur alleine alt und einsam? Hat Eva noch nicht gemerkt, dass auch sie sterben muss?

»Er weckte Eva auf, und Eva rieb sich die Augen und fragte, ob etwas mit den Kindern sei. Wir müssen sterben, sagte Adam, und es war ihm zumute, als beginge er einen Mord. Große Neuigkeit, sagte Eva spöttisch. Das weiß ich schon lange. Hast du dir keine Gedanken gemacht?, fragte Adam, sobald er sich von seiner Überraschung erholt hatte. Was wir hier zurücklassen, ist unfertig und keinen Pfifferling wert.
Jemand wird es schon fertig machen, sagte Eva.
Die Kinder, sagte Adam streng, sind träge und leichtsinnig. Sie wissen nicht, was arbeiten heißt, und werden elend zugrunde gehen.
Es wird schon noch etwas aus ihnen werden, sagte Eva. Und was wird aus uns, fragte Adam und stützte seinen Kopf auf die Hand.
Wir bleiben zusammen, sagte Eva. Wir gehen zurück in den Garten. Und sie legte ihre Arme um Adams Hals und sah ihn liebevoll an.
Ist er denn noch da?, fragte Adam erstaunt.
Gewiss, sagte Eva.
Wie willst du das wissen?, fragte Adam mürrisch.
Woher, meinst du, fragte Eva, dass ich die Reben hatte, die ich dir gegeben habe, und woher, meinst du, dass ich die Zwiebel der Feuerlilie hatte, und woher, meinst du, hatte ich den schönen funkelnden Stein?
Woher hattest du das alles?, fragte Adem.
Die Engel, sagte Eva, haben es mir über die Mauer geworfen.
Wenn wir kommen, rufe ich die Engel, und dann öffnen sie mir das Tor.
Adam schüttelte langsam den Kopf, weil eine ferne und dunkle Erinnerung ihn überkam. Gerade dir, sagte er. Aber dann fing er an zu lachen, laut und herzlich, zum ersten Mal seit ach wie langer Zeit.«

(7.11.1913 – 4.1.1960)

Albert Camus, der das intellektuelle Leben in Europa nach dem Zweiten Weltkrieg mitgeprägt hat, wurde am 7. November 1913 unter ärmlichen Verhältnissen in Mondovi, in Algerien, geboren. Ein Stipendium ermöglichte ihm den Besuch des Gymnasiums. Das Philosophiestudium konnte er wegen einer Tuberkuloseerkrankung nicht beenden. Statt des angestrebten Lehrerberufs nahm er eine journalistische Tätigkeit auf. Er trat der Kommunistischen Partei bei, wurde aber nach kurzer Zeit ausgeschlossen, als er sich nicht der Parteidisziplin unterwerfen wollte.

Während der deutschen Besatzung Frankreichs schloss sich Camus der Widerstandsgruppe »Combat« an, deren gleichnamige Zeitschrift er mitbegründete. 1942 veröffentlichte er die Erzählung »Der Fremde«, die sofort Aufsehen erregte. Der in Algerien lebende Mersault findet keine Beziehung zur Gesellschaft und zu ihren Werten und wird nach einem sinnlosen Mord zum Tod verurteilt, den er teilnahmslos akzeptiert. Die Erzählung traf das Lebensgefühl einer ganzen Generation, die, durch den Krieg entwurzelt, vergeblich nach sinnvollen Lebenszielen suchte.

Im Essay »Der Mythos von Sisyphos«, den er zur selben Zeit veröffentlichte, beschrieb Camus das Leben in einer absurden Welt als menschliche Grunderfahrung, gegen die sich der Mensch um seines eigenen Glücks willen permanent auflehnen muss – wie der antike Held Sisyphos, der von den Göttern dazu verurteilt war, immer wieder einen Felsen auf einen Berg zu wälzen, der doch immer wieder hinabrollt. »Der Kampf, der zu den Gipfeln führen soll, genügt, um ein Menschenherz auszufüllen. Wir müssen uns Sisyphos als einen glücklichen Menschen vorstellen.«

1947 erschien Camus' Roman »Die Pest«, eine fiktive Chronik über eine Pestepidemie in der algerischen Stadt Oran, die die Bewohner in Angst und Isolation gefangen hält. Die Pest ist Chiffre für das sinnlose, absurde Leben. Wie kann der Mensch dieses von der Pest bestimmte Leben durchstehen? Die Antwort das Arztes Dr. Rieux, die die Antwort des Dichters ist, lautet: kämpfen, sich auflehnen gegen eine Schöpfung, »in der Kinder gemartert werden«.

Camus, der praktisch ohne Religion aufgewachsen war, glaubte nicht an Gott und kritisierte die Kirche scharf wegen ihres Paktierens mit autoritären Regierungen. In einem berühmten Vortrag in einem Dominikanerkloster beschrieb er sein Verhältnis zum Christentum: »Die heutige Welt verlangt von den Christen, dass sie Christen bleiben ... Ich werde nicht versuchen, mich vor Ihnen als Christ zu gebärden. Ich teile mit Ihnen das Grauen vor dem Bösen. Aber Ihre Hoffnung teile ich nicht und werde nie aufhören, gegen diese Welt zu kämpfen, in der Kinder leiden und sterben.«

In den fünfziger Jahren galt Camus als authentischer Sprecher seiner Generation. Er nahm zu aktuellen politischen Fragen Stellung, kritisierte die rechtsextremen Diktaturen Spaniens und Südamerikas ebenso wie den totalitären Staatskommunismus im Osten Europas, was zum Bruch der Freundschaft mit ehemaligen Freunden aus dem Widerstand führte.

1957 erhielt Albert Camus den Literaturnobelpreis für sein Werk, das »die Probleme beleuchtet, die sich in unserer Zeit dem Gewissen der Menschen stellen« (aus der Laudatio). In seiner Dankesrede sagte er über die Aufgabe des Schriftstellers: »Seiner Bestimmung gemäß kann er sich heute nicht in den Dienst derer stellen, die Geschichte machen; er steht im Dienst derer, die sie erleiden.«

Keine drei Jahre später, erst 46-jährig, starb Camus am 4. Januar 1960 bei einem tragischen Autounfall in Villeblevin in Frankreich.

Die Finsternis vergeht, und das wahre Licht scheint jetzt.

1 Johannes 2,8

GEBET

Wenn ich am Ende bin und keinen Ausweg mehr sehe,
bist du da und öffnest mir eine Tür.
Wenn ich keine Lust mehr habe und mir alles zuviel wird,
bist du da und gibst mir neue Kraft.
Wenn ich mich allein gelassen fühle und keinen habe, der mit mir redet,
bist du da, ich spüre deine Nähe.
Wenn ich mich selbst nicht mehr verstehe und mich verrannt habe,
bist du da und zeigst mir den Weg zurück.
Wo immer ich bin, was immer ich tue,
du bist da, Gott, dafür möchte ich dir danken.
Amen.

GESANGBUCH

Gottes Wort ist wie Licht in der Nacht;
es hat Hoffnung und Zukunft gebracht;
es gibt Trost, es gibt Halt
in Bedrängnis, Not und Ängsten,
ist wie ein Stern in der Dunkelheit.

Hans-Hermann Bittger (1978), EG 591

Kain und Abel – eine Geschichte aus sagenhafter Urzeit und zugleich eine Geschichte aus aktueller Gegenwart. Diese uralte Geschichte erzählt Weltgeschichte. Der Brudermord zwischen Kain und Abel ist in der Bibel das erste Ereignis, das nach der Vertreibung des Menschenpaares aus dem Paradies geschieht. Hier beginnt der Blutstrom zu fließen, der sich durch die Jahrhunderte hinzieht. Seitdem begleitet die Frage »Kain – wo ist dein Bruder Abel?« jede Gewalttat, jeden Mord und jeden Krieg, bei dem das Blut unschuldiger Menschen vergossen wird.

Wie kam es zu diesem Brudermord? Wie kam die Gewalt in die Welt? »Abel wurde ein Hirte, Kain aber wurde ein Ackerbauer.« Ackerbauer und Hirte, sie stehen in dieser uralten Geschichte für die erste Arbeitsteilung in der Geschichte der Menschheit. Aus Sammlern und Jägern wurden Bauern und Viehzüchter. Mit dieser Arbeitsteilung begannen die sozialen Unterschiede, entstand die ungleiche Verteilung der Lebenschancen. Ungleiche Lebenschancen sind der Nährboden von Unzufriedenheit und Gewalt. Wer die ewige Geschichte von Kain und Abel verändern und die Gewalt unter uns beenden will, muss sich um gleiche Lebenschancen für Kain und Abel bemühen.

»Und Gott sah gnädig an Abel und sein Opfer, aber Kain und sein Opfer sah er nicht gnädig an.« (1 Hosea 4,4) Das Opfer des einen wird angenommen, das Opfer des anderen nicht. Eine Erklärung dafür wird nicht mitgeteilt. »Gott mochte Lammfleisch lieber als Gemüse«, bemerkt John Steinbeck in seinem Roman »Jenseits von Eden«. Er stellt mit dieser lockeren Bemerkung die entscheidende Frage: Handelt Gott willkürlich, für Menschen undurchsichtig und unberechenbar? So fragen wir, weil uns heute fremd geworden ist, worum es damals bei dem Opfer ging. Nimmt Gott das Opfer an, dann ist die Arbeit gesegnet, dann geben die Ziegen viel Milch, das Fell der Schafe verkauft sich gut und der Regen kommt zur rechten Zeit. Nimmt aber Gott das Opfer nicht an, dann ist die Arbeit erfolglos. Kain arbeitet mühselig auf seinem Acker, aber die Erträge reichen vorn und hinten nicht. Ständig hat er seinen Bruder Abel vor Augen, dessen Herden größer werden und gedeihen. Da kann man schon neidisch werden und böse. Wer zu Gewalt greift, vergleicht sich meist mit anderen und glaubt, zu kurz gekommen zu sein. Die Bereitschaft zur Gewalt gehört zur Grundausstattung jedes Menschen, doch Gewalt verbessert in Wirklichkeit nichts.

Auch in der Geschichte von Kain und Abel kann der Mörder letztlich nicht über das unschuldige Opfer triumphieren. Denn einer ist da, der das Blut des Opfers schreien hört. Blut und Leben gehören nach alttestamentlicher Auffassung allein Gott; wo gemordet wird, da greift der Mensch in Gottes Besitzrecht ein. So hört Kain, kaum dass er den Bruder erschlagen hat, die Stimme Gottes: »Wo ist dein Bruder Abel?« Im Gewissen meldet sich Gott als die Stimme des Opfers.

Kain empfindet Gottes Strafe als zu schwer: Der Acker soll ihn nicht mehr ernähren, flüchtig und heimatlos soll er seine Tage zubringen auf Erden. Kain begreift, was das bedeutet: Hat Gott seine Hand einmal von ihm abgezogen, dann werden alle über ihn herfallen.

»Da machte Gott dem Kain ein Zeichen an die Stirn, damit jeder wusste: Kain steht unter dem Schutz des HERRN.« (1 Mose 4,15) Am Ende steht Gottes Sorge auch um den Mörder. Sein Tun wird bestraft, doch sein Leben wird garantiert.

Rembrandt, »Kain erschlägt Abel«, Federzeichnung, um 1660

Kain hat Abel auf den Boden gedrückt. Er kniet auf ihm und hat den Arm mit dem Eselskinnbacken zum tödlichen Schlag erhoben. Vergeblich sucht Abel, sein Gesicht mit seinen Händen zu schützen.
Im Hintergrund sieht man Abels Altar, von dem noch Rauch aufsteigt. Ein Tier scheint daran zu schnüffeln. Oben im Blatt beobachtet Gott nachdenklich die grausige Tat.

(12.1.1797–24.5.1848)

Zu ihren Lebzeiten war Annette von Droste-Hülshoff, Deutschlands berühmteste Dichterin, nur wenigen bekannt. Tagesruhm, schnelle Berühmtheit hat sie stets abgelehnt. »Ich mag und will jetzt nicht berühmt werden, aber nach hundert Jahren möchte ich gelesen werden.«
Anna Elisabeth von Droste-Hülshoff wird am 12. Januar 1797 auf der Wasserburg Hülshoff westlich von Münster geboren. Das Kind ist hoch musikalisch und sprachbegabt, schon von der Siebenjährigen sind Gedichte bezeugt; zugleich gilt es als sehr sensibel und reizbar. »Sie hat mehr Verstand als Gemüt«, sagt ihr Vater. Eine harmlose Liebesaffäre der Dreiundzwanzigjährigen, die von der Familie vereitelt wird, wird zu einer Lebenszäsur und zum lebenslangen Trauma. Danach verlebt die Droste ihre wichtigsten Jahre im Rüschhaus vor den Toren Münsters auf dem Witwensitz ihrer Mutter, später auf der Meersburg am Bodensee bei ihrer Schwester – in ständigem Zwiespalt zwischen Auflehnung und Gehorsam gegenüber ihrer Familie. Die belächelt ihre Schriftstellerei als Marotte, hartnäckig muss sie sich die Freiräume erkämpfen, die sie für ihr Schreiben braucht. Doch die Droste hat ihren eigenen Kopf. »Es mag mir mitunter schaden, dass ich so starr meinen Weg gehe und nicht die kleinste Pfauenfeder in meinem Krähenpelz leide; aber dennoch wünschte ich, dies würde anerkannt.«
Ein adäquater Gesprächspartner begegnet der Dichterin in dem 17 Jahre jüngeren Levin Schücking, der sie im gemeinsam verbrachten Meersburger Winter 1841/42 davon überzeugte, dass ihre Begabung auf dem Gebiet der Lyrik liegt. In dieser Zeit schreibt Annette von Droste-Hülshoff ihre bekanntesten Gedichte, manchmal jeden Tag eines, darunter die doppelbödige Ballade »Der Knabe im Moor« und das leidenschaftliche »Am Turme«: »Wär' ich ein Mann doch mindestens nur, / So würde der Himmel mir raten; / Nun muss ich sitzen so fein und klar, / Gleich einem artigen Kinde, / Und darf nur heimlich lösen mein Haar, / Und lassen es flattern im Winde.« Ihre erotische Sehnsucht gilt dem jüngeren Levin Schücking. Sie sucht seine Nähe, erträgt sie aber nicht.
1840 vollendet sie den Gedichtzyklus »Das geistliche Jahr«, eines der wichtigsten Werke religiöser Dichtung im 19. Jahrhundert. Die Gedichte spiegeln ihre quälenden Zweifel, die Unfähigkeit, ihre Intellektualität mit dem in ihrer Familie und in ihrer katholischen Umgebung gelebten einfachen Glauben in Übereinstimmung zu bringen. »Mein Wissen musste meinen Glauben töten.« Hin- und hergerissen zwischen Glauben und Vernunft, konnte sie weder auf Gott noch auf die Erkenntnisse ihres Verstandes verzichten. 1842 erscheint ihr bekanntestes Werk, die Erzählung »Die Judenbuche«. Mit unbestechlichem Blick zeichnet sie in diesem »Sittengemälde aus dem gebirgigten Westphalen« den abschüssigen Lebensweg eines Menschen nach, der zum Verbrecher wird. Friedrich Mergel, bereits mitschuldig an der Ermordung des Försters, erschlägt unter einer Buche den Juden Aaron, dem er Geld schuldet, flieht, gerät für 26 Jahre in die türkische Sklaverei und kehrt am Ende seines Lebens in der kümmerlichen Gestalt seines Gefährten und anderen Ichs, Johannes Niemand, zurück, um sich schließlich an der »Judenbuche« zu erhängen: der Täter als Opfer der Tat. Annette von Droste-Hülshoff beschreibt in der »Judenbuche« das Elend der »geringeren Klasse«, mit den demokratischen Bestrebungen der Vormärzzeit kann sie jedoch nichts anfangen.
1844 erscheinen ihre Gedichte im Cotta-Verlag, es gibt positive Besprechungen, sie erfährt erste Anerkennung. Von einem Vorschuss des Verlages kann sie sich ein kleines Häuschen in Meersburg kaufen. Doch nur vier Jahre später stirbt die zeitlebens kränkelnde Dichterin mit 51 Jahren am 24.5.1848 in Meersburg an Herzversagen.

Welche der Geist Gottes treibt, die sind Gottes Kinder.

Römer 8,14

GEBET

Gott,
alle Menschen sind deine Kinder,
die Alten und die Jungen,
die Prominenten und die Übersehenen,
die Einheimischen und die Fremden,
die Frommen und die Suchenden,
die nicht wissen, wohin sie gehören,
und am Bahnhof stehen,
und die abends zu Hause
vor dem Fernseher sitzen.
Sie alle sind deine Kinder, Gott,
lass uns das nicht vergessen.
Du schließt keines aus,
du hast keine Vorurteile.
Du lässt deine Sonne aufgehen für jeden,
von deiner Güte leben wir alle.
Amen.

GESANGBUCH

Wir bitten dich, Herr Jesu Christ, weil du ein Freund der Kinder bist,
nimm dich des jungen Lebens an, dass es behütet wachsen kann.

Eh wir entscheiden Ja und Nein, gilt schon für uns: gerettet sein.
Dank sei dir, dass das Heil der Welt nicht mit uns selber steht und fällt.

Detlev Block (1978), EG 211,2+3

Vierzig Tage und vierzig Nächte regnete es ohne Unterbrechung. Das Wasser stieg immer höher, überflutete die Häuser und bedeckte zuletzt die ganze Erde, bis es fünfzehn Ellen über den Gipfeln der höchsten Berge stand. »Da kam alles Leben auf der Erde um, Vögel, Vieh, Wildtiere und alles, was auf der Erde wimmelte, auch alle Menschen.« (1 Mose 7,21)
Die Bibel erzählt auf den ersten Seiten von einer großen Sintflut, einer ungeheuren Katastrophe, in der alle Lebewesen zugrunde gehen. Nur einer überlebt: Noah mit seiner Familie. Ihn hielt Gott als Einzigen unter den Menschen für gerecht und untadelig. Gott hatte Noah angekündigt, alles Leben auf der Erde durch eine große Flut zu vernichten. Um dieser Katastrophe zu entgehen, befahl ihm Gott, eine riesige Arche zu bauen, deren Maße und deren Ausstattung er ihm genau angab: 150 Meter lang, 15 Meter hoch, dreigeschossig, mit zahlreichen Kammern auf jeder Etage. In diesen Kasten sollte Noah mit seiner ganzen Familie gehen sowie mit allen Tieren, jeweils Männchen und Weibchen.
Wortlos befolgt Noah den scheinbar absurden Befehl, mitten auf dem Festland ein überdimensionales Schiff zu bauen. Vom Menschen Noah, von seinen Gefühlen und Regungen erfahren wir in der Erzählung nichts. Er fragt Gott nicht, er warnt seine Mitmenschen nicht, er trauert nicht um ihren Untergang. Noah ist keine historische Person, er ist eine literarische Figur. Sein Name steht für die kollektive Erinnerung an die große Flut.
Gott selbst, so erzählt es die Bibel, schließt die Arche hinter Noah und den Tieren zu – und dann setzt der große Regen ein, Tag und Nacht, bis selbst die Berge vom Wasser bedeckt sind. Schwankend treibt die Arche auf dem Wasser dahin, bis sie auf dem Gipfel des Berges Ararat aufsetzt, mit 5.165 Metern nach damaliger Auffassung der höchste Berg der Erde. Nachdem sich die Wassermassen verlaufen haben, schickt Noah zunächst einen Raben aus, der wieder zurückkehrt, ohne Land gefunden zu haben. Dann lässt er eine Taube fliegen, die schließlich einen Ölzweig im Schnabel zurückbringt. Jetzt weiß Noah, dass die Erde wieder bewohnbar ist. Er verlässt die Arche mit seinen Angehörigen und den Tieren, baut einen Altar und bringt Gott ein Opfer.
Warum wollte Gott eigentlich die Menschen vernichten? Die Bibel erzählt: Gott reute es, dass er die Menschen gemacht hatte, denn ihre Bosheit war groß geworden. Aber muss man deswegen alle Menschen und Tiere umbringen? Zeigt dies nicht einen grausamen und rachsüchtigen Gott? Die Sintflutgeschichte will genau das Gegenteil zeigen: Dass es in alter Zeit eine Flutkatastrophe gegeben hat, das wusste man damals, das war eine Menschheitserzählung, die jeder kannte. Die Bibel greift diese Geschichte auf, gibt ihr am Ende aber eine andere Richtung. Auch wenn Gott mit der Flut einmal die Schöpfung zurücknehmen wollte – er hat seinen Beschluss geändert. Böses ist nicht mit Gewalt zu beseitigen, selbst von Gott nicht. »Das Dichten und Trachten des Menschen ist böse von Jugend auf.« Mensch bleibt Mensch, er bringt immer wieder Böses hervor. Gott weiß es – und lässt souverän seine Sonne aufgehen über Gerechten wie Ungerechten. »Solange die Erde steht, soll nicht aufhören Saat und Ernte, Frost und Hitze, Sommer und Winter, Tag und Nacht.« (1 Mose 8,22) Gott bleibt dieser Erde treu, das kann selbst der Mensch durch alles Unheil, das er produziert, nicht mehr aufheben.
So schließt Gott einen neuen Bund – nicht nur mit Noah, sondern mit allen Lebewesen. Zeichen dafür ist der Regenbogen am Himmel. Nach alter Vorstellung ist dieser Bogen ursprünglich der Kriegsbogen Gottes, mit dem er im Gewitter die Blitze wie Pfeile abschießt.
Ein Bild altertümlicher Schönheit: Gott hat abgerüstet, er wird nicht mehr Böses mit Bösem bestrafen, keine Gewalt, er will das Leben auf der Erde erhalten.

BITTE

Wir werden eingetaucht
und mit dem Wasser der Sintflut gewaschen,
wir werden durchnäßt
bis auf die Herzhaut.

Der Wunsch nach der Landschaft
diesseits der Tränengrenze
taugt nicht,
der Wunsch, den Blütenfrühling zu halten,
der Wunsch, verschont zu bleiben,
taugt nicht.

Es taugt die Bitte,
daß bei Sonnenaufgang die Taube
den Zweig vom Ölbaum bringe.
Daß die Frucht so bunt wie die Blüte sei,
daß noch die Blätter der Rose am Boden
eine leuchtende Krone bilden.

Und daß wir aus der Flut,
daß wir aus der Löwengrube und dem feurigen Ofen
immer versehrter und immer heiler
stets von neuem
zu uns selbst
entlassen werden.

Hilde Domin

(16.1.1931–27.1.2006)

»Wenn Menschen meiner Generation mich fragen, was sie denn weitergeben sollten, dann sage ich ihnen dies: Sagt euren Kindern, dass euer Leben verdankt ist dem Lebenswillen Gottes. Sagt ihnen, dass euer Mut geliehen war von der Zuversicht Gottes. Sagt ihnen, dass eure Verzweiflung geborgen war in der Gegenwart des Schöpfers. Sagt ihnen, dass wir auf den Schultern unserer Mütter und Väter stehen. Sagt ihnen, dass ohne Kenntnis unserer Geschichte und unserer Tradition eine menschliche Zukunft nicht gebaut werden kann. Sagt ihnen, dass wir ohne innere Heimat keine Reisen unternehmen können. Denn wer nirgendwo zuhause ist, der kann auch keine Nachbarn haben. Und sagt ihnen zu guter Letzt, dass die stete Bereitschaft zum Aufbruch die einzige Form ist, die unsere Existenz zwischen dem Leben hier und dem Leben dort wirklich ernst nimmt.« Die Teilnehmer des Evangelischen Kirchentags in Hannover ahnten 2005, dass sie das Vermächtnis des todkranken Johannes Rau gehört hatten. Ein halbes Jahr später, kurz nach seinem 75. Geburtstag, ist Rau am 27.1.2006 in Berlin gestorben.

Wie kaum ein anderer Protestant nach 1945 hat Johannes Rau das öffentliche und politische Leben der Bundesrepublik Deutschland mitgeprägt. Am 16.1.1931 in Wuppertal als Sohn eines Kaufmanns und reformierten Predigers geboren, leitete er schon in jungen Jahren nach einer Buchhändlerlehre einen evangelischen Jugendbuchverlag. Bereits 1952 trat er aus Protest gegen die Wiederbewaffnung der Bundesrepublik in die Gesamtdeutsche Volkspartei Gustav Heinemanns ein. Nach deren Auflösung folgte er seinem Vorbild Heinemann in die SPD und bekleidete dort in den nächsten 40 Jahren fast alle Posten, die in Parteien zu vergeben sind. Er war mit 27 Jahren jüngster Landtagsabgeordneter, Fraktionschef, Oberbürgermeister von Wuppertal, Wissenschaftsminister und 20 Jahre lang Ministerpräsident des Landes Nordrhein-Westfalen. In diese Zeit fällt der Strukturwandel des Ruhrgebiets in eine Dienstleistungs- und Technologieregion und der Aufbau einer modernen Hochschullandschaft in NRW. Rau hat Nordrhein-Westfalen geprägt wie kein anderer Politiker. 1987 unterlag er als Kanzlerkandidat seiner Partei bei der Bundestagswahl, 1999 wurde er jedoch im zweiten Anlauf als Bundespräsident gewählt.

In seiner Antrittsrede als Bundespräsident erklärte er: »Ich selber schöpfe Zuversicht und Kraft aus dem christlichen Glauben, der mir Trost und Hoffnung ist im Leben und Sterben. Gleichzeitig habe ich Respekt vor allen, die ihr Leben auf andere Fundamente gründen.« Auch als Bundespräsident machte Johannes Rau, der mehr als 30 Jahre der Landessynode der Rheinischen Kirche angehörte und dem Evangelischen Kirchentag eng verbunden war, keinen Hehl auch seinem christlichen Glauben. Er begann jeden Tag mit den Losungen und war zu seiner Zeit der bibelfesteste deutsche Politiker. Seine christlichen Grundüberzeugungen sind auch in seinen »Berliner Reden« erkennbar, mit denen er unangenehme Wahrheiten im Zusammenleben mit Ausländern, bei der Raffgier von Eliten, den Gefahren der Gentechnik oder der Oberflächlichkeit der Medien profiliert und deutlich aussprach. Als erster Deutscher durfte er im Jahr 2000 vor dem israelischen Parlament, der Knesset, reden.

Von all seinen Ämtern und Titeln ist auf Johannes Raus Grabstein auf dem Dorotheenstädtischen Friedhof in Berlin nichts zu lesen. Dort steht, seinem Wunsch entsprechend, unter seinem Namen nur der Satz aus dem Matthäusevangelium: »Dieser war auch mit dem Jesus von Nazareth.«

Das Gesetz ist durch Mose gegeben; die Gnade und Wahrheit ist durch Jesus Christus geworden.
Johannes 1,17

GEBET

Du bist kein Gott der Trauer, sondern der Freude am Leben.

Darum bitten wir dich für die Menschen,
die sich nicht freuen können, weil sie überall Probleme
und Gefahren sehen und immer ein Haar in der Suppe finden.

Wir bitten dich auch für die Menschen,
die zurzeit keinen Grund zur Freude haben,
weil sie traurig sind oder von Kummer und Sorgen bedrückt werden.

Wir bitten dich für die Menschen, deren Freude nur gespielt ist
oder oberflächlich,
die scheinbar immer gut drauf sind, aber wie es ihnen wirklich geht,
weiß keiner.
Wir bitten dich schließlich für die Kirche, die als Nörglerin aufgetreten ist
und die Freuden des Lebens schlechtgemacht hat,
dass sie alles tut, was sie kann, Freude zu verbreiten unter den Menschen.
Amen.

GESANGBUCH

Er gebe uns ein fröhlich Herz, erfrische Geist und Sinn
und werf all Angst, Furcht, Sorg und Schmerz ins Meeres Tiefe hin.

Er lasse seinen Frieden ruhn auf unserm Volk und Land;
er gebe Glück zu unserm Tun und Heil zu allem Stand.
Paul Gerhardt (1647), EG 322,5+6

»Und der Herr sprach zu Abraham: Geh aus deinem Vaterland und von deiner Verwandtschaft und aus deines Vaters Hause in ein Land, das ich dir zeigen werde. Und ich will dich zum großen Volk machen und will dich segnen und dir einen großen Namen machen, und du sollst ein Segen sein.« (1 Mose 12,1–2)

Auf seine alten Tage, nach Auskunft der Bibel immerhin 75 Jahre alt, soll Abraham Heimat, Verwandtschaft und Familie verlassen – das ist der völlige Bruch mit seinem bisherigen Leben. Er soll Stammvater eines großen Volkes werden – obwohl doch die Ehe mit seiner Frau Sara kinderlos war und beide inzwischen steinalt waren. Abraham hatte nichts in der Hand, keine Garantien, keine Indizien, nur Zusagen und Verheißungen. Doch es wird von keinem Zögern, von keinen Bedenken, von keiner Wehmut berichtet. In der Bibel steht nur der einfache Satz: »Da brach Abraham auf, wie der HERR es ihm gesagt hatte.«

Viele Jahre sind seit Abrahams Aufbruch vergangen, noch immer ist er als Halbnomade unterwegs, noch immer besitzt er kein Stück Land, noch immer hat er keine Kinder. Nur älter ist er inzwischen geworden, und Gottes Verheißung scheint in weite Ferne gerückt. Da kommt ihm die Idee, die Erfüllung der Verheißung selbst in die Hand zu nehmen, seinen Knecht Elieser zu adoptieren und ihn als seinen Erben einzusetzen. Da lässt Gott ihn hinausgehen in die Nacht. Draußen sieht er die Sterne über sich, unermesslich viele. »Kannst du sie zählen?«, fragt Gott. »So zahlreich sollen deine Nachkommen sein.« Und nun heißt es dezidiert: »Abraham glaubte dem HERRN, und das rechnete er ihm zur Gerechtigkeit.« (1 Mose 15,1–6)

Wieder viele Jahre später. Abraham und seine Frau Sara sind doch noch Eltern eines Sohnes geworden. Isaak ist gesund und wächst heran, die Verheißung ist in Erfüllung gegangen. Da hört Abraham die Stimme Gottes: »Nimm Isaak, deinen einzigen Sohn, den du lieb hast, und geh hin in das Land Morija und opfere ihn dort zum Brandopfer auf einem Berge, den ich dir sagen werde.« Eine ungeheure Zumutung! Seinen eigenen Sohn töten? Alles zerstören, was den Sinn seines Lebens ausgemacht hatte? Hat Gott all seine Verheißungen zurückgenommen? Wir erfahren nichts von den Seelenkämpfen des alten Mannes. Abraham verstummt. Schweigend trifft er seine Vorbereitungen zur Reise, zu seiner Frau Sara kein Wort. Schweigend wandert er mit seinem Sohn durch die Weite des Landes. Als der Sohn arglos fragt, wo denn das Schaf zum Opfer sei, antwortet Abraham: »Gott wird sich ein Schaf zum Brandopfer ersehen.«

Auf dem von Gott bestimmten Opferplatz angekommen, baut Abraham einen Altar und beginnt mit der Opferhandlung. Er bindet seinen Sohn Isaak, nimmt das Messer in die Hand, reckt seinen Arm hoch – da hört er eine Stimme, die ihm Einhalt gebietet. Im gleichen Augenblick erblickt er einen Widder, der sich im Gestrüpp verfangen hat, und opfert ihn an seines Sohnes statt.

Hat Gott hier vorsätzlich Abraham in Versuchung geführt, um seinen Glauben zu testen? Das wäre eine absurde Vorstellung! Die Erzählung will wohl zeigen: Abraham ist bereit, Gott alles zu geben. Wie er beim Auszug aus seiner Heimat mit der Vergangenheit gebrochen hat, so ist er jetzt bereit, seine Zukunft aufs Spiel zu setzen. Doch dieser Gott, der alles Vertrauen verdient, will das Menschenopfer gar nicht. (1 Mose 22)

Am Anfang der Geschichte Israels steht die Gestalt Abrahams. Noch Jahrhunderte später heißt es in der Bibel einfach: »unser Vater Abraham«. Er hat beispielhaft gezeigt, wie Israel mit Gott leben soll: Er ist auf den Befehl Gottes hin ausgezogen in das unbekannte Land der Verheißung; er ist das Vorbild des Glaubens; er hoffte, wo nichts mehr zu hoffen war. So ist Abraham, mit dem die Geschichte Israels beginnt, das große Leitbild für die kommenden Generationen.

Rembrandt, »Abrahams Opfer«, Radierung, 1655

Rembrandt stellt den Moment in der biblischen Erzählung dar, in dem der Engel Abraham in den Arm fällt, um ihn von der Opferung Isaaks abzuhalten. Abraham hält Isaak die Augen zu, damit er das Messer nicht sieht. Die Qual steht in seinem Gesicht geschrieben, doch das Messer hat er schon gezogen. Da greift der Engel Gottes ein, der Abraham von hinten umfasst und seine Arme festhält. Mit der Umarmung des Engels fällt zugleich in breiten Strahlen das Licht der Gnade vom Himmel über Vater und Sohn.

Gotthold Ephraim Lessing

(22.1.1729–5.2.1781)

»Nicht die Wahrheit, in deren Besitz irgend ein Mensch ist oder zu seyn vermeynet, sondern die aufrichtige Mühe, die er angewandt hat, hinter die Wahrheit zu kommen, macht den Werth des Menschen ... Wenn Gott in seiner Rechten alle Wahrheit und in seiner Linken den einzigen immer regen Trieb nach Wahrheit, obschon mit dem Zusatze, mich immer und ewig zu irren, verschlossen hielte und spräche zu mir: wähle! Ich fiele ihm mit Demuth in seine Linke, und sagte: Vater gieb! Die reine Wahrheit ist ja doch nur für dich allein!«
Gotthold Ephraim Lessing, der am 22. Januar 1729 als Pfarrerssohn im sächsischen Kamenz geboren wurde, war zeitlebens ein Wahrheitssucher, der Vorurteile bekämpfte, Toleranz einforderte und zum Selbstdenken aufrief. Schon als Schüler an der Fürstenschule St. Afra in Meißen versucht sich Lessing als Schriftsteller, verfasst Lieder, schreibt Gedichte und entwirft das Lustspiel »Der junge Gelehrte«, das einige Jahre später in Leipzig aufgeführt wird. Das Theologiestudium bricht er zum Leidwesen seiner Eltern ab, seine große Liebe gehört dem Theater. Es entsteht eine Reihe von Stücken, die in Leipzig und Berlin mit Erfolg aufgeführt werden. 1748 zieht Lessing nach Berlin, wo er sich als Redakteur verschiedener Zeitungen eine Existenzgrundlage schafft. Er veröffentlicht eine Fülle von kritischen Beiträgen zur Literatur und zum Theater und wird in wenigen Jahren der wichtigste Kritiker Deutschlands, der mit seinen Beiträgen Grundlagen der Gedanken- und Meinungsfreiheit in Deutschland schafft. Besonders einflussreich werden seine Schriften zum Theater. Mit »Miss Sara Sampson«, dem ersten bürgerlichen Trauerspiel in Deutschland, »Minna von Barnhelm«, der ersten großen deutschen Komödie, und dem erneuten Trauerspiel »Emilia Galotti« hat Lessing Theatergeschichte geschrieben. Mit der »Hamburger Dramaturgie« legt er 1768 ein Grundwerk zur Theorie des Schauspiels vor. Ein Jahr später nimmt Lessing die Stelle des Hofbibliothekars der herzoglichen Bibliothek in Wolfenbüttel an. Hier verlobt er sich mit der Hamburger Kaufmannswitwe Eva König, die er 1776 nach Konsolidierung seiner finanziellen Verhältnisse auch heiraten kann. Ein Jahr später wird ein Sohn geboren, der nur 24 Stunden lebt. Einige Tage darauf stirbt seine Frau an den Folgen der Geburt. »Ich wollte es einmal auch so gut haben wie andere Menschen. Aber es ist mir schlecht bekommen«, schreibt Lessing einem Freund.
Zwischen 1774 und 1778 gibt Lessing aus dem Nachlass des Hamburger Orientalisten Hermann Samuel Reimarus die »Fragmente eines Ungenannten« heraus und löst damit eine heftige öffentliche Debatte um theologische Fragen aus. Reimarus hatte die Möglichkeit einer göttlichen Offenbarung bestritten und behauptet, dass die Jünger die Auferstehung Jesu erfunden und Jesu Lehre völlig verändert hätten. Lessing distanzierte sich zwar von vielen Ansichten des Reimarus, war aber auch überzeugt, dass die innere Wahrheit des Christentums in der Vernunft begründet ist – unabhängig von der Bibel: »Zufällige Geschichtswahrheiten können der Beweis von notwendigen Vernunftwahrheiten nie werden.« Hierüber entspann sich ein langanhaltender literarischer Streit mit dem Hamburger Hauptpastor Johan Melchior Goeze, der schließlich durch Zensurmaßnahmen der herzoglichen Regierung in Braunschweig unterbunden wurde. Lessings Antwort ist sein Schauspiel »Nathan der Weise«, in dem insbesondere die berühmte Ringparabel seine Botschaft verdeutlicht: Die drei Religionen des Judentums, des Christentums und des Islam werden dort mit drei Ringen verglichen, die sich äußerlich so vollständig gleichen, dass niemand sagen kann, welches der echte Ring ist und welche die Duplikate sind. Nur die Praxis, der »Erweis des Geistes und der Kraft«, kann zeigen, wer den echten Ring, d.h. die wahre Religion besitzt.
In seinen letzten Lebensjahren machen eine fortschreitende Erblindung und die Einsamkeit nach dem Tod seiner Frau Lessing zu schaffen. Er stirbt, erst 52 Jahre alt und am Ende völlig verarmt, am 5. Februar 1781 in Braunschweig.

Es werden kommen von Osten und von Westen, von Norden und von Süden,
die zu Tisch sitzen werden im Reich Gottes. *Lukas 13,29*

Gebet

Gott, wir bitten dich
für die sechs Milliarden Menschen, die auf dieser Erde wohnen:
dass sie sich gegenseitig achten, einander mit Würde behandeln
und am Wohlstand dieser Erde teilhaben können.
Gott, wir bitten dich
für uns alle, dass wir niemanden nach seiner Hautfarbe
und Religion beurteilen,
sondern lernen, die Menschenwürde in jeder Person zu bejahen
und zu achten.
Gott, wir bitten dich
für alle Menschen, die in unwürdigen Verhältnissen leben müssen:
dass sie Zeichen unserer Solidarität erfahren.
Gott, wir bitten dich
für uns alle, dass wir uns nicht gegenüber andern abschotten,
sondern lernen, über unsere Familien und Freunde hinauszuschauen
und für andere da zu sein.
Gott, wir bitten dich
für uns alle, dass wir nicht überheblich sind und uns von Aussehen
und Macht blenden lassen,
sondern lernen, alle Menschen als Mitmenschen zu akzeptieren
und zu behandeln.
Amen.

Gesangbuch

Ich möchte gerne Brücken bauen, wo alle tiefe Gräben sehn.
Ich möchte über Zäune schauen und über hohe Mauern gehn.

Ich möchte nicht zum Mond gelangen, jedoch zu meines Feindes Tür.
Ich möchte keinen Streit anfangen, ob Friede wird, liegt auch an mir.

Kurt Rommel (1963), EG 669,2+4 (RWL)

Von Sara, der Erzmutter des Volkes Israel, erzählt die Bibel als Erstes: »Sara war unfruchtbar und hatte keine Kinder.« (1 Mose 11,30) Ein bitteres Los für eine Frau in einer familiär und patriarchal geprägten Gesellschaft. Denn Kinderlosigkeit galt als Schande und als Strafe Gottes, sie bedeutete fast immer spätere Altersarmut und Einsamkeit.
Auf Gottes Aufforderung hin war Sara mit ihrem Mann Abraham aus ihrer Heimat aufgebrochen und in das unbekannte Kanaan gezogen. Doch nach kurzer Zeit kommt eine große Hungersnot über das Land. Das Ehepaar zieht hinab nach Ägypten, dem klassischen Zufluchtsland für Wirtschaftsflüchtlinge. An der Grenze angekommen fürchtet Abraham, dass die Ägypter ihn töten könnten, um an seine schöne Frau heranzukommen. Darum schlägt er Sara vor, sich im Ausland als seine Schwester auszugeben, um selbst zu überleben. Sara akzeptiert diese Demütigung schweigend. Abrahams Plan geht auf, der Pharao holt die schöne Sara in sein Haus und belohnt den scheinbaren Bruder Abraham reich mit Geschenken. Abraham hat sein Leben gerettet, doch er hat seine Ehe aufs Spiel gesetzt und die Ehre seiner Frau verletzt. Da ist es Gott, der »um Saras, Abrahams Frau willen« eingreift. Er bringt den mächtigen Pharao mit großen Plagen dazu, Sara wieder herauszugeben.
Drei Jahre später. Abraham und Sara sind weiterhin kinderlos. Doch Sara fügt sich nicht in ihr Schicksal, sondern ergreift die Initiative, drängt ihren Mann Abraham, mit ihrer ägyptischen Magd Hagar zu schlafen, damit diese, stellvertretend für sie, einen Nachkommen zur Welt bringt. Eine im Alten Orient nicht unübliche Form von Leihmutterschaft. Hagar wird dabei gar nicht nach ihrer Zustimmung gefragt. Doch die Dinge entwickeln sich ganz anders als erwartet. Als Hagar schwanger wird, beginnt sie auf ihre Herrin herabzublicken. Das ist mehr, als Sara ertragen kann. Tief gekränkt fordert sie ihren Mann Abraham auf, Hagar klar in ihre Schranken zu weisen. Doch feige schiebt Abraham, der als Oberhaupt der Familie in dieser Sache eine ausgesprochen schwache Figur abgibt, Sara die Entscheidung zu – es ist ja ihre Magd. Nun drangsaliert Sara die schwangere Hagar und zeigt ihr hart und deutlich, wer die Herrin im Haus ist. Ihre Schikanen werden bald so unerträglich, dass Hagar davonläuft und in die Wüste flieht, wo sie und ihr ungeborenes Kind von einem »Engel des Herrn« gefunden und gerettet werden.
Als Sara alle Hoffnung auf ein eigenes Kind aufgegeben hat, kommen drei geheimnisvolle Männer zu Abrahams Zelt. Abraham bewirtet die Gäste eilfertig und rührig. Doch die Männer haben offensichtlich kein Interesse an Abraham, ihre Aufmerksamkeit gilt Sara. Einer von ihnen kündigt an, dass Sara übers Jahr einen Sohn haben wird. Als Sara, die sich im Inneren des Zeltes verborgen hält, dieses hört, kann sie nur bitter lachen: »Sie lachte bei sich selbst und sprach: Jetzt, wo ich alt und verbraucht bin, soll ich noch Lust auf Liebe bekommen? Und Abraham ist auch schon ein alter Mann.« (1 Mose 18,12)
Ein Jahr später bringt Sara tatsächlich einen Sohn zur Welt. Er erhält den Namen Isaak, auf Deutsch: »Er lacht«. Sara selbst erläutert den Namen ihres Sohnes so: »Gott ließ mich lachen; jeder, der davon hört, wird mit mir lachen.« (1 Mose 21,6) Im biblischen Alter von 127 Jahren stirbt Sara in Hebron. Abraham kauft daraufhin von den Einheimischen die Höhle von Machpela, das einzige Stück Land, das er zu seinen Lebzeiten selbst besessen hat, um dort seine Frau zu bestatten. Im Grab Saras in Hebron, für Juden und Moslems bis heute ein Heiligtum, ist dann auch Abraham beigesetzt worden, und nach ihm alle anderen Erzväter und Erzmütter Israels.

NIEMALS GEWALT!

Jenen aber, die jetzt so vernehmlich nach härterer Zucht und straffen Zügeln rufen, möchte ich das erzählen, was mir einmal eine alte Dame berichtet hat. Sie war eine junge Mutter zu der Zeit, als man noch an diesen Bibelspruch glaubte, dieses »Wer die Rute schont, verdirbt den Knaben«. Im Grunde ihres Herzens glaubte sie wohl gar nicht daran, aber eines Tages hatte ihr kleiner Sohn etwas getan, wofür er ihrer Meinung nach eine Tracht Prügel verdient hatte, die erste in seinem Leben. Sie trug ihm auf, in den Garten zu gehen und selber nach einem Stock zu suchen, den er ihr dann bringen sollte. Der kleine Junge ging und blieb lange fort. Schließlich kam er weinend zurück und sagte: »Ich habe keinen Stock finden können, aber hier hast du einen Stein, den kannst du ja nach mir werfen.« Da aber fing auch die Mutter an zu weinen, denn plötzlich sah sie alles mit den Augen des Kindes. Das Kind musste gedacht haben: »Meine Mutter will mir wirklich wehtun, und das kann sie ja auch mit einem Stein.«
Sie nahm ihren kleinen Sohn in die Arme, und beide weinten eine Weile gemeinsam. Dann legte sie den Stein auf ein Bord in der Küche, und dort blieb er liegen als ständige Mahnung an das Versprechen, das sie sich in dieser Stunde selber gegeben hatte: »Niemals Gewalt!«

Astrid Lindgren

(14.11.1907–28.1.2002)

Sie war die berühmteste Kinderbuchautorin der Welt. Ihre Bücher wurden in mehr als 60 Sprachen übersetzt, millionenfach aufgelegt und zum größten Teil verfilmt. Keiner hat besser erzählt, wie glücklich, aber auch wie verletzlich Kindheit sein kann. Keine andere Schriftstellerin hat so sehr das Recht von Kindern auf ein freies und selbstständiges Leben verteidigt.

Als Astrid Anna Emilie Ericsson wurde die Tochter eines Bauern am 14.11.1907 in dem kleinen Ort Näs nahe Vimmerby (Smaland) geboren. Nach ihren eigenen Auskünften hatte Astrid Lindgren eine glückliche Kindheit mit viel Spiel und Abenteuer, aber auch Mitarbeit auf dem elterlichen Bauernhof. Auf diese glückliche Kindheit in ihrer smaländischen Heimat als der eigentlichen Inspirationsquelle für ihre Bücher hat sie immer wieder verwiesen. Als sie mit 18 Jahren ein Kind erwartete, ging sie aus der Provinz in die schwedische Hauptstadt Stockholm, wo sie als Sekretärin arbeitete und 1931 ihren Freund Sture Lindgren heiratete. Obwohl sie eigentlich nie ein Buch schreiben wollte, entstand aus den Geschichten, die sie ihrer Tochter Karin erzählte, ihr erstes Buch »Britt-Mari erleichtert ihr Herz«, das 1944 erschien. Als ihre Tochter Karin die Figur der Pippilotta Viktualia Rollgardina Pfefferminze Efraimstochter Langstrumpf erfand, dachte sich Astrid Lindgren zu diesem verrückten Namen verrückte Geschichten aus, die sie abends ihrer erkrankten Tochter erzählte und die 1945 als erster von drei Pippi Langstrumpf-Bänden erschien. Das stärkste Mädchen der Welt, das mit einem Pferd und einem Affen in der Villa Kunterbunt wohnt und gemeinsam mit den Nachbarskindern Tommy und Annika spannende Abenteuer erlebt, eroberte die Kinderherzen im Sturm. Mit der Figur der starken und unabhängigen Pippi Langstrumpf, die sich über Konventionen hinwegsetzt und fragwürdige Autoritäten lächerlich macht, schuf Astrid Lindgren auch ein neues Mädchenbild, mit dem sich viele junge Leserinnen identifizierten. In schneller Folge veröffentlichte sie ab 1946 weitere Bücher, die fast allesamt zu Klassikern der Kinderbuchliteratur werden sollten: »Meisterdetektiv Blomquist«, »Wir Kinder aus Bullerbü«, das Märchen »Mio, mein Mio«, »Karlsson vom Dach«, »Madita«, »Lotta zieht um«, »Michel aus Lönneberga«, »Ferien auf Saltkrokan« und 1973 das Buch für Kinder und Erwachsene »Die Brüder Löwenherz«, in dem sie sich mit dem Kampf des Guten gegen das Böse sowie mit dem Thema Tod auseinandersetzte. Kinder in Watte zu packen, ihnen schwierige Themen vorzuenthalten, das war ihr zuwider. Ihr Werk ist von einer anarchistischen Kraft und Lebensfreude getragen, die Kindern Mut macht, sich nicht von falschen Konventionen ersticken zu lassen. »Ich habe immer geschrieben, um das Kind in mir selbst zu befriedigen.«

Astrid Lindgren erhielt mehrere Ehrendoktorwürden und wurde mit Preisen überhäuft. 1978 erhielt sie den Friedenspreis des Deutschen Buchhandels. In ihrer Dankesrede »Niemals Gewalt!« rief sie alle Eltern zur gewaltfreien Erziehung von Kindern auf. 1994 wurde sie mit dem alternativen Nobelpreis ausgezeichnet. In ihrem Heimatland Schweden war sie längst zur Institution geworden. Als sie 1976 das schwedische Steuersystem kritisierte, trug dies zur Abwahl der sozialdemokratischen Regierung bei. Zu ihrem 80. Geburtstag schenkte ihr der schwedische Staat ein verbessertes Tierschutzgesetz, für das sie lange gestritten hatte. 1987 schrieb sie an Michael Gorbatschow und bat ihn, in seinen Friedensinitiativen nicht nachzulassen. Ihr letzter großer Roman »Ronja Räubertochter« ist noch einmal eine Botschaft der Gewaltlosigkeit: Die Liebe zweier Kinder führt eine seit Generationen verfeindete Räubergeneration wieder zusammen.

Aus ihrem Ruhm machte sich Astrid Lindgren nichts, bis zu ihrem Tod am 28.1.2002 lebte sie in einer einfachen Stockholmer Drei-Zimmer-Wohnung. Als sie gestorben war, zogen zwei Schimmel ihren Sarg durch die von vielen Menschen gesäumten Straßen zum Friedhof.

Kommt her und sehet an die Werke Gottes, der so wunderbar ist in seinem Tun an den Menschenkindern.

Psalm 66,5

GEBET

Gott, du bist mit uns jeden Tag.
Du bist unser Schutz.
Du bist unsere Burg.
Aber ich habe Angst.
Angst vor schlimmer Krankheit.
Angst vor Schlägertypen.
Angst vor Prüfungen.
Wenn auch die Erde bebt und die Berge ins Meer versinken,
Gott ist unsere Zuflucht,
ein Helfer in der Not.
Ich habe Angst, Fehler zu machen.
Angst, nicht mehr mitzukommen.
Angst, mich zu blamieren.
Angst, von anderen ausgelacht zu werden.
Wenn auch die Erde bebt und die Berge ins Meer versinken,
Gott ist unsere Zuflucht,
ein Helfer in der Not.
Ich habe Angst, meine Gefühle zu zeigen.
Angst, nicht glücklich zu werden.
Angst, mich immer mehr anzupassen.
Angst, durchschaut zu werden.
Gott, du bist mit uns jeden Tag.
Du bist unsere Burg.
Bei dir sind wir geborgen.
Amen.

GESANGBUCH

Von Gott will ich nicht lassen. Denn er lässt nicht von mir,
führt mich durch alle Straßen, da ich sonst irrte sehr.
Er reicht mir seine Hand, den Abend und den Morgen
tut er mich wohl versorgen, wo ich auch sei im Land.

Ludwig Helmbold (1563), EG 365,1

Hagar und Sara – ein Drama zwischen zwei Frauen. Hagar ist die ägyptische Magd Saras. Hagar ist jung, farbig, rechtlos und fruchtbar. Sara ist alt, verbraucht, verheiratet und kinderlos. Sara glaubt nicht mehr, schwanger zu werden. So viele Jahre hat sie umsonst gewartet, dass Gott sein Versprechen hält. Aber sie will sich mit ihrer Kinderlosigkeit auch nicht abfinden. Darum schlägt sie ihrem Mann Abraham vor, mit ihrer Magd Hagar ein Kind zu zeugen. Hintergrund des Vorschlags ist eine legale Form der »Leihmutterschaft« im Alten Orient: Wenn die Ehefrau dem Mann ihre persönliche Magd, die der Mann nicht anrühren durfte, zur Verfügung stellte, dann konnten die Kinder, die aus dieser Verbindung entstanden, als legitime Kinder des Ehepaares angesehen und für erbberechtigt erklärt werden. Alles scheint aufzugehen, Hagar wird schwanger. Doch mit der Schwangerschaft verändert sie sich. Hagar blüht förmlich auf. Sie hat etwas, was ihrer Herrin versagt blieb. Die abhängige Magd, über die einfach verfügt wird, die nicht gefragt wird, bekommt plötzlich Macht. Aus den beiden Frauen werden zwei Rivalinnen. Sara sieht sich gedemütigt und rächt sich ihrerseits durch Schikanen und immer neue Gemeinheiten. Es beginnt ein Machtkampf, den Abraham entscheiden soll. Doch Abraham zieht sich aus der Affäre: »Siehe, deine Magd ist in deiner Hand. Mach mit ihr, wie es dir gefällt«, sagt er zu Sara. Abraham, im späteren Judentum und im Neuen Testament das überragende Beispiel des Gerechten und des Glaubenden, spielt in dieser Affäre eine höchst unglückliche und schwache Rolle. So zerstört die Bibel selbst alle Helden- und Heiligenverehrung. Irgendwann hält die schwangere Hagar diese unerträgliche Behandlung nicht mehr aus und flieht. Wohin? Ihr bleibt nur die Wüste. Allein in der Wüste – das ist meist der sichere Tod. Sie rettet sich bis zu einer Wasserstelle. Und nun heißt es in der Bibel: »Aber der Engel des Herrn fand sie ...« (1 Mose 16,7) Ein Bote Gottes ist ihr nachgegangen und spricht sie an. Diese arme ägyptische Magd ist der erste Mensch in der Bibel, den ein Engel, ein Bote Gottes, aufsucht. Er fordert sie auf, zurückzukehren in die unerträglichen Verhältnisse bei Sara und Abraham: »Demütige dich unter ihre Hand!« Ein hartes Wort, aber wohl die einzige Überlebenschance für Hagar. Aber dann bekommt sie, wie Abraham, eine Verheißung für ihr noch ungeborenes Kind. Ismael soll der Sohn heißen, »Gott hört«: »denn der Herr hat dein Elend gehört. Er wird ein wilder Mensch sein ... und er wird wohnen all seinen Brüdern zum Trotz.« (1 Mose 16,11f.) Jeder Israelit, der das damals hörte oder las, wird an den Stolz und die Wildheit des benachbarten Wüstenvolkes der Ismaeliter, der Nachfahren des Ismael, gedacht haben. Und er hörte zugleich: Auch um sie kümmert sich Gott, er ist genauso auch ihr Gott, wie er unser Gott ist.

Hagar kehrt zu Sara und Abraham zurück. Sie bekommt einen Sohn Ismael, und einige Jahre später bekommt auch Sara noch einen Sohn, Isaak. Doch mit der Geburt Isaaks flammt die Rivalität zwischen den Frauen wieder auf. Als Sara Ismael mit dem kleinen Isaak spielen sieht, fürchtet sie um das Erbe für ihren Sohn Isaak. Hartherzig und unerbittlich verlangt sie von Abraham, Hagar und ihr Kind in die Wüste zu schicken. Wieder fügt sich Abraham, wenn auch widerwillig. Er gibt ihr noch ein Brot und einen Schlauch Wasser mit. Das war's. Als beides aufgebraucht ist, ist das Kind in der Wüste dem Tode nahe. Hagar ist verzweifelt: »Ich kann nicht ansehen des Knaben Sterben. Und sie ging von ihm fort, einen Bogenschuss weit, setzte sich und weinte.« (1 Mose 21,16) Und noch einmal schickt Gott einen Boten, der Hagar aus ihrer Verzweiflung reißt und das Kind vor dem Tod rettet. Er führt sie zu einem Brunnen, wo beide sich stärken. »Und Gott war mit dem Knaben« (1 Mose 21,20), heißt es am Ende der Geschichte von Ismael, dem Sohn Abrahams und Hagars, den die arabischen Völker bis heute als ihren Stammvater verehren.

INTERVIEW

Wenn er kommt, der Besucher,
der Neugierige und dich fragt,
dann bekenne ihm, dass du keine Briefmarken sammelst,
keine farbigen Aufnahmen machst,
keine Kakteen züchtest.
Dass du kein Haus hast,
keinen Fernsehapparat,
keine Zimmerlinde.
Dass du nicht weißt, warum du dich hinsetzt und schreibst,
unwillig, weil es dir kein Vergnügen macht.
Dass du den Sinn deines Lebens immer noch nicht
herausgefunden hast, obwohl du schon alt bist.
Dass du gekämpft hast, aber mit zaghaften Armen.
Dass du an vielen Orten zu Hause warst,
aber ein Heimatrecht hast an keinem.
Dass du dich nach dem Tode sehnst und ihn fürchtest.
Dass du kein Beispiel geben kannst als dieses:
immer noch offen.

Marie-Luise Kaschnitz

(31.1.1901 – 10.11.1974)

Marie-Luise Kaschnitz entstammt einem alten badisch-elsässischen Adelsgeschlecht, wird am 31. Januar 1901 in Karlsruhe geboren, wächst aber in Potsdam und Berlin auf, wo ihr Vater in preußischen Diensten steht. Nach einer Lehre als Buchhändlerin kommt sie 1924 erstmals nach Rom, wo sie dem jungen Archäologen Guido von Kaschnitz-Weinberg begegnet. Ein Jahr später heiraten die beiden, 1928 wird die einzige Tochter geboren. Die Universitätslaufbahn ihres Mannes bestimmt die weiteren Lebensstationen: Königsberg, Marburg, Frankfurt, viele Studienreisen mit ihrem Mann in den Mittelmeerraum und daneben immer wieder Rom, die zweite Heimat.
Marie-Luise Kaschnitz findet erst spät zum Schreiben. »Meine Erfindungsgabe ist gering. Ich sehe und höre, reiße die Augen auf und spitze die Ohren, versuche, was ich sehe und höre, zu deuten, hänge es an die große Glocke.« Ihre frühen Erzählungen und Romane sind heute eher unbekannt, erst als sie sich nach dem Krieg mit der äußeren und inneren Trümmerlandschaft dieser Zeit auseinandersetzt, erreicht sie eine breitere Leserschaft.
In den Gedichten, die jetzt entstehen, findet sie zu einer eigenen Sprache. »Den Teufel nicht an die Wand / Weil ich nicht an ihn glaube / Gott nicht gelobt / Aber wer bin ich dass.« Die Abkehr der Lyrik »von der strengen Vers- und Reimform war keine modische Erfindung, sie entsprach der Scheu, Letztes und Verbindliches auszusagen.«
1955 erhält sie den Büchnerpreis, die wichtigste Auszeichnung für einen Schriftsteller in Deutschland. Drei Jahre später das einschneidenste Erlebnis ihres Lebens, der Tod ihres Mannes, für sie ein »persönlichster Höllensturz«. Vier Jahre nach dem Tod ihres Mannes erscheint der Gedichtband »Dein Schweigen – meine Stimme«: »Dein Schweigen / meine Stimme / Dein Ruhen / mein Gehen / Dein Allesvorüber / mein Immernochda.«
Mit ihren Erzählungen und Hörspielen, vor allem aber mit ihren Gedichtbänden wird sie in den sechziger Jahren zu einer Leitfigur für die Nachkriegsdichtung in Deutschland. Sie ist nun »die Kaschnitz«, eine der letzten Vertreterinnen einer bürgerlich-aristokratischen Geisteskultur. Sie wird mit Preisen und Ehrungen überhäuft und 1967 in den erlauchten Kreis des Ordens Pour le merite gewählt. Das Bundesverdienstkreuz lehnt sie ab.
Ihre Texte und Gedichte durchzieht ein verborgener, aber hier und dort doch deutlich zutage tretender christlich-humaner Grundton: »Die Quintessenz aller Erfahrungen Liebe, empfangene und gegebene.« Kaschnitz bezeichnet ihre Gedichte selbst als »Ausdruck des Heimwehs nach einer alten Unschuld oder der Sehnsucht nach einer aus dem Geist der Liebe neu geordneten Welt«.
Immer wieder gelingt es ihr, Spuren christlicher Hoffnung in poetischer Form einprägsam und gültig zur Sprache zu bringen: »Manchmal stehen wir auf / Stehen wir zur Auferstehung auf / Mitten am Tage / Mit unserem lebendigen Haar / Mit unserer atmenden Haut ...«
Mit dem Tod hat sie sich immer wieder auseinandergesetzt, mit dem, was nachher kommt, und mit den christlichen Vorstellungen darüber. Am Ende bleibt die Hoffnung, »dass Gott, täglich totgesagt, lebt und seine Liebesmacht, in die am Ende alle eingehen«.
Der Tod, so oft beschworen und bedacht, war nicht vorauszusehen, als sie im Herbst 1974 wieder einmal in ihre zweite Heimat Rom reiste. Sie war voller Ideen und hatte mit neuen Aufzeichnungen begonnen. Doch sie schwamm zu viel in diesen kühlen Tagen, holte sich eine Lungenentzündung und starb am 10. Oktober 1974.
»Man kann nicht wissen, was einem auf der kurzen Strecke bis zum Tode geschieht«, schrieb sie kurz vor ihrem Tod. »Möglich, dass die Gehirnwindungen verkalken, dass man hart wird, böse wird, dafür nichts kann, aber auf diese Weise nicht so stirbt, wie man zu sterben wünschte, wie ich zu sterben wünschte, nämlich überströmend vor Dankbarkeit.«

Der Herr wird ans Licht bringen, was im Finstern verborgen ist, und wird das Trachten der Herzen offenbar machen.

1 Korinther 4,5

Gebet

Gott,
zu deiner Kirche gehören alle,
die Alten und die Jungen, die Frommen und die Zweifelnden,
die Linken und die Rechten, die Erfolgreichen und die Gescheiterten.
In deiner Kirche sind sie alle zusammen.
Wo gibt es das sonst noch?
Doch nicht alle glauben dasselbe.
Nicht alle haben dieselben Erwartungen.
Nicht alle stimmen in allem überein:
Die Kirche ist zu angepasst –
die Kirche ist zu modern.
Die Gottesdienste sind so langweilig –
es gibt zu viele neue Lieder.
Es gibt zu viel Streit in der Kirche –
in der Kirche wird alles unter den Teppich gekehrt.
Die Kirche macht es keinem recht.

Wir bitten dich, Gott:
Lass uns rücksichtsvoller miteinander umgehen,
dass wir miteinander arbeiten und nicht gegeneinander.
Vor allem aber bitten wir dich:
Lass keinen von uns los und hilf uns,
den Menschen nachzugehen, die dich nicht kennen.
Amen.

Gesangbuch

Sonne der Gerechtigkeit, gehe auf zu unsrer Zeit;
brich in deiner Kirche an, dass die Welt es sehen kann. Erbarm dich, Herr.

Weck die tote Christenheit aus dem Schlaf der Sicherheit;
mache deinen Ruhm bekannt überall im ganzen Land. Erbarm dich, Herr.

Christian David/Christian Gottlob Barth (1728/1827), EG 263,1+2

Jakob, das ist eine Geschichte von Lug und Trug – und vom Kampf mit Gott. Bereits die Geburt der Brüder Esau und Jakob nimmt vorweg, was ihr späteres Leben prägt. Schon im Mutterleib sollen sich die Brüder nicht vertragen haben. Als sie geboren werden, hält Jakob Esaus Ferse fest, so als wollte er ihn daran hindern, als Erster auf die Welt zu kommen.
Jakob war der Geschicktere und Listigere, der es immer wieder verstand, seinen grobschlächtigen und schwerfälligeren Bruder zu übertölpeln. Es begann mit dem Linsengericht, mit dem der gerissene Jakob seinem hungrigen Bruder das Erstgeburtsrecht und damit das Erbe ablistete. Und es setzte sich fort, als sich Jakob vor dem Tode seines blinden Vaters Isaak wie sein Bruder verkleidete und mit Hilfe seiner Mutter den väterlichen Segen erschlich, der eigentlich für seinen Bruder bestimmt war. Daraufhin musste er fliehen, um sich vor dem wutentbrannten Esau in Sicherheit zu bringen. Unterwegs auf der Flucht, quer durch die Wüste zu seinem Onkel Laban, legte er sich nach Sonnenuntergang auf einem Stein zum Schlafen nieder. »Und ihm träumte, und siehe, eine Leiter stand auf Erden, die rührte mit der Spitze an den Himmel, und siehe, die Engel Gottes stiegen daran auf und nieder.« (1 Mose 28,12) Jakob träumt in dieser Nacht von Gott, der ihm verspricht, dass er in der Fremde mit ihm sein und ihn nicht verlassen werde. Kein Wunschtraum, sondern eine unvermutete Begegnung voller Angst und Zittern: »Als Jakob aufwachte, sprach er: Wahrlich, Gott ist an diesem Ort und ich habe es nicht gewusst. Und er fürchtete sich und sagte: Wie heilig ist doch dieser Ort!« (1 Mose 28,16f.)
Bei seinem Onkel Laban verliebt sich Jakob in dessen schöne Tochter Rahel. Doch bis er sie heiraten darf, muss er sieben Jahre für Laban arbeiten. Sie vergingen ihm, erzählt die Bibel, »wie ein Tag«, so sehr liebte er sie. Doch in der Hochzeitsnacht schiebt ihm der Onkel die ältere, weniger attraktive Tochter Lea unter. Jakob muss noch weitere sieben Jahre arbeiten, bis er Rahel bekommt. Dafür betrügt Jakob Laban bei der Aufteilung der Viehherden und sichert sich die wertvolleren Tiere. Er muss erneut fliehen, ihn zieht es in die Heimat.
Am Fluss Jabbok, an der Schwelle zu seiner Heimat angekommen, erhält er die Nachricht, dass sein Bruder Esau ihm mit einem Trupp bewaffneter Männer entgegenzieht. Mit einem Mal steht vor Jakob seine ganze böse Vergangenheit. Er beginnt zu ahnen, dass sein bisheriges Leben ein einziges Machwerk ist aus Betrug und Selbstbetrug, eine einzige Lebenslüge. Ihn befällt tiefe Angst, nicht nur vor Esau, sondern auch vor Gott, der ihn fallen lassen und für seine Betrügereien bezahlen lassen könnte.
Da tritt ihm in der Nacht ein Unbekannter entgegen und kämpft mit ihm. Ein Kampf auf Leben und Tod. Der Name des Fremden wird nicht genannt. Als Jakob ihn danach fragt, bekommt er keine Antwort. Doch im Grunde ist es völlig klar, wer dieser nächtliche Kämpfer ist. Gott selbst tritt hier dem Jakob entgegen! Er ist der Übermächtige, der mit einem einzigen Schlag seiner Hand Jakob so lähmen kann, dass der am Morgen hinkend vom Kampffeld geht. Jakob kämpft mit Gott selbst – und er unterliegt nicht. Er muss sich seiner Vergangenheit stellen, seinen Namen nennen: Ich bin Jakob, der Betrüger. Und doch trotzt er Gott zugleich seinen Segen ab: »Ich lasse dich nicht, du segnest mich denn.« (1 Mose 32,27)
Aus Jakob wird in dieser Nacht ein anderer Mensch. Er wird »Israel«, der Gottesstreiter, der Vater eines zwölfköpfigen Stämmebundes, mit dem Gott als Volk Israel einen Bund schließen wird. Gesegnet und geschlagen geht Jakob aus dieser Begegnung hervor. Er behält eine hinkende Hüfte, doch die Erzählung endet mit einer Verheißung: »Und als er an dem Ort vorüber war, da ging ihm die Sonne auf.« (1 Mose 32,32)

Was mich meiner Kirche heute verbindet, ist die Tatsache, dass sie es schwer hat mit ihrem Erbe, dass sie sich mit einer Botschaft abmüht, die, weil sie menschlich ist, uns immer wieder überfordert. Eine Kirche, die es fertigbrächte, das Evangelium von dem, der für andere da war und der trotz Kreuzigung nicht tot ist, in ein paar fertige, unveränderliche Formeln zu bringen, würde mich kalt lassen. Eine Kirche, die an ihrer eigenen Aufgabe immer wieder scheitert, fasziniert mich. Sie zeugt damit auf eine menschliche Weise für den, in dessen Auftrag sie steht.

Wer in der Haltung des Konsumenten an die Kirche herantritt, wird bald erkennen, dass in ihrem Sortiment eine Unordnung herrscht, die sich ein selbstbewusster Kunde nicht gefallen zu lassen braucht. Kein Wunder, dass viele austreten.
Wer einmal angefangen hat, mit der Kirche zu hoffen, zu suchen, zu scheitern, sich zu ärgern und zu lachen, wird auf die Frage, warum er in der Kirche bleibe, antworten müssen: weil dieses Suchen, Scheitern, Ärgern und Lachen ein Teil dessen ist, was man meine Person nennt. Wollte ich es abtun, so würde ich mir fade, halb und wohl auch ein wenig feige vorkommen.

Erhard Eppler

Felix Mendelssohn Bartholdy

(3.2.1809–4.11.1847)

Robert Schumann bezeichnete ihn als den »Mozart des 19. Jahrhunderts«. Wie Mozart war auch Mendelssohn Bartholdy ein Musiker, dessen Begabung bereits im Kindesalter viele Menschen in Erstaunen versetzte. Der aus einer Musik liebenden jüdischen Bankiersfamilie stammende Musiker stand aber zugleich auch für den mühsamen Prozess der Emanzipation des jüdischen Bürgertums im frühen 19. Jahrhundert.

Als Felix Mendelssohn Bartholdy am 3. Februar 1809 als zweites Kind des Bankiers Abraham Mendelsohn und seiner Frau Lea in Hamburg geboren wurde, war die Familie bereits gesellschaftlich etabliert. Vollständige Gleichstellung erhielten jüdische Bürger jedoch erst durch die Annahme des christlichen Glaubens. Daher ließ Abraham Mendelssohn seine Kinder im Jahr 1816 taufen und trat später selbst mit seiner Frau zum christlichen Glauben über. Seiner älteren Tochter Fanny schrieb er zur Konfirmation: »Wir haben Euch, Dich und Deine Geschwister, im Christentum erzogen, weil es die Glaubensform der meisten gesitteten Menschen ist und nichts enthält, was Euch vom Guten ableitet, vielmehr manches, was Euch zur Liebe, zum Gehorsam, zur Duldung und zur Resignation hinweist, sei es auch nur das Beispiel des Urhebers, von so Wenigen erkannt und noch Wenigeren befolgt.«

Die Mutter erkannte schnell die große musikalische Begabung des Sohnes und seiner Schwester Fanny. Beide erhielten eine umfassende musikalische Ausbildung. Bald war Felix als Wunderkind berühmt, das mit 12 Jahren Goethe vorspielte und zusammen mit der Schwester bei den öffentlichen »Sonntagsmusiken« im Hause Mendelssohn glänzte. Im Alter von 17 Jahren komponierte er die Ouvertüre zum »Sommernachtstraum«, die ihn sofort überall bekannt machte. Am 11. März 1829 führte er, hundert Jahre nach der Uraufführung, als Organisator und Dirigent die Wiederaufführung von Bachs Matthäuspassion durch – ein epochemachendes Ereignis. Er leitete damit zwanzigjährig die Wiederentdeckung Johann Sebastian Bachs ein, dessen Werke einige Jahrzehnte nach seinem Tod in Vergessenheit geraten waren. Er selbst bemerkte dazu: »dass es ausgerechnet ein Judenjunge sein musste, der den Leuten die größte christliche Musik wiederbrachte!«

Nach ausgedehnten Reisen vor allem nach Italien und England wurde Mendelssohn Bartholdy zunächst Musikdirektor in Düsseldorf und dann in Leipzig, wo er das musikalische und kulturelle Leben nachhaltig prägte. Neben den bedeutenden sinfonischen und kammermusikalischen Werken waren es nicht zuletzt die geistlichen Kompositionen, die den Ruf und die Popularität des Komponisten begründeten. Vor allem die großen Oratorien »Paulus« und »Elias« (ein Oratorium »Christus« blieb unvollendet) werden bis heute von Chören und Publikum sehr geschätzt. Darüber hinaus vertonte Mendelssohn viele Texte des Alten und Neuen Testaments in Motetten und Kantaten. Diese Kompositionen zeugen von einer lebenslangen intensiven Beschäftigung des Komponisten mit religiösen und christlichen Themen.

Als »europäische Berühmtheit« trat Mendelssohn in den letzten Lebensjahren bei vielen Konzerten und Festivals, vor allem in England, als Pianist und Dirigent auf. Das gewaltige Arbeitspensum zerrüttete seine Gesundheit. Nach dem frühen Tod der Schwester Fanny, der ihn mit einen Aufschrei zusammenbrechen ließ, erlitt der Komponist einige Monate später einen Schlaganfall, an dessen Folgen er am 4. November 1847 im Alter von nur 38 Jahren verstarb.

Als er starb, war Felix Mendelssohn Bartholdy der angesehenste und erfolgreichste Musiker seiner Zeit. Eine Generation später ist sein Ruf nicht zuletzt aufgrund der herabsetzenden und antisemitisch gefärbten Urteile Richard Wagners verblasst. Noch schlimmer war es in der Zeit des Nationalsozialismus, als Aufführungen seiner Werke verboten waren und sogar sein Denkmal in Leipzig gesprengt wurde.

Über dir geht auf der Herr, und seine Herrlichkeit erscheint über dir.

Jesaja 60,2

SPRECHSZENE

1: Gott ist
2: weder Deutsche(r)
3: noch Türke (Türkin)
4: weder Amerikaner(in)
5: noch Afrikaner(in)
6: Gott ist auch kein(e) Außerirdische(r)
1: Gott ist
2: weder Jude (Jüdin)
3: noch Christ(in)
4: weder Muslim(a)
5: noch Buddhist(in)
6: Gott ist auch kein(e) Atheist(in) –
1: Gott ist
2: weder katholisch
3: noch evangelisch
4: weder orthodox
5: noch freikirchlich
6: Gott ist auch nicht konfessionslos –
1: Gott ist Gott
2: Gott ist da
3: Gott ist da, auch wenn wir ihn nicht sehen
4: Gott ist da, wo Menschen leiden
5: Gott ist da, wo Menschen lieben
6: Gott ist Gott – das Geheimnis der Welt.

GESANGBUCH

Gott liebt diese Welt. Er rief sie ins Leben. Gott ist's, der erhält, was er selbst gegeben. Gott gehört die Welt!
Gott liebt diese Welt. Ihre Dunkelheiten hat er selbst erhellt: im Zenit der Zeiten kam sein Sohn zur Welt!
Gott liebt diese Welt, und wir sind sein eigen. Wohin er uns stellt, sollen wir es zeigen: Gott liebt diese Welt!

Walter Schulz 1962, EG 409

»Josef sprach zu seinen Brüdern: Fürchtet euch nicht! Bin ich denn an Gottes Statt? Ihr gedachtet, es böse mit mir zu machen, Gott aber gedachte, es gut zu machen.« (1 Mose 50,19–20)

Ende gut – alles gut, ist man versucht zu sagen. Die ungemein farbige und abenteuerliche Geschichte von Hochmut und Neid, von Eifersucht und Zwietracht zwischen Josef und seinen Brüdern hat endlich ein gutes Ende gefunden. Aus dem hochmütigen, vom Vater vorgezogenen und sich über seine Brüder erhebenden 17-jährigen Josef ist am Ende der Ernährer und Versorger der ganzen Familie geworden. Und die Brüder, die zuvor unbedenklich den verhassten Josef in die Sklaverei verkauften, wollen sich am Ende lieber selbst als Sklaven zur Verfügung stellen, als ihren jüngsten Bruder Benjamin im Gefängnis schmachten zu sehen. Warum kam es zu diesem guten Ende? Weil sich der von seinen Brüdern verratene und verkaufte Josef durch das Unrecht, das er erleiden musste, nicht hat verbittern lassen. Er hat darin Gottes Führung in seinem Leben gesehen.

Angefangen hatte alles damit, dass Vater Jakob seinen Sohn Josef lieber mochte als seine anderen Kinder. Er kleidete ihn fürstlich »mit einem bunten Rock«. Das stieg Josef so zu Kopf, dass er davon träumte, auch wie ein Fürst verehrt zu werden. In zwei Träumen, die er natürlich auch unbedingt seinen Brüdern erzählen musste, sah er, wie sich seine ganze Familie vor ihm verneigte. Damit machte er sich unter seinen Brüdern keine Freunde. Als Josef eines Tages vom Vater Jakob zu seinen Brüdern aufs Feld geschickt wurde, beschlossen sie, diesen Träumer zu töten. Das konnte der älteste Bruder Ruben zwar gerade noch verhindern, aber Josef wurde doch von seinen Brüdern in eine leere Zisterne geworfen und für zwanzig Silberstücke an vorüberziehende Kaufleute verkauft, die ihn in Ägypten auf einem Sklavenmarkt anboten. Josef hat Glück im Unglück, landet im Haus Potiphars, eines hohen ägyptischen Hofbeamten, und steigt als Haussklave sogar zum Verwalter der Güter seines Herrn auf. Doch dann wird er ins Gefängnis geworfen, weil er sich dem Liebeswerben von Potiphars Frau widersetzt und daraufhin der versuchten Vergewaltigung bezichtigt wird. Im Gefängnis kann er die Träume hochrangiger Mitgefangener deuten, woran sich einer von ihnen erinnert, als zwei Jahre später der ägyptische Pharao von rätselhaften Träumen heimgesucht wird. Als er auch die Träume des Pharao deuten kann, macht dieser ihn zum höchsten Beamten des Staates, verantwortlich für die Wirtschaft und Ernährung der Bevölkerung. Nach sieben Überflussjahren, in denen Josef kluge Vorratshaltung betreibt, kommen sieben Hungerjahre, in denen Ausländer nach Ägypten reisen, um dort Getreide zu kaufen. Darunter sind auch die Brüder Josefs, die nicht ahnen, wem sie in Ägypten gegenüberstehen. Josef gibt sich zunächst nicht zu erkennen, redet hart mit den Brüdern, bezichtigt sie der Spionage, nimmt einen von ihnen als Geisel und fordert, dass sie wiederkommen und Benjamin, den Jüngsten, mitbringen. Aber hinter dieser Härte nach außen kann Josef seine innere Bewegung nicht verbergen. »Denkt nicht, dass ich zürne. Um eures Lebens willen hat mich Gott vor euch hergesandt, dass er euch in der Hungersnot am Leben erhält.« (1 Mose 45,7) Der zu Ehren gekommene Josef versorgt schließlich seine ganze Familie mit Brot und Arbeit. Der Vater Jakob und alle Brüder mit ihren Familien werden in Ägypten angesiedelt.

Von Gott wird in der Geschichte Josefs wenig gesprochen. Im Vordergrund stehen Menschen mit ihren Emotionen. Gottes Handeln bleibt im Hintergrund des Weltgeschehens verborgen, ohne jedoch weniger wirksam zu sein. Von einem direkten Eingreifen Gottes ist nirgends die Rede, und doch behält Gott alle Fäden in der Hand. Die Josefs-Geschichte war für die damalige Zeit eine »moderne« Erzählung von Gottes verborgenem Handeln im Leben der Menschen.

Rembrandt, »Josef wird von seinen Brüdern an die Ismaeliter verkauft«, Federzeichnung, um 1652

Der imposant wirkende Mann mit Turban, einer der ismaelitischen Kaufleute, zählt einem der Brüder Josefs das Geld in die Hand. Der hat nur Augen für das Geld. Ängstlich bittet der kleine Josef auf der linken Bildseite einen seiner älteren Brüder, einzugreifen und zu verhindern, dass er verkauft wird. Doch der energische Griff und die entschlossene Miene des älteren Bruders geben Josef zu verstehen, dass alles Bitten umsonst ist. Ein weiterer Bruder stiehlt sich, vielleicht mit schlechtem Gewissen, aus der Szene.

(10.5.1903–5.2.1993)

»Dieser Beitrag gehört als Sonderdruck millionenfach in jeden deutschen Briefkasten und sollte jedem Schüler zur Pflichtlektüre gemacht werden«, schrieb ein Spiegel-Leser zu einem Interview mit Hans Jonas, das im Mai 1992 unter dem Titel »Dem bösen Ende näher« veröffentlicht worden war. Wie kein anderer Philosoph hat Hans Jonas schon früh auf die Gefahren einer außer Kontrolle geratenen Technologie hingewiesen und energisch für eine Ethik der Verantwortung und Bescheidenheit plädiert.

Geboren am 10.5.1903 in Mönchengladbach und aufgewachsen in einem großbürgerlichen Elternhaus – der Vater war Textilfabrikant –, kam Hans Jonas nach seiner Schulzeit als Student nach Freiburg, Berlin und Marburg, wo er mit Martin Heidegger und Rudolf Bultmann die beiden Lehrer traf, die für seine Entwicklung entscheidend wurden. Auf Anraten des Theologen Bultmann beschäftigte er sich mit der religionsphilosophischen Strömung der antiken Gnosis, über die er auch promovierte. Mit seinem Buch »Gnosis und spätantiker Geist«, dessen erster Teil 1934 noch in Deutschland erscheinen konnte, wurde er zu einer Autorität in der Gnosis-Forschung.

Am 1.4.1933, dem Tag des Boykotts jüdischer Geschäfte, emigriert Jonas zunächst nach England, siedelt aber zwei Jahre später nach Palästina um, lernt mühsam Hebräisch und hält Vorlesungen an der Hebräischen Universität in Jerusalem. Zu Beginn des Zweiten Weltkriegs fordert er die »jüdische Jugend« in einem Aufruf auf, gegen Hitler zu kämpfen, und meldet sich selbst freiwillig in der britischen Armee. Er rückt mit den siegreichen Truppen vor bis nach Deutschland und erfährt dort vom Tod seiner Mutter, die 1942 in Auschwitz ermordet wurde. »Diese Tatsache hat mein weiteres Verhältnis zu Deutschland auf viele, viele Jahre bestimmt.« Er trifft seinen Lehrer Bultmann wieder, der immer zu ihm gehalten hatte, will aber seinen anderen Lehrer Heidegger nicht wiedersehen, weil der sich zu Hitler bekannt hatte.

Nach Kriegsende beginnt das zweite Leben des Hans Jonas, das ihn zunächst wieder nach Palästina führt, wo er als Artillerieoffizier am Unabhängigkeitskrieg Israels mitwirkt, dann nach Amerika, wo er bis zu seiner Emeritierung 1976 zunächst in Kanada und dann in New York als Philosophieprofessor lehrt.

1979 erscheint sein Hauptwerk »Das Prinzip Verantwortung«, das ihn mit einem Schlag in aller Welt berühmt macht. Mit großer Gelehrsamkeit, politisch und wissenschaftlich auf dem neuesten Stand und in eindringlicher Sprache wies hier ein lebenserfahrener 75-jähriger jüdischer Philosoph wichtige Wege zu einer »Ethik für die technologische Zivilisation«: »Der Planet ist überfüllt, wir haben uns zu breit gemacht, sind zu tief eingedrungen in die Ordnung der Dinge. Wir haben zu viel Gleichgewicht gestört, haben zu viele Arten schon jetzt zum Verlöschen verurteilt. Technik und Naturwissenschaften haben uns von Beherrschten zu Herrschern der Natur gemacht. Dieser Zustand ist es, der mich dazu brachte, eine philosophische Bilanz zu ziehen und zu fragen: Darf die moralische Natur des Menschen das zulassen? Sind wir jetzt nicht aufgerufen zu einer ganz neuen Pflicht, zu etwas, das es früher eigentlich nicht gab – Verantwortung zu übernehmen für künftige Generationen und den Zustand der Natur auf der Erde?« Die Schrecken der entfesselten Technik und die Sorge um die Bewahrung der Schöpfung sollen zu ethischer Besinnung anleiten: »Dem erbarmungslosen Optimismus steht die barmherzige Skepsis gegenüber.« Das Buch traf den Geist der Zeit, und der war nach den »Grenzen des Wachstums« ökologisch gestimmt. Es folgten Vortragsreisen, Kongresse, Fernsehauftritte und Ehrungen – darunter 1987 der Friedenspreis des deutschen Buchhandels und die Ehrenbürgerschaft seiner Heimatstadt Mönchengladbach. Am 5.2.1993 ist Hans Jonas fast 90-jährig in seinem Haus in New Rochelle bei New York gestorben.

Wir liegen vor dir mit unserem Gebet und vertrauen nicht auf unsere Gerechtigkeit, sondern auf deine große Barmherzigkeit. *Daniel 9,18*

GEBET

Gnädiger Gott,
was von uns verlangt wird,
ist Leistung;
was unter uns zählt,
ist Erfolg;
wonach wir suchen,
ist Anerkennung.
Wir werden gehetzt
und wir hetzen uns selber.
Nur keinen Fehler machen,
nur nicht versagen.
Auf Dauer macht uns das krank,
gibt es keinen Ausweg?
Wie gut, Gott, dass wir vor dir
auch dann noch etwas gelten,
wenn wir nur wenig geleistet haben.
Wie gut, Gott, dass du auch
dann zu uns hältst,
wenn wir versagt haben
und keine Anerkennung mehr finden.
Amen.

GESANGBUCH

Der ewigreiche Gott woll uns bei unserm Leben
ein immer fröhlich Herz und edlen Frieden geben
und uns in seiner Gnad erhalten fort und fort
und uns aus aller Not erlösen hier und dort.

Martin Rinckart (17. Jhd.), EG 321,2

Am Ende seines Lebens steht Mose wieder auf einem hohen Berg. Von der Spitze des Berges Nebo aus hat man einen weiten Blick über das Tote Meer auf das judäische Bergland, auf den Süden Israels. Mose ist am Ziel: Vor ihm liegt das Gelobte Land.

Die lange Wanderung durch die Wüste liegt hinter ihm – die Kämpfe mit den Feinden, der Kleinkrieg mit dem murrenden Volk, das sich angesichts der täglichen Strapazen zurücksehnt nach den Fleischtöpfen Ägyptens. Auch die Ereignisse am Berg Sinai liegen hinter ihm, wo er in Rauch und Donner mit Gott allein ist und von ihm die Gebote empfängt. Der Durchzug durch das Schilfmeer und die wunderbare Flucht aus Ägypten, aus der Knechtschaft in die Freiheit – alles liegt schon weit zurück. Ebenso die Konfrontation mit dem Pharao und die geheimnisvolle Begegnung mit Gott am Rande der Wüste: er, Mose, allein mit seinen Schafen und – Gott aus dem feurigen Dornbusch heraus. Oben auf dem Berg, kurz vor dem Ziel, liegt das alles hinter ihm, auch die Ereignisse vom Anfang, aus seinen jungen Jahren – wie er, das hebräische Findelkind, am ägyptischen Königshof aufwächst, im Zorn einen ägyptischen Sklaventreiber erschlägt und in die Wüste flieht.

Viel zu viel für ein Leben! Hat Mose das wirklich alles selbst erlebt? Der historische Moses ist nicht mehr wirklich fassbar. Aber wir spüren in den Texten und Erzählungen von ihm noch etwas von den großen Wirkungen, die er auf seine Zeitgenossen ausgeübt haben muss, von der Faszination, die von ihm ausging, aber auch von der Auflehnung gegen ihn.

Schon seine Geburt und Kindheit tragen alle Zeichen des Ungewöhnlichen. Als Sklavenkind vom Tod bedroht, als Säugling in einem Kästchen im Schilf des Nils ausgesetzt, dort von einer ägyptischen Prinzessin entdeckt und gerettet, wächst er am Hof des Pharao auf. Das ist kaum ein historischer Bericht. Ähnliches weiß der Alte Orient von anderen großen Gestalten zu berichten.

Dann am Berg Sinai, dem Berg Gottes. Das Volk kann schon die Nähe Gottes nicht ertragen und fürchtet sich vor Donner und Blitz und flieht. Mose aber steigt allein auf den Berg und »naht sich dem Dunkel, darinnen Gott war«. Es heißt, dass Gott dort wie mit einem engen Vertrauten, »von Mund zu Mund« mit ihm geredet habe. Ein Zug im Bild des Mose hat am stärksten weitergewirkt. Durch Mose hat Israel die Thora empfangen. Es ist die Weisung zum Leben – zum Leben vor Gott und in der Gemeinschaft miteinander. All die vielfältigen Weisungen, Gebote und Gesetze im Alten Testament haben spätere Generationen mit dem Namen Mose verbunden.

Hier zeigt sich, was Mose Israel bedeutet hat: Prophet, Gesetzgeber, Knecht Gottes, Mittler zwischen Volk und Gott, Religionsstifter – alle wichtigen religiösen Funktionen sind auf Mose übertragen worden. Durch Mose sind Israel die entscheidenden Grundlagen seiner Existenz gegeben worden. Ohne Mose kein Judentum, ohne Mose auch kein Christentum.

Am Ende seines Lebens steht Mose wieder auf einem hohen Berg wie damals auf dem Sinai. »Und Gott sprach zu ihm: Dies ist das Land, von dem ich Abraham, Isaak und Jakob geschworen habe, deinen Nachkommen will ich es geben. Du hast es jetzt mit deinen Augen gesehen, aber du selbst wirst nicht hinüberziehen.« (5 Mose 34,4)

Das Gelobte Land liegt zum Greifen nahe, doch das letzte Ziel wird Mose verwehrt. Sein Leben endet unerfüllt. Auch Mose, der mit Gott auf vertrautem Fuße stand und mit ihm redete wie von Freund zu Freund, bleibt doch ein Mensch, der in seinem Leben scheitert, der seine Grenzen akzeptieren muss.

Doch Gott erweist ihm einen letzten Freundesdienst: Er begräbt ihn. Er, Gott, ganz allein. Und nur er, Gott, kennt sein Grab.

DER TOD DES MOSE

Auf dem Gipfel des Gebirges steht
Mose, der Mann Gottes und Prophet.

Seine Augen schauen unverwandt
in das heilige Gelobte Land.

»So erfüllst Du, Herr, was Du versprochen,
niemals hast Du mir Dein Wort gebrochen.

Deine Gnade rettet und erlöst,
und Dein Zürnen züchtigt und verstößt.

Treuer Herr, Dein ungetreuer Knecht
weiß es wohl: Du bist allzeit gerecht.

So vollstrecke heute Deine Strafe,
nimm mich hin zum langen Todesschlafe.

Von des heilgen Landes voller Traube
trinkt allein der unversehrte Glaube.

Reich dem Zweifler drum den bittren Trank,
und der Glaube sagt Dir Lob und Dank.

Wunderbar hast Du an mir gehandelt,
Bitterkeit in Süße mir verwandelt,

lässt mich durch den Todesschleier sehn
dies mein Volk zu höchster Feier gehn.

Sinkend, Gott, in Deine Ewigkeiten
seh mein Volk ich in die Freiheit schreiten.

Der die Sünde straft und gern vergibt,
Gott, ich habe dieses Volk geliebt.

Dass ich seine Schmach und Lasten trug
und sein Heil geschaut – das ist genug.

Halte, fasse mich! mir sinkt der Stab,
treuer Gott, bereite mir mein Grab.«

Dietrich Bonhoeffer, September 1944

Bonhoeffer hat nach dem Scheitern des Attentatsversuchs auf Hitler vom 20. Juli den eigenen Tod vor Augen. In der Gestalt des Mose, der weiß, dass er sterben muss und sein Lebensziel in dieser Welt nicht mehr erreichen wird, versteht Bonhoeffer sein eigenes Leben. Das Gedicht wird zu seinem Abschiedswort.

(16.2.1497 – 19.4.1560)

In der Wittenberger Schlosskirche liegen beide nebeneinander begraben: der Reformator Martin Luther und Philipp Melanchthon, der »Lehrer Deutschlands«, der am 16. Februar 1497 als Philipp Schwarzerdt im badischen Bretten geboren ist. Sein Großonkel, der berühmte Humanist Johannes Reuchlin, tauft schon bald den Namen »Schwarzerdt« in die griechische Version »Melanchthon« um. Es zeigt sich, dass Philipp Melanchthon so etwas wie ein intellektuelles Wunderkind ist. Als Zwölfjähriger bezieht er die Universität, mit 16 Jahren wird er promoviert und hält Vorlesungen. Schon in jungen Jahren gilt er als Koryphäe für alte Sprachen.

1518 erreicht den gerade 21-Jährigen der Ruf auf eine Professur für Griechisch an der aufstrebenden jungen Universität Wittenberg. Seine Antrittsvorlesung ist ein Paukenschlag. Unter dem Titel »Über die Verbesserung der Studien« fordert Melanchthon eine Abwendung von den irregeleiteten kirchlichen Traditionen hin zu den biblischen und antiken Quellen. Luthers anfängliche Skepsis gegenüber dem nur 1,50 Meter großen schwächlichen Jüngling ist verflogen, er ist begeistert und beeindruckt von der Breite des Wissens und der Klarheit des Denkens des jungen Mannes. Schnell schließt sich Melanchthon dem mehr als 13 Jahre älteren Luther an, wird sein Mitarbeiter, Vertrauter und Freund.

Melanchthon lernt schnell. Schon drei Jahre später veröffentlicht er mit den »Loci communes«, den »Grundbegriffen der Theologie«, das erste Lehrbuch der evangelischen Theologie. Bis zum Tode Luthers bleibt Melanchthon sein wichtigster Mitstreiter, der zweite Mann der Reformation. Zusammen arbeiten sie an der Übersetzung der Bibel. Gemeinsam organisieren sie die Visitationen und den Aufbau eines evangelischen Kirchenwesens in Sachsen und Umgebung. Beide sind hauptverantwortlich für den rasanten Aufstieg des Provinznestes Wittenberg zu einer europäischen Universitätsstadt.

Da Luther immer noch in Acht und Bann steht und das sächsische Gebiet nicht verlassen darf, wird Melanchthon zum Außenminister der Reformation, der den Kurfürsten zu den Reichstagen begleitet, an den großen Religionsgesprächen teilnimmt und in diplomatischen Diensten unterwegs ist. Fast ein Drittel seiner Lebenszeit, hat man ausgerechnet, war er in solchen Missionen unterwegs. Fast 10.000 Briefe sind von ihm erhalten.

Für den Augsburger Reichstag 1530 schreibt er eine Zusammenfassung des evangelischen Glaubens, die berühmte »Confessio Augustana«, bis heute die wichtigste Bekenntnisschrift der lutherischen Kirchen.

Glaube und Bildung waren sein Lebensthema. Er verfasst eine Vielzahl von Universitäts- und Schulordnungen, Unterrichtsbüchern und Grammatiken, berät Städte, Landesfürsten und auch den dänischen König in Schul- und Unterrichtsfragen und leitet auf diese Weise den Aufbau eines höheren evangelischen Bildungswesens in ganz Deutschland. Schon zu seinen Lebzeiten trägt er den Ehrentitel »Lehrer Deutschlands«.

Der Tod Luthers 1546, die Wirren und Mühen des konfessionellen Bürgerkriegs, private Schicksalsschläge, vor allem aber die zermürbenden theologischen Streitigkeiten im eigenen protestantischen Lager überschatten die letzten Lebensjahre Melanchthons. Er wird müde und am Ende wohl bitter. Nach seinem Tod am 19. April 1560 fand man einen Zettel, auf dem unter der Überschrift »Ursachen, dich vor dem Tod weniger zu fürchten« Folgendes stand: »Du wirst von der Sünde loskommen. Du wirst von der Trübsal befreit und von der Wut der Theologen. Du wirst zum Licht gelangen. Du wirst Gott sehen. Du wirst den Sohn Gottes schauen. Du wirst jene wunderbaren Geheimnisse erfahren, die du in diesem Leben nicht hast begreifen können.«

Heute, wenn ihr seine Stimme hören werdet, so verstocket eure Herzen nicht.

Hebräer 3,15

GEBET

Gott,
wir reden viel.
Wir versprechen viel
und können es nicht halten.
Und nicht immer sagen wir das,
was wir meinen.
Wir bitten dich: Lass uns wahrhaftig reden!
Worte können verletzen,
Worte haben Macht.
Ein falsches Wort kann alles vergiften.
Wir bitten dich: Lass uns darauf achten,
was wir mit Worten anrichten!
Ein gutes Wort zur rechten Zeit,
und die Welt sieht anders aus.
Worte können heilen und Streit beenden.
Wir bitten dich: Gib uns klärende und tröstende Worte.
Manchmal können Worte nichts mehr ausrichten.
Leere Worte, endloses Gerede.
Worte, die niemanden erreichen.
Wir bitten dich: Wo Worte fehl am Platze sind,
da lass uns hilfreich schweigen.
Amen.

GESANGBUCH

Mein Herz hängt treu und feste an dem, was dein Wort lehrt. Herr, tu bei mir das Beste, sonst ich zuschanden werd. Wenn du mich leitest, treuer Gott, so kann ich richtig laufen den Weg deiner Gebot.

Dein Wort, Herr, nicht vergehet, es bleibet ewiglich, so weit der Himmel gehet, der stets beweget sich; dein Wahrheit bleibt zu aller Zeit gleichwie der Grund der Erden, durch deine Hand bereit'.

Cornlius Becker (1602), EG 295, 3+4

»Wie schön sind deine Zelte, Jakob, deine Wohnungen, Israel!« – mit diesen Worten beginnt der jüdische Gottesdienst am Vorabend des Sabbat. Gesprochen hat diese Worte aber ursprünglich kein Jude, sondern ein Feind Israels, der Seher und Zauberer Bileam, der ausgezogen war, Israel zu verfluchen. Doch Gott hat ihn umgedreht, hat aus dem Fluch einen Segen gemacht. Und das kam so: Nach langer Wüstenwanderung war das Volk auf der Flucht aus Ägypten am Rand des Kulturlandes angekommen. Sie lagern an den Grenzen des Gebietes, das von den Moabitern bewohnt ist. Deren König Balak bekommt es mit der Angst zu tun: »Nun wird dieser Haufe alles auffressen, was um uns herum ist, wie ein Rind das Gras auf dem Feld auffrisst.« Balak wagt nicht, dem Volk Israel mit seinem Heer entgegenzuziehen, dafür scheint ihm Israel zu stark. Er greift zu einem anderen Mittel: Balak schickt nur nach einem einzigen Mann, aber der ist gefährlicher als ein ganzes Heer – der weitbekannte und gefürchtete Zauberer und Magier Bileam: »Komm und verfluche mir dieses Volk, denn es ist mir zu mächtig.«

Wir aufgeklärten und zivilisierten Menschen des 21. Jahrhunderts können uns kaum noch vorstellen, was in alter Zeit ein Fluch bedeutete. Viel mehr als nur ein böses Wort oder eine unflätige Beschimpfung. Wer flucht, so glaubten die Alten, der beschwört abgründige, zerstörerische Mächte, denen man hoffnungslos ausgeliefert ist. Wo ein Fluch auf Menschen liegt, da haben diese nichts mehr zu lachen. Bileam war ein Spezialist auf diesem Gebiet, eine anerkannte Kapazität. Wer seine Dienste in Anspruch nehmen wollte, musste eine Menge Geld bezahlen. Als der König die Summe noch einmal erhöht, kann der anfangs zögernde Bileam nicht mehr widerstehen und er zieht los mit seiner Eselin und seiner Beschwörungsausrüstung. Unterwegs tritt ihm in einem Hohlweg plötzlich der »Engel des Herrn« entgegen, mit gezücktem Schwert. Doch Bileam sieht nichts, seine Eselin aber sieht alles haargenau und ist durch keine Schläge zu bewegen, auch nur einen Schritt weiterzugehen. Dreimal beschimpft und schlägt Bileam die Eselin, bis schließlich, o Wunder, der gequälten Kreatur Sprache verliehen wird und dem blinden Zauberer Bileam endlich die Augen aufgehen für den Engel Gottes, der ihm den Weg versperrt.

Nun kommt das Überraschende: Bileam soll gar nicht umkehren, er soll nur getreulich das aussprechen, was ihm eingegeben wird. An dem Berg angekommen, von dem aus man das Volk Israel im Tal zelten sieht, macht Bileam sich sogleich ans Werk. Sieben Altäre werden errichtet, es wird geopfert, das feierliche Fluchzeremoniell wird in Gang gesetzt – doch merkwürdig: Nicht Fluchworte, sondern lauter Segensworte über Israel kommen aus Bileams Mund. Der König Balak ist entsetzt. Er weist auf das viele Geld hin, das er dem Bileam gezahlt hat. Aber Bileam kann nur antworten: »Wie soll ich fluchen, dem Gott nicht flucht? Wie soll ich verwünschen, den der Herr nicht verwünscht?«

Darum geht es in dieser Geschichte: Wo Gott ein Segenswort gesprochen hat, hat die leidenschaftlichste Verfluchung keine Macht. Das Volk Israel zeltet ahnungslos unten im Tal; es hat von der Bedrohung gar nichts mitbekommen, es musste sich nicht einmal fürchten. Denn Gott hatte seine Hand über Israel gehalten.

Und Bileam? Er muss immer weiter segnen: »Wie schön sind deine Zelte, Jakob, deine Wohnungen, Israel! Wie Taler, die sich ausbreiten, wie Gärten am Strom, wie Eichen, die der Herr gepflanzt, wie Zedern am Wasser. Wasser rinnt aus seinen Eimern, reichliches Wasser hat seine Saat!« (4 Mose 24,5f.)

Max Liebermann, »Der zwölfjährige Jesus unter den Schriftgelehrten«, Zeichnung, 1878

Die Zeichnung ist eine Studie für Liebermanns Bild »Christus im Tempel«, das Ende des 19. Jahrhunderts in München einen großen Skandal auslösen sollte. Dabei hatte Liebermann, um keinen Anstoß zu erregen, das unverkennbar jüdische Jesuskind der Studie im Gemälde schon in ein eher mitteleuropäisches Kind verwandelt. Es half nichts. Publikum, Kritiker und Politiker lehnten das Werk einmütig ab, weil »der erhaben göttliche Gegenstand dieses Bildes in einer so gemeinen und niedrigen Weise dargestellt ist, dass jeder positiv gläubige Christ sich durch dieses blasphemische Bild aufs tiefste beleidigt fühlen musste«, wie ein Abgeordneter des bayrischen Landtages urteilte.

(12.7.1906–17.2.1998)

Er war einer der zornigen alten Männer der evangelischen Kirche, ebenso profiliert wie streitbar, umstritten und verehrt. Ernst Käsemann verstand sich selbst als »Partisan Gottes«. Gott mehr zu gehorchen als den Menschen war sein Motto, das er lebenslang mit Vehemenz vertrat.
Am 12.7.1906 in Bochum-Dahlhausen geboren, wurde Käsemann in seiner Jugend durch die Begegnung mit dem Essener Jugendpfarrer Wilhelm Weigle geprägt, der ihm den Weg in die Theologie wies. Ernst Käsemann studierte in Bonn, Tübingen und Marburg, wo er vor allem von Rudolf Bultmann beeinflusst wurde, den er für den Lehrer hielt, mit dem zu streiten sich am meisten lohnte. Von 1933–1946 war Ernst Käsemann Gemeindepfarrer in der Bergarbeitergemeinde Gelsenkirchen-Rotthausen – die wichtigsten Jahre in seinem Leben, wie er später sagte. Im Kirchenkampf stand er von vornherein und konsequent auf der Seite der Bekennenden Kirche, die ihm aber längst nicht radikal genug war. »Offensichtlich war unser Widerstand in der Nazizeit nur halbherzig. Wir haben das Evangelium und kirchliche Ordnungen verteidigt, sind jedoch durchweg nicht in den politischen Untergrund gegangen, wie die Mitmenschlichkeit vielfach gebot.« 1937 wurde Ernst Käsemann von der Kanzel weg verhaftet. In der Gefängniszelle konzipierte er sein Buch über den Hebräerbrief, in dem er mit dem Motiv des »wandernden Gottesvolks« ein Modell vorbildlicher christlicher Existenz herausarbeitete: Nicht Frömmigkeit ist vom Christen gefordert, sondern die Nachfolge des Gekreuzigten.
Nach dem Krieg wurde Käsemann Theologieprofessor in Mainz, später in Göttingen und schließlich in Tübingen. Er war ein konsequenter und scharfsinniger Theologe, der mit Leidenschaft Exegese trieb und als Lehrer gefürchtet war: »Die Hälfte von Ihnen gehört nicht hierhin«, soll er manchmal seinen Studenten zugerufen haben. Großes Aufsehen erregte Ernst Käsemann 1953, als er sich mit seinem Vortrag »Das Problem des historischen Jesus« gegen seinen Lehrer Bultmann wandte, der die Erforschung des historischen Jesus zu den Akten legen wollte. Der Vortrag löste eine Diskussionslawine aus, die für viele Jahre die theologische Szene beherrschte.
Als die Studenten 1967 an den deutschen Universitäten revoltierten, gehörte er zu den wenigen Professoren, die sich mit ihnen solidarisierten. »Meine Studenten haben mich aufgeweckt«, erinnerte sich Käsemann, der später auch an den Blockaden vor dem US-Raketendepot in Mutlangen teilnahm. 1968 veröffentlichte er eine fulminante Streitschrift gegen die »Bekenntnisbewegung kein anderes Evangelium«, die ihn persönlich angegriffen und ausgerechnet ihm Leugnung der Auferstehung Jesu vorgeworfen hatte: »Der Ruf der Freiheit« ist eine Summe seiner Theologie, und Freiheit ist für Käsemann das bestimmende Charakteristikum christlicher Existenz.
Tief getroffen wurde er 1977 durch die Entführung und Ermordung seiner Tochter Elisabeth, die als Entwicklungshelferin in den Slums von Buenos Aires arbeitete, durch argentinische Militärs. Er konnte die Volkskirche scharf kritisieren, eine Kirche, die sich in seinen Augen »immer gründlicher in sich selbst verstrickt«; in der man einander nur den frommen Puls fühlt, während die Predigt in Langeweile, Schablone und Mätzchen verkommt. Dennoch kam ein Kirchenaustritt für ihn nie in Frage: »Zur Kirche Jesu Christi gehöre ich um des Evangeliums willen, das mich unwiderstehlich und stets neu erfasst und mir meinen Platz angewiesen hat.« Bis ins hohe Alter hält Käsemann Vorträge, Predigten und Bibelarbeiten und zeigt dabei immer aufs Neue, wie sehr die Bibel ein »subversives Buch« ist und die Erhaltung des Status quo daraus nicht begründet werden kann.
Am 17.2.1998 ist Ernst Käsemann im Alter von 91 Jahren in Tübingen gestorben. Als Bibelvers für seine Beerdigung hatte er bestimmt: »Herr, unser Gott, es herrschen wohl andere Herren über uns denn du. Aber wir gehorchen doch dir allein und deinem Namen.« (Jes 26,13)

Seht, wir gehen hinauf nach Jerusalem, und es wird alles vollendet werden, was geschrieben ist durch die Propheten von dem Menschensohn. *Lukas 18,31*

GEBET

Guter Gott,
wir bitten dich heute für die Menschen,
die zu viele Sorgen haben:
in den Wartezimmern der Ärzte,
auf den Stationen der Krankenhäuser,
in den Alten- und Pflegeheimen,
in denen man ständig mit Krankheit und Leid konfrontiert wird;
in den Betrieben, in denen die Angst vor der Arbeitslosigkeit umgeht;
in den Geschäften, die unter starkem Konkurrenzdruck stehen;
in den Schulen, in denen das Unterrichten viel schwieriger geworden ist;
in den Familien, in denen immer weniger Zeit füreinander bleibt;
in den Kirchen, in denen das Geld knapper,
die Aufgaben aber größer werden.
Gott, du legst uns Lasten auf,
aber hilf uns auch, sie zu tragen,
damit sie nicht zu schwer werden
und uns erdrücken.
Amen.

GESANGBUCH

Ich steh vor dir mit leeren Händen, Herr;
fremd wie dein Name sind mir deine Wege.
Seit Menschen leben, rufen sie nach Gott;
mein Los ist Tod, hast du nicht andern Segen?
Bist du der Gott, der Zukunft mir verheißt?
Ich möchte glauben, komm du mir entgegen.

Lothar Zenetti (1974), EG 382,1

Politik ist im Alten Testament weitgehend Männersache. Die Könige Saul, David, Salomo, Hiskia und Josia waren Männer. Männer waren auch für die Rechtsprechung zuständig und waren allein zum Priesteramt zugelassen. Eine patriarchalische Welt. Doch es gab auch Frauen in öffentlichen Ämtern: die Prophetinnen Mirjam und Hulda – und es gab Debora. Debora vereinte drei Funktionen in einer Person: Sie war Richterin, sie war Prophetin und sie war militärische Anführerin. An einem Wendepunkt der Geschichte Israels hat sie das Heft in die Hand genommen – in der Schlacht von Meggido. In der Bibel wird diese Geschichte gleich zweimal geschildert: in einem Geschichtsbericht (Richter 4) und in einem Siegeslied (Richter 5).
Einen Staat und einen König gab es im 12. Jahrhundert v. Chr. in Israel noch nicht. Wurden die einzelnen israelitischen Stämme von äußeren Feinden bedroht, ordneten sie sich für bestimmte Zeit einem militärischen Heerführer unter, der in Friedenszeiten von seiner militärischen Funktion wieder zurücktrat. Gideon und Jephta waren solche Männer, die in der Bibel »Richter« genannt werden – und als einzige Frau eben Debora.
Die kanaanäischen Stadtkönigtümer in den fruchtbaren Ebenen hatten sich gegen die israelitischen Stämme auf dem Gebirge verbündet und ihnen die Verbindungswege zwischen ihren Siedlungsgebieten abgeschnitten. Im sogenannten Debora-Lied wird das so beschrieben: »In den Tagen Schamgars ben Anat, in den Tagen Ja'els hatte man aufgehört, die Straßen zu benutzen. Die auf Straßen gehen wollten, mussten verschlungene Pfade ziehen. Aufgehört hatte die Gastfreundschaft, still war's bei den Bauern, bis zu aufstandst, Debora, bis du aufstandst, Mutter in Israel.« (Richter 5,6f.)
Wie kommt es, dass Debora hier den Ehrentitel »Mutter in Israel« erhält? Die Bibel beschreibt Debora zunächst als Richterin und Prophetin, die unter einer Palme im Ephraim-Gebirge Recht spricht, Streitigkeiten schlichtet, für sozialen Frieden sorgt und an Gottes Willen erinnert. »Und die Israeliten zogen zu ihr hinauf zum Gericht«, heißt es in der Bibel. (Richter 4,5) Debora erkennt die Bedrohung für die Stämme Israels, ergreift die Initiative, schickt einen Boten zum israelitischen Feldherrn Barak und lässt ihm sagen: »Gott will, dass du sein Volk befreist. Mach dich auf und besiege den kanaanäischen Feldherren Sisera!« Was antwortet Barak? »Das tue ich nur, wenn du, Debora, mitmachst.« Man höre und staune: So etwas sagt der militärische Haudegen zu einer Frau!
Debora ist nicht nur klug, sondern auch mutig: »Ich ziehe mit dir in den Kampf – aber du, Barak, sollst wissen: Der Ruhm für den Sieg wird dann nicht dir, sondern einer Frau gehören.« Und so kommt es. Nach menschlichem Ermessen ist die Sache aussichtslos. Ein untrainiertes israelitisches Bauernheer gegen eine gut gerüstete kanaanäische Armee mit 900 Kampfwagen. Doch Debora reißt den ängstlichen Barak mit und verbreitet unter den Israeliten Siegeszuversicht. Als die Israeliten vorrücken, bricht unter den Kanaanäern Panik aus und sie nehmen Reißaus. Ihr Feldherr Sisera wird auf der Flucht getötet.
Machen Männer die Geschichte? Die Erzählung von Debora zeigt eindrucksvoll, dass auch in der patriarchalischen Welt der Bibel Frauen öffentliche Ämter bekleideten, Führungsqualitäten bewiesen und »Wunder« vollbringen konnten.

WIE WENIG NÜTZE ICH BIN

Wie wenig nütze ich bin,
ich hebe den Finger und hinterlasse
nicht den kleinsten Strich
in der Luft.

Die Zeit verwischt mein Gesicht,
sie hat schon begonnen.
Hinter meinen Schritten im Staub
wäscht Regen die Straße blank
wie eine Hausfrau.

Ich war hier.
Ich gehe vorüber
ohne Spur.
Die Ulmen am Weg
winken mir zu wie ich komme,
grün blau goldener Gruß,
und vergessen mich,
eh ich vorbei bin.

Ich gehe vorüber –
aber ich lasse vielleicht
den kleinen Ton meiner Stimme,
mein Lachen und meine Tränen
und auch den Gruß der Bäume im Abend
auf einem Stückchen Papier.

Und im Vorbeigehn,
ganz absichtslos,
zünde ich die ein oder andere
Laterne an
in den Herzen am Wegrand.

Hilde Domin

(27.7.1909–22.2.2006)

»Die schwersten Wege werden alleine gegangen, die Enttäuschung, der Verlust, das Opfer sind einsam ... Und doch wenn du lange gegangen bist, bleibt das Wunder nicht aus, weil das Wunder immer geschieht und weil wir ohne die Gnade nicht leben können.« Hilde Domin, eine der bedeutendsten Lyrikerinnen deutscher Sprache, glaubte an Wunder.
»Ein Wunder ist etwas Unerwartetes, womit man nicht von vorneherein rechnen und was man nicht einkalkulieren kann, was aber doch geschieht. Ich weiß nicht, ob man sie immer gleich sofort als Wunder empfindet, das ist eine andere Frage. Aber sicher hat es Erstaunliches in meinem Leben gegeben, was man nicht so ohne Weiteres hinnehmen kann.«

Hilde Domin, am 27.7.1909 in Köln geboren, wächst in einem liberalen jüdischen Elternhaus auf. Sie studiert Jura, später Soziologie und Philosophie in Heidelberg. Als sich Anfang der 30er-Jahre das gesellschaftliche Klima in Deutschland wandelt, verlässt sie, in Ahnung des Bevorstehenden, 1932 zusammen mit ihrem späteren Mann Erwin Palm das nationalsozialistisch werdende Deutschland. Nach verschiedenen Stationen im Ausland geraten sie über Umwege auf ein Schiff mit dem Ziel Dominikanische Republik. Eine ganze Kette von glücklichen Umständen rettet ihr Leben. Wenn Hilde Domin von den glücklichen Fügungen in ihrem Leben sprach, zögerte sie, Gott ins Spiel zu bringen. Sie sprach lieber von Gnade, »ohne die wir nicht leben können«.
Und wenn die Gnade des Wunders ausbleibt? »Nicht müde werden, sondern dem Wunder leise wie einem Vogel die Hand hinhalten.«
14 Jahre lang lebt das Ehepaar Palm in der Dominikanischen Republik im Exil. Hier, in Santo Domingo, wird aus Hilde Palm die Dichterin Hilde Domin. »Ich richtete mir ein Zimmer ein in der Luft unter den Akrobaten und Vögeln«, schrieb sie in Erinnerung an die Verlassenheit des Exils. »Meine Hand greift nach einem Halt und findet nur eine Rose als Stütze.«
1954 kehrt Hilde Domin ins Land ihrer Geburt und ihrer Sprache zurück. Nun galt es, »Vertrauen – das schwerste ABC« neu zu buchstabieren.
Dass sie nach 22-jährigem Exil wieder in Heidelberg zu Hause sein durfte, das sie 1932 als 23-Jährige verlassen musste, empfand sie selbst als Wunder.
»Man muss weggehen können und doch sein wie ein Baum: als bliebe die Wurzel im Boden, als zöge die Landschaft, und wir stünden fest.«
Ihr, die als Jüdin exemplarisch erfahren hatte, wie ein Mensch zunächst bedroht und dann zum Opfer wird, von einem Augenblick zum nächsten zur Hilflosigkeit verurteilt, war das Hauptanliegen die Verteidigung der Menschenwürde, »das Unverlierbare, ohne das Leben sinnlos ist«.
Darum lag ihr ein Gedicht besonders am Herzen. »Abel steh auf«, das vorzulesen sie bei keiner ihrer zahlreichen Lesungen versäumte: »Abel steh auf / es muss neu gespielt werden … / steh auf / damit Kain sagt … / Ich bin dein Hüter / Bruder / Wie sollte ich nicht dein Hüter sein …«
45 Jahre lang lebte und dichtete Hilde Domin in einem Turm ihres Hauses in Heidelberg, mit Preisen überhäuft, in mehr als zwanzig Sprachen übersetzt, eine Instanz in der Lyrik deutscher Sprache. Am 22.2.2006, im Alter von 93 Jahren, ist Hilde Domin in Heidelberg gestorben.
Auf dem Heidelberger Bergfriedhof liegt sie begraben. Auf der Sandsteinplatte steht ein Vers von ihr: »Wir setzten den Fuß in die Luft und sie trug.«

Dazu ist erschienen der Sohn Gottes, dass er die Werke des Teufels zerstöre.

1 Johannes 3,8b

GEBET

Gott,
lehre uns bedenken,
dass wir es sind, wir selbst
und kein Teufel
und keine überirdische Macht,
die verantwortlich dafür sind,
ob unsere Welt zum Teufel geht
oder zur Heimat werden kann,
in der sechs Milliarden Menschen friedlich zusammenleben.
Dass wir es sind, wir selbst,
die es in der Hand haben,
uns gegenseitig zu quälen
oder einander das Leben erträglich zu machen.
Aber dazu, Gott, brauchen wir deine Hilfe.
Amen.

GESANGBUCH

Bewahre uns, Gott, behüte uns, Gott, sei mit uns in allem Leiden. Voll Wärme und Licht im Angesicht, sei nahe in schweren Zeiten, voll Wärme und Licht im Angesicht, sei nahe in schweren Zeiten.

Bewahre uns, Gott, behüte uns, Gott, sei mit uns vor allem Bösen. Sei Hilfe, sei Kraft, die Frieden schafft, sei in uns, uns zu erlösen, sei Hilfe, sei Kraft, die Frieden schafft, sei in uns, uns zu erlösen.

Eugen Eckert (1985), EG 171

Ein Kerl wie ein Baum! Mit bloßen Händen zerreißt er einen Löwen. Nur durch ein Zucken seiner Muskeln sprengt er die Fesseln seiner Arme. Mit dem Kinnbacken eines Esels schlägt er tausend Feinde in die Luft. Die Rede ist von Simson, von dem am Anfang der Bibel, im Buch der Richter, erzählt wird. Simson, der Kraftprotz! Simson, der Held! Da ist die Geschichte vom Gelage mit den Philistern, den Feinden. Simson hatte die Kühnheit, ja die Frechheit besessen, sich eine philistäische Frau zu nehmen, aus den Reihen der Feinde. Beim Hochzeitsgelage provoziert er seine neue Verwandten ein ums andere Mal. Die Stimmung wird immer gespannter. Simson stellt Rätselaufgaben, die keiner lösen kann. Es kommt zum Streit, und Simson erledigt locker 30 Mann. Später jagt er Füchse mit Feuerbränden an den Schwänzen in die Kornfelder der Philister. Halb Israel, man kann es sich vorstellen, lachte sich tot.

Ein andermal weilte er in Gaza, mitten im Philisterland, nachts bei einer Hure. Jetzt glaubten ihn die Philister in der Falle zu haben. Die Stadttore wurden verschlossen. Aber was macht Simson? Um Mitternacht steht er auf, hebt die Stadttore mit den Riegeln aus ihrer Verankerung, legt sie auf seine Schultern und schleift sie viele Kilometer weit auf einen Berg bei Hebron. Ja, das war ein Kerl, der Simson! Man kann es sich vorstellen, wie sich die Israeliten an seinen Siegen über die unbeschnittenen, die verhassten Philister berauschten.

Doch dann geriet er an Delila, eine schöne Philisterin, und sie wurde sein Unglück. Der starke Mann und die schöne, verschlagene Frau – bis heute ein Stoff für Kinofilme. Die Philister hatten Delila Geld geboten, viel Geld, tausendeinhundert Silberstücke, falls es ihr gelänge, Simson in einem schwachen Moment das Geheimnis seiner Kraft zu entlocken. Seine langen Haare sind es – und als sie ihm, schlafend im Schoß der Delila liegend, abgeschnitten werden, ist es mit seiner Kraft vorbei. Er wird geblendet und muss im Gefängnis die Mühle drehen. Aber bei einem großen Fest, da holen ihn die Philister zurück, um sich noch einmal an ihm zu ergötzen. Man stellt ihn in die Mitte des Saales zwischen zwei Säulen, damit er der Menge den Clown spielt. Doch seine Haare waren inzwischen nachgewachsen. Und in einer letzten Aufwallung seiner Kraft reißt er die Säulen um und begräbt sich und die ganze Menge unter den Trümmern. »Sodass es«, wie es in der Bibel heißt, »mehr Tote waren, die er durch seinen Tod tötete, als die er zu seinen Lebzeiten getötet hatte.« (Richter 16,30)

Warum steht die »Heldengeschichte« von Simson eigentlich in der Bibel? Ein Mann, der seine Kraft vergeudet, dessen Fähigkeiten im Schabernack verpuffen, der am Ende in dem Chaos untergeht, das er um sich herum verbreitet. Ein Held? Die Bibel kennt nur Helden mit Macken. David ist nicht nur ein großer König Israels, er ist auch ein Ehebrecher und schwächlicher Vater. Maria, die Mutter Jesu, will ihren Sohn zurückholen, weil sie glaubt, er sei verrückt geworden. Und Petrus, der Sprecher der Jünger, ist zugleich ein Großmaul, das sich im entscheidenden Moment von Jesus distanziert.

Warum hat man all das in der Bibel erzählt, hätte man es nicht auch verschweigen können? Die Bibel ist eben unerbittlich menschlich! Heroen und Heilige, Saubermänner und Moralapostel kommen in der Bibel gar nicht vor, auch keine strahlenden Helden.

Käthe Kollwitz, »Not«, Blatt 1 aus dem Zyklus »Ein Weberaufstand«, Kn 33, zwischen 1893 und 1897, Kreide- und Federlithographie, Schabeisen und Schabnadel Käthe Kollwitz Museum Köln, © VG Bild-Kunst, Bonn 2011

Die sechs Blätter »Ein Weberaufstand« haben Käthe Kollwitz sofort berühmt gemacht. Thema sind Elend und Ausbeutung der schlesischen Weber, deren Aufstände gegen ihre katastrophale Notlage 1844 blutig niedergeschlagen wurden. »Not« ist das erste Blatt aus dieser Reihe.

(6.3.1831–2.4.1910)

Am 6. März 1831 in Tecklenburg geboren, stammte Friedrich von Bodelschwingh aus altem westfälischen Adel. Er wuchs in Berlin, wohin sein Vater 1842 als preußischer Minister berufen worden war, in höchsten gesellschaftlichen Kreisen auf. Nach dem Abitur ging Bodelschwingh als Gutsverwalter nach Hinterpommern, wo er mit dem Elend der Landarbeiter konfrontiert wurde. Mit 23 Jahren begann er, Theologie zu studieren – in der Absicht, später Missionar zu werden. Diesen Plan gab er jedoch auf, als ihm nach dem Studium eine Stelle in Paris angeboten wurde, wo er sich um verarmte deutsche Auswanderer kümmerte. Mit großer Tatkraft schuf Bodelschwingh innerhalb weniger Jahre in einem Elendsviertel von Paris eine christliche Kolonie mit Kirche, Schule und Arbeitersiedlung für deutsche »Straßenkehrer und Lumpensammler«.

1864 wurde Bodelschwingh Pfarrer in Dellwig bei Unna. Hier traf die Familie ein Unglück, das Bodelschwinghs Leben verändern sollte. Innerhalb von zwei Wochen starben alle vier Kinder des Ehepaares Bodelschwingh an Stickhusten. Für uns kaum nachzuvollziehen, stand für ihn fest: Gott hatte gesprochen. Im Blick auf das Sterben seiner Kinder hat er später geschrieben: »Ich habe nicht gewusst, dass Gott so hart sein kann, darüber bin ich barmherzig geworden.«

1872 folgte Bodelschwingh einem Ruf aus Bielefeld und übernahm die Leitung der 1867 gegründeten Anstalt für Epileptiker und des 1869 eröffneten Diakonissenhauses. Bodelschwingh war nicht der Gründer Bethels, doch er war es, der in 38 Jahren aus einer kleinen Pflegeeinrichtung die größte diakonische Einrichtung in Europa machte. Als Bodelschwingh am 2.4.1910 starb, war aus »Bethel« (= Haus Gottes) – der Name geht auf Bodelschwingh zurück – eine Kleinstadt mit mehr als viertausend Einwohnern geworden: mit Kirche, Schulen, Handwerksbetrieben, Kaufhaus, Post und einer kommunalen Infrastruktur. Das entsprach Bodelschwinghs Konzept: Die Kranken und Behinderten sollten nicht in geschlossenen Anstalten verwahrt werden, sondern mit gesunden Menschen zusammen auch leben, möglichst auch arbeiten und so in das normale Leben integriert werden. Zu der Arbeit mit Epilepsiekranken kamen in rascher Folge neue Arbeitsfelder hinzu: die Fürsorge für psychisch Kranke, Alkohol- und Tuberkulosekranke, für Menschen mit geistigen Behinderungen und für gefährdete Jugendliche. Besonders ans Herz gewachsen waren Bodelschwingh die Wanderarmen, er nannte sie seine »Brüder von der Landstraße«. Für sie schuf er, erstmalig in Deutschland, Arbeiterkolonien, in denen diese Menschen eine »Herberge« und moralischen Halt fanden.

Bodelschwingh hatte einen scharfen Blick für die Verelendung und Aussonderung von Menschen im Zuge der fortschreitenden Industrialisierung. In zahlreichen Petitionen und Briefen an Politiker und auch an Mitglieder des Königshauses hat er, meist vergeblich, immer wieder praktische Lösungsvorschläge unterbreitet. In allem sozialen Wirken hat Bodelschwingh nie das volksmissionarische Ziel aus den Augen verloren. Soziale Verantwortung im Sinne eines ganz realen Kampfes gegen Not und Elend und Mission im Sinne einer Bekehrung der Herzen gehörten für ihn untrennbar zusammen: »Das Wort ›unheilbar‹ steht nicht im Wörterbuch eines Christen.« Seine diakonische Stadt Bethel sollte der Welt auch beispielhaft zeigen, wie weit eine am Evangelium orientierte Gemeinde die Entchristlichung der Gesellschaft aufhalten konnte.

Bodelschwingh war eine charismatische Persönlichkeit, doch er war kein protestantischer Heiliger, als den ihn manche Zeitgenossen schon verehrten. Die geistige Enge des Glaubens und seine konservativ-monarchische Gesinnung waren unverkennbar. Entscheidend für seine große Wirkung war aber, dass er »nicht wegschauen konnte« (Schmuhl). Konfrontiert mit sozialem und seelischem Leid, konnte er nicht anders, als sofort entschlossen und risikobereit zu handeln.

Gott erweist seine Liebe zu uns darin, dass Christus für uns gestorben ist, als wir noch Sünder waren.

Römer 5,8

GEBET

HERR, warum siehst du dem Treiben
brutaler Menschen tatenlos zu?
In ihrem Hochmut quälen diese Menschen die Armen.
In ihrem Größenwahn reden sie sich ein:
»Wie sollte Gott uns zur Rechenschaft ziehen?
Wo er doch gar nicht existiert!«
Es ist kein Gott – so ist ihr ganzes Denken.
Sie tun, was sie wollen, und alles gelingt ihnen.
Ob du sie verurteilst, berührt sie nicht.
Sie lachen spöttisch über jeden Gegner.
»Was soll uns erschüttern?«, sagen sie.
»Wir kommen immer durch.«
Ihr Mund ist voll Lug und Trug und Gewalt,
was sie reden, endet in Unheil und Unglück.
Steh auf, Gott! Greif doch ein!
Vergiss nicht die Gequälten.
Lass nicht zu, dass die Hochmütigen dich lästern
und sagen: »Gott – der tut nichts.«
Du siehst alles Elend, allen Kummer,
du weißt Bescheid, dir kann keiner was vormachen.
An dich wenden sich Schwache und Wehrlose
und vertrauen dir ihre Sache an.
Du hast ein Ohr für ihre Klage,
du machst ihr Herz gewiss und hörst sie an.
Den Wehrlosen und Unterdrückten verschaffst du ihr Recht,
kein Mensch darf mehr Schrecken verbreiten im Land.

Psalm 10 in Auswahl

GESANGBUCH

Ich möcht', dass einer mit mir geht, der's Leben kennt, der mich versteht, der mich zu allen Zeiten kann geleiten. Ich möcht', dass einer mit mir geht.

Sie nennen ihn den Herren Christ, der durch den Tod gegangen ist; er will durch Leid und Freuden mich geleiten. Ich möcht', dass einer mit mir geht.

Hanns Köbler (1964), EG 209,1+4

Die Geschichte Ruths spielt in der Frühzeit Israels (um 1100 v. Chr.), als eine Hungersnot Elimelech aus Bethlehem zwang, mit seiner Frau Noomi und den Söhnen Machlon (»Krankheit«) und Kiljon (»Schwindsucht«) ausgerechnet in das seit alters mit Israel verfeindete Nachbarland Moab auszuwandern. Nach dem Tod des Vaters heirateten die Söhne moabitische Frauen. Doch schon bald sterben Machlon und Kiljon, wie ihre Namen schon vermuten lassen, dahin. Die drei Witwen stehen ohne Männer und Kinder da, eine damals hoffnungslose Situation. Darauf beschließt Noomi nach Bethlehem zurückzukehren, beschwört aber ihre Schwiegertöchter, sich nicht an sie zu binden, sondern in Moab zu bleiben und wieder zu heiraten. Orpa tut das Naheliegende und Vernünftige, sie kehrt zu ihrem Volk zurück. Ruth aber lässt sich nicht abweisen und sagt zu Noomi, die berühmt gewordenen Worte, die sich jüdische Ehepaare gern in die Eheringe eingravieren lassen: »Wo du hingehst, da will ich auch hingehen; wo du bleibst, da bleibe ich auch. Dein Volk ist mein Volk, und dein Gott ist mein Gott. Wo du stirbst, da sterbe ich auch, da will ich auch begraben werden.« (Ruth 1,16f.) Ruth entscheidet sich gegen alle Vernunft dafür, einer alten Frau in eine fremde Welt zu folgen.

Zur Zeit der Getreideernte kommen die beiden kinder- und mittellosen Witwen nach Bethlehem zurück. Sie sind auf das Armenrecht angewiesen, das Armen nicht ein Almosen, sondern das Recht einräumt, auf abgeernteten Feldern und in Weinbergen Nachlese zu halten. Dabei gerät Ruth auch auf das Feld des reichen Grundbesitzers Boas, eines Verwandten ihres verstorbenen Schwiegervaters, der sie außerordentlich zuvorkommend behandelt. Als Ruth Noomi davon erzählt, erkennt diese, dass der Verwandte Boas als »Löser« für das Familienerbe in Betracht kommen könnte, und beschließt, eine Heirat ihrer Schwiegertochter Ruth mit Boas in die Wege zu leiten. Zugrunde liegt hier die rechtliche Möglichkeit der »Leviratsehe«. Danach ist ein nahestehender verwandter »Löser« verpflichtet, die Nachkommenschaft eines kinderlos Gebliebenen zu sichern, indem er dessen Frau heiratet. Der erstgeborene Sohn aus dieser Verbindung führt dann die Familie des Verstorbenen fort, die so im Besitz ihres Landes bleibt.

Noomi überredet Ruth, sich schön gekleidet, gebadet und gesalbt heimlich zu Füßen des Boas auf die Tenne zu legen, wo er nach dem Erntefest übernachtet. »Er wird dir dann sagen, was du tun sollst.« So geschieht es – aber nicht er, sondern sie sagt, was dann geschehen soll: »Breite den Zipfel deines Gewandes über mich, denn du bist der Löser.«

Damit bietet sie ihm die Ehe an. Eine verfängliche Szene, die Ruth auch leicht hätte kompromittieren können. Doch Boas ist beeindruckt von der Treue und dem Mut der jungen Frau und verspricht, die Sache Noomis in die Hand zu nehmen. Als Verwandter ist er bereit, den verlorenen Landbesitz ihres verstorbenen Mannes loszukaufen und die Leviratsehe mit ihrer Schwiegertochter Ruth einzugehen. Zuvor muss er sich aber noch mit einem anderen verwandtschaftlich näher stehenden »Löser« verständigen. Das geschieht am nächsten Morgen, in der Rechtsversammlung am Tor vor Zeugen. Der andere Verwandte verzichtet auf sein Vorrecht, damit kann Ruth die Frau des Boas werden. In dieser Ehe wird der Sohn geboren, der Noomis Zukunft sichern und sie im Alter versorgen kann. Die Erzählung endet mit einem Lob Ruths, von der die Frauen Bethlehems sagen: Diese Schwiegertochter ist mehr wert als sieben Söhne.

Das Buch Ruth ist eine Frauengeschichte und zugleich die Geschichte einer ganz selbstverständlichen Frömmigkeit. Gott verbirgt sich hinter den Szenen des alltäglichen Lebens, er sendet Hungersnot und lässt doch nicht verhungern, er führt in die Fremde und schenkt neue Heimat, er stiftet Liebe und ermöglicht neues Leben – und macht eine Ausländerin zur Urgroßmutter des Königs David und zur Stammmutter Jesu.

DIE ROSE

Rainer Maria Rilke ging in der Zeit seines Pariser Aufenthaltes regelmäßig über einen Platz, an dem eine Bettlerin saß, die um Geld anhielt. Ohne je aufzublicken, ohne ein Zeichen des Bittens oder Dankens zu äußern, saß die Frau immer am gleichen Ort. Rilke gab nie etwas, seine französische Begleiterin warf ihr häufig ein Geldstück hin. Eines Tages fragte die Französin verwundert, warum er nichts gebe. Rilke antwortete: »Wir müssen ihrem Herzen schenken, nicht ihrer Hand.«

Wenige Tage später brachte Rilke eine eben aufgeblühte weiße Rose mit, legte sie in die offene abgezehrte Hand der Bettlerin und wollte weitergehen. Da geschah das Unerwartete: die Bettlerin blickte auf, sah den Geber, erhob sich mühsam von der Erde, tastete nach der Hand des fremden Mannes, küsste sie und ging mit der Rose davon.

Eine Woche lang war die Alte verschwunden; der Platz, an dem sie vorher gebettelt hatte, blieb leer. Nach acht Tagen saß sie plötzlich wieder wie früher an der gewohnten Stelle.
Sie war stumm wie damals, wiederum nur ihre Bedürftigkeit zeigend durch die ausgestreckte Hand. »Aber wovon hat sie denn in all den Tagen gelebt?« fragte die Französin. Rilke antwortete: »Von der Rose ...«

Josef Bill

(12.3.1607–27.5.1676)

»Meinem einzigen hinterlassenen Sohn überlasse ich von irdischen Gütern wenig, dabei aber einen ehrlichen Namen, dessen er sich sonderlich nicht wird zu schämen haben.« So schreibt Paul Gerhardt wenige Monate vor seinem Tod in seinem Testament für seinen Sohn.
Sein Leben und Dichten sind weithin geprägt durch die Erschütterungen und Auswirkungen des Dreißigjährigen Krieges. Er war noch ein Kind, als der Krieg begann; als er starb, lasteten die Folgen des Kriegs immer noch schwer auf den Menschen. Am 12.3.1607 in Gräfenheinichen als Sohn des dortigen Gastwirts und Bürgermeisters geboren, steht Paul Gerhardt schon mit 14 Jahren nach dem frühen Tod der Eltern allein in der Welt. Während seiner Lateinschulzeit in Grimma wütet im Ort die Pest. In Wittenberg, wo er seit 1628 Theologie studiert, sieht er den in der Schlosskirche tot aufgebahrten Schwedenkönig Gustav Adolf. Sein Heimatort Gräfenheinichen liegt bei einem Besuch nach einem Überfall des schwedischen Heeres in Trümmern. Wenig später stirbt sein Bruder Christian an der Pest. Paul Gerhardt dichtet: »Was ist mein ganzes Wesen von meiner Jugend an als Müh und Not gewesen? Solang ich denken kann, hab ich so manchen Morgen, so manche liebe Nacht mit Kummer und mit Sorgen des Herzens zugebracht.«
Er drängt nicht ins Pfarramt, zweifelt sogar, ob er dafür würdig ist. Er bleibt Hauslehrer, zuerst in Wittenberg, dann in Berlin im Haus seiner späteren Schwiegereltern. Aber viele seiner Lieder sind schon entstanden. Als Johann Crüger, Kantor und Musikdirektor am Gymnasium, dem er in Berlin begegnet, 1647 sein Gesangbuch veröffentlicht, enthält es 18 Gedichte Paul Gerhardts mit den Melodien Crügers.
Mit 44 Jahren übernimmt Paul Gerhardt 1651 sein erstes Amt als Propst und Schulinspektor in Mittenwalde. »Befiehl du deine Wege«, »O Haupt voll Blut und Wunden« und viele weitere Lieder sind in den ersten Jahren in Mittenwalde entstanden. Mit 48 Jahren heiratet er die ihm längst vertraute Anna Maria Berthold. Die erste Tochter stirbt nach acht Monaten, drei weitere Kinder in frühen Jahren. Es wundert nicht, dass zwei Drittel seiner Lieder darauf abzielen, Trauernde und Verzagte zu trösten. »Er hört die Seufzer deiner Seelen und des Herzens stilles Klagen; und was du keinem darfst erzählen, magst du Gott gar kühnlich sagen. Er ist nicht fern, steht in der Mitten, hört bald und gern der Armen Bitten.«
1657, im Alter von 50 Jahren, wird Paul Gerhardt als Pfarrer an die Berliner Hauptkirche St. Nicolai berufen. Er ist nun ein weithin bekannter Liederdichter. In Crügers Gesangbuch von 1661 stehen inzwischen 95 seiner Lieder. Fast alle zeichnen sich durch eine volkstümliche Schlichtheit und innerliche Frömmigkeit aus. Seine Lieder enthalten oft lyrische Elemente, die religiöse Überzeugungen und Empfindungen anschaulich und persönlich nachvollziehbar machen: »Der Wolken, Luft und Winden gibt Wege, Lauf und Bahn, der wird auch Wege finden, da dein Fuß gehen kann.« Bei ihm finden sich Ansätze einer ersten wirklichen Naturlyrik in der deutschen Dichtung: »Geh aus, mein Herz, und suche Freud in dieser lieben Sommerzeit«, »Nun ruhen alle Wälder, Vieh, Menschen, Städt und Felder«.
In Berlin gerät der empfindsame und gradlinige Paul Gerhardt in die Auseinandersetzung zwischen Staat und Kirche. Das Herrscherhaus war reformiert, das Land Brandenburg lutherisch. Unter Androhung der Amtsenthebung sollen die lutherischen Pfarrer unterschreiben, auf theologische Auseinandersetzungen zu verzichten. Er verweigert die Unterschrift und wird aus seinem Amt entlassen.
Seine letzten Jahre verbringt er als Pfarrer in dem zu Sachsen gehörigen Lübben im Spreewald. Hier hat er noch einige Jahre gepredigt, bis zu seinem Tod am 27.5.1676. Im Altarraum der Kirche liegt er begraben.

Wer seine Hand an den Pflug legt und sieht zurück, der ist nicht geschickt für das Reich Gottes.

Lukas 9,62

GEBET

Lasst uns beten für alle, die Gott suchen, dass sie ihn finden,
und für alle, die glauben, ihn gefunden zu haben,
dass sie ihn aufs Neue suchen.
Wir bitten dich, Herr, erbarme dich!
Lasst uns beten für alle, die Angst vor der Zukunft haben,
dass sie Vertrauen gewinnen;
und für alle, die gescheitert sind,
dass sie noch einmal anfangen.
Wir bitten dich, Herr, erbarme dich!
Lasst uns beten für alle, die sich verloren fühlen,
dass sie ein Zuhause finden;
und für alle, die einsam sind,
dass sie einem Menschen begegnen.
Wir bitten dich, Herr, erbarme dich!
Lasst uns für alle beten, denen es gut geht,
dass sie nicht hart und gleichgültig werden;
und für die Mächtigen, dass sie kritisch bleiben mit sich selbst.
Wir bitten dich, Herr, erbarme dich!
Zuletzt bitten wir dich, Gott, für uns selbst:
Lass uns nicht allein mit unsern Zweifeln,
öffne unsere Augen für deine Spuren in dieser Welt, in unserem Leben.
Amen.

GESANGBUCH

Vertraut den neuen Wegen, auf die uns Gott gesandt!
Er selbst kommt uns entgegen. Die Zukunft ist sein Land.
Wer aufbricht, der kann hoffen in Zeit und Ewigkeit.
Die Tore stehen offen. Das Land ist hell und weit.

Klaus Peter Hertzsch (1989), EG 395,3

Sara und Rebekka, Rahel und Elisabeth, die unbekannte Mutter des Simson und Michal, die Frau Davids, gehören zu den Frauen in der Bibel, die lange oder für immer kinderlos waren. Heute, wo in Deutschland ein Viertel aller Paare keine Kinder hat, ist Kinderlosigkeit für viele Eltern zwar oft ein großer Kummer, aber es ist kein gesellschaftlicher Skandal. In der patriarchalisch geprägten Welt der Bibel galt es dagegen als Schande, ohne Nachkommen zu sein. Nachkommen – damit meinte man in erster Linie Söhne. Denn Söhne waren die allein Erbberechtigten, gaben den Namen des Mannes weiter. Ein ungeheurer Druck lastete darum auf den Frauen, die nicht bald in der Ehe schwanger wurden und Kinder, möglichst Söhne, zur Welt brachten. Eine kinderlose Frau war Kränkungen und Verachtungen ausgesetzt. Irgendetwas musste sie getan haben, dass Gott sie so strafte.

So erging es auch Hanna, von der die Bibel am Anfang der Samuel-Bücher erzählt. Sie war eine der beiden Frauen des Ephraimiters Elkana – eine zu jener Zeit durchaus nicht ungewöhnliche Konstellation. In der Bibel heißt es: »Hanna hatte keine Kinder, Peninna aber hatte Kinder.« Für Hanna war das ein großes Unglück. Zusätzlich zu ihrem persönlichen Kummer muss sie noch den Spott und die Demütigungen der anderen Frau erleiden. Die hatte ihrem Mann Söhne und Töchter geboren, sie hatte ihre Pflicht als Ehefrau erfüllt. Und doch blieb Hanna die Lieblingsfrau ihres Mannes. Bei der jährlichen Wallfahrt zum Heiligtum nach Schilo zeichnete er Hanna immer wieder besonders aus und ließ ihr besondere Stücke vom Opferfleisch zukommen. Das konnte die andere Frau, Peninna, nicht verwinden. Sie solidarisierte sich nicht mit der kinderlosen Hanna, sondern machte ihr ein ums andere Mal das Leben schwer. Die jährliche Wallfahrt, das gemeinsame Essen und Trinken werden für Hanna zur Qual, die auch ein aufmerksamer Ehemann nicht beseitigen kann: »Hanna, warum weinst du und warum isst du nichts? Und warum ist dein Herz traurig? Bin ich dir nicht mehr wert als zehn Söhne?« (1 Samuel 1,8) In der patriarchalen Welt der Bibel eine erstaunliche Liebeserklärung! Aber gegen Hannas Trauer kommen alle Tröstungen nicht an.

Doch nun kommt in der biblischen Erzählung ein Satz, der der Geschichte von Hanna eine Wendung gibt: »Da stand Hanna auf«, um zum Eingang des Tempels zu gehen und ihr Unglück vor Gott zu bringen. Dabei legte sie ein Versprechen ab: Wenn sie einen Sohn bekommen würde, dann will sie ihn Gott zurückgeben und sein Leben soll Gott geweiht sein. Allein und selbstständig, ohne Rücksprache mit ihrem Mann, legte sie dies Gelübde ab und setzte sich damit über die geltenden Religionsgesetze hinweg. Ihr Auftreten am Eingang des Tempels war ungewöhnlich. Kein Laut war zu hören, »denn Hanna redete mit ihrem Herzen, nur ihre Lippen bewegten sich« (1 Samuel 1,13). Der Priester hält sie für betrunken und spricht sie darauf an. Als er von ihrem Schicksal erfährt, entlässt er sie mit der Zusage: »Geh hin mit Frieden; der Gott Israels wird dir die Bitte erfüllen.« (1 Samuel 1,17)

Und wirklich, kurze Zeit nach der Rückkehr vom Heiligtum wurde Hanna schwanger und gebar einen Sohn. Sie nannte ihn Samuel – »ich habe ihn von Gott erbeten«. Hanna zog Samuel auf, und als er etwas kräftiger geworden war, brachte sie ihn zum Heiligtum nach Schilo, wo er zunächst als Gehilfe des Priesters und später selbst als Priester und wichtigster erster Prophet Israels Gott diente.

Hanna aber, so erzählt es die Bibel, besuchte ihren Sohn jährlich im Heiligtum und bekam »anstelle des Erbetenen, den sie vom HERRN erbeten hat« noch drei Söhne und zwei Töchter.

UND HANNA BETETE UND SPRACH:

Mein Herz freut sich über Gott,
er hat mich aufgerichtet und mich gestärkt.
Jetzt kann ich über meine Feinde lachen –
voller Freude, weil du geholfen hast.
Der HERR allein ist heilig;
außer dir ist keiner,
und es gibt keinen Fels wie unseren Gott.
Hört auf, so hochmütig zu reden,
prahlt nicht frech mit euren Plänen;
denn der HERR ist ein Gott, der alles kennt,
von ihm werden eure Taten gewogen.
Starken Männern zerbricht er die Waffen,
Strauchelnden gibt er neue Kraft.
Die da satt sind, müssen sich ihr Brot verdienen;
Hungrige aber haben frei für immer.
Die unfruchtbare Frau bringt sieben Kinder zur Welt,
aber die Kinderreiche welkt dahin.
Der Herr tötet und macht lebendig,
er führt hinab zu den Toten und wieder hinauf.
Der HERR macht arm und er macht reich,
er lässt die einen hochkommen und bringt die andern zu Fall.
Er erhebt den Geringen aus dem Staub
und erhöht den Armen aus dem Kot,
um ihn bei Fürsten sitzen zu lassen
und einen Ehrenplatz zu geben.
Denn dem HERRN gehören die Säulen der Erde,
er hat die Welt auf sie gegründet.
Der Herr leitet die Füße seiner Getreuen,
die Gottlosen aber enden in der Finsternis.
Denn aus eigener Kraft ist der Mensch nicht stark.
Die gegen den HERRN kämpfen, werden erschrecken;
über sie lässt er im Himmel seinen Donner erdröhnen.
Der HERR richtet die Enden der Erde.
Seinem König gebe er Stärke
und er erhöhe die Macht seines Gesalbten!

1 Samuel 2,1–10

(20.11.1858–16.3.1940)

Als erste Frau erhielt Selma Lagerlöf 1909 den Nobelpreis für Literatur. Ihr Beispiel motivierte unzählige Frauen, selber literarisch tätig zu werden und mit eigenen Texten in die Öffentlichkeit zu gehen. Für viele Frauen, nicht nur in Skandinavien, wurde Selma Lagerlöf zu einem weithin verehrten Vorbild, dem man schrieb, das man um Rat fragte, dem man eigene Texte zur Begutachtung vorlegte.

Geboren wurde Selma Lagerlöf am 20.11.1858 auf Gut Märbacka in Värmland in Schweden. Schon in jungen Jahren beschloss das stille Mädchen, das mit einem Hüftleiden aufwuchs, unter dem es sein Leben lang litt, später einmal Schriftstellerin zu werden. Sie las leidenschaftlich gern und interessierte sich besonders für die Geschichten und Märchen ihrer värmlandischen Heimat, die sie von ihrer Großmutter und ihrem Vater hörte. 1881 zieht Lagerlöf nach Stockholm, um sich am Höheren Lehrerinnenseminar auszubilden. In der Hauptstadt schließt sie Bekanntschaft mit der schwedischen Frauenbewegung um Ellen Key, deren reformpädagogische und pazifistische Ideale sie prägen. Aus der Ferne erlebt sie den Alkoholtod des Vaters und den Verkauf des elterlichen Gutes, für sie ein traumatisches Erlebnis und zugleich ein Anstoß zum eigenen schriftstellerischen Arbeiten. 1891 erscheint, entstanden in ihrer Zeit als Volksschullehrerin in Landskrona, ihr erster Roman »Gösta Berling«, der sie sofort bekannt macht. Im Mittelpunkt steht der abgesetzte alkoholkranke Pastor Gösta Berling, der mit Freunden ein selbstbezogenes, genussvolles Leben führt und erst durch die Güte und Liebe einer Frau zu einem besseren Menschen wird. Reisen nach Italien, Ägypten und Jerusalem wurden für Lagerlöfs weitere literarische Entwicklung von großer Bedeutung. Die Reise nach Jerusalem inspirierte sie zu den »Christuslegenden« und zu einem zweibändigen Auswandererepos »Jerusalem«, dem der authentische Fall einer religiös bedingten Auswanderung nordschwedischer Bauern nach Palästina zugrunde liegt.

Noch während der Arbeit an diesem Werk erhielt Lagerlöf den Auftrag, für die schwedischen Volksschulen ein geografisches Lesebuch zu gestalten, das schließlich unter dem Titel »Wunderbare Reise des kleinen Nils Holgersson mit den Wildgänsen« ihr größter Erfolg wurde. In der Form eines Märchens gibt Lagerlöf mit der Geschichte von dem verzauberten kleinen Jungen, der auf einem Gänserücken über Schweden fliegt, eine Übersicht über Geografie und Wirtschaft, Flora und Fauna des Landes. Spätestens mit diesem Buch setzt auch die internationale Anerkennung ein. Die Universitäten Uppsala und Kiel verleihen ihr die Ehrendoktorwürde. 1909 erhält sie den Nobelpreis für Literatur. 1914 wird sie das erste weibliche Mitglied der Schwedischen Akademie. Die Auszeichnungen ermöglichen es ihr, das elterliche Gut Märbacka zurückzukaufen, für sie eine besondere Genugtuung. Hier lebt sie bis zu ihrem Tode, veröffentlicht weitere Romane und Tagebücher, engagiert sich für bessere Erziehung und Arbeitsmöglichkeiten für Frauen, aber auch für die Verfolgten des Naziregimes in Deutschland. Am 16. März 1940 stirbt Selma Ottilia Lovisia Lagerlöf auf Märbacka.

Wenn das Weizenkorn nicht in die Erde fällt und erstirbt, bleibt es allein; wenn es aber erstirbt, bringt es viel Frucht. *Johannes 12,24*

Gebete

Gott, wir bitten dich um ein mitfühlendes Herz,
das Hilferufe nicht überhört und Unrecht beim Namen nennt.
Wir bitten dich für alle, die abgestumpft und gelähmt sind,
die nicht zu sich stehen können und ihre Gefühle verraten.
Wir bitten dich für alle, die keine Zeit mehr haben,
weil sie von Termin zu Termin hetzen und
Notsignale nicht mehr mitbekommen.
Wir bitten dich für die Verzagten, die zu wenig Selbstbewusstsein haben
und sich für unwichtig halten.
Wir bitten dich für alle, die etwas gelten,
die einflussreich und bedeutend sind
und oft auch so auftreten und den Blick verloren haben für die Realitäten.
Wir bitten dich für die Harten, die einiges durchgemacht haben,
zynisch und bitter geworden sind und nur sich selbst vertrauen.
Wir bitten dich für uns und alle Menschen, lass uns auf unser Herz hören!
Lass uns aufmerksam werden füreinander und helfen, ohne zu herrschen.
Amen.

Gesangbuch

Über Gottes Liebe brach die Welt den Stab, wälzte ihren Felsen vor der Liebe Grab. Jesus ist tot. Wie sollte er noch fliehn? Liebe wächst wie Weizen, und ihr Halm ist grün.

Im Gestein verloren Gottes Samenkorn, unser Herz gefangen in Gestrüpp und Dorn - hin ging die Nacht, der dritte Tag erschien: Liebe wächst wie Weizen, und ihr Halm ist grün. *Jürgen Henkys (1976), EG 98,2+3*

Israel behielt den Priester, Richter und Propheten Samuel in besonderer Erinnerung. Eine Fülle von Sagen und Legenden erzählen von diesem »Gottesmann«, sodass die historischen Konturen der Gestalt Samuels fast undeutlich werden. Nach der Erzählung der Bibel hatte er eine außergewöhnliche Kindheit. Nach langer Kinderlosigkeit von seiner Mutter Hanna von Gott erbeten und nach seiner Geburt dem Priester Eli übergeben, wächst Samuel am Heiligtum in Schilo auf. Eines Nachts, während der Knabe im Tempel schlief, hörte er deutlich seinen Namen. Er dachte, Eli, der Priester und sein Vorgesetzter, habe ihn gerufen, und lief schnell zu ihm. Das wiederholte sich noch zweimal. Da merkte der Priester Eli, dass Gott mit Samuel sprechen wollte, und gab dem unerfahrenen Knaben Anweisung, wie er sich verhalten sollte. Erneut sprach Gott mit Samuel und kündigte ihm das Ende der Priesterdynastie Elis an, was der junge Samuel am nächsten Morgen dem gespannten Eli auf sein Drängen hin schließlich mitteilte.

Was hier erzählt wird, gehört zum Anfang der Prophetie in Israel. Zu jener Zeit, so heißt es, waren Worte des Herrn selten. Samuel aber wird von Gott angesprochen, er ist von Gott erwählt und besonders gesegnet. So heißt es am Schluss der nächtlichen Szene im Tempel von Schilo: »Samuel aber wuchs heran, und der Herr war mit ihm und ließ keines von all seinen Worten zur Erde fallen. Und ganz Israel von Dan bis Beerscheba erkannte, dass Samuel damit betraut war, Prophet des Herrn zu sein«. (1 Samuel 3,19–20)

Aber Samuel ist auch mehr als ein Prophet. Die Bibel erzählt auch von einem eindrucksvollen Sieg der Israeliten über die Philister unter der Führung Samuels (1 Samuel 7,2–14). Auf sein Gebet hin schenkt Gott durch ein wunderbares Eingreifen Israel den Sieg, indem er ein furchtbares Unwetter über die Philister hereinbrechen lässt, sodass sie in Panik geraten und vernichtend geschlagen werden. Samuel wird nicht nur zum religiösen, sondern auch zum politischen Führer der israelitischen Stämme. Überall respektiert, übt er das Richteramt in Israel aus und sorgt für Frieden im Inneren: »Jahr für Jahr zog er umher und machte die Runde durch Bethel, Gilgal und Mizpa und sprach an all diesen Orten in Israel Recht.« (1 Samuel 7,16)

Samuel war ein Prophet und ein Richter, eine große, viele Jahre umspannende Figur des Übergangs. Nach ihm gab es das Amt des Richters nicht mehr. Er ist der letzte der geistbegabten Führer Israels und zugleich der, der das Königtum heraufgeführt hat.

Als Samuel alt geworden war, setzte er seine beiden Söhne in Beerscheba, am südlichen Heiligtum des Landes, zu Hilfsrichtern ein. Weil sie jedoch im Gegensatz zu ihm bestechlich und ungerecht waren, kamen die Ältesten des Landes zu Samuel und trugen ihm ihren Wunsch vor: »Setze einen König über uns, damit er uns Recht verschaffe, wie ihn auch die anderen Völker haben.« (1 Samuel 8,5) Samuels Reaktion ist negativ, ihm missfällt der Königswunsch. Er fragt Gott um Rat, doch dessen Antwort ist zwiespältig. Einerseits wird der Wunsch nach einem König scharf kritisiert, weil er sich letztlich gegen die Führungsposition Gottes selbst richtet: »Sie haben nicht dich, sondern mich verworfen, dass ich nicht mehr König über sie sein soll.« Andererseits soll Samuel dem Wunsch des Volkes nachgeben, ihm aber zugleich deutlich vorhalten, welche Nachteile von einem König zu erwarten sind. Samuel hält sich an die Weisung. Er stellt dem Volk die Nachteile eines Königs vor Augen: Er wird eure Söhne und Töchter zu Frondiensten heranziehen, eure Äcker und Weinberge beschlagnahmen und sie den eigenen Gefolgsleuten geben, er wird Steuern von euch nehmen und seinen Beamtenapparat davon finanzieren. Samuels Voraussage ist realistisch und kritisch – doch das Volk will nicht hören, es will seinen König. Zwei Könige hat Samuel gesalbt, zuerst Saul und dann David. Unumstritten ist das Königtum in Israel nie gewesen. Im Rückblick war Samuel ein Beispiel dafür, dass Israel auch ohne König in Recht und Frieden leben konnte.

FÜR EINE UNHEILBAR KRANKE

Manchmal, Gott, weiß ich nicht, ob du sie siehst, zusammengesunken im Bett, die Hände gekrümmt, die keiner mehr drücken darf zur Begrüßung, sie schmerzen, die Finger, die noch vor zwei Jahren den Klingelzug fassten, die umblättern konnten im Buch, sie werden zu Krallen, der Körper stirbt ab, seit 20 Jahren stirbt er, die Füße zuerst, die Beine, die Hüften, das Rückgrat, die Muskeln, jetzt ist ein Dauerkatheter gelegt, du weißt das, Gott, nehme ich an, du schaust gelegentlich, wenn es schneit, durchs Fenster, du siehst, was du hier, Bergstraße 13, eingebrockt hast, das langsame, schrittweise Verdorren, denn, Gott, die Meise, die gelbgefleckte, die mittags ans Fenster pickt, sieht es nicht – was könnte ich tun, wo bitten aussichtslos ist, ich bitte: Sei wenigstens, Gott, kein Vogel, sei, der du bist, und geh nicht vorüber, geh durch die Tür, die du kennst, und setze dich drei Minuten ans Bett und wende die Buchseiten um, nimm den Hörer ab, wenn jemand anruft, sorge, dass er nicht reißt, der himmlische Klingelzug, und wenn ein Laut, ein kaum hörbarer, kommt aus dem Mund, der einstweilen noch nicht gelähmt ist, ein Fluch, ein Schrei, ein leises Warum – ich bitte dich, Gott, verstecke im Schatten dich nicht, als wäre er leer, der Stuhl, als hättest du nie da gesessen, und zucke wie ich die Achseln nicht, Gott, und bleibe nicht stumm.

Rudolf Otto Wiemer

(21.3.1685–28.7.1750)

Seine Musik gehört zu den Vermächtnissen der Menschheit, die 1977 auf einer kupfernen Schallplatte mit den Voyager-Sonden ins Weltall geschickt wurden, um Außerirdischen einen Eindruck von den Höchstleistungen menschlicher Kultur zu vermitteln. Johann Sebastian Bach, »Urvater der Harmonie« (Beethoven), »Anfang und Ende aller Musik« (Reger), heute der Superstar der Musik, geriet nach seinem Tod schnell in Vergessenheit. Bald wusste man kaum noch, wo er begraben lag. Viele seiner Werke gingen verloren, von Bachs Werk sprach man kaum noch. Erst die Wiederaufführung der Matthäus-Passion 1829 in Berlin durch Felix Mendelssohn-Bartholdy leitete eine Bach-Renaissance ein.

Bach entstammt einer alten, in Thüringen weit verzweigten Musikerfamilie, in der es Tradition war, den Beruf als Handwerk und zugleich zur Ehre Gottes auszuüben. Er selbst sorgte für den Fortbestand dieser Tradition: Aus zwei Ehen hatte er 20 Kinder, von denen zehn früh starben, vier jedoch bedeutende Komponisten wurden. Am 21.3.1685 in Eisenach geboren, war er schon mit zehn Jahren Waise und wuchs bei seinem älteren Bruder Johann Christoph in Ohrdruf auf, bei dem er auch die erste musikalische Ausbildung erhielt. Sein Werdegang führt ihn als Schüler nach Lüneburg, als Organist nach Arnstadt und Mühlhausen, was ihm 1707 die Heirat mit seiner Cousine Maria Barbara Bach ermöglicht. Ein Jahr später wird er als Organist und Kammermusiker, später als Konzertmeister am Weimarer Hof angestellt – mit dem Auftrag, monatlich eine gottesdienstliche Kantate zu schreiben. Als er 1717 bei der Berufung zum Hofkapellmeister übergangen wird, nimmt er eine solche Stelle am Hof in Köthen an, wo er sich mit dem Fürsten befreundet. Sein Dienst umfasst nun Unterhaltungs- und Tafelmusik, Huldigungs- und Geburtstagskantaten. In Köthen entstehen die Brandenburgischen Konzerte und das Wohltemperierte Klavier. Er heiratet nach dem plötzlichen Tod seiner ersten Frau erneut, die Sängerin Anna Magdalena Wilcke. 1723 übernimmt Bach das Amt des Thomaskantors und Musikdirektors in Leipzig. Mit der Johannespassion stellt er sich in Leipzig vor, es folgen fast wöchentlich neue Kantaten, insgesamt fünf Jahrgänge. Seine Aufführungsmöglichkeiten sind häufig bescheiden, darüber beschwert sich Bach immer wieder bei seinen Vorgesetzten. Doch gerade in dieser Zeit der beruflichen Frustration entstehen unübertreffliche Meisterwerke wie die Matthäus-Passion, die H-Moll-Messe, das Weihnachtsoratorium oder die Goldberg-Variationen.

Das kompositorische Schaffen Bachs ist kaum überschaubar. Sein Werkverzeichnis zählt 1.121 Titel. Man hat ausgerechnet, dass er täglich mehr als zwanzig Partiturseiten geschrieben haben muss. Ob Orchestermusik, Solokonzerte, Kammermusik, Klavier- und Orgelmusik oder Chormusik – in allen Gattungen hat Bach Meisterwerke geschaffen. Dabei sah er selbst keinen Unterschied zwischen weltlicher und geistlicher Musik. »Aller Music Finis und End Uhrsache« sah Bach darin, sie solle »anders nicht als nur zu Gottes Ehre und Recreation des Gemüths seyn«. Es war daher keine bloße Floskel, wenn Bach unter alle seine Partituren die Worte setzte: Soli Deo gloria (Gott allein die Ehre). Der lutherische Glaube war sein Fundament. Er besaß eine beachtliche theologische Bibliothek und las, wie die vielen Randglossen in seiner Bibel zeigen, die Bibel nicht nur dienstlich. Seine Musik war auch Verkündigung, Nathan Söderblom nannte ihn deswegen nicht zu Unrecht den »fünften Evangelisten«. In seinen letzten Lebensjahren macht ihm ein Augenleiden schwer zu schaffen, zwei Augenoperationen bringen keine Besserung, verschlechtern aber seinen Gesundheitszustand. Am 28.7.1750 ist Johann Sebastian Bach, zuletzt ganz erblindet, in Leipzig gestorben. Kurz vor seinem Tod soll er seinem Schwiegersohn noch seinen letzten Choral diktiert haben: »Vor deinen Thron tret ich hiermit, o Gott, und dich demütig bitt': Ach wend' dein gnädig Angesicht von mir, dem armen Sünder, nicht!«

Der Menschensohn ist nicht gekommen, dass er sich dienen lasse, sondern dass er diene und gebe sein Leben zu einer Erlösung für viele. *Matthäus 20,28*

GEBET

Ich bat Gott um Stärke, aber er machte mich schwach,
damit ich Bescheidenheit und Demut lernte.
Ich erbat seine Hilfe, um große Taten zu vollbringen,
aber er machte mich kleinmütig, damit ich gute Taten vollbrächte.
Ich bat um Reichtum, um glücklich zu werden.
Er machte mich arm, damit ich weise würde.
Ich bat um alle Dinge, damit ich das Leben genießen könne.
Er gab mir das Leben, damit ich alle Dinge genießen könne.
Ich erhielt nichts von dem, was ich erbat –
aber alles, was gut für mich war.
Gegen mich selbst wurden meine Gebete erhört.
Ich bin unter allen Menschen ein gesegneter Mensch.

Unbekannter Soldat im amerikanischen Bürgerkrieg

GESANGBUCH

Aus der Tiefe rufe ich zu dir: Herr, höre meine Klagen,
aus der Tiefe rufe ich zu dir: Herr, höre meine Fragen.

Aus der Tiefe rufe ich zu dir: Herr, öffne meine Ohren,
aus der Tiefe rufe ich zu dir: Ich bin hier ganz verloren.

Aus der Tiefe rufe ich zu dir: Nur dir will ich vertrauen,
aus der Tiefe rufe ich zu dir: Auf dein Wort will ich bauen.

Uwe Seidel (1981), EG 655,1.2.4 (RWL)

Die Geschichte Sauls, des ersten Königs in Israel, beginnt wie ein Märchen – doch sie endet düster und voller Tragik. Saul zieht aus, die verloren gegangenen Eselinnen seines Vaters zu suchen, und findet dabei die Königskrone. Auf der Suche nach den Tieren kommt Saul auch nach Rama, in den Heimatort des Sehers und Propheten Samuel. Als er im Ort von Samuel hört, hofft er, dass der ihm mit seinen Fähigkeiten weiterhelfen kann, und beschließt, ihn aufzusuchen. Gott aber, so heißt es in der Bibel, hatte Samuel schon informiert, dass er ihm den Mann schicken werde, den er zum Fürsten in Israel bestimmt habe. Samuel nimmt den künftigen König mit zu einem Opfermahl und lässt ihm das beste Stück Fleisch vorsetzen. Am nächsten Morgen geleitet er ihn bis zur Grenze der Stadt und salbt ihn dort zum König, indem er Olivenöl, das nach altorientalischer Auffassung Lebenskraft enthielt, über Sauls Kopf gießt.

Das klingt wie im Märchen. Doch Saul war kein Märchenkönig. Als erster König regierte er die israelitischen Stämme ungefähr in der Zeit von 1020 bis 1000 v. Chr. Die Philister, den Israeliten zivilisatorisch und waffentechnisch überlegen, breiteten sich von der Küste her immer mehr ins Land aus und bedrohten die verstreuten israelitischen Stämme. Jetzt brauchte man einen charismatischen Führer auf Lebenszeit und fand ihn in Saul, einem jungen Mann aus dem Stamm Benjamin, der sich in kriegerischen Auseinandersetzungen mit den Ammonitern als fähiger militärischer Stratege erwiesen hatte.

Doch Saul, der anfangs durchaus respektable Erfolge verzeichnen konnte, wurde im Laufe seines Lebens immer mehr zu einer tragischen Figur. Er war den Schwierigkeiten eines noch in den Kinderschuhen steckenden Königtums, das noch keine Verwaltung kannte und keine eigene Machtbasis besaß, auf Dauer nicht gewachsen. Später versuchte man, sein Scheitern theologisch zu begründen und warf ihm vor, gegen Gottes Willen gehandelt zu haben und deshalb von Gott verlassen worden zu sein. Am Ende seines Lebens, vor der entscheidenden Schlacht gegen die übermächtigen Philister, überfällt Saul eine tiefe Angst. Er fürchtet um sein Leben. Verzweifelt versucht Saul, Gott zu befragen, aber Gott antwortet nicht: »nicht durch Träume, nicht durch Orakel, nicht durch Propheten«. Da, in höchster Not, macht Saul sich auf zu einer Hexe, einer Totenbeschwörerin, um sich Rat zu holen und Auskunft über seine Zukunft.

Nachts kommen sie bei der Frau an. Die erkennt sofort den König, trotz seiner Verkleidung, fürchtet zunächst eine Falle, lässt dann aber doch den Totengeist Samuels als alten, in einen Mantel gehüllten Mann aus der Unterwelt aufsteigen. Als Saul ihn nach seinem Schicksal befragt, antwortet Samuel: »Warum willst du mich befragen, wo doch Gott, der Herr, von dir gewichen und dein Feind geworden ist? Morgen wirst du mit deinen Söhnen bei mir sein.« Saul bricht zusammen und stürzt der Länge nach zu Boden. Da nimmt sich die Hexe des Königs an, ermahnt ihn, etwas zu essen, schlachtet selbst ein Kalb, backt Brot und setzt alles dem König und seiner Begleitung vor. So für ihr bevorstehendes Lebensende gestärkt, stehen die Männer auf und gehen hinaus in die Nacht. (1 Samuel 28,3–25)

Das Ende ist schnell erzählt: Am nächsten Tag werden die Israeliten von den Philistern schwer geschlagen. Die Söhne Sauls fallen im Kampf, Saul selbst wird von Bogenschützen schwer verwundet. Um seinen Feinden nicht lebendig in die Hände zu fallen, stürzt sich Saul selber in sein Schwert. Als die Philister den toten König finden, schlagen sie ihm den Kopf ab und hängen seinen geschändeten Leichnam an das Stadttor von Beth-Schean. So endet der erste König von Israel – von Gott verlassen. So sahen es jedenfalls die Zeitgenossen. Gott hatte ihn fallen lassen, und keiner konnte seinen Sturz aufhalten.

ZWEI

Schweigend saß der alte Indianer mit seinem Enkel am Lagerfeuer. Die Bäume standen wie dunkle Schatten, das Feuer knackte und die Flammen züngelten in den Himmel.
Nach einer langen Weile sagte der Alte: »Manchmal fühle ich mich, als ob zwei Wölfe in meinem Herzen miteinander kämpfen. Einer der beiden ist rachsüchtig, aggressiv und grausam. Der andere aber ist liebevoll, sanft und mitfühlend.«
»Welcher der beiden wird den Kampf um dein Herz gewinnen?«, fragte der Junge.
»Der, den ich füttere«, antwortete der Alte.

Nach einer Legende

AUGUST HERMANN FRANCKE

(12.3.1663–8.6.1727)

»Das ist ein ehrlich Capital. Davon muss man etwas Rechtes stiften. Ich will eine Armen-Schule damit anfangen« – soll August Hermann Francke gesagt haben, als er vier Taler und 16 Groschen im Opferstock seiner Kirche in Glaucha bei Halle fand. Er nutzte die Spende für den Bau einer Armenschule, in der im Frühjahr 1695 der Unterricht begann. Im Laufe von 30 Jahren sollte sich daraus eine beispiellose Schulstadt und ein weitverzweigtes frommes Wirtschaftsunternehmen entwickeln.

Am 12.3.1663 in Lübeck geboren, ist August Hermann Francke in Gotha aufgewachsen, wo sein Vater als Jurist am herzoglichen Hof wirkte. Im Alter von 15 Jahren begann Francke mit dem Theologiestudium. Er interessierte sich vor allem für die alten Sprachen, über die Grammatik des Hebräischen promovierte er 1685. Zwei Jahre später erlebte er in Lüneburg seine »Bekehrung«, über die er einige Jahre später einen ausführlichen Bericht vorlegte. Fortan vertrat und forderte Francke eine Theologie der Wiedergeburt – mit persönlicher Buße, Bekehrungserlebnis, Bruch mit dem alten Leben und erkennbarer praktischer Frömmigkeit. Er war zugleich überzeugt, dass die Bekehrten als »Kinder Gottes« stets mit Anfeindungen leben müssten.

Darin sah er sich bestätigt, als er nach pietistisch-erweckten Vorlesungen und Bibelstunden aus Leipzig und aus Erfurt ausgewiesen wurde. Durch Vermittlung des Pietisten Spener erhielt Francke eine Pfarrstelle in Glaucha und an der Universität Halle eine Professur für griechische und orientalische Sprachen. In dem damals trostlosen Ort Glaucha hatte eine Pestepidemie materielle und moralische Verwahrlosung hinterlassen. Für die vielen elternlosen Kinder gründete Francke nach der Armenschule auch ein Waisenhaus, aus denen später die sogenannten »Franckeschen Stiftungen« hervorgingen: Auf einem Gelände von 16 Hektar entstand vor den Toren der Stadt Halle eine kleine Stadt mit mehr als 50 Häusern und 2000 Menschen – Schulen, Internate, die berühmte Bibliothek, die Kunst- und Naturaliensammlung, eine Buchhandlung, ein Krankenhaus, Back- und Brauhaus, Plantagen, Gärten und Landwirtschaft. Hinzu kamen zahlreiche Nebeneinrichtungen und Unternehmungen zur Verbreitung der Lehren und zur Finanzierung der Vorhaben: eine Apotheke, eine Druckerei und ein Verlag sowie die 1710 von seinem Mitarbeiter von Canstein begründete erste Bibelanstalt der Welt, die in großer Zahl Bibeln zu erschwinglichen Preisen unters Volk brachte. Halle wurde Zentrum eines weit über Europa hinausreichenden Netzwerks pietistischer Literatur und pietistischer Aktivitäten. Die »Dänisch-hallische Mission«, die vor allem in Indien tätig wurde, war die erste evangelische Missionsorganisation in Deutschland.

Das Ziel seiner Pädagogik sah Francke darin, dass »Leute erzogen werden, die nicht nur von Jugend auf einen guten Grund in der Erkenntnis Gottes geleget, sondern auch in allerlei nötigen und nützlichen Wissenschaften wohl und gründlich unterrichtet, folglich zu Dienst des gemeinen Wesens recht brauchbar gemacht sein«.

Francke veränderte die Schulpraxis: Es gab Schulunterricht für Mädchen – ein Novum damals, er führte den Realien- und Werkunterricht ein und erfand den Schulgarten. Seine Erziehungsmethoden jedoch waren häufig rigide: Spielen und Zerstreuung waren verpönt, der Schultag der Kinder wurde durch ständige Aufsicht haarklein kontrolliert. Halle wurde Vorbild für die preußischen Erziehungsanstalten. Der Soldatenkönig Friedrich Wilhelm I. ließ hier seine Beamten ausbilden. 1717 führte er unter dem Einfluss Franckes für Preußen die allgemeine Schulpflicht ein.

Francke selbst, der am 8.6.1727 in Halle starb, sah in dem Erfolg seines Werkes die »Fußstapfen des noch lebenden und waltenden liebreichen und getreuen Gottes«.

Der Menschensohn muss erhöht werden, damit alle, die an ihn glauben, das ewige Leben haben. *Johannes 3,14.15*

GEBET

Gott, was können Menschen nicht einander Schreckliches antun:
Kinder werden sexuell missbraucht und getötet;
Urlauber werden verschleppt, um Lösegeld zu erpressen;
Ausländer werden durch die Straßen gejagt;
Menschen werden gefoltert, weil sie politisch anders denken.
So viel Hass, so viel Grausamkeit!
Was müssen Menschen nicht von anderen erleiden!
Gott, lass uns nicht weghören, lass uns nicht resignieren,
wenn wir vom Leid der Welt erfahren.
Öffne unsere Herzen, öffne auch unsere Hände,
dass wir helfen, wie wir können.
Amen.

GESANGBUCH

Wir danken dir, Herr Jesu Christ, dass du für uns gestorben bist
und hast uns durch dein teures Blut gemacht vor Gott gerecht und gut,

und schöpfen draus die Zuversicht, dass du uns wirst verlassen nicht,
sondern ganz treulich bei uns stehn, dass wir durchs Kreuz ins Leben gehn.

Christoph Fischer (vor 1568), EG 79,1+4

»Da ging einer von den Zwölfen, mit Namen Judas Iskariot, hin zu den Hohepriestern und sprach: Was wollt ihr mir geben? Ich will ihn euch verraten. Und sie boten ihm dreißig Silberlinge. Und von da an suchte er eine Gelegenheit, dass er ihn verriete.« (Matthäus 26,14–16)
Eine einzige Tat ist es, die den Namen »Judas« im christlichen Kulturkreis bis heute zu einem Schimpfnamen gemacht hat: Judas hat Jesus verraten. Was hat er denn verraten, wo Jesus doch täglich im Tempel lehrte und vermutlich bei den offiziellen Stellen längst ein Dossier über ihn vorlag? Vielleicht verriet Judas den Ort, an dem Jesus mit den Jüngern das letzte Abendmahl nahm. In einer Nacht-und-Nebel-Aktion geleitete er eine Bande von Häschern, mit Knüppeln und Schwertern bewaffnet, und lieferte den Mann, zu dessen engstem Kreis er gehört hatte, an sie aus. Sein Lohn: 30 Silberlinge, der Preis eines billigen Sklaven. Und um das Maß der Verworfenheit voll zu machen: Er verriet seinen Herrn durch einen Kuss. Judaslohn, Judaskuss. Judas ist seitdem der Übeltäter schlechthin, der Prototyp des Verräters, die Ausgeburt des Bösen. Bis heute ist der Name Judas mit so negativen Assoziationen besetzt, dass das deutsche Namensgebungsgesetz eine solche Benennung eines Kindes um seines eigenen Schutzes willen untersagt. Warum hat Judas Jesus verraten? Aus Geldgier, behauptet das Johannesevangelium; weil er Jesus zwingen wollte, als Messias gegen die römische Besatzungsmacht anzutreten, meinte schon Goethe; aus Enttäuschung über die Gewaltlosigkeit Jesu, vermutete Richard Wagner; weil er glaubte, dass Jesus sich immer mehr vom Judentum entfernte, meinen andere. Die Wahrheit ist: Wir wissen es nicht! Alle Antworten auf diese Frage sind spätere Konstruktionen. An Judas zeigt sich: Je weniger die Bibel über ihn berichtet, desto mehr wird aus freien Stücken über ihn ergänzt.
In der Reformationszeit fand man zu einer neuen Antwort: Judas ist einer von uns. Die Schuld am Tod Jesu trägt nicht Judas, tragen nicht die Juden, es ist die Schuld aller. »Drum wir dich armen Juda, dazu die Judenschar, nicht billig dürfen schelten, die Schuld ist unser gar«, sagt Martin Luther.
Zum Verrat sind wir alle fähig. Doch das Böse braucht einen Namen. Wir brauchen Judas, den Verräter schlechthin, damit wir uns selbst entlasten können.
»Als Judas, der ihn verraten hatte, sah, dass er zum Tode verurteilt war, reute es ihn, und er brachte die dreißig Silberlinge den Hohepriestern und Ältesten zurück und sprach: Ich habe Unrecht getan, dass ich unschuldiges Blut verraten habe. Sie aber sprachen: Was geht uns das an? Da sieh du zu! Und er warf die Silberlinge in den Tempel, ging fort und erhängte sich.« (Matthäus 27, 3–5)
Judas bereut seine Tat. Als er entdeckt, was mit Jesus geschehen soll, bringt er das Geld zurück und gesteht seine Schuld. Den Tod seines Meisters hat er nun doch nicht gewollt. Da ist einer zutiefst entsetzt über das, was er angestellt hat, und er tut alles, was er tun kann, um seinen Verrat wiedergutzumachen.
Judas: einer von uns – auch in der Reue? Oder in der Reue uns voraus?
Doch seine Reue kommt zu spät. Die Machthaber reagieren eiskalt: »Das ist dein Problem.«
Kurt Marti dichtet: »schöner Judas …… ach was war dein einer Verrat gegen die vielen der Christen der Kirchen die dich verfluchen? Ich denke dir nach und deiner tödlichen Trauer die uns beschämt.«

Vincent van Gogh, »Trauernder Mann«, Bleistiftzeichnung, 1882

Als van Gogh seinem Bruder Theo die Zeichnung schickt, schreibt er dazu: »Mir scheint, einer der stärksten Beweise für die Existenz von ›irgendwas da oben‹ ..., an das Dasein eines Gottes und einer Ewigkeit nämlich, ist das unsagbar Rührende, das im Ausdruck so eines alten Mannes liegen kann, vielleicht ohne dass er selbst sich dessen bewusst ist, wenn er so still in seinem Ofenwinkel sitzt. Zugleich ist da etwas Vornehmes, das nicht für die Würmer bestimmt sein kann.«

Vincent van Gogh

(30.3.1853–29.7.1890)

Als 1987 van Goghs Bild »Sonnenblumen« für 72 Millionen Mark von einer japanischen Versicherungsfirma ersteigert wird, ist das der höchste Preis, der bis dahin für ein Kunstwerk gezahlt wurde. Zu Lebzeiten van Goghs wurde ein einziges seiner Bilder verkauft, für 400 Francs. »Ich kann nichts dafür«, schrieb er seinem Bruder, »dass meine Bilder sich nicht verkaufen lassen. Aber es wird die Zeit kommen, da die Menschen erkennen, dass sie mehr wert sind als das Geld für die Farbe.«

Vincent Willem van Gogh wird am 30.3.1853 in dem niederländischen Dorf Groot-Zundert geboren. Die Schule bricht der Pfarrerssohn 1868 ab, um in Den Haag eine Ausbildung in der Kunsthandlung seines Onkels zu beginnen. Brüssel, London und Paris sind weitere Stationen im Kunsthandel, doch van Gogh ist ein unbequemer Angestellter. Er rät Kunden vom Kauf schlechter Bilder ab, kritisiert den Kunsthandel, liest viel, vor allem religiöse Schriften, und vernachlässigt seine Arbeit. Schließlich kündigt er, geht nach London und arbeitet dort als Hilfslehrer und Hilfsprediger. Er will sein Leben der Evangelisation der Armen widmen, entschließt sich, Theologie zu studieren, doch scheitert er schon an den Sprachen. Als Prediger einer Missionsgesellschaft geht er für sechs Monate in das Elendsgebiet der Borinage, dem belgischen Kohlenrevier. Dort lebt er in äußerster Armut, besucht Kranke, versammelt Kinder um sich, liest den Bergarbeitern aus der Bibel vor und ist erschüttert über deren Lebensbedingungen, für deren Verbesserung er sich einsetzt. Irritiert von seinem Engagement, verlängern seine Vorgesetzten seine Anstellung nicht. »Mancher hat ein großes Feuer in seiner Seele und niemand kommt jemals, sich daran zu wärmen«, schreibt er.

Es folgt eine Zeit tiefer Krisen. Sein jüngerer Bruder Theo wird zu seiner finanziellen und seelischen Stütze. 1880 beginnt er ernsthaft zu malen. Er besucht Kurse an der Brüsseler Akademie, sucht in den Niederlanden Kontakt zu anderen Malern, zeichnet und malt viel. Nach dem Tod des Vaters verlässt van Gogh Holland für immer und geht über Antwerpen nach Paris, wo er die damals bekannten Impressionisten kennen lernt und sich mit Paul Gauguin anfreundet. Schon zwei Jahre später verlässt er Paris abrupt und geht nach Arles in den Süden. Das helle Licht des Südens, die Wärme der Farben und der unmittelbare Kontakt zur Natur ziehen ihn an. Van Gogh malt in Arles, was er sieht: Landschaften, alte Schuhe, Brücken, Nachbarn, das Meer und die Boote. Jetzt hat er seine persönliche Handschrift gefunden. Er gibt der Farbe höchste Intensität und Ausdruckskraft. Als Gauguin nach langem Drängen van Goghs zu ihm nach Arles kommt, kommt es zwischen den beiden nach einigen Wochen zu erheblichen Spannungen. Kurz vor Weihnachten 1888, so erzählt es später Gauguin, habe ihn van Gogh mit dem Rasiermesser bedroht und sich, nachdem Gauguin geflohen sei, ein Teil des rechten Ohrläppchens abgeschnitten. Dies brachte er einer Prostituierten als Geschenk ins Bordell. Die alarmierte Polizei findet ihn stark blutend und bringt ihn ins Krankenhaus. Dort vermutet man Epilepsie und Schizophrenie als Ursache seines Leidens.

Nach weiteren Monaten im Krankenhaus, dem freiwilligen Aufenthalt im Asyl für Geisteskranke nahe Saint-Remy zieht van Gogh 1890 nach Auvers, wo ihn der Arzt und Kunstfreund Dr. Gachet behandeln will. Doch auch Gachet kann ihm nicht wirklich helfen. Am 27. Juli schießt van Gogh sich eine Kugel in die Brust, zwei Tage später ist er tot. Seine Bilder, später für Millionensummen gehandelt, stapeln sich in dieser Zeit, alle unverkäuflich, bei seinem Bruder.

Nach bürgerlichen Vorstellungen war van Gogh ein Gescheiterter: unfähig, eine Familie zu gründen; unfähig, seinen Lebensunterhalt zu bestreiten; unfähig auch, mit andern Menschen in Frieden zusammenzuleben. Es ist allein die Kunst, in der er sich mitteilen kann.

So sehr hat Gott die Welt geliebt, dass er seinen eingeborenen Sohn gab, damit alle, die an ihn glauben, nicht verloren werden, sondern das ewige Leben haben.

Johannes 3,16

GEBET

Christen und Heiden

Menschen gehen zu Gott in ihrer Not,
flehen um Hilfe, bitten um Glück und Brot,
um Errettung aus Krankheit, Schuld und Tod.
So tun sie alle, alle, Christen und Heiden.

Menschen gehen zu Gott in Seiner Not,
finden ihn arm, geschmäht, ohne Obdach und Brot,
sehn ihn verschlungen von Sünde, Schwachheit und Tod.
Christen stehen bei Gott in Seinen Leiden.

Gott geht zu allen Menschen in ihrer Not,
sättigt den Leib und die Seel mit Seinem Brot,
stirbt für Christen und Heiden den Kreuzestod,
und vergibt ihnen beiden.

Dietrich Bonhoeffer

GESANGBUCH

Wenn ich einmal soll scheiden, so scheide nicht von mir,
wenn ich den Tod soll leiden, so tritt du dann herfür;
wenn mir am allerbängsten wird um das Herze sein,
so reiß mich aus den Ängsten kraft deiner Angst und Pein.

Paul Gerhardt (1656), EG 85,9

Als Jesus vor Pilatus steht, fragt dieser ihn: »Was hast du getan? Jesus antwortete: Mein Reich ist nicht von dieser Welt. Wäre mein Reich von dieser Welt, meine Diener würden darum kämpfen, dass ich den Juden nicht überantwortet würde … Da fragte ihn Pilatus: So bist du dennoch ein König? Jesus antwortete: Du sagst es, ich bin ein König. Ich bin dazu geboren und in die Welt gekommen, dass ich die Wahrheit bezeugen soll. Wer aus der Wahrheit ist, der hört meine Stimme. Spricht Pilatus zu ihm: Was ist Wahrheit?« (Johannes 18,35–38)

Jesus vor Pilatus. Der König, dessen Reich nicht von dieser Welt ist, vor dem Statthalter der Macht, die damals die Welt beherrschte. Eine große Szene der Weltliteratur. Sie endet mit der skeptischen Frage des Pilatus: »Was ist Wahrheit?« Man sieht förmlich das abschätzige Achselzucken des Realpolitikers, der mit dem Wahrheitsanspruch Jesu nichts anfangen kann.

Pontius Pilatus war von 26/27 bis 36/37 n. Chr. Präfekt der römischen Provinz Judäa und damit in dieser Zeit der oberste Gerichtsherr und militärische Befehlshaber, der Ruhe und Ordnung in dieser Provinz aufrechtzuerhalten hatte. Philo von Alexandria, ein Zeitgenosse des Pilatus, bezeichnet Pilatus als einen von Natur aus unbeugsamen, eigenwilligen und unnachgiebigen Menschen. Er schreibt von »den Bestechungen, den Kränkungen, den Räubereien, den Ungeheuerlichkeiten und mutwilligen Übergriffen, den ständigen Hinrichtungen ohne Prozess, der unaufhörlichen und unsäglich bitteren Grausamkeit«, durch die sich die Herrschaft des Pilatus ausgezeichnet habe. Mehrere aus seiner Amtszeit überlieferte Vorgänge bestätigen dieses Bild und beleuchten sein gespanntes Verhältnis zum jüdischen Volk.

Umso auffallender ist es, dass die Evangelien in der Passionsgeschichte ein ganz anderes Bild des Pilatus zeichnen. Er ist eher ein feinfühlender und gerechter Mann, der sich aber gegen die jüdischen Führer nicht wirklich durchsetzen kann. Nach dem Matthäusevangelium durchschaut er schnell die Motive der jüdischen Gegner, die Jesus »aus Neid« überantwortet haben. Er findet »keine Schuld an diesem Menschen« (Lukas 23,14) und will Jesus freilassen. Das Matthäusevangelium erzählt gar von einer Intervention der Frau des Pilatus zugunsten Jesu: »Lass die Hände von diesem Gerechten! Denn seinetwegen habe ich heute im Traum viel gelitten.« (27,19) Aber Pilatus ist zu schwach, um sich durchzusetzen. Als er sieht, dass er gegen »Hohepriester, Älteste und Volk« nichts ausrichten kann, »nahm er Wasser, wusch sich vor den Augen des Volkes die Hände und sagte: Ich bin unschuldig an diesem Blut. Seht ihr zu!« (Matthäus 27,24) Schließlich verurteilt Pilatus Jesus wider besseres Wissen und fast unwillig zum Tod am Kreuz. Das ist die Version der Evangelien. Sie zeigen sehr deutlich die Tendenz, den Römer Pilatus zu entlasten und die jüdische Seite zu belasten. Jüdische Instanzen werden einseitig für den Tod Jesu verantwortlich gemacht.

In Wahrheit war es wohl ein Zusammenwirken jüdischer Aristokratie und römischer Provinzverwaltung. Verantwortlich war jedoch letztlich Pilatus. Denn nur der hatte damals in Judäa das Recht, Kapitalprozesse durchzuführen und die Todesstrafe zu verhängen. Im Glaubensbekenntnis heißt es daher zu Recht: »unter Pontius Pilatus gekreuzigt«. Offenbar wurde Jesus als ein die öffentliche Ordnung gefährdender Aufrührer den Römern überstellt. Pilatus hat wohl nach kurzem Prozess das Todesurteil gesprochen. Der Tod durch Kreuzigung war die für Aufrührer übliche Strafe. Pilatus' Urteil wurde sofort nördlich der Stadt vollstreckt und Jesus vor Sonnenuntergang in der Nähe begraben.

Über das Ende des Pilatus wissen wir nichts. Später stilisierte ihn die christliche Legende zum reuigen Sünder, und die koptischen Christen in Ägypten und Äthiopien verehren ihn gar wegen seines angeblichen Mitgefühls mit Jesus als Heiligen.

Max Beckmann, »Christus und Pilatus«, Lithographie, 1946, handkoloriert, 35 x 27,5 cm, Blatt 15 der Mappe »Day and Dream«
© VG Bild-Kunst, Bonn 2011, © der Vorlage akg-images, Berlin

Zwei Gestalten: der eine brutal und entschlossen, der andere ergeben und ruhig. Christus und Pilatus. Rechts der Machtmensch, mit vorgeschobenem Kinn, entschlossen zur Tat. Nur die feingliedrige Hand passt irgendwie nicht dazu. Ein Mensch voller Widersprüche? Er wäscht seine Hände in Unschuld, trotzdem verurteilt er Jesus zum Tode.
Jesus ein Opfer von Gewalt. Sein Gesicht ist dunkel und traurig, und doch zieht es alle Blicke auf sich. Jesus trägt sein Elend mit Trauer und gesenktem Blick. Doch der Kopf mit der Dornenkrone strahlt Würde aus. Sein Kopf überragt den Kopf des Machtmenschen. Der Leidende ist in Wahrheit der Mächtige.
Max Beckmann hat dieses Bild 1946 unter dem Eindruck der Schrecken der nationalsozialistischen Herrschaft gezeichnet.

(25.7.1903–3.4.1953)

Im Dezember 1941 erschien im SS-Blatt »Schwarzes Korps« ein Beitrag unter der Überschrift »Frau Knöterich als Stadtvikarin«: »Die Staritze mögen die Juden getrost zum Kirchgang abholen, denn was von Deutschen zu halten ist, die sich mit Juden auf der Straße zeigen, hat Dr. Goebbels hinreichend deutlich ausgedrückt. Ja, niemand würde die Verfasserin ernstlich daran hindern wollen, sich selbst einen Judenstern auf den asketischen Busen zu heften, und noch lieber sähen wir es, wenn sie und ihresgleichen demnächst auch mit den Juden in das harrende östliche Kanaan abzögen.« Die diffamierenden Sätze galten Vikarin Katharina Staritz.

Am 1.9.1941 wurde eine Polizeiverordnung erlassen, nach der es allen Juden vom sechsten Lebensjahr an verboten wurde, sich ohne Judenstern in der Öffentlichkeit zu zeigen. Darauf schickte Katharina Staritz, Stadtvikarin in Breslau, einen Hilferuf an ihre Amtsbrüder in der Stadt und bat sie, sich in besonderer Weise der »nichtarischen Christen« anzunehmen: »Es ist Christenpflicht der Gemeinden, sie nicht etwa wegen der Kennzeichnung vom Gottesdienst auszuschließen. Sie haben das gleiche Heimatrecht in der Kirche wie die anderen Gemeindeglieder und bedürfen des Trostes aus Gottes Wort besonders.« Gemeindeglieder sollten sich der Diskriminierten im Gottesdienst besonders annehmen, sich zu ihnen setzen und sie nicht auf eine »Armesünderbank« abschieben. »Es ist auch zu überlegen, ob nicht wenigstens in der ersten Zeit diese gekennzeichneten Christen auf ihren Wunsch hin von Gemeindegliedern zum Gottesdienst abzuholen wären.«

Der Brief gelangte in die Öffentlichkeit und Katharina Staritz wurde von der Gauleitung angezeigt, vom deutsch-christlich dominierten Konsistorium der Schlesischen Kirche als Stadtvikarin suspendiert und aus Breslau ausgewiesen.

Katharina Staritz, am 25.7.1903 in Breslau geboren, hatte zunächst in Breslau Germanistik und dann in Marburg Theologie studiert, wo sie 1928 als erste Frau an der dortigen theologischen Fakultät mit einer Arbeit über »Augustins Schöpfungsglaube« promovierte.

Ab 1932 arbeitete sie als Stadtvikarin in Breslau. Zu ihren Aufgaben gehörte auch der Taufunterricht für Jugendliche und Erwachsene, die zum christlichen Glauben übertreten wollten. Dabei begegnete sie auch Juden, die sich taufen lassen wollten. Als die »Kirchliche Hilfsstelle für nichtarische Christen« (Büro Pfarrer Grüber) in Breslau eine Zweigstelle einrichtete, übernahm Katharina Staritz die Leitung. Ihr Brief zur »Judenstern-Verordnung« basiert auf den Erfahrungen, die sie in dieser Arbeit gemacht hatte.

Nach ihrer Ausweisung aus Breslau ging sie zurück an die Universität Marburg, wo sie jedoch am 4.3.1942 verhaftet und ins Frauenkonzentrationslager Ravensbrück eingeliefert wurde. Dort wurde sie für viele Mitgefangene zur Seelsorgerin. Ihre »probeweise« Entlassung im März 1943 verdankt sie den Eingaben und unablässigen Bemühungen ihrer Schwester Charlotte. Sie musste sich zweimal wöchentlich bei der Polizei melden, als aber Breslau Anfang 1945 zur Festung erklärt wurde, gelang ihr die Flucht nach Hessen.

Nach Kriegsende erhielt Katharina Staritz zunächst Vertretungsaufträge in Gemeinden, bis sie 1950 als »Vikarin« mit der Frauenarbeit für die Frankfurter Gemeinden beauftragt wurde und als erste Pfarrerin in Hessen einen Predigt- und Seelsorgeauftrag bekam.

Katharina Staritz sprach nie über ihre Zeit im Konzentrationslager, ihr »Widerstand« im Dritten Reich blieb darum lange unbekannt. Erst kurz vor ihrem frühen Tod am 3. April 1953 diktierte sie ihrer Schwester ihre Erinnerungen unter dem Titel »Des großen Lichtes Widerschein«.

Christus spricht: Ich war tot und siehe, ich bin lebendig von Ewigkeit zu Ewigkeit und habe die Schlüssel des Todes und der Hölle. *Offenbarung 1,18*

GEBET

Gott,
was wir vor Augen haben, sind Friedhöfe voller Gräber –
frische Gräber, voller Blumen, und längst vergessene.
Was wir kennen, sind Todesanzeigen und Beerdigungen –
oft von Menschen, die wir gut kannten.
Wir ahnen, dass auch wir eines Tages
irgendwo begraben sein werden.
Wir spüren, dass gegen den Tod
kein Kraut gewachsen ist.
Darum können wir es kaum glauben,
was Ostern geschehen ist:
Der Stein ist vom Grab gewälzt,
Jesus ist auferstanden,
der Tod hat seine Macht verloren.
Wir bitten dich, Gott:
Lass es auch bei uns Ostern werden,
damit auch über unserem Dunkel dein Licht aufgeht,
so wie das Licht und der helle Tag heute Morgen
über allen Gräbern dieser Welt aufgegangen sind.
Amen.

GESANGBUCH

Christ ist erstanden von der Marter alle; des solln wir alle froh sein,
Christ will unser Trost sein.
Kyrieleis.

Wär er nicht erstanden, so wär die Welt vergangen; seit dass er erstanden ist,
so lobn wir den Vater Jesu Christ.
Kyrieleis. *EG 99*

Wer war Maria Magdalena? Eine große Sünderin, eine bekehrte Prostituierte, eine Frau mit zweifelhaftem Ruf? War sie gar die Freundin Jesu, mit der er ein Verhältnis und womöglich ein Kind hatte – wie spekulationsfreudige Bestsellerautoren immer mal wieder behaupten? Maria aus Magdala ist neben Maria, der Mutter Jesu, die am häufigsten genannte Frauengestalt des Neuen Testaments. Wer war diese Frau, was wissen wir von ihr?

Maria stammte aus der Stadt Magdala am Westufer des Sees Genezareth. Über ihre persönlichen Verhältnisse wissen wir nicht viel. Vermutlich war sie alleinstehend, denn ein Ehemann wird nirgends erwähnt. Vielleicht war sie auch nicht mittellos, denn nach einer Notiz des Lukas (8,3) gehörte sie zu den Frauen, die Jesus und seinen Jüngern materielle Unterstützung zukommen ließen. Als Maria Jesus traf, war sie eine schwer kranke Frau. Das Krankheitsbild deutet auf schwere psychische Störungen, die Jesus heilte, indem er »sieben Dämonen« aus ihr austrieb. Ihre Heilung durch Jesus sollte zum entscheidenden Wendepunkt im Leben der Maria aus Magdala werden. Sie gehörte fortan zu der Gruppe von Frauen, die sich Jesus anschloss und ihn auf seinen Wanderungen durch Galiläa und auf seinem Weg nach Jerusalem begleitete. Unter diesen Frauen hatte Maria aus Magdala eine besondere Stellung. Sie wird auch als erste der Frauen genannt, die nach dem Markusevangelium der Kreuzigung Jesu »von ferne zuschauten« und die sich am Ostermorgen zum Grab aufmachten, um den Leichnam Jesu zu salben. Unter den Jüngerinnen Jesu nahm Maria Magdalena denselben Platz ein wie Petrus unter den Jüngern. Nach dem Johannesevangelium (20,11–18) ist Maria Magdalena die erste Osterzeugin:

Hier wird erzählt, wie Maria Magdalena am dritten Tag nach der Kreuzigung und Bestattung Jesu zu dessen Grab kommt. Doch das Grab ist leer. Ein Diebstahl? Eine Maßnahme der römischen Behörden? Maria ist verzweifelt. Das leere Grab ist für sie kein Hoffnungszeichen, im Gegenteil: Sie ist noch trauriger als zuvor. Sie schaut in die Grabkammer und sieht dort zwei weiß gekleidete Männer. »Warum weinst du?«, fragen sie. »Sie haben meinen Herrn weggenommen, und ich weiß nicht, wo sie ihn hingelegt haben.« Da bemerkt Maria, dass jemand hinter ihr steht. Doch sie erkennt den Mann nicht. Das wird wohl der Gärtner sein, denkt sie, und fragt, ob er »ihn« weggetragen habe. Doch dann wird mit einem einzigen Wort alles anders. Der vermeintliche Gärtner spricht sie an und sagt nur ihren Namen: »Maria.« In diesem Augenblick weiß Maria, wer vor ihr steht. »Rabbuni«, sagt sie, »Meister« oder »mein Lehrer«. So einfach und zugleich überzeugend wird diese Begegnung erzählt. Jesus sagt gar nicht, wer er ist. Er behauptet auch nicht, er sei auferstanden. Er sagt nur ihren Namen, wie es unter Menschen geschieht, die einander vertrauen. Maria will Jesus anfassen, vielleicht ihn umarmen. Da hört sie: »Rühre mich nicht an, denn ich bin noch nicht aufgefahren zum Vater.« Maria Magdalena macht dieselbe Erfahrung wie alle Christen bis zum heutigen Tag: Jesus lässt sich nicht festhalten. Es gibt keinen Jesus zum Anfassen, keinen Jesus, der untersucht und fotografiert werden könnte. Doch damit wird Maria nicht abgespeist. Sie erhält den Auftrag, den Jüngern die Osterbotschaft weiterzusagen. Das ist das Letzte, was von ihr in der Bibel berichtet wird.

Von ihrem weiteren Leben hören wir nichts mehr. Der Legende nach soll sie nach Rom gereist sein, um Pontius Pilatus wegen des Prozesses gegen Jesus beim römischen Kaiser zu verklagen. Einer anderen Legende nach soll sie nach Marseille gelangt sein und in Gallien, dem heutigen Frankreich, schon früh das Christentum gepredigt haben, weshalb sie dort bis heute große Verehrung genießt. Manche Romane und Filme wollen uns als Sensation verkaufen, dass sie als ehemalige Prostituierte die Geliebte Jesu gewesen sein soll. Nichts davon steht in der Bibel. Was bleibt, ist: Nach dem Johannesevangelium hat sie als Erste den auferstandenen Jesus gesehen. Der Osterglaube beginnt mit der Erfahrung einer Frau.

OSTERGESCHICHTE

Die Wächter des Grabes
erschraken zu Tode
am Sonntagmorgen
als plötzlich die Erde bebte
und Dinge geschahen
jenseits des Dienstreglements.

Den Mut
ins Auge des Engels zu blicken
und in das Grab
das leer war
hatte allein
eine Prostituierte
Maria aus Magdala
sowie ihre Freundin.

Sie liefen sogleich
und erzählten den Jüngern
was sie gesehen
doch diese glaubten es nicht.

Wäre es demnach nicht richtig
das nächstemal
eine Hure als Papst zu wählen?

Männer
sind für Auferstehungen
einfach zu dumm.

Franz Hohler

HELENE LANGE

(8.4.1848 – 13.5.1930)

Helene Lange ist die Frau, die die Entwicklung des höheren Mädchenschulwesens und das Berufsbild der Lehrerin im 20. Jahrhundert maßgeblich mitgeprägt hat. Sie hat entscheidend dazu beigetragen, Frauen bürgerlicher Schichten Berufsmöglichkeiten zu eröffnen und ihnen das Studium in Deutschland zu ermöglichen.

Sie selbst führte ihr politisches Interesse stets darauf zurück, dass sie 1848 (und zwar am 8. April), im Jahr der Revolution, geboren war, als Tochter eines Oldenburger Kaufmanns. Nach dem frühen Tod der Eltern, verschiedenen Pensionsaufenthalten und der Beschäftigung als Erzieherin brach sie 1871 nach Berlin auf, um dort ihr Lehrerinnenexamen abzulegen, für bürgerliche Frauen damals eine der wenigen Berufsmöglichkeiten. Nach einigen Jahren freiberuflicher Tätigkeit nahm sie schließlich eine feste Stellung als Lehrerin und Leiterin eines Lehrerinnenseminars an. In Berlin fand Helene Lange rasch Zugang zur Frauenbewegung und engagierte sich bald für eine verbesserte Mädchenbildung. In der Verbesserung der Bildungsmöglichkeiten für Mädchen und Frauen sah sie das wichtigste Mittel, Ungleichheit zwischen den Geschlechtern zu bekämpfen und die staatsbürgerliche Gleichberechtigung der Frauen zu erreichen. Sie war überzeugt, dass eine Änderung sozialer und politischer Zustände nicht »in der Form einer von außen aufgedrängten sozialistischen Neuordnung«, sondern »nur von innen heraus, durch Erziehung und Bildung, durch Selbsthilfe« erreicht werden konnte.

In den nächsten Jahren gründete Helene Lange, unterstützt von der Witwe Kaiser Friedrichs III., Gymnasialkurse für Frauen, aus denen einige Jahre später die ersten sechs Abiturientinnen Preußens hervorgingen. Um die Bildungsinteressen von Frauen wirksam zu fördern, den Zugang zur akademischen Bildung für Frauen zu erwirken und die Professionalisierung des Lehrerinnenberufs voranzutreiben, gründete sie 1890 den »Allgemeinen Deutschen Lehrerinnenverein«, dessen Vorsitzende sie fast 30 Jahre war.

In dieser Zeit übernahm Helene Lange auch eine führende Rolle in der deutschen Frauenbewegung. Sie war Vorstandsmitglied im »Allgemeinen Deutschen Frauenverein« und im »Bund Deutscher Frauenvereine« und begründete 1893 die Zeitschrift »Die Frau«, die fortan eine maßgebliche Rolle in der Frauenbewegung spielte. Helene Lange verband dabei das Eintreten für die vollen Bürgerrechte von Frauen mit der Betonung der Geschlechterdifferenz, die sie vor allem mit der wesenseigenen »Mütterlichkeit« der Frau begründete. In der Mütterlichkeit der Frau sah sie eine besondere Befähigung zum Erziehen und gleichzeitig die Chance, die Fehlentwicklungen der männlich-dominierten Gesellschaft zu korrigieren.

1896 begegnete sie der 25 Jahre jüngeren Gertrud Bäumer. Daraus entwickelte sich eine mehr als 30 Jahre andauernde Arbeits- und Lebensgemeinschaft. Gemeinsam mit Gertrud Bäumer gab Helene Lange seit 1901 das umfassende »Handbuch der Frauenbewegung« heraus, das in vier Bänden alle Fragen der Frauenbildung und der Frauenberufstätigkeit behandelte.

Von den sich ausbreitenden nationalistischen Tendenzen vor dem Ersten Weltkrieg wurde auch die Frauenbewegung erfasst. Helene Lange forderte eine nationale Dienstpflicht für Frauen, allerdings nur unter der Bedingung, dass auch Frauen die volle Staatsbürgerschaft erhalten. Ihr Antrag auf Gewährung des vollen Stimmrechts für Frauen wurde jedoch 1917 noch abgelehnt. Erst zwei Jahre später brachte die Weimarer Republik die lang erkämpfte politische Gleichberechtigung der Frau. 1928 wurde Helene Lange Ehrenbürgerin ihrer Geburtsstadt Oldenburg und erhielt die Ehrendoktorwürde der Universität Tübingen, bevor sie am 13. Mai 1930 im Alter von 82 Jahren in Berlin starb.

Gelobt sei Gott, der Vater unseres Herrn Jesus Christus, der uns nach seiner großen Barmherzigkeit wiedergeboren hat zu einer lebendigen Hoffnung durch die Auferstehung Jesu Christi von den Toten. *1 Petrus 1,3*

GEBET

Jesus Christus,
auferstanden von den Toten,
du kommst durch verschlossene Türen,
du gibst dich zu erkennen und vertreibst alle Angst,
du machst uns mutig und veränderst unser Leben.
Komm auch durch die verschlossenen Türen unseres Lebens:
Knacke den Panzer unserer Gefühlskälte,
überwinde das Schweigen in vielen Ehen,
verändere die festgelegten Rollen in den Familien,
beende die Feindschaften in den Schulen und an Arbeitsplätzen,
zerbreche die Vorurteile zwischen Deutschen und Ausländern,
verwandle das vergiftete Klima zwischen politischen Gegnern,
löse die starren Fronten in der Gesellschaft auf.
Öffne diese verschlossenen Türen von innen
und lass uns, Jesus, hinausgehen in deine neue Welt,
in der Angst, Kälte und Tod nichts mehr zu sagen haben.
Amen.

GESANGBUCH

Die Welt ist mir ein Lachen mit ihrem großen Zorn,
sie zürnt und kann nichts machen, all Arbeit ist verlorn.
Die Trübsal trübt mir nicht mein Herz und Angesicht,
das Unglück ist mein Glück, die Nacht mein Sonnenblick.

Ich hang und bleib auch hangen an Christus als ein Glied;
wo mein Haupt durch ist gangen, da nimmt er mich auch mit.
Er reißet durch den Tod, durch Welt, durch Sünd, durch Not,
er reißet durch die Höll, ich bin stets sein Gesell.

Paul Gerhardt (1647), EG 112,5+6

Thomas war nicht dabei, als Jesus nach der Auferstehung den anderen Jüngern erschien. Sie erzählten ihm, was geschehen war, doch Thomas weigerte sich, ihnen zu glauben. »Wenn ich nicht die Wunden der Nägel in seinen Händen sehe und meinen Finger in die Nagelwunden lege und mit meiner Hand in seine Seite fasse, kann ich nicht glauben«. (Johannes 20,25)
Thomas hat Zweifel. Thomas will nicht nur vom Hörensagen, sondern durch eigene Erfahrung überzeugt werden. Er will nicht blind glauben, sondern begreifen und verstehen.
War der zweifelnde Thomas wirklich ein »ungläubiger« Thomas?
Vielleicht war das mit Thomas auch ganz anders. Lassen wir ihn einmal selbst zu Wort kommen: »Ihr macht es euch zu leicht, wenn ihr sagt, ich sei der ungläubige Thomas. Ich habe an ihn geglaubt, vielleicht mehr als die anderen. Er war der Mittelpunkt meines Lebens. Und als er tot war, da wollte ich für mich sein. Ich wollte mit meiner Trauer Zwiesprache halten – und mir dies von keinem abnehmen lassen.
Als ich mir dann klargeworden war, ging ich wieder zu den Freunden, zu hören, wie es ihnen seit den Tagen ergangen war. Ich konnte wieder über seinen Tod reden, ruhig und ohne Tränen, so hoffte ich. Aber als ich die Freunde in Hochstimmung vorfand, da konnte ich nicht mitjubeln, da musste ich meine Zweifel anmelden. Das ging mir zu schnell, das war mir zu glatt. Ich verließ die Freunde und blieb wieder allein.«
Vielleicht war es ja so. Es würde zu dem passen, was wir auch sonst von Thomas wissen. Nur an ein paar Stellen wird in den Evangelien von ihm berichtet, aber dort wird er als ein ernster, engagierter und Stellung beziehender Mann geschildert.
Als Jesus sich wegen des gerade gestorbenen Freundes Lazarus wieder auf den Weg nach Jerusalem macht, wo seine Feinde auf ihn warten, sagt Thomas: »Dann lasst uns mit ihm gehen, um mit ihm zu sterben.« (Johannes 11,16) Und als Jesus in den Abschiedsreden davon spricht, dass er hingeht, um den Jüngern »die Stätte zu bereiten«, bemerkt Thomas: »Herr, wir wissen nicht, wo du hingehst; wie können wir den Weg wissen?«
Die Legende macht ihn gar zum Zwillingsbruder Jesu, der zu Jesus in einem besonderen Kontakt stand und Kenntnisse hatte, die die anderen Jünger nicht besaßen. Das wird Legende sein – aber vielleicht war es ja so, dass er dem irdischen Jesus die Treue halten und sich die Trauer um ihn nicht so schnell ausreden lassen wollte. Auch das wäre sympathisch, menschlich überzeugend.
Thomas braucht Zeit. Er will für sich allein zurechtkommen mit dem, was geschehen ist. Aber wir sehen auch: Das geht nicht! Ganz allein für sich kann man das Schwere, das man erlebt hat, nicht verarbeiten. Ganz allein für sich kann man mit seinen Fragen, seinem Glauben nicht zurechtkommen. Es war wichtig, dass Thomas wieder hingegangen ist in die Versammlung der Jünger, sich ausgesetzt hat den Fragen und Erfahrungen der anderen. Allein für sich ist er mit seiner Trauer nicht klargekommen. Da musste erst einer von außen kommen, durch die verschlossenen Türen, und ihm die Augen öffnen.
Und nach acht Tagen waren die Jünger wieder zusammen und Thomas war bei ihnen. Die Türen waren verschlossen. Da trat Jesus in ihre Mitte und sprach Thomas an: »Strecke deine Finger aus – hier sind meine Hände! Nimm deine Hand und lege sie in meine Seite. Sei nicht ungläubig, sondern gläubig!« Thomas entgegnete: »Mein Herr und mein Gott!« (Johannes 20,27f.)
Viel mehr erzählt die Bibel nicht von Thomas. Dafür hat sich die Legende früh seiner Person angenommen. So soll er später den Iran missioniert haben und sogar bis ins südliche Indien gekommen sein. Sein Grab und seine Reliquien jedoch wurden schon seit frühchristlicher Zeit im nordsyrischen Edessa verehrt.

Ernst Barlach, »Das Wiedersehen«, Holzplastik, 1926

Barlach hat den Augenblick festgehalten, in dem Thomas den totgeglaubten Jesus erkennt. Er klammert sich an ihn, ist schon fast zudringlich. Auf seinem Gesicht liegt großes Staunen. Seine etwas gewundene Gestalt gleicht einem umgekehrten Fragezeichen: »Bist du es wirklich?« Er hat noch Zweifel, doch er hält sich an diesem Jesus fest.
Die Nationalsozialisten haben die Plastik von Ernst Barlach beschlagnahmt und 1938 in der Münchener Ausstellung als Beispiel für »entartete Kunst« gezeigt.

(19.4.1872–30.8.1948)

»Alles, was ich während meines Lebens getan habe, hatte einen Inhalt: beizutragen zur Entstehung einer sozialen Ordnung mit mehr Gerechtigkeit, Chancengleichheit und einem tieferen Empfinden der Solidarität und Brüderlichkeit.« Alice Salomon steht für den Wandel von der wohltätigen Hilfe zur professionellen Sozialarbeit. Heute ist die Pionierin der Sozialarbeit weitgehend vergessen.

Alice Salomon wurde am 19.4.1872 als viertes Kind einer wohlhabenden jüdischen Kaufmannsfamilie in Berlin geboren, doch ihr eigentliches Leben, so schreibt sie später, begann erst mit 21 Jahren, als sie an der Gründungsversammlung der »Mädchen- und Frauengruppen für soziale Hilfsarbeit« teilnimmt. Sie lernt zum ersten Mal praktische Sozialarbeit kennen – in Krippen und Kindergärten, Waisenhäusern und Krankenanstalten, in Volksküchen und in der Armenpflege. Sie macht Hausbesuche bei Fabrik- und Heimarbeiterinnen, sieht die ungesunden Wohnverhältnisse, empört sich über die langen Arbeitszeiten und die extrem niedrigen Löhne der Frauen. Als 1899 weltweit einer der ersten Ausbildungskurse für beruflich qualifizierte fest besoldete Sozialarbeiterinnen beginnt, übernimmt Alice Salomon die Leitung. »Hilfstätigkeit erfordert nicht nur die rechte Gesinnung. Sie braucht auch Organisationen und Institutionen, durch die der Helfende den Weg zum Hilfsbedürftigen findet«, schreibt sie.

Mit 30 Jahren beginnt sie, »geistig und seelisch ausgehungert«, an der Universität Nationalökonomie zu studieren. Alice Salomon setzt durch, dass sie 1906 mit einer Arbeit über »Die Ursachen der ungleichen Entlohnung von Männer- und Frauenarbeit« promovieren kann – eine der ersten Studentinnen, die ihr Studium mit einem akademischen Grad abschließen. 1908 übernimmt sie die Leitung der neu eröffneten »Sozialen Frauenschule« in Berlin, in der junge Mädchen professionell auf sozialpädagogische Arbeit vorbereitet werden. 1925 gründet sie die »Deutsche Akademie für soziale und pädagogische Frauenarbeit«, die erstmalig auf Hochschulniveau eine wissenschaftliche fundierte Ausbildung für die sozialpädagogische Praxis anbietet.

Ihre organisatorischen Fähigkeiten sprechen sich herum, die Ämter häufen sich. Sie wird Vorsitzende des »Internationalen Komitees sozialer Schulen« und Schriftführerin im »Internationalen Frauenbund«. Ihre Wahl zur Vorsitzenden im »Bund deutscher Frauenvereine« dagegen scheitert an antisemitischen Strömungen in der Frauenbewegung. Dafür verleiht ihr die medizinische Fakultät der Universität Berlin 1932 den Ehrendoktor. Ein Jahr später, 1933, ist alles vorbei. Die Nationalsozialisten entheben sie aller Ämter und verhängen ein Publikationsverbot. Die Bekennende Kirche und vor allem die Gemeinde in Dahlem werden in dieser Zeit zu ihrer geistigen Heimat. Sie ist überzeugte evangelische Christin, hat sich 1914 zum Kummer ihrer jüdischen Verwandten taufen lassen. In Dahlem besucht sie die Gottesdienste Martin Niemöllers, beteiligt sich an den Gesprächen in seiner Wohnung und findet neue Freunde. 1937 wird sie zur Gestapo bestellt und vor die Wahl gestellt: Konzentrationslager oder Emigration? Sie kann es nur schwer fassen: »Ich war von jüdischer ›Rasse‹; ich gehörte der kämpfenden protestantischen Kirche an; ich war eine progressive Frau, international eingestellt und daher pazifistisch. Zweifellos glaubten sie, dass ich außerhalb des Landes weniger schaden würde als im Lande.« Sie löst ihre Wohnung auf, schreibt einen Abschiedsbrief an die Freunde und emigriert nach New York.

Elf Jahre lebt sie in New York. In Deutschland galt sie als große Pionierin der Sozialarbeit, in den USA kennt sie kaum jemand. Ganz allein auf sich gestellt, muss sie sich mit 65 Jahren noch einmal eine Existenz aufbauen. Für ihre Lebenserinnerungen, an denen sie schreibt, findet sie keinen amerikanischen Verleger. Am 30.8.1948 stirbt Alice Salomon materiell und sozial verarmt in New York.

Christus spricht: Ich bin der gute Hirte. Meine Schafe hören meine Stimme, und ich kenne sie und sie folgen mir; und ich gebe ihnen das ewige Leben.

Johannes 10,11.27.28

GEBET

Wir machen den Weg frei,
sagt die Sparkasse.
Man gönnt sich ja sonst nichts,
sagt die Likörfirma.
Machen Sie das Beste aus Ihrem Typ,
rät die Frauenzeitschrift.
Du sagst: Ich bin der gute Hirte.
Der gute Hirte lässt sein Leben für die Schafe.
Leben Sie, wir kümmern uns um die Details,
sagt die Kreditbank.
Nichts ist unmöglich,
sagt der Autohersteller.
Erfüllen Sie sich Ihre Träume,
sagt die Lottogesellschaft.
Du sagst: Ich bin der gute Hirte.
Der gute Hirte zieht den Schafen nicht das Fell über die Ohren.
Wenn Ihr Schutzengel mal nicht aufpasst: Immer da, immer nah.
sagt die Versicherung.
Bei uns sitzen Sie in der ersten Reihe,
sagt der Fernsehsender.
Genieße den Duft von Abenteuer und Freiheit,
sagt die Tabakindustrie.
Du sagst: Ich bin der gute Hirte.
Meine Schafe hören meine Stimme, und ich kenne sie und sie folgen mir.

GESANGBUCH

Der durch die Welt geht und die Zeit,
ruft nicht, wie man beim Jahrmarkt schreit,
er spricht das Herz an, heute, und sammelt seine Leute.
Und blieben wir auch lieber stehn – zu wem denn sollen wir sonst gehn?
Er will uns alles geben, die Wahrheit und das Leben.

Jürgen Henkys (1975), EG 313,3

Sie war ebenso klug wie schön. Und sie war die Frau eines reichen und dummen Mannes: Nabal, zu Deutsch »Narr«, ein brutaler Geizhals und ein ekelhafter Charakter. Während er sich bis zur Besinnungslosigkeit besäuft, rettet sie zur selben Zeit Land und Leben für sich und ihre Leute und gewinnt dazu noch einen neuen Ehemann.
Es war zur Zeit der Schafschur, die am Rand der Wüste immer mit einem großen Fest endete. Diese Gelegenheit nutzte der Freischärler David, um von dem reichen Herdenbesitzer Nabal seinen Anteil zu fordern. Seinen Anteil? Nach seiner Trennung vom König Saul lebte David damals mit seiner Söldnertruppe von militärischen Streifzügen und vor allem von Schutzgeldern, die er von reichen Grundbesitzern erhob: Schutz vor Übergriffen räuberischer Nomaden gegen mehr oder weniger freiwillige Abgaben. So war er auch an den reichen Nabal geraten, hatte dessen dreitausend Schafe und viertausend Ziegen auf den Weiden im Auge behalten und schickte nun Boten, um eine angemessene Vergütung einzufordern.
Doch Nabal gab sich stur: »Wer ist David? Heutzutage gibt es viele Knechte, die ihren Herren davongelaufen sind. Und ich soll mein Brot und mein Fleisch nehmen, das ich für meine Männer geschlachtet habe, und es hergelaufenen Leuten geben?« Als David das hört, wird er wütend und beschließt, sich für diese Beleidigung zu rächen. Er befiehlt: »Jeder hänge sein Schwert um!« und zieht mit 400 Mann los. »Der Herr möge mich strafen, wenn ich von Nabals Haus auch nur einen am Leben lasse.« David ist drauf und dran, unschuldiges Blut zu vergießen.
Hier greift Abigail ein. Ein bestürzter Diener hatte sie informiert. Sofort erfasst Abigail die gefährliche Lage und handelt entschlossen. Sie lässt 200 Brote, zwei Schläuche Wein, fünf fertig zubereitete Schafe, fünf Säcke geröstetes Korn, 100 Rosinenkuchen und 200 Feigenkuchen auf Esel packen – und macht sich mitsamt der Ladung auf den Weg, ohne ihrem Mann ein Wort zu sagen. Als sie den heranziehenden David sieht, wirft sie sich ihm zu Füßen. Den hoch zu Ross sitzenden Krieger David spricht sie mit »mein Herr« an, sich selbst, vor ihm im Staube liegend, bezeichnet sie als »deine Magd«. Sie allein, sagt sie rhetorisch geschickt, sei an allem schuld. Auf Nabal solle David gar nicht achten. Er sei, wie sein Name sagt, ein Dummkopf. Sie bittet David, die Geschenke anzunehmen – und setzt gleich hinzu, auch das eine Feinheit: man möge dies alles doch den jungen Leuten geben, die zu Davids Gefolge gehören.
Nachdem sie höflich darum gebeten hat, weitersprechen zu dürfen, erwähnt sie schmeichelnd Davids glänzende Zukunft unter dem Segen Gottes. Geschickt streut sie dabei ein, es könne ja doch David später als König schaden, wenn er jetzt unschuldige Menschen töte. Wenn David zum Fürsten von Israel aufrücke, was ohne Zweifel bald geschehe, dann solle ihm sein Gewissen doch nicht den Vorwurf machen, auf dem Weg zum Thron unschuldiges Blut vergossen zu haben.
Eine meisterhafte Rede, mit der die kluge Abigail den aufstrebenden Helden David völlig für sich einnimmt und davor bewahrt, eine große Dummheit zu begehen. Abigails Mission ist erfolgreich. David bricht den Angriff gegen Nabal ab und überlässt seine Rache Gott. Zurückgekehrt findet Abigail ihren Mann nach dem Fest voll betrunken. Sie sagt ihm nichts und wartet, bis er wieder nüchtern ist. Dann allerdings treffen ihn die Nachrichten Schlag auf Schlag: Er bricht zusammen und sitzt zehn Tage wie versteinert. Dann stirbt er – mit Gottes Hilfe.
Nach Ablauf der Trauerzeit, schickt David Boten zu Abigail mit der Frage, ob sie seine Frau werden wolle. Wieder verneigt sich die schöne Frau bis zur Erde – und macht sich dann eilends auf. Sie hat nicht nur ihr Leben und ihren Besitz gerettet, sie ist auch ihren ungehobelten Mann losgeworden und hat einen zukünftigen König gewonnen. (1 Samuel 25)

Käthe Kollwitz, »Sturm«, Blatt 5 aus dem Zyklus »Ein Weberaufstand«, Kn 37, zwischen 1893 und 1897, Strichätzung und Schmirgel
Käthe Kollwitz Museum Köln, © VG Bild-Kunst, Bonn 2011

Die sechsblättrige Bildfolge »Ein Weberaufstand« (1893–1898) ist ein ausdrucksstarkes Beispiel für Käthe Kollwitz' sozialkritisches Engagement. Thema sind Elend und Ausbeutung der schlesischen Weber, deren Aufstände gegen die katastrophale Notlage 1844 blutig niedergeschlagen wurden. Auf dem fünften Blatt »Sturm« hat der Protestzug der Weber das Fabrikantenhaus erreicht. Das schmiedeeiserne Tor ist verschlossen, die Weber können nicht hinein. Da entlädt sich die Wut. Einige rütteln an den Gitterstäben. Im Vordergrund reißen andere die Pflasterung auf und geben die Steine zum Werfen weiter. Es sind Frauen mit Kindern. Eine gebückte Frau vorn in der Mitte hat Pflastersteine in der Schürze gesammelt, die sie gerade einem Mann weiterreicht, der schon einen Stein wurfbereit in der Hand hält.
Käthe Kollwitz schildert die Lage der Weber aus der Sicht der Unterdrückten. Dabei sind Frauen und Kinder in den Kampf der Weber einbezogen. Der Fabrikant und seine Familie werden nicht gezeigt, sie bleiben unsichtbar.

(8.7.1867–22.4.1945)

Kaiser Wilhelm II. lehnte ihre Zeichnungen als »Rinnsteinkunst« ab, die Nationalsozialisten ächteten ihre Werke als »entartete Kunst«, seit 1993 steht ihre Bronzeplastik »Mutter mit totem Kind« in der Gedenkstätte der Bundesrepublik Deutschland in der »Neuen Wache« in Berlin. Ablehnung und höchste Anerkennung – beides hat Käthe Kollwitz auch in ihrem Leben erfahren.

Am 8.7.1867 in Königsberg als Käthe Schmidt geboren, wächst sie in einer Familie auf, die ihr früh soziale Verantwortung und politisches Engagement als Lebenshaltung vermittelt. Seit 1881 nimmt Käthe Schmidt, vom aufgeschlossenen Vater unterstützt, Zeichenunterricht, sie besucht die Künstlerinnenschulen in Berlin und München. 1891 heiratet sie Karl Kollwitz, der als Kassenarzt im Norden Berlins eine Praxis eröffnet. Im selben Jahr wird ihr Sohn Hans geboren, fünf Jahre später der Sohn Peter. Unter dem unmittelbaren Eindruck einer Aufführung von Gerhart Hauptmanns Schauspiel »Die Weber« entsteht ihr erster großer druckgrafischer Zyklus »Ein Weberaufstand«, der sie mit einem Schlag berühmt macht. Als ihre Zeichnungen 1898 in der »Großen Berliner Kunstausstellung« gezeigt werden, wird sie von der Jury für die Goldmedaille vorgeschlagen. Doch Kaiser Wilhelm II. lehnt ab.

Käthe Kollwitz wird Lehrerin an der Berliner Künstlerinnenschule, die Museen beginnen, ihre Arbeiten zu sammeln. Durch die Kassenpraxis ihres Mannes wird sie unmittelbar mit der Not des großstädtischen Proletariats konfrontiert. Sie verarbeitet ihre Eindrücke in eindringlichen Bildern von Arbeiterfrauen und thematisiert dabei auch die Probleme der Arbeitslosigkeit, der Abtreibung und der Prostitution. Ihr gesellschaftliches und politisches Engagement spricht aus jeder ihrer emotionalen oder anklagenden Zeichnungen. »Diese Blätter sind Extrakte meines Lebens. Nie habe ich eine Arbeit kalt gemacht …, sondern immer gewissermaßen mit meinem Blut.«

Im Ersten Weltkrieg wird Käthe Kollwitz zur überzeugten Pazifistin. Als begeisterter Kriegsfreiwilliger fällt ihr Sohn Peter schon nach wenigen Monaten in Flandern. Das Gefühl, ihn nicht entschieden genug zurückgehalten zu haben, macht den Verlust für sie zu einer traumatischen Erfahrung. Aus dem tiefen Schmerz der Mutter erwächst der unermüdliche Kampf der Künstlerin gegen den Krieg. Anfang der 20er-Jahre entsteht eine Folge von sieben Holzschnitten unter dem Titel »Der Krieg«, in der Käthe Kollwitz eine weibliche Perspektive auf den Krieg darstellt: den Schmerz des Verlustes, die Not der Überlebenden, die Sinnlosigkeit der erbrachten Opfer. 1924 erscheint ihr berühmtes Plakat »Nie wieder Krieg«, das zu einer Ikone der deutschen Friedensbewegung wird.

Käthe Kollwitz ist nun eine berühmte Künstlerin. Seit 1919 ist sie Professorin und als erste Frau Mitglied der Preußischen Akademie der Künste. 1929 erhält sie den Orden »Pour le merite«, anlässlich ihres 65. Geburtstages wird sie mit internationalen Ehrungen überhäuft.

Schon 1930 warnt sie vor einer Diktatur Hitlers. Nach der Machtergreifung der Nationalsozialisten verliert sie ihre Stelle als Professorin und wird zum Austritt aus der Akademie der Künste gezwungen. 1936 erhält sie ein Ausstellungsverbot. Ihre Bilder werden als »entartete Kunst« gebrandmarkt und aus den Museen entfernt.

1939 beginnt der Zweite Weltkrieg, 1940 stirbt ihr Mann, zwei Jahre später fällt ihr Enkel Peter in Russland, 1943 wird ihre Berliner Wohnung ausgebombt, viele Druckplatten und Zeichnungen verbrennen. 1944 hält sie in ihrem Tagebuch fest: »Aus Deutschlands Städten sind Trümmerhaufen gemacht, und das Schlimmste von allem ist, dass ein jeder Krieg seinen Antwortkrieg schon in der Tasche hat.«

Wenige Tage vor Kriegsende stirbt Käthe Kollwitz am 22.4.1945 in Moritzburg bei Dresden.

Ist jemand in Christus, so ist er eine neue Kreatur;
das Alte ist vergangen, siehe, Neues ist geworden.

2 Korinther 5,17

GEBET

Gott,
wir beten heute für deine Schöpfung,
zu der wir gehören, von der wir leben, die wir zerstören.
Wir beten für den Boden,
dessen Fruchtbarkeit ein Wunder ist
und den wir immer mehr zubetonieren.
Wir beten für die Meere,
an denen wir so gern Urlaub machen
und die wir doch ständig verschmutzen.
Wir beten für die Wälder,
in denen wir so gern wandern
und die doch sterben an unseren Abgasen.
Wir beten für die Pflanzen, die Blumen und Sträucher,
mit denen wir unsere Häuser und Gärten schmücken
und die wir doch bespritzen ohne Ende.
Wir beten für die Tiere,
die wir uns zu Hause halten und in Zoos
und die wir doch quälen für unseren Luxus.
Gott, öffne uns die Augen für die Schönheit deiner Schöpfung!
Aber lehre uns auch, Frieden zu schließen mit der Natur
– für uns, für unsere Mitgeschöpfe, die Tiere und die Pflanzen,
und für unsere Kinder.
Amen.

GESANGBUCH

Geh aus, mein Herz, und suche Freud
in dieser lieben Sommerzeit
an deines Gottes Gaben:
schau an der schönen Gärten Zier
und siehe, wie sie mir und dir
sich ausgeschmücket haben.

Paul Gerhardt (1653), EG 503,1

Für Israel wurde David (»Liebling«) zum König schlechthin, ein König nach dem Herzen Gottes, an dem alle seine Nachfolger gemessen wurden. Er regierte im frühen 10. Jahrhundert vor Christus, nach der Bibel 40 Jahre lang. David stammte aus Bethlehem, kam aber schon früh als Leierspieler und Waffenträger an den Hof Sauls, wo er durch menschlichen Charme und militärische Tüchtigkeit auffiel und zum Schwiegersohn Sauls aufstieg. Als Saul in ihm jedoch einen Rivalen erblickte, kam es zum Konflikt, und David musste fliehen. Er zog sich in die Steppe zurück und sammelte eine Söldnertruppe um sich, die allein ihm verpflichtet war. Im judäischen Bergland führte er mit seiner Truppe ein Guerillaleben, bekämpfte räuberische Nomaden, kassierte Schutzgelder von reichen Grundbesitzern und trat schließlich als Söldnerführer in den Dienst der mit Israel verfeindeten Philister. Nach Sauls Niederlage gegen die Philister schlug Davids Stunde. Im Handstreich besetzte er mit seiner Truppe das strategisch wichtige Hebron und ließ sich von den Ältesten des Stammes Juda dort zum König wählen. Von Hebron aus gelang es ihm, die Nachkommen Sauls auszuschalten und sich die Autoritäten der nördlichen Stämme gefügig zu machen, sodass diese ihn nach einigen Jahren auch zu ihrem König wählten. Zum ersten Mal waren die israelitischen Stämme unter einer Führung vereinigt.
Politisch klug war es, dass David die kleine, bisher unbedeutende Kanaanäerstadt Jerusalem eroberte und sie zur Hauptstadt seines Reiches machte. In einer großen Aktion holte David zudem die Bundeslade, das alte Heiligtum der Stämme, nach Jerusalem und ließ sie dort in ein Zelt stellen, bereits mit der Idee, es später durch einen Tempel zu ersetzen. Damit machte er die Stadt zum politischen und religiösen Mittelpunkt Israels und schuf die Voraussetzung für die dreitausendjährige Geschichte Jerusalems als religiösem Zentrum von Juden und Christen.
Mit großem politischen und militärischen Geschick gelang es ihm in kurzer Zeit, die bisher übermächtigen Philister zu besiegen, die umliegenden Kleinstaaten Moab, Ammon, Aram und Edom zu unterwerfen und seine Herrschaft bis nahe an den Euphrat auszuweiten. Damit schuf er ein Großreich, wie es niemals wieder im Gebiet Palästinas entstand, und führte Israel politisch auf eine Höhe, die es in seiner Geschichte nie wieder erreichte.
Gegen Ende der Regierungszeit Davids wurde die Nachfolgefrage zum alles beherrschenden Thema am Hof in Jerusalem. David hatte mindestens acht Frauen, die ihm 19 namentlich bekannte Söhne und Töchter gebaren. Die ältesten Söhne brachten sich jedoch gegenseitig um oder fielen im Aufstand gegen den Vater. Schließlich setzte sich mit Hilfe seiner Mutter Batseba der spätgeborene Salomo durch, den David dann auch zu seinem Nachfolger bestimmte. Nach 40-jähriger Regierungszeit starb David schließlich im Alter von etwa 70 Jahren und wurde in Jerusalem begraben.
David war ein großer König und eine starke Persönlichkeit, aber er war auch eine Gestalt mit Licht und Schatten: ein kluger, aber auch machtbewusster Politiker und ein aufrichtig trauernder Freund, ein zutiefst frommer König und ein begnadeter Dichter und Sänger, ein intriganter Frauenheld und ein besorgtes Familienoberhaupt.
Zuletzt beschreibt ihn die Bibel als frierenden und hilflosen Greis. Seine Berater suchen ihm noch einmal das schönste Mädchen des Landes, »sie soll ihn pflegen, sie soll in seinem Schoß liegen, dann wird dem König warm werden«. Man fand Abischag von Sunem, brachte sie zum König, und die junge Frau pflegte und bediente ihn. Aber, so heißt es, David »hatte keinen Verkehr mehr mit ihr«. (1 Könige 1,1–4) Warum wollte man Israels größten König auch so darstellen, so hilflos, so schwach und am Ende? Es gehört zum Glauben Israels, dass nur einer ewig und mächtig ist, Gott selbst, und auch ein König, so außerordentlich sein Leben war, nicht mehr ist als andere Menschen.

Rembrandt, »Nathan ermahnt David«, Federzeichnung, 1654

Nach Davids Ehebruch mit Batseba und der Beseitigung ihres Mannes Uria sucht der Prophet Nathan den König auf. Er erzählt ihm die Geschichte eines reichen Mannes, der seinem armen Nachbarn dessen einziges Schaf wegnimmt, um es zu schlachten und einem Gast als Braten vorzusetzen. Als David das hört, gerät er außer sich und ruft: »Der Mann, der das getan hat, ist ein Kind des Todes!« Nathan antwortet: »Du bist der Mann!«
Rembrandt hat den Moment festgehalten, in dem David sich seiner Schuld bewusst geworden ist. Die Szene ist mit großer Eindringlichkeit dargestellt, alles Gewicht liegt auf den Gesichtern und Gebärden der beiden Personen. Davids Blick geht nach innen, sein Gesicht zeugt von innerer Erschütterung und von Schuldeingeständnis.

(5.10.1903–29.4.1972)

Harald Poelchau, am 5.10.1903 in Potsdam geboren, wuchs in einem Pfarrhaus in dem kleinen schlesischen Ort Brauchitschfeld auf, in dem er die Klassenunterschiede zwischen »Herrschaft« und »Gesinde« kennen lernte, die ihn schon früh empörten. Über die Jugendbewegung und die Schülerbibelkreise kam er zum Theologiestudium, das ihn nach Bethel, Tübingen und Marburg führte. In Bethel beeindruckte ihn die Nähe zu den Kranken und Behinderten, in Marburg begegnete er dem religiösen Sozialisten Paul Tillich, der für Poelchau zum »Lehrer meines Lebens« werden sollte. Nach dem ersten Examen ließ sich Poelchau vom Kirchendienst beurlauben und an der Wohlfahrtsschule in Berlin zum »Fürsorger« ausbilden. Er heiratete Dorothee Ziegele und wurde vorübergehend Geschäftsführer der »Deutschen Vereinigung für Jugendgerichte und -gerichtshilfe«. Nach zwei Jahren holte Tillich, der inzwischen in Frankfurt lehrte, Poelchau als seinen Assistenten an die Universität, wo er 1931 über »Die sozialphilosophischen Grundlagen der deutschen Wohlfahrtsgesetzgebung« promovierte.

Wieder im kirchlichen Dienst, übernahm er zum 1.4.1933 nach seiner Ordination eine Pfarrstelle als Gefängnisseelsorger in Berlin-Tegel. Später schrieb er: »1933 zeigte sich, dass man nur noch an einer Stelle in Freiheit arbeiten konnte, in der Kirche, die sich nicht gleichschalten ließ, und dass man nur an einer Stelle sicher war, im Gefängnis.« Tegel war eines der Hauptgefängnisse des NS-Regimes für politische Gefangene. Hier saßen Kommunisten und Sozialisten, die Mitglieder des »Kreisauer Kreises«, dem Poelchau selbst angehörte, die Attentäter vom 20. Juli, aber auch Widerstandskämpfer aus den von Deutschland besetzten Ländern. Wenn er gewusst hätte, welch »ungeheure Zahl von Hinrichtungen« auf ihn zukommen würde, hätte er aufgegeben, erinnerte er sich später. Mehr als 200 Exekutionen hat er selbst erlebt, über 1.000 zum Tode Verurteilte hat er in der Haft und in den letzten Stunden als Seelsorger begleitet. Für viele Gefangene, darunter Graf von Moltke und Dietrich Bonhoeffer, den er fast täglich in seiner Zelle besuchte, wurde Poelchau zum entscheidenden Kurier, der Nachrichten und Briefe schmuggelte und die Häftlinge mit Lebensmitteln versorgte. Ihm ist zu verdanken, dass Bonhoeffers Gefängnisaufzeichnungen und Moltkes Abschiedsbriefe an seine Frau erhalten sind.

Poelchau nahm auch Kontakt zu den Frauen der Widerstandskämpfer auf, die größtenteils in Sippenhaft genommen waren. Er besuchte sie im Gefängnis Moabit, versorgte sie mit Nachrichten und kümmerte sich um sie. »Poelchau war damals etwas wie ein direkter Gesandter des himmlischen Vaters für mich«, erinnerte sich Clarita von Trott zu Solz. Zugleich beherbergten Dorothee und Harald Poelchau in ihrer Wohnung im Wedding oft wochenlang Menschen, die in die Illegalität fliehen mussten. »Doktor Tegel«, so sein Tarnname, ließ falsche Ausweise drucken und versorgte vor allem viele untergetauchte Juden mit Essen, Arbeit, Unterkunft und falschen Pässen. Dass er selbst nicht in die Hände der Gestapo fiel und seine seelsorgliche Widerstandstätigkeit unentdeckt blieb, grenzt an ein Wunder.

Nach dem Krieg übertrug ihm die sowjetische Besatzungsmacht die Leitung des Strafvollzugs im Osten. Als er jedoch merkte, dass seine Vorstellungen von Menschlichkeit und Gerechtigkeit von denen der Sowjets abwichen, wurde er wieder Gefängnispfarrer in Tegel. 1952 übertrug ihm Bischof Otto Dibelius das neu gegründete Sozialpfarramt in der Berlin-Brandenburgischen Kirche. Diese Arbeit baute Poelchau in den 50er- und 60er-Jahren zu einem »Kirchlichen Dienst in der Arbeitswelt« aus.

Harald Poelchau starb am 29.4.1972 in Berlin. Kurz vor seinem Tod wurde er vom Staat Israel als Lebensretter vieler Juden mit dem Titel »Gerechter unter den Völkern« geehrt.

Singet dem Herrn ein neues Lied, denn er tut Wunder.

Psalm 98,1

GEBET

Mein Gott,
ich möchte dich heute einmal nicht um etwas bitten.
Ich bringe einmal nicht meine Wünsche,
sondern ich bete zu dir,
dass du mir die Augen öffnest für das,
was du mir schon längst geschenkt hast.
Warum klage ich so viel und lache so wenig?
Warum seufze ich mehr, als dass ich mich freue?
Gott, ich übersehe so viel,
wofür ich dir dankbar sein kann.
Ich habe vergessen, was du mir Gutes getan hast.
Ich habe mich daran gewöhnt,
dass deine Wunder alltäglich sind.
Mein Gott, lass mich das Staunen nicht vergessen!
Lass mich den Blick für die Schönheit
und den Reichtum des Lebens nicht verlieren!
Lass mich erkennen, dass ich trotz all meiner Arbeit
im Grunde doch von nichts als deiner Güte lebe!
Nimm meine einfachen Worte, Gott,
als den Versuch, dich zu loben. Amen.

GESANGBUCH

Ich singe dir mit Herz und Mund, Herr, meines Herzens Lust;
ich sing und mach auf Erden kund, was mir von dir bewusst.

Ich weiß, dass du der Brunn der Gnad und ewge Quelle bist,
daraus uns allen früh und spat viel Heil und Gutes fließt.

Wohlauf, mein Herze, sing und spring und habe guten Mut!
Dein Gott, der Ursprung aller Ding, ist selbst und bleibt dein Gut.

Paul Gerhardt (1653), EG 324,1+2+13

Von allen Frauen des Alten Testaments hat Batseba bei Malern und Schriftstellern die größte Resonanz gefunden. Künstler aller Zeiten haben Batseba beim Baden dargestellt, in früheren Jahrhunderten eine Gelegenheit, mit biblischer Erlaubnis eine weibliche Aktdarstellung zu zeigen. In der Bibel tritt sie nur an drei Stellen in der Davids-Geschichte auf, dort aber in prominenter Weise.

Am bekanntesten ist die Szene, in der der König David eines Abends vom Dach seines Palastes aus ganz in der Nähe eine sehr schöne Frau beim Baden sieht. Er erkundigt sich nach der Frau und erfährt, dass sie Batseba heißt und mit dem Offizier Uria verheiratet ist, der gerade mit den Truppen des Königs auf einem Feldzug ist. David lässt Batseba in seinen Palast holen, er schläft mit ihr, sie wird schwanger. Ob Batseba damit einverstanden war, ob sie überhaupt gefragt worden war – über ihre Gefühle wird in der Bibel nichts gesagt. Sie erscheint als passives Opfer der sexuellen Leidenschaft des Königs.

Die Bibel erzählt auch, dass Batseba als Königin kurz vor dem Tode Davids zusammen mit dem Propheten Nathan an einer Verschwörung beteiligt ist, die dazu führt, dass ihr Sohn Salomo anstelle des legitimen Erbes, Adonia, den Thron besteigt. Batseba erweist sich hier als äußerst klug und fähig, den alten König David dazu zu bringen, ihren Willen zu erfüllen.

Und schließlich berichtet die Bibel, dass Batseba als Königinmutter ihre Macht nutzt, um den ältesten Davidssohn Adonia als potenziellen Rivalen ihres Sohnes, des neuen Königs Salomo, für immer auszuschalten. Sie hilft mit, Adonia und seine Anhänger zu töten oder außer Landes zu treiben.

Batseba, eine schöne, eine starke und aktive, aber auch eine undurchsichtige Frau, die offenbar genau weiß, was sie will.

War sie wirklich das unschuldige Opfer der sexuellen Leidenschaft und des Ehebruchs des Königs David? Sie badete, wo der König sie sehen konnte. Er hatte eine Liege auf seinem Dach und machte dort öfter sein Nickerchen. Batseba wird gewusst haben, wann und wo er schlief. Dass er sie nackt beim Baden sah, war kein Zufall, sondern gewollt. Ebenso, dass sie schwanger wurde. Nicht zufällig erzählt die Bibel, dass sie mit David schlief, als es für eine Empfängnis am günstigsten war.

Waren die Verführung Davids und die Schwangerschaft vielleicht geplant? Zumindest konnte Batseba so ihre Zukunft sichern und am Königshof aufsteigen.

Das alles entschuldigt Davids Vorgehen in keiner Weise. Er missbrauchte seine Macht, um seine sexuelle Begierde zu befriedigen. Doch Batseba war wohl nicht nur ein Opfer. Klug und durchsetzungsfähig nutzte sie die Möglichkeiten, die sich ihr boten, auch zu ihrem Vorteil. Batsebas Erfolg war dabei, sieht man auf die untergeordnete Rolle der Frauen in der damaligen Gesellschaft, bemerkenswert.

HALLELUJA

Ein fremder Sprachsplitter wandert durch die deutsche Sprache: Halleluja! An ganz unterschiedlichen Orten begegnet dieses Wort. Manche kennen es aus der Kirche. Liebhaber oratorischer Musik verbinden es mit dem berühmten Chor aus Händels »Messias«. Anderen ist es aus Gospels oder Spirituals geläufig, und auch der Popmusik ist das Wort nicht fremd. Als Seufzer der Erleichterung kann sich das Halleluja in der Alltagssprache melden, und auch im Filmtitel taucht es auf: »Vier Fäuste für ein Halleluja«. So ist das fremde Wort vielfach präsent in der deutschen Sprache, und für viele, die es hören oder benutzen, ist es mit positiver Stimmung verbunden, auch wenn sie gar nicht wissen, was es bedeutet: hallelu-jah, »lobt Gott!«.

Mit diesem Ruf enden die 150 Psalmen. Schon jedes der fünf Bücher, in welche der Psalter – in Anlehnung an die fünf Bücher der Thora – geordnet ist, mündet in diese Aufforderung. Und am Ende des fünften Buches stehen fünf Psalmen, die mit hallelu-jah beginnen und enden. Dabei steht die Silbe jah für den Namen des Gottes Israels …

Aufs Ganze gesehen, überwiegt der Anteil der Klagen in den Psalmen bei Weitem das Lob. Die Erfahrung von Not und Tod, von Verzweiflung und Elend wird weder ausgeblendet noch religiös außer Kraft gesetzt. Aber der Halleluja-Ruf am Ende hält einen Raum offen. Es ist der Raum »zwischen dem, was und wie es ist, und dem, was und wie es sein kann, sein soll, sein wird«. Denn dieser Ruf ist nicht nur Erinnerung an befreiende Erfahrung, er ruft auch in die Zukunft.

Es ist kein Zufall, dass sich in der jungen Christenheit der Halleluja-Ruf mit der Erfahrung von Ostern verbunden hat. Was immer diese Erfahrung auch im Einzelnen gewesen sein mag – für die Jüngerinnen und Jünger Jesu von Nazareth war es die unabweisbare Begegnung mit der Leben schaffenden und Zukunft eröffnenden Macht des Gottes Israels. Deswegen ist es auch kein Zufall, dass der Halleluja-Ruf in den christlichen Gesängen nicht in andere Sprachen übersetzt wurde. Er ist hebräisch geblieben bis heute. Wo Christen, wie z. B. im Dritten Reich, sich von ihrem jüdischen Ursprung lösen und die Erinnerung an ihn auslöschen wollten, haben sie das Halleluja getilgt. Aber sehr zu Recht singen Christen ganz verschiedener Länder bis heute diesen Ruf in der ihnen fremden hebräischen Sprache. Vielfach unbeachtet, steht das Halleluja so für die Präsenz der Wurzel, die christliches Singen trägt und von der dieses sich nur zu seinem eigenen Schaden löst. Hörbar erinnert es die Christen daran, dass sie nicht allein singen, sondern dass neben ihnen nach wie vor der Gesang des alten Gottesvolkes klingt.

(2.5.1860–3.7.1904)

Theodor Herzl, am 2.5.1860 in Budapest in einer säkularisierten jüdischen Kaufmannsfamilie geboren, hatte in Wien zunächst Jura studiert und in diesem Fach auch promoviert. Er wurde dann aber Feuilletonredakteur der »Wiener Allgemeinen Zeitung« und 1891 Korrespondent der Wiener »Neuen Freien Presse« in Paris.

Hatte Herzl anfangs selbst erwogen, formal zum Christentum überzutreten, und konnte er sich auf dem Weg zur Gleichberechtigung zeitweise sogar eine feierlich inszenierte öffentliche Massentaufe aller Wiener Juden im Stephansdom vorstellen, so erwachte in Paris das Judentum in ihm. Er erlebte dort den Dreyfus-Prozess, in dem der jüdische Hauptmann Alfred Dreyfus mit gefälschten Beweisen und unter Mobilisierung antisemitischer Vorurteile der französischen Bevölkerung als Spion verurteilt wurde. Den Ruf des Pariser Pöbels »Schlagt die Juden tot!« vergaß Herzl sein Leben lang nicht mehr. Der Prozess öffnete ihm die Augen für den trotz aller Aufklärung offenbar unausrottbaren Antisemitismus. Nur ein eigener jüdischer Staat, in dem die Juden über sich selbst bestimmten, konnte das »Judenproblem« lösen. Das war der Plan, den Herzl 1896 in seiner Programmschrift »Der Judenstaat« vorstellte: »Wir sind ein Volk – der Feind macht uns ohne unsern Willen dazu, wie das immer in der Geschichte so war. In der Bedrängnis stehen wir zusammen, und da entdecken wir plötzlich unsere Kraft. Ja, wir haben die Kraft, einen Staat, und zwar einen Musterstaat zu bilden … Man gebe uns die Souveränität eines für unsere gerechten Volksbedürfnisse genügenden Stückes der Erdoberfläche, alles andere werden wir selbst besorgen.«

Der »Judenstaat« wirkte als unerhörte Provokation. Die einen hielten Herzl für geisteskrank, die anderen für den neuen Moses, der dazu bestimmt war, die verstreuten Juden wieder ins gelobte Land zurückzuführen. Die Widerstände waren groß. Die Orthodoxen hielten seinen Plan für eine Gotteslästerung. Nur der Messias könne die Juden in ihre historische Heimat zurückführen. Die große Mehrheit der westeuropäischen Juden sah durch seinen »Judenstaat« ihre Bemühungen um Assimilation bedroht.

Theodor Herzl war ein charismatischer Redner und genialer Organisator. 1897 lädt er zum ersten Zionistischen Weltkongress nach Basel ein, den er mit dem Satz eröffnet: »Wir wollen den Grundstein legen zu dem Haus, das dereinst die jüdische Nation beherbergen wird.« Der Kongress verabschiedet ein Grundsatzprogramm der zionistischen Bewegung, es geht um die »Schaffung einer öffentlich-rechtlich gesicherten Heimstätte für das jüdische Volk«. Auf diplomatischem Wege versucht Herzl in den nächsten Jahren, diesem Ziel näherzukommen. Er verhandelt mit Kaiser Wilhelm II., will dem türkischen Sultan Palästina für 100 Millionen Pfund Sterling abkaufen, versucht, sich Geld von Baron Rothschild und anderen jüdischen Bankiers zu verschaffen, verhandelt mit der Zaren-Regierung in Russland und besucht auch Papst Pius X. Der antwortet ihm: »Die Juden haben unseren Herrn nicht anerkannt, daher können wir auch das jüdische Volk nicht anerkennen.« Einzig die englische Regierung kommt ihm halbwegs entgegen. Sie bietet ihm ein Gebiet in Uganda für einen Judenstaat an, das allerdings unter der Oberaufsicht der britischen Regierung bleiben müsse.

Durch seinen rastlosen Kampf um den »Judenstaat« hatte Herzl früh seine Gesundheit ruiniert. Er starb am 3.7.1904 in Edlach bei Wien mit 44 Jahren. An seiner Beerdigung nahmen zum Erstaunen der Wiener Bevölkerung mehr als 10.000 Juden aus aller Welt teil. Nach der Gründung des Staates Israel wurden seine sterblichen Überreste von Wien nach Jerusalem überführt und auf dem Herzl-Berg über der Stadt beigesetzt.

Gelobet sei Gott, der mein Gebet nicht verwirft noch seine Güte von mir wendet.

Psalm 66,20

Gebet

Gott, wir bitten dich für die Menschen, die nicht beten können,
damit sie es ab und zu wieder lernen.
Wir bitten dich für die Menschen, die zu beten versuchen,
dass sie sich nicht zwingen, dass sie aber auch nicht verzweifeln.
Wir bitten dich auch für die Menschen, die beten können,
damit sie nicht selbstgerecht werden.
Gott, wir bitten dich für uns selbst,
damit wir uns Gedanken machen über dich und das,
was in der Welt geschieht.
Amen.

Gesangbuch

Behüte, Herr, die ich dir anbefehle,
die mir verbunden sind und mir verwandt.
Erhalte sie gesund an Leib und Seele
und führe sie mit deiner guten Hand.

Um manchen Menschen mache ich mir Sorgen
und möcht' ihm helfen, doch ich kann es nicht.
Ich wünschte nur, er wär bei dir geborgen
und fände aus dem Dunkel in dein Licht.

Du ließest mir so viele schon begegnen,
solang ich lebe, seit ich denken kann.
Ich bitte dich, du wollest alle segnen,
sei mir und ihnen immer zugetan.

Lothar Zenetti

Nach dem Tod des Königs David war sein jüngerer Sohn Salomo durch eine Hofintrige seiner Mutter Batseba und des Propheten Nathan an die Macht gekommen. Seine älteren Brüder hatte er dabei zunächst überlistet und dann töten lassen, damit sie seiner Herrschaft nicht gefährlich werden konnten. Da erscheint ihm Gott im Traum und stellt ihm in großzügiger Weise eine Bitte frei. Salomo bittet Gott um ein »hörendes Herz«, damit er angesichts seiner Jugend und Unerfahrenheit das Volk »richten kann und verstehen, was gut und böse ist«. Diese Bitte gefällt Gott gut und er verspricht, Salomo »ein weises und verständiges Herz« zu geben, aber auch noch Reichtum, Ehre und ein langes Leben dazu, solange »du in meinen Wegen wandelst« (1 Könige 3,9ff.).

Salomos Weisheit wurde nicht nur in Israel, sondern überall in der damaligen Welt gerühmt, sodass auch die Königin von Saba mit großem Gefolge nach Jerusalem zog, um Salomo mit Rätselfragen auf die Probe zu stellen. Historisch richtig ist, dass unter Salomo Kunst und Literatur aufblühten, Wissenschaft und Bildung am Jerusalemer Hof gefördert wurden und die ersten großen Literaturwerke des Alten Testaments entstanden. Ob Salomo selber weisheitliche Texte verfasst hat, wissen wir nicht, aber er galt bald so sehr als Vorbild des Weisen, dass spätere weisheitliche Schriften (Prediger Salomo, Sprüche Salomos, Hohes Lied) nach ihm benannt wurden.

Nicht weniger berühmt wurde Salomo dadurch, dass er in Jerusalem einen großartigen Tempel erbauen ließ. Damit schuf er ein religiöses Zentrum für die kultische Verehrung Gottes und festigte die Bedeutung Jerusalems als geistigen Mittelpunkt für ganz Israel. Die Bundeslade, das alte Wanderheiligtum aus der Wüstenzeit, wurde in einem großen Festakt in den Tempel überführt und dort im Allerheiligsten aufgestellt. Der Gott, der Israel aus Ägypten befreit hatte, sollte nun im Tempel sesshaft werden.

Salomo knüpfte Handelsbeziehungen zu fast allen Ländern der damals bekannten Welt. Eine wichtige Rolle spielte die Heiratspolitik. Zum riesigen Harem Salomos gehörten Moabiterinnen, Ammoniterinnen, Hetiterinnen und auch eine Tochter des ägyptischen Pharaos.

Den großen Reichtum, den Salomo durch Handel, Steuern, Zölle und Tributleistungen angehäuft hatte (»Silber achtete man in den Tagen Salomos für wertlos«. 1 Könige 10,21), nutzte er zu einer intensiven staatlichen Bautätigkeit. Er baute die Hauptstadt Jerusalem prächtig aus und überzog das Land mit einer Reihe von militärisch wichtigen Festungsstädten. Diese Bauleistungen Salomos waren nur dadurch möglich, dass auch freie israelitische Bauern zu Fronarbeiten herangezogen wurden. Auch die aufwändige Hofhaltung verschlang Unsummen von Geld, wofür die kleinbäuerliche Bevölkerung mit drückenden Steuern belastet wurde. So wuchs die soziale Kluft zwischen der Welt des Hofes und dem Volk, der neuen Oberschicht der Großgrundbesitzer und Großkaufleute und den Bauern auf dem Lande. Längst regierte Salomo wie einer der altorientalischen Herrscher seiner Zeit, die alten Freiheitsrechte des Volkes waren erheblich eingeschränkt. So verwundert es nicht, dass es noch zu Lebzeiten Salomos zum Aufstand kam. Jerobeam, den Salomo selbst zum Aufseher über die Fronarbeiten gemacht hatte, revoltierte gegen den König. Der Aufstand schlug zwar fehl, Jerobeam musste nach Ägypten fliehen, aber als Salomo kurze Zeit später (ca. 930 v. Chr.) nach fast 40-jähriger Herrschaft starb, zerfiel sein Reich in zwei Teile.

Der biblische Bericht zeichnet ein idealisiertes Bild von Salomo. Er war weder der weiseste noch der reichste oder der bedeutendste König seiner Zeit. Das volkstümliche Bild von »Salomo in all seiner Pracht« (Matthäus 6,9) stammt aus späteren trostloseren Zeiten, als man in der eigenen Vergangenheit Trost suchte und sie zu einem Goldenen Zeitalter überhöhte.

GEBET EINES BERUFSBETERS

Beten gehört zu meinem Beruf.
Ich habe zu beten von Amtes wegen.
Auch dann, wenn mir nicht ums Beten ist.
Zugegeben: der Zwang ist mitunter heilsam.
Plötzlich erwache ich in der Mechanik der Worte.
Plötzlich bist auch du vielleicht da.

Dennoch: Amts-Beten droht den Charakter zu krümmen.
Unvermerkt werde ich unaufrichtig.
Ich denke: die Leute wünschen es, ich helfe ihnen damit.
Zuweilen mag das sein.
Doch warum nicht einmal auch zugeben:
liebe Leute, verzeiht, heute kann ich nicht beten.
Es ist zum Lachen, aber ich hatte noch nie den Mut dazu.
Ja bitte, lach mich aus, aber gib, was mir fehlte bis jetzt:
fröhliche Unbefangenheit.

Kurt Marti

(5.5.1813–11.11.1855)

»Ich bin ein Mensch, der von Kind auf in die elendeste Schwermut gefallen ist. Das ganze Dasein ängstigt mich, von der kleinsten Mücke bis zu den Geheimnissen der Inkarnation; es ist mir alles unerklärlich, am meisten ich selbst.« Sören Kierkegaard, der am 5.5.1813 in Kopenhagen geboren wurde, war eine äußerst komplizierte Persönlichkeit.
Nach einer Jugend- und Schulzeit im Schatten des übermächtigen und schwermütigen Vaters begann Kierkegaard 1830 zunächst mit dem Theologiestudium, das er aber bald sehr nachlässig verfolgte. Er zog es vor, sich in den Cafés und auf Gesellschaften einen Namen als geistreicher, witziger Unterhalter zu machen. Nach dem Tod des Vaters entschloss er sich dann doch, sein Studium fortzusetzen, das er 1840 mit dem theologischen Examen abschloss.
Im selben Jahr verlobte er sich mit der 17-jährigen Regine Olsen, löste die Verlobung aber ein Jahr später wieder auf, weil er glaubte, sich selbst Regine nicht zumuten zu können: »Sie konnte den Bann meiner Schwermut und meiner Verschlossenheit nicht brechen.« Bis zu seinem Tod bildet das Verhältnis zu Regine in seinen Tagebüchern eines der Hauptthemen selbstquälerischer Überlegungen. Kurz darauf reist er zum Philosophiestudium nach Berlin und beginnt nach seiner Rückkehr 1842, mit einer unglaublichen Produktivität philosophische Bücher zu schreiben. In der Zeit von 1843–46 veröffentlicht er unter wechselnden Pseudonymen zehn Schriften, darunter seine Hauptwerke »Entweder-Oder«, »Der Begriff Angst« oder »Die Krankheit zum Tode«. Kierkegaard will in ihnen gegen alle Tendenzen des Zeitgeistes den Menschen aus seinen Lebens- und Glaubensgewohnheiten herausreißen und vor eine Entscheidung stellen: »Das Ungeheure, das einem Menschen eingeräumt ist, ist die Wahl, die Freiheit.« Kierkegaard misstraut allem Allgemeinen, allen Systemen. Er will, dass der Mensch ein »Einzelner« wird, der sich des Werts, aber auch der Verantwortung seiner Existenz bewusst wird.
Seine religiösen »Reden« gibt er unter seinem eigenen Namen heraus. Darin vertritt er ein radikales Christentum. Die Wahrheit des Christentums ist für ihn ein Paradox, eine unerhörte Zumutung, »den Verstand fahren zu lassen, um den Sprung zu machen ins Religiöse«. Dieser Sprung kann nur die existenzielle Begegnung eines Einzelnen mit Gott sein, ein Wagnis, das ihm keiner abnehmen kann. »Es kommt aber darauf an, dass einer es wagt, ganz er selbst, ein einzelner Mensch zu sein; allein vor Gott, allein in dieser ungeheuren Anstrengung und mit dieser ungeheuren Verantwortung.« Den Kirchen wirft er vor, das biblische Christentum zu verharmlosen. »Ich will nicht durch Vertuschungen oder Kunststücke den Schein hervorbringen, als glichen das im Lande herrschende Christentum und das Christentum des Neuen Testaments einander.«
Kierkegaard charakterisiert das christliche Leben als »Nachfolge«. Dass man meint, einfach so, nur aufgrund des Taufscheines ein Christ sein zu können, verkehrt für ihn den Ernst des Christentums in ein leichtfertiges Spiel.
Im letzten Lebensjahr kommt es zum offenen Angriff Kierkegaards auf die dänische Staatskirche mit all ihren königlich besoldeten und beamteten Pfarrern und Bischöfen. Dieser in der Presse ausgetragene Streit hat den ohnehin schwächlichen Kierkegaard aufs Äußerste mitgenommen. Anfang Oktober 1855 brach er auf der Straße zusammen, kam ins Krankenhaus und starb dort, bei klarem Bewusstsein und ausgesöhnt mit Gott, am 11. November 1855 im Alter von nur 42 Jahren.
Auf seinen Grabstein hat er die Strophe eines Kirchenliedes setzen lassen: »Es dauert nur noch kurze Zeit, dann habe ich gewonnen. Dann ist der ganze Streit mit eins zerronnen. Dann kann ich ruhn im Rosental und Jesum sprechen allzumal.«

Christus spricht: Wenn ich erhöht werde von der Erde, so will ich alle zu mir ziehen.
Johannes 12,32

GEBET

Menschen waren auf dem Mond,
dich, Gott, haben sie nicht getroffen.
Weltraumsonden erkunden die fernsten Planeten,
von dir, Gott, keine Spur.
Für Blitz und Donner bist du, Gott, nicht mehr verantwortlich.
Das Wetter kann uns jetzt der Computer erklären.
Den Himmel haben wir vermessen, das Weltall haben wir erforscht,
dich, Gott, brauchen wir nicht, um fast alles zu erklären.
Doch wir können alles erklären und haben doch nichts verstanden.
Du bist größer als das Weltall und kleiner als ein Senfkorn.
Wer könnte dich begreifen?
Wo du bist, ist der Himmel – im Himmel und auf Erden.
Amen.

GESANGBUCH

Jesus hat seine Herrschaft bestellt,
bis an das Ende dieser Welt,
sein Königreich wird nicht vergehn,
solange sich die Sonnen drehn.

Wo er regiert, wird alles neu,
dort springen die Gefangnen frei,
den Müden schenkt er Ruhestatt,
und die, die hungern, macht er satt.
Johann Christoph Hampe (1950), EG 610,1+3

Unter einem Ginsterstrauch in der Wüste hockt der Prophet Elia, er ist mit seinen Kräften am Ende. Sein Gottvertrauen ist zusammengebrochen, und seine Furchtlosigkeit, die ihn immer ausgezeichnet hatte, ist dahingeschmolzen. Wie ein Selbstmordkandidat sehnt er lebensmüde nur noch das Ende herbei: »Es ist genug. HERR, nimm mein Leben! Ich bin nicht stärker als meine Väter.« (1 Könige 19,4)

Was war geschehen? Nach der Heirat des Königs Ahab mit der phönizischen Prinzessin Isebel hatte der Kult des kanaanäischen Fruchtbarkeitsgottes Baal in Israel neuen Auftrieb bekommen. Dagegen erhob sich, anfangs nur in kleinen Kreisen, leidenschaftlicher Protest – am entschiedensten von Elia, einem Wanderpropheten aus dem Ostjordanland. Kompromisslos tritt er für die unbedingte Geltung des ersten Gebotes ein: »Ich bin der HERR, dein Gott. Du sollst nicht andere Götter haben neben mir.«

Anlässlich einer katastrophalen Dürre, die seit drei Jahren auf dem Land lastete, kommt es zu einer Machtprobe. Elia fordert die Baalspriester auf dem Berg Karmel zu einem Gottesurteil heraus. Beide Seiten sollen jeweils auf einem Altar ein Brandopfer vorbereiten, aber noch kein Feuer anlegen; dann soll jeder zu seinem Gott beten, dass er Feuer vom Himmel herabsende. Die Bibel berichtet, dass die Gebete und ekstatischen Rituale der Baalspriester ohne Erfolg blieben, dass aber auf das Gebet des Elia hin Feuer vom Himmel herabgekommen sei und sein Opfer verzehrt habe. »Als das alles Volk sah, fielen sie auf ihr Angesicht und sprachen: Der HERR ist Gott, der HERR ist Gott! Elia aber sprach zu ihnen: Greift die Priester Baals, dass keiner von ihnen entrinne.« (1 Könige 18,39.40)

Die Karmelgeschichte endet mit einem großen Triumph Elias: Das ganze Volk hatte den Gott Israels als den wahren Gott anerkannt, die Baalspriester waren besiegt, der Regen war wiedergekommen.

Doch dann kippt alles. Elias Gegenspielerin, die Königin Isebel, lässt sich von ihrem Mann berichten, was vorgefallen war. Daraufhin schickt sie einen Boten zu Elia und lässt ihm ausrichten: »Bist du Elia, so bin ich Isebel! Morgen um diese Zeit werde ich mit dir tun, was du den Baalspriestern getan hast.« (1 Könige 19,2) Da bekommt es Elia mit der Angst und er läuft um sein Leben, immer weiter nach Süden bis in die Wüste, so weit weg wie möglich. Dort kauert er sich unter einen Ginsterstrauch und wünscht sich den Tod.

In seiner Müdigkeit hört er eine Stimme: »Steh auf und iss!« Wie Elia sich umsieht, sieht er neben sich ein geröstetes Brot und einen Krug mit Wasser. Zweimal ist in der Bibel von einem Boten Gottes die Rede, der Elia behutsam weckt, ihn stärkt und ins Leben zurückbringt. »Du hast einen weiten Weg vor dir. – Und Elia stand auf und aß und trank und ging, durch diese Wegzehrung gestärkt, 40 Tage und 40 Nächte bis zum Berg Gottes, dem Horeb.« (1 Könige 19,7–8)

Dort, wo Gott sich vor langer Zeit dem Mose offenbart hatte, erscheint Gott jetzt auch dem Elia – wie die Bibel in einer eindrücklichen Szene erzählt. Zuerst kommt ein gewaltiger Sturm – aber Gott ist nicht im Sturm. Nach dem Sturm kommt ein Erdbeben – aber Gott ist nicht im Erdbeben. Nach dem Erdbeben kommt ein Feuer – aber Gott ist nicht im Feuer. Der Sturm, das Erdbeben, das Feuer: Sie unterstreichen die göttliche Macht, der sich nichts entgegenstellen kann. Aber Gott ist nicht in ihnen, er ist über den Gewalten, die wir kennen und die uns imponieren. Nach dem Feuer kommt ein »leises, sanftes Wehen«, vernehmbar nur wie »ein verschwebendes Schweigen« (M. Buber). Als Elia diese Stille wahrnimmt, verhüllt er sein Angesicht mit einem Mantel und tritt vor den Eingang seiner Höhle. Und dann spricht eine Stimme zu ihm, die Stimme Gottes, der ihm einen neuen Auftrag gibt. (1 Könige 19,11–13)

STREIKLIED

die schwarzen fürsten trommeln
die roten fürsten pfeifen
die weißen fürsten tuten
die braunen fürsten blasen

getrommelt und gepfiffen
getutet und geblasen
wir gehen nicht
wir stehen nicht
wir tanzen nicht

wir folgen einem
andern fürsten

Kurt Marti

NIKOLAUS LUDWIG GRAF VON ZINZENDORF

(26.5.1700–9.5.1760)

Die »Herrnhuter Losungen« erscheinen zum ersten Mal 1731. 280 Jahre später sind die Losungen in 54 Sprachen über die ganze Welt verbreitet. Die Idee, für jeden Tag einen Vers aus der Bibel auszulosen, stammt von Nikolaus Ludwig Graf von Zinzendorf.

Zinzendorf wurde am 26. Mai 1700 in Dresden geboren. Er entstammte einem alten protestantisch gewordenen österreichischen Adelsgeschlecht und kam in seiner Familie früh mit einer intensiven pietistischen Frömmigkeit in Berührung. Nach dem Jurastudium trat er in den sächsischen Staatsdienst, sammelte aber zugleich in seinem Haus eine »philadelphische« Gemeinschaft von Christen, hielt religiöse Reden und gab ein Wochenblatt heraus.

Seit frühester Kindheit war Zinzendorfs Religiosität geprägt durch eine »Heilandsreligion«, die gelegentlich auch überspannte Züge annehmen konnte. Der christliche Glaube ist für ihn Herzensreligion, hat mit rationalem Denken wenig zu tun und wurzelt im persönlichen Verhältnis zu Jesus. »Ohne Jesus wäre ich Atheist«, bekennt Zinzendorf.

Seit 1722 nimmt Zinzendorf auf seinem Gut Berthelsdorf in der Oberlausitz Glaubensflüchtlinge aus Mähren auf, Nachkommen der alten Brüder-Unität, die im Habsburger-Reich ständigen Verfolgungen ausgesetzt waren. Auch Separatisten und protestantische Außenseiter zieht es nach »Herrnhut« (wie die Siedlung bald hieß), der Ort wird zu einem Sammelplatz pietistisch Erweckter. Unter Zinzendorfs Leitung wachsen Christen unterschiedlicher sozialer Herkunft und aus verschiedenen Konfessionen zu einer Lebens- und Glaubensgemeinschaft zusammen. Nach den Statuten Zinzendorfs bildete die »Herrnhuter Brüdergemeine« eine »für Brüder und um der Brüder willen errichtete Anstalt«, deren Hauptzweck »die Gewinnung der Seelen zu Christo« war. Das Zusammenleben solle »nach Art der ersten Gemeine« in der Bruderliebe und in der christlichen Freiheit erfolgen.

Schon bald entfaltete sich in Herrnhut ein reiches religiöses Leben. Zum sonntäglichen Gottesdienst kam eine Fülle von neuen gottesdienstlichen Formen: die Fußwaschung, das Liebesmahl, die Ostermorgenfeier auf dem »Gottesacker«, die abendlichen Singstunden. Zinzendorf richtete immer neue Ämter ein (…) – und regte die Bildung von Kleingruppen (»Banden« oder »Chöre«) an, in denen man nach Alter, Lebensstand und Geschlecht (auf Trennung der Geschlechter wurde streng geachtet) zu täglichen Andachten, Singstunden und Feiern zusammenkam. Standesunterschiede galten nicht, man redete sich mit Bruder oder Schwester an. Auch die Frauen besaßen Mitspracherechte und übernahmen – ungewöhnlich für die damalige Zeit – Ämter. Herrnhut wurde zum Ausgangspunkt eines Netzwerkes von Tochtergemeinden, Freundeskreisen und Sozietäten an vielen Orten Europas. Zinzendorf selbst unternahm weite Evangelisationsreisen, die ihn bis nach Westindien und Pennsylvanien führten, wo er, allerdings erfolglos, den Indianern predigte. Bei einem Besuch in Kopenhagen, wo er Eskimos und einem westindischen Schwarzen begegnet, fasst er den Plan, in den dänischen Kolonialgebieten Mission zu treiben. 1732 ziehen die ersten Brüdermissionare, durchs Los bestimmt, nach Westindien und kurz darauf nach Grönland. Bis Zinzendorfs Tod wirken Herrnhuter Missionare in 28 Missionsgebieten auf fast allen Erdteilen.

Zinzendorf wollte eine innere Erneuerung der Kirche, keine Trennung von der Kirche. Die »Brüdergemeine« sollte ein Modell der ökumenischen Christenheit sein. Lange bemühte er sich um die Zugehörigkeit seiner Gemeinde zur lutherischen Landeskirche. Als dies jedoch scheiterte, wurde aus dem überkonfessionellen Modell doch eine selbstständige Kirche, die bis heute in 30 Ländern auf fünf Kontinenten tätig ist.

Zinzendorf starb am 9. Mai 1760 in Herrnhut. Sein Grab liegt auf dem schmucklosen Herrnhuter Gottesacker zwischen seinen beiden Frauen Erdmuthe Dorothea und Anna.

Christus spricht: Wenn ich erhöht werde von der Erde, so will ich alle zu mir ziehen. *Johannes 12,32*

Gebet

Lasst uns bitten um den Heiligen Geist, durch den alles neu wird: die Erde und wir selbst.
Es gibt viel Traurigkeit in der Welt und viele Menschen, die weinen: Wir bitten um den Geist der Freude.
Es gibt viel Sehnsucht in der Welt und viele Menschen, die nur an sich denken: Wir bitten um den Geist der Brüderlichkeit.
Es gibt viel Lüge in der Welt und viele Menschen, die sich verstellen, andere verdächtigen und verleumden: Wir bitten um den Geist der Wahrheit.
Es gibt viel Hass auf der Welt und viele Menschen, die miteinander streiten: Wir bitten um den Geist des Friedens.
Es gibt viel Angst in der Welt und viele Menschen, die keinen Mut mehr haben: Wir bitten um den Geist der Hoffnung.
Es gibt viel Verwirrung in der Welt und viele Menschen, die sich nicht mehr zurechtfinden: Wir bitten um den Geist des Vertrauens.

Kurt Rommel und Martin Schmeisser

Gesangbuch

Heiliger Geist, du Tröster mein,
hoch vom Himmel uns erschein
mit dem Licht der Gnade dein.

Ohn dein Beistand, Hilf und Gunst
ist all unser Tun und Kunst
vor Gott ganz und gar umsonst.

Lenk uns nach dem Willen dein,
wärm die kalten Herzen fein,
bring zurecht, die irrig sein.

Martin Moller (1584), EG 128,1+4+5

In Israel lebte ein Bauer namens Nabot, der neben dem Palast des Königs Ahab einen Weinberg besaß. Auf diesen Weinberg hatte der König schon lange ein Auge geworfen. Er hätte gern einen Gemüsegarten daraus gemacht. Der König hat nicht vor, dem Bauern das Land einfach wegzunehmen, nein, er will es ihm mit Silber abkaufen oder gegen ein anderes Stück Land eintauschen. Doch Nabot ist an dem Handel nicht interessiert: »Davor bewahre mich der Herr, dass ich dir das Erbe meiner Väter geben sollte.« (1 Könige 21,3) Enttäuscht und verärgert kehrt der König in seinen Palast zurück. Er weiß, dass er dem Nabot rechtlich nicht beikommen kann. Er legt sich auf sein Bett, dreht sich zur Wand und weigert sich, etwas zu essen. Das erfährt seine Frau Isebel: »Was ist mit dir? Bist du krank?« Ahab erzählt ihr die ganze Geschichte. »Und das lässt du dir gefallen?«, ruft Isebel. »Du bist doch König in Israel! Aber lass mal, ich werde dir den Weinberg Nabots schon verschaffen.« (1 Könige 21,4–7)

Isebel war eine phönizische Prinzessin. Sie hatte ein anderes Rechts- und Machtverständnis: Wer die Macht hat, der kann sich auch alles leisten.

Damit der König an den Besitz von Nabots Weinberg kommen kann, wird ein Justizmord inszeniert, und zwar durch die obersten Staatsorgane selbst. Isebel lässt einen Schreiber kommen, diktiert einige Briefe und versiegelt sie mit dem Namen des Königs. Alles geschieht in seinem Namen, ob mit seinem Wissen, bleibt offen. Die königlichen Briefe schickt sie an die vornehmen und mächtigen Leute in der Stadt, die im Namen des Königs die Rechtsprechung ausüben. Sie werden in den Briefen aufgefordert, ein »Fasten« auszurufen, eine Art Volksklagefeier, die einberufen wurde, wenn es irgendeinen Notstand im Lande gab und befürchtet wurde, dass dies eine Strafe Gottes sein könnte. Bei dieser Feier sollte Nabot »obenan im Volk« platziert werden und ihm gegenüber sollten zwei »Leute von Bosheit« gesetzt werden, bestochene falsche Zeugen. Da zwei Zeugen nötig waren, um zu einer rechtsgültigen Verurteilung zu kommen, sollten die beiden Männer aufstehen, auf Nabot zeigen und ihn beschuldigen: »Wir haben es gehört: Nabot hat den König verflucht und Gott gelästert.«

Das war ein todeswürdiges Verbrechen damals. Das Eigentum von zum Tode Verurteilten aber fiel dem Staat zu, Ahab hätte seinen Weinberg. Das war der raffinierte Plan der Königin – und er gelang vollkommen. Die Klagefeier ging in eine Gerichtsverhandlung über, aus dem Gottesdienst wurde ein Tribunal, das schließlich in einer Hinrichtung endete. Der Bauer Nabot wurde vor den Toren der Stadt gesteinigt.

Als Isebel hörte, dass Nabot tot war, ging sie zum König und sagte: »Auf! Geh zum Weinberg Nabots und nimm ihn dir. Der dumme Bauer lebt nicht mehr.« (1 Könige 21,8–15)

Hier könnte die Geschichte zu Ende sein. Ein kleiner Bauer wird von den Mächtigen fertiggemacht – das kennt man. Doch an dieser Stelle greift Gott durch seinen Propheten ein. Als der König Ahab gerade dabei ist, den Weinberg Nabots in Besitz zu nehmen, tritt ihm der Prophet Elia entgegen. Als Ahab ihn sieht, wird er blass: »Hast du mich gefunden, mein Feind?« Er kannte Elia, der schon öfter mit ihm aneinander geraten war. Unerschrocken tritt Elia vor den König: »Du hast dich hergegeben, zu tun, was in den Augen Gottes böse ist. Darum wird Gott Unglück über dich bringen und dich wegfegen und wird ausrotten von Ahabs Geschlecht alles, was männlich ist.« (1 Könige 21,20–22)

Das ist ein hartes Urteil, und als Christen denken wir daran, dass Gott nicht den Tod, sondern die Umkehr und das Leben des Sünders will. Doch das harte Urteil zeigt auch, dass Gott das Schwache und Gefährdete unter seinen Schutz stellt und es nicht hinnimmt, wenn es von den Mächtigen einfach zertreten wird.

DIE REDLICHEN

von redlichen redet man nicht
und auch sie machen nicht reden von sich

von redlichen redet man nicht
sie sind die stillen im land

von redlichen redet man nicht
man verlässt sich auf sie

von redlichen redet man nicht
geduldig lassen sie sich vieles gefallen

von redlichen redet man nicht
man beutet sie stillschweigend aus

von redlichen redet man nicht
denn man glaubt sie nicht fürchten zu müssen

von redlichen redet man nicht
man klopft ihnen gönnerhaft auf die schulter

von redlichen redet man nicht
man braucht sie aber

von redlichen redet man nicht
nur die bibel redet häufiger von ihnen

von redlichen redet man nicht
doch um ihretwillen lässt gott

die welt trotz allem
noch immer bestehen

Kurt Marti

(19.5.1771 – 7.3.1833)

Ein schlichter Salon in der Berliner Jägerstraße wird um 1800 zum Zentrum geistlichen Lebens in der preußischen Hauptstadt. Es ist Rahel Levin, die Tochter des reichen jüdischen Bankiers Markus Levin, die hier mit großer Anziehungskraft eine Elite des kulturellen Lebens um sich versammelt.
Als ältestes Kind von Markus und Chaie Levin wird Rahel am 19.5.1771 in Berlin geboren. Als jüdisches Mädchen war die empfindsame und hellwache Rahel von fast allen Lehranstalten ausgeschlossen. »Mir wurde nicht gelehrt«, klagte sie später. Das frühreife Kind wurde zuhause zur konversationsfähigen »Dame« erzogen, musste sich Bildung und Wissen aber weitgehend selbst beibringen, was ihr erstaunlich umfassend gelang.
Ab 1790 versammelte Rahel Levin im Dachstübchen des elterlichen Hauses die intellektuelle und literarische junge Szene Berlins. Es trafen sich Mitglieder des Adels und aufstrebende Intellektuelle, Christen und Juden, kluge Frauen und weltoffene Bürger, jenseits der Schranken der hierarchisch-ständischen Gesellschaft. »Ich habe nie in meinem Leben«, schreibt später der Dichter Franz Grillparzer, »interessanter und besser reden gehört.« Tee und Texte werden dargeboten, man debattiert über die Ideen der Romantik, die neueste Literatur, über Musik und Theaterereignisse. In ihrem Salon entfaltet sich eine Art Republik des freien Geistes, und Mittelpunkt ist Rahel Levin selbst. Sie ist, wie der französische Graf Salm notiert, »weder groß noch schön, aber fein und zart gebildet, ... Von außerordentlichem Geist, klug wie die Sonne und dabei herzensgut«.
Sie gehörte um 1800 zu der Generation von Frauen, die nicht nur eine Emanzipation der Gefühle, sondern auch menschliche Gleichstellung für sich forderten. Zweimal versuchte sie, den gesellschaftlichen »Makel« ihrer jüdischen Geburt durch Liebesbeziehungen zu Personen des Adels auszugleichen; zweimal wurde sie verlassen, »Schicksalsprügel, wovon die Flecke nicht weggehen«.
1808 lernte sie den um vieles jüngeren preußischen Diplomaten Karl August Varnhagen kennen, der ihr Schüler und Liebhaber wurde und den sie 1814 heiratete. Mit der Heirat trat sie zum Christentum über und ließ sich auf den Namen Friederike taufen. Sie begleitete ihren Mann 1814/15 zum Wiener Kongress und zog 1816 mit ihm nach Karlsruhe, wo Varnhagen preußischer Gesandter am badischen Hof wurde. Drei Jahre später wurde der Demokrat Varnhagen von seinem Posten abberufen. Das Paar zog nach Berlin zurück, wo Rahel Levin Varnhagen mit der Reputation einer Diplomatengattin ihren zweiten Salon eröffnete. Wieder versammelte sich alles bei ihr, was in Berlin Rang und Namen hatte, von Hegel bis Heinrich Heine. Neben literarisch-künstlerischen Themen galten die Diskussionen in der Zeit der Restauration jetzt auch den politischen Fragen. Dabei wurden auch demokratische, ja revolutionäre Ansichten erörtert. Rahel Levin Varnhagen selbst engagierte sich für die Rechte der Frauen und sympathisierte mit den Sozialutopien der französischen Frühsozialisten.
Kurz vor der Veröffentlichung des gemeinsam mit ihrem Mann konzipierten Buches »Rahel. Ein Buch des Andenkens für ihre Freunde« starb Rahel Levin Varnhagen am 7.3.1833 in Berlin.
Sie hinterließ mehr als 6.000 Briefe an über 300 Freunde und Bekannte. »Mein Leben soll zu Briefen werden«, hat sie selbst einmal bekannt. Leben war ihr nur möglich mit anderen, sie lebte im Gespräch.

Es soll nicht durch Macht und nicht durch Gewalt geschehen, sondern durch meinen Geist, spricht Gott, der Herr. *Sacharja 4,6*

GEBET

Herr,
wir feiern Pfingsten, den Geburtstag deiner Kirche,
doch in der Kirche herrscht Ruhe,
kein Brausen vom Himmel;
wir sind unter uns,
keine Geburtstagsgäste von fern und nah;
wir sitzen in unseren Bänken
und bleiben uns fremd;
wir singen, wir beten,
aber alle meinen etwas anderes;
wir hören die Predigt
doch sie trifft uns nicht und ändert nichts;
unser Glaube ist klein und unser Herz träge,
nicht Feuer und Flamme für dich und deine Sache.
Wir feiern Pfingsten, den Geburtstag deiner Kirche,
doch alles wie immer,
vom heiligen Geist keine Spur.
Amen.

GESANGBUCH

Nun bitten wir den Heiligen Geist
um den rechten Glauben allermeist,
dass er uns behüte an unserm Ende,
wenn wir heimfahrn aus diesem Elende.
Kyrieleis.

Du wertes Licht, gib uns deinen Schein,
lehr uns Jesus Christ kennen allein,
dass wir an ihm bleiben, dem treuen Heiland,
der uns bracht hat zum rechten Vaterland.
Kyrieleis.

Str. 1: 13. Jhd.; Str. 2: Martin Luther (1523), EG 124,1+2

In der Mitte des achten Jahrhunderts v. Chr. erlebte Israel eine selten lange Friedenszeit. In der langen Regierungszeit Jerobeams II. blühten Wirtschaft und Handel auf, und ein gewisser Wohlstand breitete sich aus. Die inneren Verhältnisse waren stabil, es herrschten Ruhe und Ordnung.
Da tritt der Prophet Amos auf mit einer schockierenden Nachricht: »Gefallen ist sie, die Jungfrau Israel, sie steht nicht wieder auf … Denn so spricht Gott, der Herr: Die Stadt, die zu tausend auszieht, behält nur hundert übrig, und aus der hundert ausziehen, kehren nur zehn zurück.« (5,2–3) Die Szene spielt am Staatsheiligtum in Bethel, wahrscheinlich bei einem der großen Wallfahrtsfeste, die dort gefeiert wurden und bei denen sich eine große Menschenmenge versammelte. Es war nicht ungewöhnlich, dass bei einem solchen Fest ein Prophet auftrat und die Festgemeinde zur Besinnung auf alte Werte aufrief. Aber die Totenklage, die Amos hier über Israel anstimmte, ging den Anwesenden doch entschieden zu weit. Der Prophet kündigt ein bevorstehendes, unabwendbares Unheil über Israel an, das Gott selbst über sein Volk verhängt hat. Das Erschrecken ist groß, dabei wissen die Leute gar nicht, was sie sich vorzuwerfen haben. Doch Amos schaut hinter die Kulissen:
»Sie sind dem gram, der sie im Tor zurechtweist, und verabscheuen den, der ihnen die Wahrheit sagt. Darum, weil ihr die Armen unterdrückt und nehmt von ihnen hohe Abgaben an Korn, so sollt ihr in den Häusern nicht wohnen, die ihr von Quadersteinen gebaut habt, und den Wein nicht trinken, den ihr in den feinen Weinbergen gepflanzt habt. Denn ich kenne eure Freveltaten, die so viel sind, und eure Sünden, die so groß sind, wie ihr die Gerechten bedrängt und Bestechungsgeld nehmt und die Armen im Tor unterdrückt. Darum muss der Kluge zu dieser Zeit schweigen; denn es ist eine böse Zeit.
Suchet das Gute und nicht das Böse, auf dass ihr leben könnt, so wird der Herr, der Gott Zebaoth, bei euch sein, wie ihr rühmt. Hasset das Böse und liebet das Gute, richtet das Recht auf im Tor, vielleicht wird der Herr, der Gott Zebaoth, doch gnädig sein denen, die von Josef übrigbleiben.« (Amos 5,10–15)
Der wachsende Wohlstand ist nur Fassade, dahinter werden krasse soziale Unterschiede sichtbar. Die führenden Kreise in der Hauptstadt – Hofbeamte, Militärs, Kaufleute und Großgrundbesitzer – leben in Luxus und Schwelgerei. »Sie schlafen auf elfenbeinverzierten Betten, ruhen auf weichen Polstern, trinken Wein aus großen Schalen, salben sich mit dem feinsten Öl und kümmern sich nicht um den Schaden des Volkes.« (6,4.6) Die wohlhabende Oberschicht – sie ist es vor allem, die von Amos angesprochen wird. Die Großgrundbesitzer etwa, die Pachtabgaben einfordern und von den Kleinbauern hohe Zinsen eintreiben, die sich Luxusvillen bauen, während den kleinen Leuten immer mehr Lasten auferlegt werden. »Den Unschuldigen verkaufen sie für Geld und den Armen für ein Paar Sandalen.« (2,6)
Amos ist unbestechlich. Gegen jedes Zugeständnis an die Interessen seiner Zeitgenossen deckt er deren unsoziales Verhalten auf. Das geht der herrschenden Klasse zu weit. Der Oberpriester Amazja, der für das Staatsheiligtum in Bethel zuständig war, erstattet dem König Anzeige über das Auftreten des Propheten. »Der Amos macht einen Aufruhr gegen dich im Hause Israel; das Land kann seine Worte nicht mehr ertragen.« (7,10) Er verbietet dem Amos das Staatsheiligtum und fordert ihn auf, das Land zu verlassen und sich woanders eine Beschäftigung zu suchen. Selbstbewusst antwortet Amos: »Ich bin kein Berufsprophet und auch kein Mitglied einer Prophetenschule, sondern ich bin Viehzüchter und ich ziehe Maulbeerfeigen. Aber Gott hat mich hinter der Herde weggeholt und zu mir gesagt: Geh hin und tritt bei meinem Volk als Prophet auf.« (7,14–15)

Gott war dem Amos als eine elementare Macht begegnet, der er sich nicht entziehen konnte: »Der Löwe brüllt – wer fürchtet sich nicht? Gott, der Herr, redet – wer wird nicht zum Propheten?« (3, 8), heißt es an anderer Stelle.
Amos ist der erste und älteste der Propheten, deren Worte uns schriftlich überliefert sind. Seine Botschaft ist klar und kompromisslos und bestürzend: Gott beendet seine Geschichte mit dem Volk Israel. Das ist sein einziges Thema. In allem, was er sonst sagt, zieht er nur die Konsequenzen aus dieser Botschaft.
Glaubten seine Zeitgenossen, als Volk in besonderer Weise von Gott auserwählt zu sein, so zieht Amos aus dieser Nähe zu Gott ganz andere Schlussfolgen: »Euch allein habe ich erwählt aus allen Geschlechtern der Erde, darum will ich auch an euch heimsuchen all eure Sünde.« (3,2) Von Privilegien keine Spur. Gerade wegen seiner Sonderstellung wird Israel von Gott mit besonderen Maßstäben gemessen. Aber gibt es nicht die prachtvollen Gottesdienste, die großen Feste, die zahlreichen Opferfeiern, die organisierte Frömmigkeit im Lande? Auch sie können vor Amos nicht bestehen: »Ich verachte eure Feiertage, sagt Gott, und kann eure Feste nicht riechen … Tu weg von mir das Geplärr deiner Lieder, dein Harfenspiel mag ich nicht hören. Es ströme aber das Recht wie Wasser und die Gerechtigkeit wie ein nie versiegender Bach.« (5,21.23–24)
Die Verehrung Gottes ließ man sich etwas kosten – die Gerechtigkeit trat man mit Füßen. Doch Gottesdienst ohne Gerechtigkeit, das ist für Amos Götzendienst.
Die Menschen damals haben Amos nicht verstanden. Er wurde aus dem Land ausgewiesen und über die Grenze gebracht. Zwei Jahrzehnte später trat ein, was er prophezeit hatte. Die Assyrer eroberten das Land und machten dem Nordreich Israel ein Ende. Die Hauptstadt Samaria zerfiel in Schutt und Asche.
Nachher hieß es: »Wir hätten es wissen müssen. Jeder hätte es eigentlich sehen können.« Doch nur einem hatte Gott die Augen geöffnet.

THOMAS MÜNTZER

(1489/90–27.5.1525)

Thomas Müntzer ist vermutlich um 1489/90 als Sohn einer Handwerkerfamilie in Stolberg im Harz geboren. Bis etwa 1520 ist nichts Besonderes über ihn zu berichten. Dann aber trat er in das öffentliche Geschehen der Reformationszeit und wurde in nur wenigen Jahren einer der originellsten, umstrittensten und nachwirkendsten Theologen jener Zeit. Er kam 1517 nach Wittenberg, lernte Luther, Melanchthon und die anderen Theologen kennen und schloss sich dem »Wittenberger Kreis« an. In seiner ersten Pfarrstelle im nahegelegenen Jüterbog predigte er im Sinne der Reformation und kritisierte scharf die römische Kirche. Auf Empfehlung Luthers übernahm er 1520 eine Pfarrstelle in Zwickau, wo er dem enthusiastischen Tuchknappen Nikolaus Storch und seinem Kreis begegnete, die die Kindertaufe ablehnten, die innere Erleuchtung durch den Heiligen Geist lehrten und die Kirche nach Vorstellungen der Urgemeinde reformieren wollten. Es kam zu Spannungen, Müntzers Predigten polarisierten die Bevölkerung und er wurde nach einigen Monaten vom Rat der Stadt entlassen. Nun begann ein unruhiges Wanderleben, nirgends konnte Müntzer länger bleiben, überall wurde er nach kurzer Zeit ausgewiesen oder musste fliehen. In Prag hoffte er vergeblich, die hussitischen Brüdergemeinden für die große Reformation von Kirche und Welt zu gewinnen. Im »Prager Anschlag« von 1521, als Brief an die gesamte Christenheit gerichtet, verstand sich Müntzer in der Nachfolge der Propheten als Werkzeug Gottes im bevorstehenden Weltgericht. Scharf griff er hier die Priester und Kleriker an, die das Volk am Lesen der Bibel und am wahren Glauben gehindert hätten. Für Müntzer entsteht Glaube nur dann, wenn das Wort Gottes »im Abgrund der Seele« geboren und ein Mensch vom göttlichen Geist erkennbar ergriffen wird.

1523 fand Müntzer eine Anstellung als Pfarrer in Allstedt im Süden des Harz. Er heiratete und begann mit einer Reform des gottesdienstlichen Lebens. Er verdeutschte die Liturgie, um auch die »Laien« innerlich am Gottesdienst zu beteiligen, und machte erstmalig den Gemeindegesang zum Bestandteil des Gottesdienstes. Müntzer wollte in Allstedt ein Gegenmodell zu Wittenberg schaffen, er überzeugte den Rat der Stadt und gründete einen Bund zur Verteidigung des neuen Glaubens. Zum Wendepunkt wurde die »Fürstenpredigt«, die er 1524 im örtlichen Schloss hielt. Er präsentierte sich als neuer Daniel und drängte die Fürsten, sich seiner Reformation anzuschließen. Wenn sich die Fürsten nicht bekehrten, »so wird das Schwert ihnen genommen und wird dem inbrünstigen Volk gegeben werden zum Untergang der Gottlosen«. Als Luther mit einem »Brief an die Fürsten zu Sachsen« vor dem »aufrührerischen Geist« Müntzer warnt, lassen die Allstedter Müntzer fallen, und dieser muss erneut fliehen.

In seinem letzten Lebensjahr wird er vom Mystiker zum Revolutionär. Tief überzeugt, dass der Jüngste Tag kurz bevorsteht, erwartet Müntzer mit der Trennung der Frommen von den Gottlosen eine Reinigung der Christenheit. Die Priesterschaft, die Fürsten und nicht zuletzt auch Luther erscheinen ihm nun als Feinde Gottes. Das einfache Volk, die wahrhaft Gläubigen, sind von Gott dazu bestimmt, die Herrschaft an sich zu reißen und die »großen Hansen« zu vernichten.

Anfang 1525 gelang es Müntzer als Pfarrer in Mühlhausen, den alten Rat abzusetzen und in der Stadt eine demokratisch-theokratische Verfassung durchzusetzen. Als der Bauernkrieg im Frühjahr auch Thüringen erreichte, schürte Müntzer durch Predigten und Briefe den Aufstand. Von Mühlhausen aus kam er mit einer kleinen Schar den Bauern zu Hilfe, die ihn bei Frankenhausen zu ihrem Anführer machten. Doch als es am 15. Mai 1525 zur Schlacht kam, lagen innerhalb kurzer Zeit 6.000 erschlagene Bauern auf den Feldern. Müntzer gelang zunächst die Flucht, er wurde dann aber entdeckt, gefoltert und am 27. Mai 1525 bei Mühlhausen hingerichtet.

Heilig, heilig, heilig ist der Herr Zebaoth; alle Lande sind seiner Ehre voll.

Jesaja 6,3

GEBET

Wessobrunner Gebet

Das habe ich bei den Menschen als größtes Wunder erfahren:
dass es die Erde nicht gab und nicht den Himmel,
es gab nicht den Baum und auch nicht den Berg,
es schien nicht ein einziger Stern, nicht die Sonne,
es leuchtete weder der Mond noch die glänzende See.
Als es da also nichts gab, was man als Anfang oder als Ende hätte verstehen können,
gab es schon lange den einen allmächtigen Gott, den reichsten an Gnade.
Bei ihm waren auch viele Geister voll Herrlichkeit, früher als sie aber war der heilige Gott.

Allmächtiger Gott, du hast Himmel und Erde erschaffen
und den Menschen so manches Gut verliehen:
Verleihe mir rechten Glauben an deine Gnade
und guten Willen, Weisheit, Klugheit und Kraft,
den Teufeln zu widerstehen und das Böse zu meiden und deinen Willen zu tun.

9. Jahrhundert

GESANGBUCH

Gott hat das erste Wort.
Eh wir zum Leben kamen,
rief er uns schon mit Namen
und ruft uns fort und fort.

Gott hat das letzte Wort.
Er wird es neu uns sagen
dereinst nach diesen Tagen
im ewgen Lichte dort.

Gott steht am Anbeginn,
und er wird alles enden.
In seinen starken Händen
liegt Ursprung, Ziel und Sinn.

Markus Jenny (1970), EG 199,2+4+5

Im Todesjahr des Königs Usija, irgendwann zwischen 742 und 735 v. Chr., sieht der Prophet Jesaja in einer großartigen Vision Gott auf seinem Thron, umgeben von himmlischen Wesen. Allein der Saum seines Gewandes erfüllt den ganzen Raum, und die Schwellen erzittern von den Stimmen der himmlischen Boten. Für Jesajas Gottesvorstellung ist dieses Erlebnis von grundlegender Bedeutung: Gott ist der »Heilige«, von dessen Herrlichkeit die ganze Welt erfüllt ist. Zunächst ist Jesaja aber zutiefst erschrocken, dass seine Augen den »König IHWH Zebaoth« (6,5) gesehen haben. Er ahnt, dass ihn dieser »heilige« Gott für einen besonderen Auftrag auserwählt hat, und ruft erschrocken: »Weh mir, ich vergehe! Denn ich bin ein Mensch mit unreinen Lippen und wohne unter einem Volk, das unreine Lippen hat.« (6,5) Aber eines der himmlischen Wesen nimmt mit einer Zange eine glühende Kohle vom Altar und berührt damit die Lippen des Propheten als Zeichen dafür, dass er von Schuld gereinigt ist. So kann Jesaja auf die Frage »Wen soll ich senden? Wer will mein Bote sein?« ohne Zögern antworten: »Hier bin ich, sende mich!« (6,8)
Umso schockierender ist der Auftrag, den der Prophet von Gott erhält. Er soll die Herzen der Israeliten verhärten, ihre Augen verkleben und ihre Ohren verstopfen: »Hört, hört – aber versteht nicht! Seht, seht – aber erkennt nicht!« (6,9) Man hat in diesem »Verstockungsauftrag« eine Reaktion auf den Misserfolg des Propheten gesehen. Niemand wird Jesajas Botschaft wirklich begreifen; erst als das Unglück über das Volk kam, erinnerte man sich des Propheten. Doch Jesaja hat sich durch die Zurückweisung seiner Predigt nicht irremachen lassen. Unerschütterlich ist er seinen Weg durch die Krisen seiner Zeit gegangen, obwohl er doch immer wieder feststellen muss: »Ihr habt nicht gewollt.« (30,15)
Jesaja ragt unter den Propheten des Alten Testaments heraus. In der Bibel ist er der erste der Schriftpropheten, das Jesajabuch ist immer wieder abgeschrieben worden und von allen Propheten wird Jesaja am häufigsten im Neuen Testament zitiert. Jesaja ist der Theologe unter den Propheten – ein sehr selbstständiger Denker, der sowohl mit den überlieferten Vorstellungen als auch mit den politischen Herausforderungen seiner Zeit eigenständig und souverän umging. Über die Person des Propheten wissen wir nur wenig. Er stammte wohl aus Jerusalem und gehörte dort zu den oberen Gesellschaftsschichten. Er hatte ungehinderten Zugang zum König und ist erstaunlich gut über die politischen und diplomatischen Ereignisse unterrichtet.
Umso erstaunlicher ist, wie scharf Jesaja den aufwändigen Lebensstil und die wirtschaftlichen Praktiken seiner eigenen Schicht kritisiert. Er geißelt die Putzsucht der vornehmen Jerusalemer Frauen (»gehen mit aufgerecktem Hals und lüsternen Augen ...«, 3,16), den hemmungslosen Expansionsdrang der Großgrundbesitzer (»Weh denen, die ein Haus zum anderen bringen und einen Acker an den anderen rücken ...«, 5,8) und verurteilt die Lügen seiner prophetischen und priesterlichen Kollegen (» ... Denn wir haben Lügen zu unserer Zuflucht und Trug zu unserem Schutz gemacht ...«, 28,15).
Zentraler noch als die soziale Kritik ist bei Jesaja die politische Anklage. Sie zieht sich wie ein roter Faden durch alle Phasen seines Wirkens. Die Zeit Jesajas war eine Zeit großer weltgeschichtlicher Veränderungen. Das kleine Land Juda war eingekeilt zwischen den beiden damaligen Weltreichen, Ägypten und Assyrien. Wie sollte sich der judäische König in dieser Situation verhalten? Angesichts eines vorrückenden feindlichen Heeres tritt Jesaja dem König Ahas entgegen und fordert ihn auf, ruhig zu bleiben und auf die Hilfe Gottes zu vertrauen: »Glaubt ihr nicht, so bleibt ihr nicht.« (7,9) Nicht in politischen und militärischen Aktionen, allein im Vertrauen auf den Beistand Gottes liegt die Rettung.
Jahre später wird der Staat Juda unter König Hiskija von assyrischem Militär heimgesucht. Wie-

der wendet sich Jesaja gegen den Plan des Königs, Ägypten um militärische Unterstützung für die Verteidigung des Landes zu ersuchen: »In Zurückhaltung und Gelassenheit liegt eure Rettung, in Stillehalten und Vertrauen eure Stärke.« (30,15) Jesajas Rat klingt utopisch, erweist sich jedoch als erstaunlich realistisch. Die Assyrer können die Stadt nicht einnehmen, der Assyrerkönig Sanherib muss wieder abziehen.

Jesaja bleibt aber nicht bei der politischen Anklage stehen, sondern blickt auch in die Zukunft. Die gegenwärtigen Ereignisse sind Teil eines weitgespannten göttlichen Planes. Gott wird sein Volk nicht untergehen lassen, der assyrische Welteroberer wird selbst zugrunde gehen, und aus dem Geschlecht Davids wird ein König kommen, der, begnadet mit »dem Geist der Weisheit und des Verstandes, dem Geist des Rates und der Stärke, dem Geist der Erkenntnis und der Gottesfurcht« (11,2) die Gerechtigkeit in seinem Land wieder durchsetzt. Völker werden nach Jerusalem strömen, um dort politischen Streit schlichten zu lassen: »Viele Völker werden hingehen und sagen: Kommt und lasst uns hinaufziehen zum Berg des HERRN, zum Haus des Gottes Jakobs, damit er uns in seinen Wegen unterweise und wir auf seinen Pfaden gehen. Denn vom Zion wird Weisung ausgehen und das Wort des HERRN von Jerusalem. Und er wird für Recht sorgen zwischen den Nationen und vielen Völkern Recht sprechen. Dann werden sie ihre Schwerter zu Pflugscharen schmieden und ihre Speere zu Winzermessern. Keine Nation wird gegen eine andere das Schwert erheben, und sie werden hinfort nicht mehr lernen, Krieg zu führen.« (2,3–4)

JOHANNES XXIII.

(25.11.1881–3.6.1963)

Als Angelo Guiseppe Roncalli am 4. November 1958 nach elf Wahlgängen zum Papst und Nachfolger des verstorbenen Pius XII. gewählt wurde, war er bereits 77 Jahre alt. Johannes XXIII., wie sich Roncalli jetzt nannte, galt als Interimslösung. Doch der neue Papst überraschte alle. Er öffnete die Fenster, ließ frischen Wind durch die Kirche wehen und wurde in nur fünf Jahren zum bedeutendsten Papst des 20. Jahrhunderts.

Angelo Guiseppe Roncalli, der am 25.11.1881 in Sotto il Monte am Südrand der Alpen geboren wurde, stammte aus einer armen und kinderreichen Bergbauernfamilie. Der Dorfpfarrer wurde auf den begabten kleinen Guiseppe aufmerksam und ebnete ihm schon früh den Weg zum Priesteramt. Er besuchte das Priesterseminar in Bergamo, studierte in Rom, promovierte in Theologie und wurde 1904 zum Priester geweiht. Fast zehn Jahre lernte er dann als Sekretär des Bischofs von Bergamo kirchenleitende Aufgaben kennen. Im Ersten Weltkrieg stellte er sich als Sanitäter und später als Feldgeistlicher zur Verfügung. Die Erlebnisse während des Krieges sollten ihn lebenslang prägen und zu einem Verfechter einer klaren Friedenspolitik machen. Nach dem Krieg arbeitete Roncalli zunächst als Professor für Kirchengeschichte, bis er 1925 als »apostolischer Gesandter« im Bischofsrang zunächst für zehn Jahre nach Bulgarien und dann noch einmal in die Türkei und nach Griechenland geschickt wurde. In dieser Zeit wuchs seine große Sympathie für die griechisch-orthodoxe Kirche, die sich später auch in den Konzilsberatungen auswirken sollte. Mit seinen nächsten beiden Stationen rückte Roncalli in die erste Reihe der katholischen Kirche vor: 1945 wurde er päpstlicher Nuntius in Frankreich, acht Jahre später ernannte Papst Pius XII. den Bischof Angelo Guiseppe Roncalli zum Kardinal und kurz darauf zum Erzbischof und Patriarchen von Venedig.

Am 9. Oktober 1958 starb Papst Pius XII. Mit großem Erstaunen erlebte Roncalli, wie sein Name in den elf Wahlgängen der Konklave immer häufiger genannt wurde. Am 4. November bestieg Johannes XXIII. mit den alttestamentlichen Worten »Ich bin Joseph, Euer Bruder« den Papststuhl. Hundert Tage später überraschte der neue Papst alle Welt mit dem »in demütiger Entschlossenheit und in festem Vorsatz« gefassten Beschluss, in Kürze ein Konzil für die gesamte katholische Kirche einzuberufen. Am 11. Oktober 1962 zogen rund 2500 Kirchenvertreter zur Eröffnung des Konzils in den Petersdom ein, darunter auch viele nichtkatholische Beobachter. In seiner Eröffnungsrede sagte Johannes XXIII.: »Die Lehre der Kirche muss so erforscht und ausgelegt werden, wie unsere Zeit es verlangt.« Der Papst gebrauchte dafür das Wort »aggiornamento«, das zu einem Schlüsselwort des Konzils wurde: die Kirche müsse im »Heute«, in der Gegenwart ankommen und die Fragen und Sorgen heutiger Menschen aufgreifen.

An den Sitzungen des Konzils nahm der Papst selbst nicht teil. Er durchbrach die üblich gewordene »vatikanische Gefangenschaft« der Päpste, besuchte Krankenhäuser, ging in Gefängnisse, besuchte alle Pfarrgemeinden Roms und redete mit einfachen Leuten auf der Straße. Lächelnd nahm er zur Kenntnis, dass man ihm den Spitznamen »Johnnie Walker« (Johannes Spaziergänger) verlieh. Jeden Mittag lud er mal bekannte, mal unbekannte Leute an seinen Tisch.

Den Abschluss des Konzils sollte Johannes XXIII. nicht mehr erleben. Er selber sagte: »Wir haben große Dinge unternommen, aber wenn unsere Stunde schlägt, bevor sie zu ihrem Ziel geführt worden sind, empfinden wir darüber keine Unruhe: Gott wird jemanden bestimmen, sie fortzusetzen.« Am 3. Juni 1963 starb Johannes XXIII. nach einem längeren Krebsleiden. Nach seinem Tod schlossen sich langsam wieder die Fenster, die er geöffnet hatte.

Christus spricht zu seinen Jüngern: Wer euch hört, der hört mich; und wer euch verachtet, der verachtet mich.
Lukas 10,16

GEBET

Es gibt so viele Menschen, die leiden und büßen,
nur weil viele nicht wissen oder vergessen haben,
dass wir alle Schwestern und Brüder sind.

Es gibt so viele Menschen, die hungern und es schwer haben,
nur weil viele nicht wissen oder vergessen haben,
dass wir alle Schwestern und Brüder sind.

Es gibt so viele Menschen, die betrogen und ausgebeutet werden,
nur weil viele nicht wissen oder vergessen haben,
dass wir alle Schwestern und Brüder sind.

Es gibt so viele Menschen ohne Arbeit und ohne ein Dach über dem Kopf,
nur weil viele nicht wissen oder vergessen haben,
dass wir alle Schwestern und Brüder sind.

Es gibt so viele Menschen, die das Leben genießen, ohne an die zu denken,
die leiden, nur weil sie nicht wissen oder vergessen haben,
dass wir alle Schwestern und Brüder sind.

Aus Brasilien

GESANGBUCH

Gib uns den lieben Frieden, mach alle Feind ermüden,
verleih gesunde Luft, lass keine teuren Zeiten
auf unsre Grenzen schreiten, da man nach Brot vergebens ruft.

Die Hungrigen erquicke und bringe die zurücke,
die sonst verirret sein. Die Witwen und die Waisen
wollst du mit Troste speisen, wenn sie zu dir um Hilfe schrein.

Komm als ein Arzt der Kranken, und die im Glauben wanken,
lass nicht zugrunde gehen. Die Alten heb und trage,
auf dass sie ihre Plage geduldig mögen überstehn.

Benjamin Schmolck (1714), EG 423,6+7+9

Das Buch des Propheten Hosea steht in der Bibel am Anfang der zwölf »kleinen« Propheten, Hosea gehört aber in Wirklichkeit zu den ältesten Schriftpropheten. Er wirkte in den letzten Jahrzehnten vor der Eroberung des Nordreiches durch die Assyrer im Jahr 722. Es war eine wirre Zeit, geprägt durch die Expansion der assyrischen Großmacht. Nicht weniger als sechs Könige folgten einander innerhalb von 15 Jahren, ein Staatsstreich löste den anderen ab.
Von der Person des Propheten wissen wir nicht viel. Den Namen seiner Frau, Gomer, kennen wir, weil seine Ehe Teil seines prophetischen Auftrags ist. Von Gott bekommt er den Auftrag, eine Hure zu heiraten: eine symbolische Handlung, die die Schuld Israels herausstellen soll, das sich nach Überzeugung Hoseas von Gott abgewandt hat und der kanaanäischen Fruchtbarkeitsreligion verfallen ist. Auch die Kinder aus dieser Ehe, zwei Söhne und eine Tochter, erhalten symbolische Namen: »Jesreel« als Hinweis auf den Ort eines von Hosea verurteilten blutigen Staatsstreichs, »Ohne Erbarmen« und »Nicht-mein-Volk« – Namen, die Unheil für Israel ankündigen.
Der erste Teil des Hosea-Buches enthält darum eine Auseinandersetzung eines betrogenen Ehemannes mit seiner untreuen Frau – wobei völlig klar ist, dass es in Wirklichkeit um das Verhältnis des biblischen Gottes JHWH zu seinem Volk Israel geht. Hosea gebraucht dafür immer wieder die Worte »Hurerei« und »Unzucht«, sie sind zentrale Stichworte seiner Kritik am damaligen Israel.
Israel hat die »Ehe« gebrochen, den mit Gott in der Wüste geschlossenen Bund verlassen, indem es im Kulturland seine Traditionen aufgab, sich einen König gab, Ernährung und Wohlergehen den heimischen Fruchtbarkeitsgöttern zuschrieb, den neuen »Liebhabern nachlief« und dabei Gott vergaß.
Der Ehebruch Israels zeigt sich vor allem in den Gottesdiensten: Es sind Opferfeiern, bei denen Fleisch gegessen und Wein getrunken, Orakel eingeholt (»Mein Volk befragt sein Holz, und sein Stab soll ihm antworten«, 4,12) und in Form der Kultprostitution sexuelle Praktiken vollzogen werden (»wenn eure Töchter zu Huren und eure Bräute zu Ehebrecherinnen werden, weil ihr selbst abseits geht mit den Huren und mit den Tempeldirnen opfert …«, 4,14). Die Priester vernachlässigen ihre Aufgabe: Sie vermitteln keine »Gotteserkenntnis« (4,6) und sind daran schuld, dass das Volk vergessen hat, wem es seine Rettung zu verdanken hat. »Denn ich habe Lust an der Liebe und nicht am Opfer, an der Erkenntnis Gottes und nicht am Brandopfer«, so fasst Hosea seine Kritik am Gottesdienst zusammen. Was dem Volk am meisten fehlt, sind Erkenntnis und Einsicht.
Jede Hoffnung auf Besserung hängt davon ab, ob sich Israel noch einmal von den fremden Fruchtbarkeitskulten trennen und auf die Traditionen der Anfangszeit zurückbesinnen kann, die Israel seine besondere Identität gegeben haben.
Hosea geht mit dem Volk hart ins Gericht. Doch er lässt am Schluss auch erkennen, dass das Gericht über Israel vielleicht nicht das letzte Wort Gottes sein wird. Auch wo Israel alle Fürsorge Gottes in seiner Geschichte vergessen und alle Warnungen in den Wind geschlagen hat, bleibt Gott unfähig, Israel aufzugeben: »Mein Herz ist andern Sinnes, alle meine Barmherzigkeit ist entbrannt.« (11,8) Er hat sich unwiderruflich an dieses Volk gebunden: »Denn ich bin Gott und nicht ein Mensch und bin der Heilige unter dir und will nicht kommen, zu vernichten.« (11,9)

Vincent van Gogh, »Die Kartoffelesser«, Lithographie, 1885

Von Goghs Bild zeigt die Armut und Würde einfacher Menschen seiner südholländischen Heimat. Fünf ausgemergelte und abgearbeitete Gestalten teilen ein einfaches Mahl. Die Kartoffelesser sind nicht schön, ihre Arme sind zu kurz oder zu lang, die Proportionen scheinen nicht zu stimmen. Aber es ist ein ehrliches, ein wahrhaftiges Bild. »Ich habe mich nämlich sehr bemüht«, schreibt van Gogh seinem Bruder Theo, »den Betrachter auf den Gedanken zu bringen, dass diese Leute, die hier bei ihrer Lampe Kartoffeln essen, mit denselben Händen, die in die Schüssel langen, auch selber die Erde umgegraben haben; das Bild spricht also von ihrer Hände Arbeit und davon, dass sie ihr Essen ehrlich verdient haben.«

MARTIN BUBER

(8.2.1878 – 13.6.1965)

»Ich habe keine Lehre, aber ich führe ein Gespräch.« Alles wirkliche Leben ist für Martin Buber Begegnung. Erst durch die Beziehung zu einem Du wird der Mensch zu einem Ich. Und jede Ich-Du-Beziehung verweist auf ein ewiges Du: »Die Welt als Wort, das kundzugeben, war Israel da. Es lehrte, es zeigte: Der wirkliche Gott ist der anredbare, der anredende Gott.«
Martin Buber, am 8.2.1878 in Wien geboren, empfängt entscheidende Kindheitseindrücke im galizischen Lemberg, wo er bei den Großeltern aufwächst und dort die letzten Spuren des Chassidismus erlebt, der volkstümlichen Erweckungsbewegung des Judentums. Seine Nacherzählungen der chassidischen Überlieferung tragen entscheidend zur Entdeckung der ostjüdischen Spiritualität im Westen bei.
Nach dem Studium schließt er sich der zionistischen Bewegung an. Vor der politischen fordert er aber eine kulturelle Erneuerung des Judentums, die Arbeit an der Verwirklichung sozialer Gerechtigkeit, wie sie die biblischen Propheten forderten.
In seinem Buch »Ich und Du«, 1923 erschienen, formuliert er die Grundgedanken eines dialogischen Denkens. Begegnung und Dialog sind für ihn Grundbefindlichkeiten des Menschen. Als Mittel des Dialogs kommt der Sprache entscheidende Bedeutung zu: »Ich werdend spreche ich Du.« Wer nicht lernt, Du zu sagen, kann auch nicht Ich sagen. Echte »Religiosität« findet Buber im Gegensatz zu einer in Gesetzen erstarrten »Religion« nur in der dialogischen Begegnung, wie sie vor allem die Erzählungen der Bibel bezeugen. Gemeinsam mit seinem Freund Franz Rosenzweig verfasst Buber ab 1925 eine neue Übertragung der Hebräischen Bibel ins Deutsche, die ihre Sprachgewalt wieder verdeutlichen soll. 1924 erhält Buber in Frankfurt eine Professur für jüdische Religionswissenschaft. Als sie ihm die Nationalsozialisten wieder entziehen, übernimmt er den Aufbau einer jüdischen Erwachsenenbildung. Politisch vertritt er einen religiösen Sozialismus, der durchaus utopische Züge trägt. Ihm geht es um »die Echtheit von Menschen zu Menschen, die Unmittelbarkeit der Beziehungen«.
Martin Buber gehörte zu den prominentesten Teilnehmern am christlich-jüdischen Religionsgespräch. Berühmt geworden ist sein öffentlicher Dialog mit dem Theologen Karl-Ludwig Schmidt im Januar 1933, am Vorabend der »Machtergreifung«, in dem er feststellt: »Der Bund (Gottes) ist mir nicht aufgekündigt worden … Die Gottestore sind offen für alle. Der Christ braucht nicht durchs Judentum, der Jude nicht durchs Christentum zu gehen, um zu Gott zu kommen.«
Im März 1938 muss auch Buber, dessen Haus in Heppenheim zur Anlaufstelle für viele Ratsuchende geworden war, aus Deutschland weichen und nach Palästina auswandern. In Israel bleibt er, für viele Nichtjuden einer der wichtigsten Repräsentanten des Judentums seiner Zeit, ohne großen Einfluss. Seine Kritik an der Politik Israels gegenüber den Arabern wird nicht gehört, seine Einwände gegenüber dem orthodoxen Judentum stoßen auf Unverständnis. In Amerika und Europa, wo er nach dem Zweiten Weltkrieg mit Preisen überhäuft wird, ist er bekannter als in Israel selbst.
Am 13.6.1965 stirbt Martin Buber in Jerusalem.

Christus spricht: Kommt her zu mir, alle, die ihr mühselig und beladen seid; ich will euch erquicken.
Matthäus 11,28

Gebet

Gott,
heute bitten wir dich ganz besonders für die, die nicht glauben können,
und auch für die, die gar nicht glauben wollen.
Für die, die gerne glauben möchten, aber über schwere Lebenserfahrungen nicht hinwegkommen.
Gott, wir bitten dich auch für die, die den Glauben für Kinderkram halten und glauben, nur sich selbst vertrauen zu können.
Für die, die ihre eigene Schuld nie sehen, dafür aber andere hart verurteilen.
Wir bitten dich aber auch für die, denen ihre Frömmigkeit
zur Heuchelei geworden ist,
und für die, die in ihrem Glauben intolerant geworden sind.
Wir bitten dich schließlich für uns selbst, dass wir nicht hochmütig werden,
denn von allem, was wir an den anderen sehen, steckt ein Teil in uns selbst.
Du bist größer, Gott, als alle, die von dir nichts wissen wollen.
Wir wissen nicht, wie ihnen geholfen werden kann.
Du weißt es.
Rette jeden aus seiner heimlichen Not.
Amen.

Gesangbuch

Dein Wort bewegt des Herzens Grund,
dein Wort macht Leib und Seel gesund,
dein Wort ist's, das mein Herz erfreut,
dein Wort gibt Trost und Seligkeit.
Johann Olearius (1671), EG 197,2

Im Jahre 587 eroberten Truppen des babylonischen Großreichs Jerusalem, zerstörten den Tempel und führten eine große Zahl von Israeliten nach Babylon in die Verbannung. Dort, an den Bächen Babylons, saßen sie, wie es im 137. Psalm heißt, und weinten. Sie konnten zwar Hütten bauen und Felder bestellen, aber sie waren nicht frei, mussten in einem fremden Land leben, aus allen bisherigen Lebensbezügen herausgerissen. Die Jahre gingen ins Land. Gerade unter den Jüngeren nahm die Entwurzelung zu. Viele zweifelten an ihrem alten Glauben, konnten mit den alten Traditionen nicht mehr viel anfangen. Hatten sich die babylonischen Götter nicht als die Stärkeren erwiesen? »Wenn es Gott gibt, dann hat er uns vergessen.«

In dieser Situation von Resignation und Hoffnungslosigkeit trat der unbekannte Prophet auf, den wir »Zweiter Jesaja« (Deuterojesaja) nennen. Seinen Landsleuten ruft er zu: »Hebt eure Augen in die Höhe und seht: Wer hat die Sterne dort oben geschaffen? Er, der Herr, lässt sie alle aufmarschieren, jeden von ihnen ruft er mit Namen; seine Macht und Kraft ist so groß, dass nicht eins von ihnen fehlt. Warum sprichst du dann, Jakob, und du, Israel, sagst: Der Herr kümmert sich nicht um uns; unser Gott lässt es zu, dass uns Unrecht geschieht?« (40,26–27) Nicht die Sterne, wie die Babylonier meinen, bestimmen die Schicksale von Menschen und Völkern – nein, Gott ist es, der die Enden der Erde geschaffen hat und als Schöpfer die Sterne antreten lässt, sie beim Namen ruft und ihnen Befehle gibt. Dieser ewige Gott ist »weder müde noch matt, sein Verstand ist unausforschlich. Er gibt dem Müden Kraft und Stärke genug dem Ohnmächtigen«. Und dann folgt mit einem eindrücklichen Bild die Zusage: »Die auf den Herrn harren, kriegen neue Kraft, dass sie auffahren mit Flügeln wie Adler, dass sie laufen und nicht matt werden, dass sie wandeln und nicht müde werden.« (40,28–31) Wir wissen kaum etwas von diesem Propheten, nicht einmal seinen wirklichen Namen kennen wir. Was von ihm überliefert worden ist, hat man dem Buch Jesaja angefügt, wo es jetzt die Kapitel 40 – 55 bildet. Seine Worte gehören zu den eindrücklichsten und schönsten im Alten Testament. Aufgetreten ist er wohl in der zweiten Hälfte des babylonischen Exils, weil in seiner Botschaft schon etwas zu hören ist vom Siegeszug des persischen Königs Kyros. In ihm sah Deuterojesaja ein Werkzeug Gottes zur Befreiung des im Exil lebenden Israel, von ihm erwartete er die Niederwerfung des babylonischen Reiches.

Sein erstes Wort für seine Landsleute war darum ein Wort des Trostes (von Händel in seinem Oratorium »Messias« großartig vertont): »Tröstet, tröstet mein Volk!, spricht euer Gott. Redet mit Jerusalem freundlich und predigt ihr, dass ihre Knechtschaft ein Ende hat.« (40,1–2) Gott selbst wird sein Volk durch die Wüste in die Heimat zurückführen. Um dies zu verdeutlichen greift der Prophet auf die alte Überlieferung vom Auszug aus Ägypten zurück. Doch der neue Zug durch die Wüste wird den alten Exodus bei Weitem übertreffen. Aus der unwegsamen Einöde zwischen Babylon und Jerusalem wird eine gerade Straße (»alle Täler sollen erhöht und alle Berge und Hügel sollen erniedrigt werden«, 40,4), sodass die Verbannten im Triumph heimkehren können. Und Gott wird »Ströme von Wasser auf die Wüste gießen, (43,19), sodass die Rückkehrer unterwegs nicht verdursten müssen.

Woher nimmt der Prophet diese Gewissheit? Letztlich aus der Überzeugung, dass der Gott, dem Israel immer wieder in seiner Geschichte begegnet ist, der einzige und wahre Gott ist. Deuterojesaja ist im Alten Testament der Erste gewesen, der eindeutig und massiv den Gott Israels als einzigen Gott, also auch als den Gott aller anderen Völker, verkündet hat: »Wendet euch zu mir, so werdet ihr gerettet, aller Welt Enden; denn ich bin Gott, und sonst keiner mehr.« (45,22) Das babylonische Exil ist die Geburtsstunde des biblischen Monotheismus, des Bekenntnisses zu dem einen Gott, neben dem keine anderen existieren. Für Deuterojesaja steht fest: Nur einer ist der

Schöpfer, und darum hat auch nur einer die wirkliche Macht und ist nur einer wahrhaftig Gott. Dieser Gott hat auch die Macht, jetzt sein Volk aus der Gefangenschaft zu befreien und in die Heimat zurückzuführen.
Wie ist die Botschaft des Propheten von seinen Landsleuten aufgenommen worden? Wir wissen es nicht genau, aber wahrscheinlich scheint er damals nicht viel Anklang gefunden zu haben. Vieles spricht dafür, dass es sich bei dem rätselhaften »Gottesknecht«, von dem in diesem Teil des Jesaja-Buches immer wieder die Rede ist, um den Propheten selbst handelt. Er hatte von Gott den Auftrag, »das geknickte Rohr nicht zu zerbrechen und den glimmenden Docht nicht auszulöschen« (42,3), »die Stämme Jakobs aufzurichten und die Zerstreuten Israels wiederzubringen« (49,6). Doch offenbar ist er mit seiner Mission gescheitert, er hat bei seinem Auftrag Gewalt und Spott erfahren (50, 6) und ist schuldlos angeklagt worden. Er ist sich sicher, dass Gott ihn rehabilitieren wird. Doch als Prophet teilt er das Schicksal der meisten Propheten Gottes: Er wird verachtet, angefeindet und zuletzt getötet. Sein persönliches Schicksal gehört zu seinem Auftrag. Leiden und Sterben des Gottesknechts geschehen stellvertretend für die vielen. »Verachtet war er und von Menschen verlassen, ein Mann der Schmerzen und mit Krankheit vertraut und wie einer, vor dem man das Gesicht verhüllt, ein Verachteter, und wir haben ihn nicht geachtet. Doch unsere Krankheiten, er hat sie getragen, und unsere Schmerzen hat er auf sich genommen. Wir aber hielten ihn für einen Gezeichneten, für einen von Gott Geschlagenen und Gedemütigten.
Durchbohrt aber wurde er unseres Vergehens wegen, unserer Verschuldungen wegen wurde er zerschlagen, auf ihm lag die Strafe, die unserem Frieden diente, und durch seine Wunden sind wir geheilt. Wie Schafe irrten wir alle umher, ein jeder sah nur auf seinen Weg. Aber der Herr warf unser aller Schuld auf ihn. Er wurde bedrängt, und er ist gedemütigt worden, seinen Mund aber hat er nicht aufgetan wie ein Lamm, das zur Schlachtbank geführt wird, und wie ein Schaf, das vor seinen Scherern verstummt … Und bei Gottlosen gab man ihm sein Grab und bei Übeltätern, als er gestorben war, obwohl er niemand Unrecht getan hatte und kein Betrug in seinem Munde gewesen ist … Weil seine Seele sich abgemüht hat, wird er das Licht schauen und die Fülle haben. Und durch seine Erkenntnis wird er, mein Knecht, der Gerechte, den Vielen Gerechtigkeit schaffen; denn er trägt ihre Sünden.« (53,3–7.9.11)
Knapp 600 Jahre später haben die ersten Christen in den alttestamentlichen Worten vom Gottesknecht eine Verheißung auf Jesus Christus gesehen. Auch er hat das geknickte Rohr nicht gebrochen und den glimmenden Docht nicht ausgelöscht. Auch er hat leiden müssen, auch ihm ist der Prozess gemacht worden – wie den Propheten und Gottesknechten im Alten Testament.

(19.6.1623 – 19.8.1662)

Nach dem Tod Pascals am 19.08.1662 entdeckte man in seinem Rockfutter eingenäht einen Zettel, auf dem er ein tiefes religiöses Erlebnis festgehalten hat, die »Nacht des Feuers« vom 23.11.1654: »... Seit ungefähr abends zehneinhalb bis ungefähr eine Stunde nach Mitternacht. FEUER. Gott Abrahams, Gott Isaaks, Gott Jakobs, nicht der Philosophen und der Gelehrten. Gewissheit, Empfinden, Freude, Friede. Gott Jesu Christi ... Vergessen der Welt und aller Dinge außer Gott. Nur auf den Wegen, die das Evangelium lehrt, ist er zu finden ...« In diesem sog. »Memorial« dokumentiert Pascal die Begegnung mit dem »lebendigen Gott«, den die christliche Tradition bezeugt und der einer ganz anderen Dimension angehört als der von den Skeptikern seiner Zeit in Zweifel gezogene Gott der Philosophen. Diese religiöse Erfahrung, die ihn tief erschüttert hat, blieb fortan für ihn lebensbestimmend.
Am 19.6.1623 in Clermont-Ferrand als Sohn eines hohen Steuerbeamten geboren, entwickelt sich Pascal schon früh zu einem mathematisch-naturwissenschaftlichen Wunderkind. Als 16-Jähriger verfasst er eine »Abhandlung über die Kegelschnitte«, kurz darauf erfindet er, um seinem Vater die mühsame Arbeit zu erleichtern, eine Rechenmaschine. Mit einer Abhandlung über den Luftdruck und das Vakuum macht er sich einen Namen als Physiker. Er entwirft die Idee der Wahrscheinlichkeitsrechnung und schreibt über das »arithmetische Dreieck«.
Nach seiner religiösen Erfahrung vom November 1654 verbringt er einige Zeit im Kloster von Port-Royal, dem Zentrum des Jansenismus, einer katholischen Reformbewegung des 17. Jahrhunderts. Hier schreibt er die lettres provinciales, eine glänzende Polemik gegen die Jesuiten und deren willkürliches Verständnis der göttlichen Gnade. Die Briefe, die damals ungeheures Aufsehen erregten, werden umgehend vom Papst auf den »Index« der verbotenen Bücher gesetzt.
Zur gleichen Zeit schreibt Pascal an einer »Apologie des Christentums«, die unvollendet erst nach seinem Tod 1670 unter dem Titel »Pensees« (= Gedanken) erschien. Es ist eine Sammlung persönlicher Gedanken über die Situation des Menschen und den Glauben an Gott, mit der er seinen skeptischen Zeitgenossen einen Zugang zum Glauben ermöglichen wollte. Dabei wusste Pascal, dass der christliche Glaube eine Sache des Herzens ist und sich nicht allein mit vernünftigen Argumenten begründen lässt. »Das Herz hat seine Gründe, die die Vernunft nicht kennt.«
Pascal blieb bis zu seinem Tod Philosoph und genialer Mathematiker, doch er erkannte auch, dass aller theoretischer Fortschritt die Frage nach dem Wesen der menschlichen Existenz nicht zu beantworten vermag. Sich selbst kann der Mensch nicht erkennen, er »ist sich selbst das rätselhafteste Ding der Natur«. Als Erster begreift Pascal die Einsamkeit des Menschen in einem unendlichen Universum. »Das ewige Schweigen dieser unendlichen Räume macht mich schaudern.«
In dieser Situation wendet sich Pascal ernstlich der christlichen Botschaft zu. »Der Mensch ohne Gott existiert in der Unwissenheit über alles.« Er muss sich entscheiden. Um das zu verdeutlichen, entwickelt Pascal die berühmte Idee der Wette. »Man muss sich in der Gottesfrage entscheiden wie am Spieltisch.« Wer darauf setzt, dass Gott nicht existiert, gewinnt, wenn er Recht behalten sollte, gar nichts. Denn er verliert den Sinn des Lebens. Wer darauf setzt, dass Gott existiert, gewinnt, wenn er Recht behält, alles. Wenn er aber nicht Recht hat, hat er doch ein verantwortliches Leben geführt.
Ab 1659 verschlechtert sich sein Gesundheitszustand rapide. Pascal, der seit seinem 24. Lebensjahr keinen schmerzfreien Tag erleben konnte, führt in seinen letzten Lebensjahren ein asketisches Leben in Armut. Als er am 19. August 1662 in Paris stirbt, ist er erst 39 Jahre alt.

Der Menschensohn ist gekommen, zu suchen und selig zu machen, was verloren ist.

Lukas 19,10

GEBET

Lobe den Herrn, meine Seele, und vergiss nicht, was er dir Gutes getan hat.
Der dich nicht auf deine Fehler von gestern festnagelt,
sondern dir entgegenkommt und dir verzeiht.
Barmherzig und gnädig ist Gott, geduldig und von großer Güte.
Der es gut mit dir meint ein Leben lang und dir eine Krone aufsetzt
wie einem König. Allen Unterdrückten verhilft er zu ihrem Recht,
allen, die sonst wenig zu lachen haben.
Barmherzig und gnädig ist Gott, geduldig und von großer Güte.
Er geht nicht so mit uns um, wie wir es verdienten.
Er rechnet nicht nach unseren Schulden mit uns ab.
Barmherzig und gnädig ist Gott, geduldig und von großer Güte.
So hoch der Himmel über der Erde ist, so weit wirft er weg,
was wir auf dem Kerbholz haben.
Wie ein Vater zu seinen Kindern, so bist du, Gott, zu allen, die zu dir finden.
Amen.

GESANGBUCH

Der Herr ist noch und nimmer nicht von seinem Volk geschieden;
er bleibet ihre Zuversicht, ihr Segen, Heil und Frieden.
Mit Mutterhänden leitet er die Seinen stetig hin und her.
Gebt unserm Gott die Ehre!

Wenn Trost und Hilf ermangeln muss, die alle Welt erzeiget,
so kommt, so hilft der Überfluss, der Schöpfer selbst, und neiget
die Vateraugen denen zu, die sonsten nirgends finden Ruh.
Gebt unserm Gott die Ehre!

Johann Jakob Schütz (1675), EG 326,5+6

Als junger Mann, etwa 20 Jahre alt, wird Jeremia aus Anatot, nördlich von Jerusalem, im Jahr 626 oder 627 zum Propheten berufen. »Noch ehe ich dich bildete im Mutterleib, habe ich dich erwählt, noch ehe du aus dem Mutterschoß hervorkamst, habe ich dich geweiht: Zum Propheten für die Völker habe ich dich bestimmt. Da sagte ich: Ach, Herr, mein Gott, ich verstehe nicht zu reden, ich bin noch so jung. Aber Gott antwortete mir: Sag nicht, ich bin noch so jung, sondern geh, zu wem immer ich dich sende, und rede, was immer ich dir auftrage. Fürchte dich nicht vor ihnen, denn ich bin mit dir, um dich zu retten. Und Gott streckte seine Hand aus, berührte meinen Mund und sagte zu mir: Hiermit lege ich meine Worte in deinen Mund. Siehe, ich setze dich heute über die Völker und über die Königreiche, auszureißen und einzureißen, aufzubauen und einzupflanzen.« (1,4–10)

In Erinnerung an seine Berufung wird Jeremia Gott später mit einem Liebhaber vergleichen, der ihn wie ein naives Mädchen verführt hat: »Du hast mich betört, Herr, und ich habe mich betören lassen, du hast mich gepackt und überwältigt.« (20,7) Mit der Berufung begann für Jeremia ein langer Leidensweg. Eine »eiserne Säule« und »eherne Mauer« soll der Prophet sein – gegen die Könige und Großen in Juda, gegen die Priester und das Volk. Denn sie haben Gott verlassen und sich mit fremden Göttern eingelassen: »Mich, die lebendige Quelle, verlassen sie und machen sich Zisternen, die doch rissig sind und kein Wasser geben.« (2,13)

Sie suchen ihre Sicherheit im offiziellen Tempelkult Jerusalems, doch zugleich treten sie das Recht mit Füßen und üben Gewalt gegen Fremdlinge, Witwen und Waisen.

Darum hat Gott jetzt auch Juda verworfen und den Untergang Jerusalems beschlossen. Am Hof in Jerusalem träumt man noch immer von nationaler Größe, Jeremia aber rät zur Kapitulation und zur Verständigung mit den Babyloniern. Deswegen legt er sich ein hölzernes Joch um den Hals und geht damit durch die Straßen Jerusalems – und als ihm ein nationaler Heilsprophet entgegentritt und das hölzerne Joch demonstrativ zerbricht, legt Jeremia sich ein neues um, aus Eisen.

40 Jahre wird Jeremia seinen Auftrag durchhalten, 40 Jahre wird er gegen den Strom schwimmen. In seinem Volk wird er zu einer einsamen Gestalt. Gott hatte ihm verboten, eine Frau zu nehmen und Kinder zu haben. Sein Weg als Prophet ist von Folter und Kerker gekennzeichnet. Er erhält Berufsverbot und wird geschlagen, das Volk droht ihn zu lynchen, der Oberaufseher der Tempelpolizei lässt ihn in den Block legen, seine eigene priesterliche Familie will ihn mundtot machen, er wird eingekerkert und wegen Landesverrats in eine Jauchegrube geworfen. Als es seinem Schreiber Baruch gelingt, eine Buchrolle mit den Worten Jeremias dem König vorzulesen, schneidet dieser Stück für Stück von der Rolle ab und wirft die Texte ins Feuer.

Jeremia hat unter der Last des Prophetenauftrags gelitten, ja manchmal droht er darunter zusammenzubrechen. »Nie saß ich fröhlich im Kreise der Scherzenden; von deiner Hand gebeugt saß ich einsam; denn mit Grimm hast du mich erfüllt.« (15,17) Doch er kommt von seinem Auftrag nicht los. »Das Wort des Herrn bringt mir den ganzen Tag nur Spott und Hohn. Aber wenn ich dachte: Ich will nicht mehr an Gott denken und nicht mehr in seinem Namen sprechen – so war es mir, als brenne in meinem Herzen ein Feuer, unlöschbar in meinem Innern. Ich quälte mich, es auszuhalten und konnte es nicht.« (20,8–9)

Es ist alles so eingetroffen, wie Jeremia es jahrzehntelang vorhergesagt hatte. Er muss schließlich ohnmächtig mitansehen, wie sein Volk in die Katastrophe schlittert. Immer wieder hatte er davor gewarnt, verhindern konnte er sie nicht. Jerusalem wird von den Babyloniern dem Erdboden gleich gemacht.

Den nach Babylon Deportierten hat Jeremia einige Zeit später einen berühmten Brief geschrieben:
»Dies sind die Worte des Briefes, den der Prophet Jeremia von Jerusalem sandte an den Rest der Ältesten, die weggeführt waren, an die Priester und Propheten und an das ganze Volk, das Nebukadnezar von Jerusalem nach Babel weggeführt hatte. Also spricht der Herr Zebaoth, der Gott Israels, zu den Weggeführten, die ich von Jerusalem nach Babel habe wegführen lassen: Baut Häuser und wohnt darin; pflanzt Gärten und esst ihre Früchte; nehmt euch Frauen und zeugt Söhne und Töchter, nehmt für eure Söhne Frauen und gebt eure Töchter Männern, dass sie Söhne und Töchter gebären; mehret euch dort, dass ihr nicht weniger werdet.
Suchet der Stadt Bestes, dahin ich euch habe wegführen lassen, und betet für sie zum Herrn; denn wenn's ihr wohlgeht, so geht's auch euch wohl. Denn so spricht der Herr Zebaoth, der Gott Israels: Lasst euch durch die Propheten, die bei euch sind, und durch die Wahrsager nicht betrügen, und hört nicht auf die Träume, die sie träumen! Denn sie weissagen Lüge in meinem Namen. Ich habe sie nicht gesandt, spricht der Herr.
Denn so spricht der Herr: Wenn für Babel 70 Jahre voll sind, so will ich euch heimsuchen und will mein gnädiges Wort an euch erfüllen, dass ich euch wieder an diesen Ort bringe. Denn ich weiß wohl, was ich für Gedanken über euch habe, spricht der Herr: Gedanken des Friedens und nicht des Leides, dass ich euch gebe Zukunft und Hoffnung.
Und ihr werdet mich anrufen und hingehen und mich bitten, und ich will euch erhören. Ihr werdet mich suchen und finden; denn wenn ihr mich von ganzem Herzen suchen werdet, so will ich mich von euch finden lassen, spricht der Herr, und will eure Gefangenschaft wenden und euch sammeln aus allen Völkern und von allen Orten, wohin ich euch verstoßen habe, spricht der Herr, und will euch wieder an diesen Ort bringen, von wo ich euch habe wegführen lassen.« (29,1–14)
Auch nachdem Jerusalem gefallen ist, ist die Leidensgeschichte des Jeremia noch nicht zu Ende. Der babylonische Feldherr stellt ihm frei, im Lande zu bleiben oder als freier Mann nach Babylon mitzukommen. Er bleibt im zerstörten Land und übt Solidarität mit denen, die ihm vorher weithin ihre Solidarität verweigert hatten. Sie schleppen ihn schließlich gegen seinen Willen auf der Flucht mit nach Ägypten, wo sich seine Spur im Dunkel verliert.
Die Geschichte Gottes mit Israel ging auch nach der Zerstörung Jerusalems und der Exilierung des Volkes weiter. Jeremia selbst hat dafür eine Zukunftsvision entworfen: Gott wird einen neuen Bund mit Israel aufrichten – einen Bund, dessen Satzungen unmittelbar im Herzen des Menschen geschrieben sind, sodass er nicht mehr gebrochen werden kann: »Ich will mein Gesetz in ihr Herz geben und in ihren Sinn schreiben, und sie sollen mein Volk sein und ich will ihr Gott sein. Und es wird keiner den andern noch ein Bruder den andern lehren und sagen: ›Erkenne den Herrn‹, sondern sie sollen mich alle erkennen, beide, klein und groß, spricht der Herr; denn ich will ihnen ihre Missetat vergeben und ihrer Sünde nimmermehr gedenken.« (31,33–34)

(4.1.1898–21.6.1940)

»Ich habe Gottes Geist Gehorsam geschworen.« Hermann Stöhr ist – soweit bekannt – der einzige evangelische Kriegsdienstverweigerer im Zweiten Weltkrieg, der vom Reichskriegsgericht zum Tode verurteilt und hingerichtet wurde. Er war Kriegsdienstverweigerer aus Gewissensgründen, ein Querkopf, der aus und mit der Bibel lebte, die Bergpredigt und insbesondere das Gebot der Feindesliebe ganz ernst nahm und damit nicht nur seinen Zeitgenossen, sondern auch der evangelischen Kirche seiner Zeit lästig wurde.

Am 4. Januar 1898 in Stettin geboren, zieht Hermann Stöhr nach dem Abitur als noch nicht 17-Jähriger freiwillig als Marinesoldat in den Ersten Weltkrieg – »fröhlich und vaterlandsfroh«, wie er anfangs nach Hause schreibt. Doch schon früh erlebt er die Greuel des Krieges an der Schwarzmeerfront, den Völkermord an den Armeniern. Am Ende des Krieges ist er Pazifist. Den Wandel seiner Gesinnung dokumentiert auch seine 1922 vorgelegte volkswirtschaftliche Dissertation. Wollte er ursprünglich über die im Ersten Weltkrieg versenkte Tonnage schreiben, so promoviert er nun über die weltweiten Hilfsmaßnahmen, mit denen vor allem Deutschland nach dem Krieg von den USA und anderen Ländern unterstützt wurde.

Als Mitarbeiter in der kleinen evangelisch-ökumenischen Friedensbewegung der zwanziger Jahre tritt Stöhr mit großer Hartnäckigkeit für eine in der Bibel belegte Völkerversöhnung ein. Er setzt sich als einer der Ersten für eine deutsch-polnische Verständigung ein, fordert bereits 1933 die evangelische Kirche auf, sich öffentlich für die Juden einzusetzen, protestiert vergeblich gegen Naziflaggen an Kirchen und ruft zum Gebet für die »Kommunisten, Sozialisten, Pazifisten, Christen und Juden … in den Konzentrationslagern« auf.

Mit alldem gerät Hermann Stöhr, der sich mühsam als freier Schriftsteller über ökumenische Themen durchschlagen muss, auch in der evangelischen Kirche in die Isolation.

Als er 1939 zu Reserveübungen eingezogen werden soll, verweigert er unter Berufung auf die Bibel den Kriegsdienst mit der Waffe: »Den Dienst mit der Waffe muss ich aus Gewissensgründen ablehnen. Mir wie meinem Volk sagt Christus: ›Wer das Schwert nimmt, soll durchs Schwert umkommen …‹ Positives Christentum weist meines Erachtens den Völkern höhere Ziele, als sich in Kriegsrüstungen gegenseitig zu übertreffen und einen immer höheren Prozentsatz der nationalen Energie hierfür einzusetzen.« Daraufhin wird er verhaftet und zu zehn Monaten Gefängnis verurteilt. Nachdem er dort den »Führereid« abgelehnt hatte, verhängt das Reichskriegsgericht am 16. März 1940 das Todesurteil wegen Zersetzung der Wehrkraft. Kurz vor seinem Tod schreibt er an seine Mutter: »Rein weltlich gesehen ist ja die Todesstrafe das Ärgste, was uns hier auf Erden widerfahren kann. Vom Standpunkt des Glaubens aus aber heißt es: Was können uns Menschen tun? Da weiß man sich sicher geborgen in der Hand des Allmächtigen.«

Hermann Stöhr wird am 21. Juni 1940 in Plötzensee hingerichtet.

Sein Leben und sein Schicksal bleiben über Jahrzehnte auch in der Kirche weithin unbekannt. Sein Grab wird eingeebnet. Erst anlässlich seines 100. Geburtstags wird in Berlin ein Gedenkstein enthüllt. Wenige Wochen zuvor hatte das Landgericht Berlin das Todesurteil gegen ihn aufgehoben.

Einer trage des andern Last, so werdet ihr das Gesetz Christi erfüllen

Galater 6,2

Gebet

Wie ein Hirsch lechzt nach frischem Wasser,
so schreit meine Seele, Gott, zu dir.
Ich dürste nach Gott, nach dem lebendigen Gott.
Wann darf ich zu dir kommen, dein Gesicht sehen?
Meine Tränen sind mein Brot bei Tag und bei Nacht, ständig fragt man mich:
Wo bleibt er denn, dein Gott?
Was trauerst du, meine Seele, und bist so unruhig in mir?
Ich hoffe auf Gott!
Ich weiß, ich werde ihm noch einmal danken,
weil er mein Gott ist und mir hilft.
Das Wasser steht mir bis zum Hals, die Fragen wachsen mir über den Kopf,
ich weiß nicht, wie es weitergehen soll.
Warum, Gott, hast du mich vergessen?
Warum ist mein Leben so trostlos?
Sollen die Recht behalten, die höhnisch fragen: Wo bleibt er denn, dein Gott?
Was trauerst du, meine Seele, und bist so unruhig in mir?
Ich hoffe auf Gott!
Ich weiß, ich werde ihm noch einmal danken,
weil er mein Gott ist
und mir hilft.

Psalm 42 (in Auswahl)

Gesangbuch

Ach bleib mit deiner Gnade bei uns, Herr Jesu Christ,
dass uns hinfort nicht schade des bösen Feindes List.

Ach bleib mit deinem Glanze bei uns, du wertes Licht;
dein Wahrheit uns umschanze, damit wir irren nicht.

Ach bleib mit deinem Segen bei uns, du reicher Herr;
dein Gnad und alls Vermögen in uns reichlich vermehr.

Josua Stegmann (1627), EG 347,1.3.4

Drei Tage im Bauch eines Wals?

In der Bibel wird von Jona erzählt, der von einem großen Fisch verschluckt und nach drei Tagen wieder ausgespuckt wird. Drei Tage im Bauch eines Fisches – ist das möglich? Noch im 18. Jahrhundert musste ein Helmstedter Theologieprofessor 100 Gulden Strafe zahlen, weil er die Geschichte nicht für historisch hielt. Und ein Göttinger Professor meinte zur selben Zeit, der Fisch sei gar kein Fisch gewesen, sondern ein Schiff mit dem Namen »Der große Fisch« habe Jona aus dem Meer gefischt. Wie war das mit Jona und dem Fisch?

Die im Alten Testament erzählte Geschichte vom Propheten Jona ist kein historischer Bericht, sondern eine Lehrerzählung, die zeigen soll: Gott ist ein Gott für alle Menschen, nicht nur für die Frommen, sondern auch für die Fremden und vermeintlich Bösen. Humorvoll und zugleich voll tiefem Ernst wird erzählt, wie Jona von Gott den Auftrag erhält, nach Ninive zu gehen und gegen die Stadt zu predigen, weil ihre Bosheit so groß geworden sei, dass sie zum Himmel schreie. Ninive hatte als Großmacht das kleine Nordreich Israel zerstört und für immer vernichtet. Für die Juden war Ninive die Stadt des Bösen, ein Symbol für die Hölle auf Erden wie für uns heute Auschwitz. Ausgerechnet dort sollte Jona von Gott predigen.

Doch Jona weigert sich und läuft davon. In Jaffa besteigt er ein Schiff und fährt in die genau entgegengesetzte Richtung, nach Tharsis in Spanien, dem westlichsten Punkt der damals bekannten Welt. Hier glaubt sich Jona vor dem Auftrag Gottes sicher. Doch kaum ist Jona auf dem Meer, bricht ein fürchterlicher Sturm los und bringt Schiff und Besatzung in größte Seenot. Tiefe Angst packt die Seeleute, sie beten – es ist schon damals eine international zusammengewürfelte Besatzung – ein jeder zu seinem Gott und werfen, um das Schiff zu erleichtern, die Ladung über Bord! Nur Jona beteiligt sich weder am Gebet noch an der Arbeit. Er liegt unten im Bauch des Schiffes und schläft.

Die Mannschaft spürt, dass mit diesem merkwürdigen Passagier etwas nicht stimmt, und vermutet, dass einer an Bord für das Unglück des Schiffes verantwortlich ist. Um das herauszufinden, werfen sie das Los – und das Los fällt auf Jona. »Sage uns, warum trifft uns dieses Unglück? Wer bist du, woher kommst du und was hast du getan?« Nun muss Jona Farbe bekennen: »Ich bin ein Hebräer und fürchte den Herrn, den höchsten Gott, der Land und Meer geschaffen hat.« (1,9) Die Seeleute wollen sich nicht gern an dem Diener eines so mächtigen Gottes vergreifen und versuchen es erst noch mit kräftigem Rudern, doch es hilft nichts, das Meer tobt immer stürmischer. Da bietet sich Jona als Opfer an: »Nehmt mich und werft mich ins Meer, dann wird es sich beruhigen.« (1,12) Und tatsächlich, die Seeleute werfen Jona ins Meer, und nach kurzer Zeit legt sich der Sturm.

Jona will lieber sterben, als die Sache Gottes in Ninive zu vertreten. Doch was geschieht: Mitten im Tod wird er von Gott erwartet und bewahrt. »Da ließ Gott einen großen Fisch kommen, Jona zu verschlingen.« (2,1) Drei Tage und drei Nächte hockt Jona im Bauch des Fisches, dann spuckt der Fisch Jona an Land. Nun ist der Prophet wieder dort, von wo er vergeblich Gott davonlaufen wollte. Zum zweiten Mal erhält er den Auftrag, nach Ninive zu gehen – und diesmal geht er.

Seine Predigt in Ninive ist ganz kurz, und doch setzt sie in der Riesenstadt eine ungeheure Bußbewegung in Gang: »Es sind noch 40 Tage, dann wird Ninive untergehen! Da glaubten die Leute von Ninive an Gott und ließen ein Fasten ausrufen, und alle, Reiche wie Arme, gehen zum Zeichen der Buße in Sack und Asche.« (3,4–5) Das Unglaubliche geschieht: Ninive tut Buße – von den Tieren im Stall über die Händler auf den Straßen bis hinauf zum König und seiner Regierung. Das alles wird mit groteskem Humor beschrieben: Selbst die Tiere dürfen nicht fressen, sondern müssen fasten, Trauerkleider tragen und laut zu Gott schreien. »Wer weiß? Vielleicht zeigt Gott Geduld und lässt sich umstimmen.« (3,9) Und tatsächlich. »Da tat es Gott leid, Ninive zu vernichten, und er tat es nicht.« (3,10)

Hatte Jona schon die Schiffsbesatzung, ohne es zu wollen, zum Gott Israels geführt, so gelingt ihm das auch mit den Bewohnern der bösen Stadt Ninive. Doch Jona freut sich nicht darüber, im Gegenteil: »Er zürnte einen großen Zorn«, heißt es in der Bibel. Jona ist böse, weil Gott gnädig ist. Er wirft Gott vor, seine Güte an Heiden, an Unwissende, an Gottlose zu verschwenden. Wenn kein Unterschied mehr sein soll zwischen denen, die schon immer Gott gedient haben, und denen, die bis vor Kurzem nichts von ihm wissen wollten, dann will Jona nicht länger Prophet sein.

Hier wird deutlich, wie die Botschaft des Buches Jona für die Juden damals lautete: »Nehmt zur Kenntnis, dass auch die Heiden, auch wenn sie Gottes Gebote nicht bekommen haben, auch wenn sie nicht zum erwählten Gottesvolk gehören, genauso Gottes Geschöpfe sind wie ihr auch. Und wenn sie auch Fremde sind und eine andere Religion haben – Gott ist auch ihnen gnädig.«

Unterdessen hat sich Jona außerhalb der Stadt niedergelassen. Im Schutz einer Laubhütte will er abwarten, wie es mit der Stadt weitergeht. Da lässt Gott eine großblättrige Rizinusstaude wachsen, um Jona Schatten zu spenden und seinen Ärger zu vertreiben. Und wirklich: »Jona freute sich sehr über die Staude.« (4,6) Doch am Morgen schickt Gott einen Wurm, der die Staude sticht, sodass sie verdorrt. Damit nicht genug, Gott lässt auch noch einen heißen Ostwind kommen, der Jona so zusetzt, dass er nun, ohne Schatten, halb ohnmächtig wird. Voller Selbstmitleid wünscht Jona zu sterben – »Ich möchte am liebsten tot sein.« (4,8) Er hat Gottes Lektion immer noch nicht begriffen.

Doch nun hat Gott das letzte Wort, und seine souveräne Antwort entlarvt nicht nur den Propheten Jona, sondern zerstört auch alles fromme Schwarz-Weiß- und Freund-Feind-Denken: »Du trauerst um den Rizinus, um den du dich nicht gemüht hast und den du auch nicht groß gezogen hast; der in einer Nacht gewachsen und in einer Nacht wieder abgestorben ist. Und mir sollte nicht diese große Stadt Ninive leidtun, in der mehr als 120.000 Menschen leben, die nicht wissen, was rechts oder links ist, und dazu noch die vielen Tiere?« (4,10–11)

(26.6.1485–20.4.1558)

»Vor allem sind drei Dinge als nötig angesehen. Das erste: gute Schulen aufzurichten für die Kinder. Das andere: Prediger, die Gottes Wort rein dem Volke vortragen, anzunehmen … Das Dritte: gemeine Kasten anzurichten mit Kirchengütern und andern Gaben, daraus solche und andere Kirchendienste erhalten werden und der Armen Notdurft werde geholfen.«

Johannes Bugenhagen, aus dessen Vorrede zur Braunschweiger Kirchenordnung diese Sätze stammen, ist nicht so bekannt wie Martin Luther oder Philipp Melanchthon. Doch als Organisator des reformatorischen Kirchen- und Schulwesens und Verfasser zahlreicher Kirchenordnungen wurde er zum »Reformator des Nordens«.

Am 26. Juni 1485 als Sohn eines Ratsherrn in Wollin in Pommern (daher der spätere Beiname »Pomeranus«) geboren, ging Johannes Bugenhagen als 16-Jähriger zum Studium an die Universität Greifswald. Schon zwei Jahre später übernahm er die Leitung der Lateinschule im pommerschen Treptow. Dort ließ er sich 1509 auch zum Priester weihen, acht Jahre später übernahm der Schulmeister und Priester zusätzlich biblisch-exegetische Vorlesungen im nahegelegenen Kloster Belbuck. 1520 lernte er Luthers Schrift »Von der babylonischen Gefangenschaft der Kirche« kennen, die ihm zuerst erschreckend ketzerisch erschien, ihn dann aber doch immer mehr überzeugte. Im Frühjahr 1521 verließ Bugenhagen seine sichere Stellung in Pommern und brach mit 36 Jahren nach Wittenberg auf, um dort Theologie zu studieren.

Aus dem Studenten der Theologie wurde noch im selben Jahr ein Dozent, der auf Initiative Melanchthons eine Vorlesung über Psalmen hielt. Als sein Psalmenkommentar mit einer Vorrede Luthers 1524 in Basel erschien, wurde Bugenhagen schnell als Bibelausleger bekannt. In den nächsten Jahren folgten sechs weitere Bibelkommentare und seine Passionsharmonie, eine Art Volksbuch der Reformationszeit, das in mehrere Sprachen übersetzt wurde und vor allem in Skandinavien die Passionsfrömmigkeit stark beeinflusste. Als einer der ersten Reformatoren heiratete Bugenhagen im Herbst 1522. Ein Jahr darauf gelang es Luther, Bugenhagen zum ersten evangelischen Stadtpfarrer Wittenbergs zu machen. Mit Luther, dessen Seelsorger er als Wittenberger Stadtpfarrer auch war, verband ihn eine lebenslange Freundschaft. Als Lateinexperte und Fachmann für die niederdeutsche Sprache gehörte er zum Mitarbeiterteam an Luthers Bibelübersetzung. Er traute Luther und Katharina von Bora, war Luthers Beichtvater und hielt nach Luthers Tod auch die Leichenpredigt.

Bugenhagens besonderes Anliegen galt der praktischen Kirchenreform. Nachdem er 1526 in einem Sendschreiben an die Stadt Hamburg programmatisch seine kirchenorganisatorischen Vorstellungen formuliert hatte, wurde er ab 1528 zum Organisator reformatorischer Kirchenpraxis in Norddeutschland und auch in Skandinavien. Stets von Wittenberg ausgeliehen, unterstützte er die Einführung und Konsolidierung eines evangelischen Kirchenwesens durch Visitationen und vor allem durch Kirchenordnungen in Braunschweig, Hamburg, Lübeck, Pommern, Dänemark und Norwegen, Schleswig und Holstein, Wolfenbüttel und Hildesheim. Das war jeweils mit mehrmonatigen Aufenthalten an den verschiedenen Orten verbunden. Seine Ordnungen galten als so vorbildlich, dass sie in der Folgezeit von einer ganzen Reihe weiterer Städte übernommen wurden.

Nach dem Tod Luthers und der zwischenzeitlichen Niederlage der Protestanten arrangierte sich Bugenhagen, um die Wittenberger Gemeinde zu schützen, ebenso wie Melanchthon zunächst mit den neuen Verhältnissen. Das wurde beiden von einem Teil der lutherischen Theologen als Verrat an der Reformation angekreidet, worunter Bugenhagen in seinen letzten Lebensjahren nicht wenig gelitten hat. Er starb am 20.4.1558 in Wittenberg.

Aus Gnade seid ihr selig geworden durch Glauben; und das nicht aus euch: Gottes Gabe ist es.

Epheser 2,8

GEBET

Dir, Gott, vertraue ich meine Sorgen an und ich bin zuversichtlich,
dass sie bei dir gut aufgehoben sind.
Dir vertraue ich meine Fehler an und hoffe,
dass du mich nicht verurteilst.
Dir vertraue ich meinen Kummer an und ich bin getrost,
dass du ihn verwandeln kannst.
Dir vertraue ich meine Zweifel an, weil ich glaube,
dass du sie beantworten kannst.
Dir, Gott, vertraue ich meine Geheimnisse an, weil ich weiß,
dass sie bei dir geschützt sind.
Amen.

GESANGBUCH

Vertraut den neuen Wegen und wandert in die Zeit!
Gott will, dass ihr ein Segen für seine Erde seid.
Der uns in frühen Zeiten das Leben eingehaucht,
der wird uns dahin leiten, wo er uns will und braucht.

Klaus Peter Hertzsch (1989), EG 394,2

Nur für heute ...

Nur für heute werde ich mich bemühen, den Tag zu erleben, ohne das Problem meines Lebens auf einmal lösen zu wollen.
Nur für heute werde ich die größte Sorge für mein Auftreten pflegen: vornehm in meinem Verhalten; ich werde niemand kritisieren; ja, ich werde nicht danach streben, die anderen zu verbessern, nur mich selbst.
Nur für heute werde ich in der Gewissheit glücklich sein, dass ich für das Glück geschaffen bin, nicht nur für die andere, sondern auch für diese Welt.
Nur für heute werde ich mich an die Umstände anpassen, ohne zu verlangen, dass die Umstände sich an meine Wünsche anpassen.
Nur für heute werde ich zehn Minuten meiner Zeit einer guten Lektüre widmen; wie die Nahrung für das Leben notwendig ist, so ist die gute Lektüre notwendig für das Leben der Seele.
Nur für heute werde ich eine gute Tat vollbringen, und ich werde es niemand erzählen.
Nur für heute werde ich etwas tun, das ich keine Lust habe zu tun; sollte ich mich in meinen Gedanken beleidigt fühlen, werde ich dafür sorgen, dass niemand es merkt.
Nur für heute werde ich ein genaues Programm aufstellen. Vielleicht halte ich mich nicht genau daran, aber ich werde es aufsetzen. Und ich werde mich vor zwei Übeln hüten: vor der Hetze und der Unentschlossenheit.
Nur für heute werde ich fest glauben – selbst wenn die Umstände das Gegenteil zeigen sollten –, dass die gütige Vorsehung Gottes sich um mich kümmert, als gäbe es sonst niemand in der Welt.
Nur für heute werde ich keine Angst haben. Ganz besonders werde ich keine Angst haben, mich an allem zu freuen, was schön ist, und an die Güte zu glauben.

Johannes XXIII.

Längst nicht alle Juden waren nach dem babylonischen Exil in die Heimat zurückgekehrt. Sie lebten in Babylon und auch in anderen Ländern in der Diaspora. Hier achteten sie sehr darauf, ihren Glauben zu bewahren, aber sie gerieten auch in Konflikte. Davon berichtet das Buch Daniel. Es zeigt auch, dass Juden in fremden Ländern zu hohen Ämtern aufsteigen konnten. Daniel brachte es, wie die Bibel erzählt, bis zum Statthalter im babylonischen Reich. Aber dann ergeben sich Konfliktsituationen: Die jüdischen Speisegesetze machen es Daniel und seinen Freunden unmöglich, die Speisen aus der königlichen Küche zu essen. Sie ernähren sich von vegetarischer Kost und von Wasser und wirken doch gesünder und frischer als gleichaltrige Babylonier. Sie verweigern einem Standbild des Königs die Anbetung und wollen trotz schwerster Strafandrohung nicht aufhören, zum Gott Israels zu beten: »Auch wenn uns unser Gott nicht retten sollte, sollst du dennoch wissen, dass wir deinen Göttern nicht dienen und dein goldenes Bild nicht anbeten werden« (3,18), lassen sie dem König Nebukadnezar ausrichten. Gefesselt werden sie in einen Feuerofen geworfen – und dort von Gott bewahrt. Daniel wird schuldlos Opfer einer Intrige und von König Darius zu den Löwen in die Grube geworfen, doch am nächsten Tag zog man Daniel aus der Grube »und fand keine Verletzung an ihm, denn er hatte seinem Gott vertraut« (6,24).
Die Erzählungen von Daniel und seinen Freunden tragen einen beispielhaften Charakter. Sie berichten nicht in erster Linie von bestimmten Ereignissen und Schicksalen, sondern sie wollen Vorbild und Belehrung für die in fremder Umgebung lebenden Juden geben. Und sie zeigen zugleich, dass der Gott Israels die Seinen auch in der Fremde, auch bei schweren Gefährdungen nicht im Stich lässt.
Das Bild Daniels trägt aber noch andere Züge. Im zweiten Teil des Buches ist Daniel ein Seher, den Gott in mehreren Visionen die Zusammenhänge der Weltgeschichte schauen lässt. In einer berühmten Vision (Daniel 7) sieht Daniel vier Tiere aus dem Meer aufsteigen, vier Weltreiche, eins immer schrecklicher als das andere, bis schließlich ein neues, endgültiges Reich an ihre Stelle tritt. Dabei taucht eine geheimnisvolle Gestalt auf: »Und siehe, es kam einer mit den Wolken des Himmels wie eines Menschen Sohn.« (7,13) Diesem »Menschensohn« werden Macht, Ehre und Königsherrschaft gegeben, und alle Völker müssen ihm dienen. Nach den Weltreichen, die durch Tiere symbolisiert werden, bricht das Reich des Menschen an. Dieser Mensch, und darin besteht ein deutlicher Zusammenhang mit der prophetischen Messiaserwartung, ist der von Gott eingesetzte Herrscher der Endzeit.
Bei Daniel ist zum ersten Mal im Alten Testament von der Weltgeschichte im Ganzen die Rede. Weltreiche kommen und gehen, und in allem Geschehen zeigt sich der souveräne Geschichtsplan Gottes. Darin ist Daniel einer der ersten Vertreter der »Apokalyptik« (von »apokalypsis« = Offenbarung), die im jüdischen Denken der letzten vorchristlichen Jahrhunderte entstand. Dieses neue Denken ist vor allem von der Erwartung bestimmt, dass sehr bald das Ende der jetzigen Weltordnung hereinbrechen werde. Die Apokalyptiker forschen in überlieferten Schriften nach Hinweisen auf den göttlichen Plan und entwickeln durch das Studium der Propheten sowie mit Hilfe astronomischer Daten nicht selten ein Geheimwissen über den Lauf der Welt.
Vieles von dem, was in dieser apokalyptischen Literatur an fundamentalistischer Theologie und frommer Geschichtsberechnung (die in bestimmten Zirkeln bis heute praktiziert wird) geboten wird, mutet uns heute ziemlich fremd an. Zur Zeit des Daniel empfanden es die Juden jedoch als große Hilfe und Stärkung, zu erfahren, dass die Bedrängnisse der Gegenwart Teil eines göttlichen Planes waren und Gott letztlich die Oberhand behalten würde.

GOTTFRIED WILHELM LEIBNIZ

(1.7.1646–14.11.1716)

Friedrich der Große sagte von ihm: »Er stellte für sich eine ganze Akademie dar.« Mathematik und Physik, Geologie und Nationalökonomie, Jurisprudenz und Politik, Geschichte und Sprachwissenschaft, Theologie und Philosophie, es gab keine Wissenschaft in seiner Zeit, für die Leibniz sich nicht interessiert hätte. Er war der letzte Universalgelehrte Europas, der unter anderem die Infinitesimalrechnung entwickelte, eine Rechenmaschine erfand und nebenbei ein Unterseeboot konstruierte.

Schon der kleine Leibniz ist ein Wunderkind. Am 1.7.1646 als Sohn eines Rechtsprofessors in Leipzig geboren, bezieht er mit 15 Jahren in seiner Vaterstadt die Universität und promoviert mit 21 Jahren in Altdorf zum Doktor der Rechte. Eine Professur, die man ihm sofort anbietet, schlägt er aus, um in den Dienst des Mainzer Kurfürsten zu treten. Schon bald darauf reist er in diplomatischer Mission nach Paris, wo er mit führenden französischen Wissenschaftlern zusammentrifft. Er reist weiter nach London, wo er seine Rechenmaschine vorstellt und zum Mitglied der Royal Society gewählt wird. 1676 tritt er als Bibliothekar und Hofrat in die Dienste des Herzogs von Hannover.

Hannover wurde für den Rest seines Lebens zum Hauptwohnsitz von Leibniz. Hier entwarf er Denkschriften und Pläne für seinen Landesherrn, von hier aus ist er zu seinen zahlreichen Reisen aufgebrochen, hier hat er drei Herzöge überdauert. Rückhalt und geistige Gesellschaft fand Leibniz in Hannover vor allem bei der Kurfürstin Sophie und dann bei deren Tochter Sophie Charlotte, der ersten preußischen Königin in Berlin. Aus den Gesprächen mit ihr ist die »Theodizee« entstanden, das einzige philosophische Werk von Leibniz, das zu seinen Lebzeiten ein größeres Publikum erreichte. Auf die Frage »Wie kann Gott in seiner Schöpfung Übel und Böses zulassen?« fand Leibniz hier die Antwort: Die Welt, die der allgütige Schöpfer ausgewählt hat, ist »die beste aller möglichen Welten«. Weil die Welt endlich ist und von Gott unterschieden, sind Übel unvermeidlich. Doch im Gesamtzusammenhang der Welt gewinnen auch die dunklen Seiten, die Gott nicht gewollt, aber zugelassen hat, einen positiven, oft pädagogischen oder auch lebenspraktischen Sinn. Die Theodizee von Leibniz wurde für lange Zeit zur Bibel der Aufgeklärten, bis 1755 das große Erdbeben von Lissabon die damalige Welt schwer erschütterte und die Frage nach der Theodizee Gottes neu stellte.

Leibniz selbst kannte keinen Gegensatz zwischen Glauben und Vernunft, Religion und Philosophie. Das Hauptziel der Philosophie sah er in einer solchen »Erkenntnis Gottes und der Seele, die die Seele dazu bringt, Gott zu lieben und tugendhaft zu leben«.

Mit Gottesliebe und Nächstenliebe war für ihn die Trennung der Konfessionen und Kirchen nicht zu vereinbaren. In Gesprächen mit Fürsten und Theologen aller Konfessionen erarbeitet Leibniz Pläne zu einem Zusammenschluss aller christlichen Kirchen. Die verschiedenen Lehren hielt er für harmonisierbar. Die katholische Kirche sollte ihren äußeren Kult einschränken, die Protestanten sollten von Luthers Rechtfertigungslehre abrücken und den Papst als Ehrenbischof der Christenheit anerkennen. Leibniz hat sich mit diesen Plänen nicht durchsetzen können.

Leibniz war ein Mann weit ausgreifender Pläne und Projekte, von denen viele genial entworfen, aber nicht ausgeführt wurden. Die Mehrzahl seiner Ideen findet man in Briefen, Entwürfen und auf Zetteln, von seinen Schriften wurde zu seinen Lebzeiten nur ein Bruchteil veröffentlicht.

Am 14.11.1716 ist Leibniz im Alter von 70 Jahren in Hannover gestorben. Aus den Reihen der Hofgesellschaft nahm niemand an seiner Bestattung teil. Der letzte Universalgelehrte Europas wurde fast unmerklich unter die Erde gebracht.

So spricht der Herr, der dich geschaffen hat: Fürchte dich nicht, denn ich habe dich erlöst; ich habe dich bei deinem Namen gerufen; du bist mein!

Jesaja 43,1

Gebet

Guter Gott,
du hast uns ein Geschenk gemacht,
ein Geschenk, das uns auf dem Weg durchs Leben begleiten will.
Wir sind getauft auf deinen Namen.
Es liegt an uns, wie wir uns zu diesem Geschenk verhalten –
ob wir im Glauben antworten oder in Gleichgültigkeit schweigen.
Manchmal können wir das eine nicht vom anderen unterscheiden.
Hilf uns, dass wir offen bleiben für die Zusage deiner Liebe;
hilf uns, dass wir dein Werben um uns im Lärm des Alltags nicht überhören.
Lass Glauben in uns wachsen, Hoffnung und Vertrauen,
dass wir damit und daraus leben.
Hilf uns, zu werden, was wir sind: deine geliebten Töchter und Söhne.
Sei und bleibe du unser Gott.
Darum bitten wir in Jesu Namen.
Amen.

Gesangbuch

In der Taufe kommen wir, Gott, mit unserem Kind zu dir.
Doch den Anfang machtest du, sprachst uns deine Liebe zu.

In der Taufe sehen wir, was wir Menschen sind vor dir:
klein und hilflos wie ein Kind, doch geliebt – so wie wir sind.

In der Taufe glauben wir: Wir gehören immer dir.
Über unsern Tod hinaus schenkst du Raum in deinem Haus.

Karl-Heinz Hecke

Hiob – das ist große Weltliteratur. Es ist das Buch, das wie kein anderes in der Bibel an die Grenzen menschlichen Denkens und die Unfassbarkeit göttlicher Wege heranführt. Generationen von Lesern, Künstlern und Dramatikern haben sich damit auseinandergesetzt. Hiob stellt die Frage nach der Gerechtigkeit Gottes angesichts des Leids und der Ungerechtigkeit der Welt.

Das Buch ist vermutlich im 4. Jhd. v. Chr. entstanden, aber es hat eine weiter zurückreichende Vorgeschichte. Es gab wohl eine alte Volkserzählung von einem gerechten und gottesfürchtigen Mann, der unverschuldetes Leid in großer Geduld getragen hat. Diese alte Geschichte ist in der Rahmenerzählung des Buches Hiob noch erkennbar. Darin wird erzählt, dass der reiche, hoch angesehene und fromme Hiob zum Gegenstand eines Gespräches in der himmlischen Ratsversammlung wird. Satan, der himmlische Staatsanwalt, äußert Zweifel an Hiobs Frömmigkeit: Es ist leicht, fromm zu sein, wenn es ihm so gut geht. Doch wird Hiob nicht Gott lästern, wenn er seinen Besitz einbüßt und seine Gesundheit verliert? Satan erhält von Gott die Erlaubnis, Hiob zu prüfen – und nun bricht das Unglück über Hiob herein: Seine Rinder, Esel und Kamele werden von Räuberbanden gestohlen, seine Knechte erschlagen, Feuer verbrennt Schafe, Ziegen und die dazugehörigen Stallungen, ein Orkan zerstört das Haus, in dem Hiobs Kinder feiern, alle finden den Tod. »Da stand Hiob auf, zerriss sein Kleid, schor sich den Kopf kahl, warf sich zur Erde nieder und sagte: Der Herr hat's gegeben, der Herr hat's genommen, der Name des Herrn sei gelobt!« (1,20f.) Standhaft hält Hiob an seiner Frömmigkeit fest. Das ändert sich nicht, als Satan ihm auch die Gesundheit nimmt und ihn »mit bösen Geschwüren von der Sohle bis zum Scheitel« schlägt. Als Hiobs Frau ihn daraufhin auffordert: »Verfluche Gott und stirb!«, antwortet Hiob: »Das Gute nehmen wir an von Gott, und das Böse sollten wir nicht annehmen?« (2,9f.) Auch jetzt, wo Hiob das Leid am eigenen Körper zu spüren bekommt, hält er an Gott fest. Satan hat nicht Recht behalten. Die alte Erzählung endet damit, dass Hiobs Gesundheit und Wohlstand wiederhergestellt werden und er schließlich im hohen Alter lebenssatt stirbt.

In diese Rahmengeschichte ist im Hiob-Buch ein großer Dialog zwischen Hiob und seinen drei Freunden eingeschaltet, die gekommen sind, ihn zu trösten. In immer neuen Ansätzen werden dabei zwischen Hiob und seinen Freunden die Probleme des menschlichen Lebens und der Stellung des Menschen vor Gott diskutiert. Ausgangspunkt der Freunde ist dabei die antike Vorstellung, dass das Leiden in einem engen Zusammenhang mit dem Tun und Verhalten eines Menschen stehen muss: Wer leidet, muss gesündigt haben. Sein Freund Elifas fragt ihn: »Denk einmal nach: Ging je ein Mensch zugrunde, der treu und ehrlich war und ohne Schuld?« (4,7) Und er rät ihm: »Ich würde mich an Gott wenden und meine Sache vor ihn bringen … Wie glücklich ist der Mensch, den Gott zurechtweist! Wenn er dich jetzt erzieht, lehn dich nicht auf!« (5,8.17) Sein Freund Bildad ermahnt ihn: »Denkst du im Ernst, dass Gott das Recht verdreht? Meinst du, er hält sich nicht an sein Gesetz?« (8,3) In den Reden der Freunde stecken eine Menge praktischer Lebenserfahrung und ein großes seelsorgerliches Bemühen. Aber sie erreichen Hiob nicht. Er fordert seine Freunde auf, ihm doch seine Schuld zu zeigen, von der er nichts weiß. Und er wendet sich direkt an Gott, ihm doch zu sagen, was er Hiob vorzuwerfen hat: »Im Himmel muss doch einer für mich aufstehen, der dort mein Recht vertritt und für mich bürgt. Von meinen Freunden habe ich nichts als Hohn, doch unter Tränen blick ich hin zu Gott. Gott, der mein Freund ist, muss mir Recht verschaffen und Gott, den Feind, in seine Schranken weisen.« (16,19–21) Er fordert Gott auf, in einem ordentlichen Gerichtsverfahren die Rechtsfrage zwischen ihnen klären zu lassen: »Was ich gesagt habe, kann ich unterschreiben. Gott, der Allmächtige, soll Antwort

geben! Er zeige mir die Klageschrift des Gegners! … Ich würde Gott mein Leben offenlegen und ohne Furcht ihm nahen wie ein Fürst!« (31,35ff.)
Gott nimmt die Herausforderung an. Er antwortet Hiob aus dem Sturm heraus: »Wer bist du, dass du meinen Plan anzweifelst, von Dingen redest, die du nicht verstehst? … Wo warst du denn, als ich die Erde machte? Wenn du es weißt, dann sage es mir doch!« (38,2.4) Gott entfaltet die Größe und Unergründlichkeit, aber auch die Rätsel seiner Weltschöpfung. Dabei ist von lauter Dingen die Rede, die weit außerhalb des Gesichtskreises Hiobs liegen: Von den Sternen des Weltalls und von den Quellen des Meeres, von den Urelementen Licht und Finsternis und vom Lauf der Jahreszeiten. Gott führt Hiob die Schöpfung in ihrer Buntheit und Widersprüchlichkeit vor Augen: das Leben der Tiere, die nicht den Interessen der Menschen dienen, Wildesel und Löwe, Straußenhenne und Rabe. Alles hat seinen Platz im Ganzen der Schöpfung wie der Mensch selbst. Die Gottesreden demonstrieren eine Welt, in der es Leid und Wunder, Schönheit und Rätsel gibt, die der Mensch nicht durchschaut. Doch Gott sorgt dafür, dass sie nicht im Chaos versinkt. Hiobs Leiden ist damit weder erklärt noch gerechtfertigt, dennoch zeigt er sich von Gottes Antwort beeindruckt. »In meinem Unverstand habe ich geredet von Dingen, die mein Denken übersteigen … Ich kannte dich ja nur vom Hörensagen; jetzt aber hat mein Auge dich geschaut«. (42,3.5)
Das Hiobproblem bleibt im Buch Hiob ungelöst. Hiobs Fragen müssen gestellt werden, solange Menschen leben und leiden wie Hiob. Die Frage nach dem »Warum?« muss aber nicht ins Leere gehen. Hiob bekommt Antwort, Gott redet mit ihm. Hiob erfährt, dass der Gott, auf den er von Anfang an baute, ihn hört und begreift. »Er hat die Erde« nicht »Schurken übergeben« und »für die Ängste der Menschen nur ein Lachen« (9,23f.), wie Hiob vermutete, sondern bleibt, jenseitig und überlegen, der dem Menschen zugewandte Gott. Deutlich wird in den Gottesreden aber auch, dass diese Welt nicht in sich »sinnvoll« und für den Menschen einsehbar, sondern voller Rätsel ist. Doch »diese Rätsel ruhen am Herzen Gottes« (G. von Rad), dem deshalb auch Hiob mit all seinen Fragen vertrauen darf.

JOHANNES CALVIN

(10.7.1509–27.5.1564)

Johannes Calvin, neben und nach Luther der wichtigste der Reformatoren, war zeitlebens ein theologischer Laie. Er hatte Jura und nicht Theologie studiert, wurde nie in ein geistliches Amt geweiht und hat dennoch die Theologiegeschichte geprägt wie nur wenige andere.
Am 10.7.1509 wurde Johannes Calvin (Jean Cauvin) in Noyon nördlich von Paris geboren. Sein Jurastudium schloss Calvin 1533 mit der Promotion ab. Im selben Jahr wandte er sich aufgrund einer »plötzlichen Bekehrung« der reformatorischen Theologie zu. Warum und wie diese Bekehrung geschah, ist nicht bekannt. Fest steht, dass Calvin im Winter 1533/34 aus Paris flieht, offiziell auf die ihm zustehende kirchliche »Pfründe« in Noyon verzichtet und 1535 in Basel eintrifft. Hier entsteht ein Werk, das ihn mit einem Schlag berühmt macht: die Institutio Christianae Religionis (Unterricht in der christlichen Religion) – ein evangelisches Lehrbuch des christlichen Glaubens, das Calvin sein Leben lang überarbeitet und ergänzt hat. Er widmet es König Franz I. und versteht es als Verteidigung des evangelischen Glaubens.
1536 kam Calvin zum ersten Mal nach Genf, wo Guillaume Farel ihn überredete, sich dem Aufbau der Reformation in der Stadt zu widmen. Calvin und Farel legten dem Rat der Stadt den Entwurf für eine umfassende Reform vor, in der sich alle Bürger eidlich auf die neue Lehre verpflichten und Kirchenzuchtverfahren mit Ausschluss vom Abendmahl eingeführt werden sollten. Das ging dem Rat der Stadt zu weit, die Reformatoren wurden aus der Stadt ausgewiesen.
Calvins nächste Station war Straßburg, wo er auf Drängen Martin Bucers die Leitung der französischen Flüchtlingsgemeinde übernahm. Von Straßburg aus nahm Calvin an den damaligen Religionsgesprächen teil, fand Kontakt zu anderen Reformatoren, befreundete sich mit Melanchthon und unterschrieb die Confessio Augustana. Luther allerdings begegnete Calvin nie persönlich. Noch in Straßburg heiratete Calvin Idelette de Bure, die Witwe eines Täufers, die jedoch schon früh 1549 starb.
1541 wurde Calvin erneut nach Genf gerufen, diesmal sollte er bis zu seinem Tod bleiben. Gleich nach seiner Ankunft legte er dem Rat der Stadt einen neuen Reformentwurf vor, in dem er für die Leitung der Kirche eine Vielzahl von Ämtern vorsah. Nicht die Pfarrer haben danach das Monopol, sondern ihnen sind die Lehrer, die Diakone, zuständig für die soziale Gerechtigkeit, und die Ältesten, zuständig für die Kirchenzucht, gleichberechtigt zugeordnet. Aus dieser Ämterstruktur erwuchs in den reformierten Kirchen die presbyterial-synodale Ordnung. Umstrittenes Zentrum dieser Ordnung war das »Konsistorium«, in dem Älteste und Pastoren über die Lehre der Pfarrer und den Lebenswandel der Gemeindeglieder urteilten – vom Nicht-Besuchen des Gottesdienstes über Kartenspiel und Tanz bis zu unredlichen Geschäftspraktiken. Für Calvin garantierte dieses Gremium die Selbstständigkeit der Kirche.
Calvins Reformation blieb auch in Genf nicht ohne Kritik, und manche Züge seiner Persönlichkeit sind uns bis heute fremd. Dazu gehören die rigorose Anwendung der Kirchenzucht auch in harmlosen Fällen, seine harten Eingriffe in das Privatleben der Genfer Bürger, vor allem aber seine aktive Rolle beim Ketzerprozess und der Hinrichtung des französischen Arztes Michel Servet, der die Dreieinigkeit Gottes geleugnet hatte. Zugleich zog Genf aber auch viele Gelehrte, Handwerker und Familien an, die vor religiöser Verfolgung fliehen mussten.
In den letzten Lebensjahren Calvins wurde Genf immer mehr zu einem Zentrum der Reformation, vor allem durch die 1559 gegründete Akademie, die reformierte Prediger ausbildete und Studenten aus ganz Europa anzog. Geschwächt von Krankheiten und übermäßiger Arbeit, starb Calvin schon mit 54 Jahren am 27.5.1564 in Genf. Da nur Gott die Ehre gebühre, wollte Calvin keinen Grabstein. So ist sein Platz auf dem Genfer Friedhof bis heute unbekannt.

So seid ihr nun nicht mehr Gäste und Fremdlinge, sondern Mitbürger der Heiligen und Gottes Hausgenossen.

Epheser 2,19

Gebet

Herr, unsere Erde ist nur ein kleines Gestirn im großen Weltall.
An uns liegt es, daraus einen Planeten zu machen, dessen Geschöpfe
nicht von Kriegen gepeinigt werden,
nicht von Hunger und Furcht gequält,
nicht zerrissen in sinnloser Trennung nach Rasse,
Hautfarbe oder Weltanschauung.
Gib uns den Mut und die Voraussicht,
schon heute mit diesem Werk zu beginnen,
damit unsere Kinder und Kindeskinder einst mit Stolz
den Namen Mensch tragen.
Amen.

Gebet der Vereinten Nationen

Gesangbuch

Komm in unsere stolze Welt, Herr, mit deiner Liebe Werben.
Überwinde Macht und Geld, lass die Völker nicht verderben.
Wende Hass und Feindessinn auf den Weg des Friedens hin.

Komm in unser reiches Land, der du Arme liebst und Schwache,
dass von Geiz und Unverstand unser Menschenherz erwache.
Schaff aus unserm Überfluss Rettung dem, der hungern muss.

Hans von Lehndorff (1969), EG 428,1+2

Durch seine Überschrift (1,1) wird das Buch Kohelet dem König Salomo zugeschrieben. Es entstand jedoch lange nach Salomos Tod gegen Ende des 2. Jahrhunderts v. Chr. vermutlich in Jerusalem. Das hebräische Wort »kohelet« meint den Leiter einer Versammlung. Kohelet war möglicherweise ein Weisheitslehrer, der als Leiter einen Kreis von Hörern um sich versammelte. Das Buch Kohelet liest sich wie eine Sammlung von Betrachtungen und Reflexionen, es ist mehr eine philosophische Abhandlung. Zu Beginn tritt Kohelet wie ein fiktiver König auf, im überwiegenden Teil des Buches spricht er aber als Weisheitslehrer.
Kohelet sucht nach dem, »was gut ist für die Menschen, was sie tun sollten unter dem Himmel, so lange sie leben«. (2,3) Zu Beginn schlüpft er in die Rolle eines Königs, der sich durch große Werke, durch Besitz und Reichtum, durch die Anhäufung von Wissen, aber auch durch viele Frauen Glück verschaffen will. »Was immer meine Augen begehrten, verwehrte ich ihnen nicht. Keine Freude versagte ich meinem Herzen.« (2,10) Doch er muss erkennen, dass ein äußerlich glanzvolles Leben, dem es an Lust und Freude nicht mangelt, angesichts der Erfahrung des Todes in die Verzweiflung führt. »Alles war nichtig und ein Haschen nach Wind.« (2,17) Es sind drei grundlegende Einsichten, die Kohelet fortan in immer neuen Anläufen vertieft:

1. Es ist alles nichtig. »Was hat denn der Mensch von all seinem Mühen und Streben, davon, dass er sich abmüht unter der Sonne? Sein Leben bringt ihm nur Leiden und seine Mühe Verdruss, und selbst bei Nacht kommt sein Herz nicht zur Ruhe.« (2,23) Werden die Armen unterdrückt und werden ihnen Recht und Gerechtigkeit verweigert, »so wundere dich nicht darüber. Denn ein Höherer gibt von oben Acht auf einen Hohen, und über ihnen sind noch Höhere«. (5,7) Die Tränen der Unterdrückten trocknet niemand, »sie haben keinen, der sie tröstet«. (4,1) Moral und Rechtschaffenheit lohnen sich nicht. Oft geht es dem Bösen viel besser, und der Tod macht zuletzt doch alle einander gleich, »den Gerechten und den Gottlosen, … den, der opfert, wie den, der nicht opfert«. (9,2) Der Tod ist das große Thema bei Kohelet – der Tod, der alles zunichte macht, worum Menschen sich in diesem Leben mit so viel Einsatz bemüht haben. So ist auch alles Nachdenken über Weisheit und Torheit für Kohelet letztlich ein Haschen nach Wind: »Denn mit viel Weisheit kommt viel Verdruss, und wer mehr erkennt, hat mehr zu leiden.« (1,18)
2. Alles hat seine Zeit. Dennoch weiß Kohelet, dass eine geheimnisvolle Ordnung allem Geschehen zugrunde liegt. »Alles, was auf der Erde geschieht, hat seine von Gott bestimmte Zeit.« (3,1) Alles hat seine ihm zugewiesene Zeit, jedes Verhalten, jedes Geschehen ist vom Schöpfer der Zeit zugeordnet, in der allein es gelingen kann. Es ist Gott selbst, der die Zeiten bestimmt. »Ich erkannte, dass alles, was Gott tut, für ewig feststeht. Man kann nichts hinzutun noch wegtun. Und Gott hat es so gemacht, dass man sich vor ihm fürchte.« (3, 14)
3. Genieße die Freude, die Gott dir schenkt! Gott hat die Welt schön gemacht und wohl geordnet, »nur dass der Mensch das Werk, das Gott gemacht hat, nicht von Anfang bis Ende begreifen kann. Da erkannte ich, dass sie nichts Besseres zustande bringen, als sich zu freuen und Gutes zu tun im Leben«. (3,11f.) Die Werke Gottes, »das Ganze«, kann der Mensch nicht verstehen, er kann sich aber an dem »Teil«, den Gott ihm schenkt, freuen. »Auf, iss dein Brot mit Freude und trink deinen Wein mit frohem Herzen, denn dieses Tun hat Gott schon längst gefallen … Genieße das Leben mit einer Frau, die du liebst, all die Tage deines flüchtigen Lebens, die er dir gegeben hat unter der Sonne. Das ist dein Teil im Leben.« (9,7–9)

Alles hat seine Zeit,
jedes Geschehen unter dem Himmel
hat seine bestimmte Zeit:
Gebären hat seine Zeit, und Sterben hat seine Zeit.
Pflanzen hat seine Zeit und Ausreißen hat seine Zeit.
Töten hat seine Zeit und Heilen hat seine Zeit.
Abbrechen hat seine Zeit und Aufbauen hat seine Zeit.
Weinen hat seine Zeit und Lachen hat seine Zeit.
Klagen hat seine Zeit und Tanzen hat seine Zeit.
Steine-Wegwerfen hat seine Zeit und Steine-Stapeln hat seine Zeit.
Umarmen hat seine Zeit und Sich-Meiden hat seine Zeit.
Suchen hat seine Zeit und Verlorengehen hat seine Zeit.
Bewahren hat seine Zeit und Wegwerfen hat seine Zeit.
Zerreißen hat seine Zeit und Zusammennähen hat seine Zeit.
Schweigen hat seine Zeit und Reden hat seine Zeit.
Lieben hat seine Zeit und Hassen hat seine Zeit.
Krieg hat seine Zeit und Frieden hat seine Zeit.
Was also hat, wer etwas tut, für einen dauerhaften Gewinn von dem,
worum er sich müht?
Ich sah die Aufgabe, die Gott den Menschen auferlegte,
damit sie sich abmühen mit ihr.
Alles hat er schön gemacht zu seiner Zeit,
hat auch Dauer zuinnerst in alles gelegt,
ohne dass der Mensch herausfinden kann,
was Gott von Anbeginn an und bis zum Ende tut.
Da erkannte ich, dass es unter Menschen nichts Besseres gibt,
als sich zu erfreuen und sich's im Leben gut ergehen zu lassen:
Dass jemand bei all seiner Mühe isst und trinkt und Schönes schaut
– eine Gabe Gottes ist's!
Auch erkannte ich, dass alles, was Gott tut, Dauer und Bestand hat:
Man kann nichts hinzutun, man kann nichts hinwegtun.
Gott hat's getan, auf dass man ihn fürchte.
Was da ist, ist seit urher gewesen, und was sein wird, war immer schon da.
Gott holt wieder hervor, was vergangen ist. *Kohelet 3,1–15*

(29.8.1897–18.7.1939)

Am 11.6.1934 wird in einem Hunsrückdorf ein Hitlerjunge beerdigt. Nach der Ansprache des Pfarrers tritt der Kreisleiter der NS-Partei ans Grab und ruft: »Du bist hinübergegangen in den himmlischen Sturmbann Horst Wessels!« Da kann der Pfarrer nicht schweigen. Er sagt: »Ob es einen Sturmbann Horst Wessels im Himmel gibt, weiß ich nicht, aber Gott, der Herr, segne deinen Ausgang und Eingang in Ewigkeit.«

Drei Tage später wird Pfarrer Paul Schneider das erste Mal verhaftet.

Am 29.8.1897 als Pfarrerssohn in Pferdsfeld im Hunsrück geboren, erlebt Paul Schneider als junger Freiwilliger in Russland die Schrecken des Ersten Weltkriegs. Die Fronterlebnisse führen zu dem Entschluss, Theologie zu studieren. Schon nach drei Jahren legt er das erste Examen ab, schließt daran aber zunächst ein Industriepraktikum in Dortmund-Hörde am Schmelzofen an und geht dann nach Berlin, um die Arbeit der Berliner Stadtmission unter kirchenfernen Menschen in den Hinterhöfen und Straßen Berlins kennen zu lernen.

1926 wird Paul Schneider Pfarrer in Hochelheim bei Wetzlar. Nach der Machtergreifung durch die Nationalsozialisten sympathisiert er eine Zeit lang mit deren völkischen Zielen, doch die Zwangseingliederung der evangelischen Jugend in die HJ und das immer offener zutage tretende Neuheidentum der Nazis führen zu einem radikalen Umschwung. Anfang 1934 formuliert er weitsichtig: »Ich glaube nicht, dass unsere evangelische Kirche um eine Auseinandersetzung mit dem NS.-Staat herumkommen wird.« Als er sich öffentlich mit führenden Nazigrößen, darunter Joseph Goebbels und Ernst Röhm, auseinandersetzt, die sich über traditionell christliche Moralvorstellungen mokiert haben, wird er durch das von deutschen Christen bestimmte Konsistorium der rheinischen Kirche zunächst beurlaubt und dann nach Dickenschied im Hunsrück versetzt. Hier kommt es zu weiteren Konflikten. Der ersten Verhaftung folgen weitere kurze Haftzeiten. Zum offenen Konflikt kommt es mit den beiden Lehrern des Dorfes, die im Religionsunterricht deutsch-christliche Anschauungen verbreiten und das Alte Testament ablehnen. Als sie den Pfarrer staatsfeindlicher Umtriebe bezichtigen, leitet das Presbyterium ein Kirchenzuchtverfahren gegen die Lehrer ein. Die Angelegenheit schlägt hohe Wellen bis hin nach Berlin. Auf persönliches Geheiß Adolf Hitlers wird Paul Schneider von der Gestapo verhaftet und nach längerem Gefängnisaufenthalt aus dem Rheinland ausgewiesen. Da er sich weigert, dieser Anordnung nachzukommen, gar in seine Gemeinde zurückkehrt und Gottesdienst hält, wird er im November 1937 in das Konzentrationslager Buchenwald verbracht. Schlechte Verpflegung, schwerste Arbeit im Steinbruch und kaum Briefkontakt nach außen isolieren ihn von Familie und Gemeinde. Bei der Flaggenhissung am 20. April, dem Geburtstag des »Führers«, weigert er sich, die Mütze abzunehmen. Er kommt in den sogenannten Bunker von Buchenwald mit grausamen Haftbedingungen bis hin zu verschärfter Dunkelhaft. Aus dem Zellenfenster ruft er den auf dem Appellplatz angetretenen Mitgefangenen mit lauter Stimme immer wieder Bibelworte zu und nennt laut die Namen zu Tode gequälter Gefangener. Bald hat er den Namen: der Prediger von Buchenwald. Auch wüste Schläge können ihn nicht zum Schweigen bringen. Unter den Mitgefangenen genießt er hohe Achtung. Im Juli 1939 soll er entlassen werden, mit der Auflage, über alles im KZ Erlebte zu schweigen. Paul Schneider lehnt ab. Daraufhin wird er am 18.7.1939 vom Lagerarzt mit einer Überdosis des Herzmittels Strophantin ermordet.

Paul Schneiders Witwe holt ihren toten Mann nach Dickenschied zurück – in einem siebenfach versiegelten Sarg, den niemand öffnen darf. Seine Beerdigung wird zu einer großen Demonstration der Bekennenden Kirche. Rund 200 Pfarrer im Talar und zahllose Gemeindeglieder folgen dem Sarg, nur das Konsistorium, die vorgesetzte kirchliche Behörde, fehlt.

Lebt als Kinder des Lichts; die Frucht des Lichts ist lauter Güte und Gerechtigkeit und Wahrheit.
Epheser 5,8.9

Gebet

Gott, wir bitten dich für uns und unsere Kirche!
Wenn andere lästern, wer geht denn heute noch zur Kirche –
dann lass uns mutig und selbstverständlich sagen: Wir!
Wenn uns eingeredet werden soll,
Glaube sei nur etwas für Kinder und alte Leute –
dann lass uns in aller Höflichkeit widersprechen.
Wenn in den Kirchen darüber geklagt wird,
dass die Menschen nicht mehr kommen wollen –
dann lass uns hingehen und mit denen reden, die nicht mehr kommen.
Wenn in der Kirche nur noch vom Geld gesprochen wird –
dann lass uns, Gott, vom Glauben reden.
Wenn die Kirchen sich zu aktuellen Fragen nicht äußern –
dann lass uns die Initiative ergreifen und uns zu Wort melden.
Wenn die Konfessionen sich untereinander streiten –
dann wollen wir uns gegenseitig einladen.
Wenn die Kirche die Zeit verschläft und
notwendige Reformen hinausschiebt –
dann lass uns, Gott, damit schon einmal anfangen.
Amen.

Gesangbuch

Komm, Herr, segne uns, dass wir uns nicht trennen,
sondern überall uns zu dir bekennen.
Nie sind wir allein, stets sind wir die Deinen.
Lachen oder Weinen wird gesegnet sein.

Keiner kann allein Segen sich bewahren.
Weil du reichlich gibst, müssen wir nicht sparen.
Segen kann gedeihn, wo wir alles teilen,
schlimmen Schaden heilen, lieben und verzeihn.

Dieter Trautwein (1978), EG 170,1+2

Im Gegensatz zu den Assyrern und Babyloniern verfolgten die Perser, die neuen Herren im Alten Orient, eine andere Politik gegenüber den von ihnen unterworfenen Völkern. Sie gestanden ihnen das Recht zu, ihre eigenen Angelegenheiten weitgehend selbstständig zu regeln. Vor allem ließen sie ihnen im Bereich der Religion ihre Freiheit und Selbstständigkeit. So hatte schon der Großkönig Kyros im Jahr 539 den Juden die Erlaubnis zum Wiederaufbau ihres zerstörten Tempels gegeben. Die Verhältnisse in Jerusalem waren allerdings kümmerlich und die Mutlosigkeit war groß, sodass es länger als 20 Jahre dauerte, bis der neue Tempel geweiht werden konnte. Der Wiederaufbau der Stadt ging jedoch nur schleppend voran, und die Stadtmauer lag immer noch in Trümmern.

In dieser Situation kam Nehemia nach Jerusalem. Er war als Jude am persischen Hof zum Mundschenk aufgestiegen. Von Verwandten hatte er über die Lage in Jerusalem erfahren. Daraufhin erbat er sich vom persischen König die Erlaubnis, »die Stadt, in der die Gräber meiner Väter sind« (Nehemia 2,3f.), wieder aufzubauen. Er erhielt die königliche Erlaubnis, entsprechende Papiere, eine militärische Begleitung und kam im Jahr 445 in Jerusalem an. Bald nach seiner Ankunft nahm Nehemia den Wiederaufbau der noch zerstört daliegenden Stadtmauer in Angriff, gegen den massiven Widerstand der Statthalter der persischen Nachbarprovinzen, die eine Konsolidierung der Verhältnisse in Jerusalem zu verhindern suchten. Es gelang Nehemia, zusammen mit den Bürgern Jerusalems die Mauer in 52 Tagen wiederaufzubauen. Die Einweihung wurde in feierlicher Form begangen. Als Nächstes widmete sich Nehemia dem Bevölkerungsmangel in Jerusalem. Ein Zehntel der Bewohner der übrigen Orte in Judäa ließ er nach Jerusalem übersiedeln. Er sorgte auch dafür, dass in Jerusalem die Sabbatruhe wieder eingehalten wurde, und regelte die Abgaben für den Tempel, sodass Jerusalem seine Rolle als religiöses Zentrum erfüllen konnte.

Dramatischer war die Beilegung der tiefgreifenden sozialen Spannungen, von denen das 5. Kapitel des Nehemia-Buches berichtet. Die Landbevölkerung klagte über ihre zunehmende Verarmung, die sie in wirtschaftliche Abhängigkeit brachte und schließlich in die Schuldsklaverei trieb. Besonders skandalös war hierbei, dass es jüdische »Brüder« waren, die diese Ausbeutung betrieben, genauer »Vornehme« und »Vorsteher«. Als Nehemia sie mit ihrem Verhalten konfrontierte, »da schwiegen sie und fanden nichts zu antworten« (Nehemia 5,8). Nehemia setzte einen allgemeinen Schuldenerlass durch, zu dem sich die Gläubiger in einer öffentlichen Versammlung und durch einen religiösen Eid verpflichten mussten.

Zwölf Jahre war Nehemia Statthalter des persischen Königs in Juda, übrigens, wie er nicht zu berichten vergisst, unter Verzicht auf alle eigenen Einkünfte – »denn die Arbeit lastete schon schwer genug auf dem Volk« (Nehemia 5,18). In dieser Zeit schuf er durch den Wiederaufbau Jerusalems und durch soziale Regelungen die Bedingungen für die Konsolidierung der jüdischen Gemeinde nach dem Exil. Danach ging Nehemia an den persischen Königshof zurück.

A. Paul Weber, »Rückgrat raus!«, Lithographie, 1960, © VG Bild-Kunst, Bonn 2011

A. Paul Weber, der als demokratischer Künstler in der Zeit des Nationalsozialismus im Konzentrationslager inhaftiert war, lehnte es zeitlebens ab, seine Bilder zu kommentieren. Einziger Kommentar sind die von ihm gewählten Bildunterschriften. »Rückgrat raus!« entstand 1960 im Zusammenhang mit der Protestbewegung »Kampf dem Atomtod!«.

(23.7.1899–7.7.1976)

Gustav Heinemann wurde am 23.7.1899 als Sohn eines leitenden Angestellten der Firma Krupp in Schwelm geboren. Die ihn prägende Familientradition war demokratisch und republikanisch: Ein Urgroßvater hatte bei der Revolution 1848 in Baden mitgewirkt, sein Vater versprach ihm einen Taler für die erste eingeworfene Fensterscheibe. Heinemann wuchs in Essen auf, studierte in Münster und Marburg Staats- und Rechtswissenschaften und schloss seine Studien mit zwei Promotionen ab. Zuvor hatte er sich jedoch 1920 als Student während des Kapp-Putsches einer »Volkskompanie« zur Verteidigung der Republik zur Verfügung gestellt.

Mitte der 20er-Jahre kehrte Heinemann nach Essen zurück, ließ sich dort als Anwalt nieder und heiratete die Theologin Hilda Ordemann, unter deren Einfluss der ursprünglich kirchenkritische Heinemann zum christlichen Glauben fand. Von 1928 bis 1936 war Heinemann Prokurist und Justitiar der Rheinischen Stahlwerke, anschließend deren Vorstandsmitglied. Im Dritten Reich stand er von Anfang an auf Seiten der Bekennenden Kirche und nahm als Presbyter aktiv an allen Synoden, auch 1934 an der Barmer Bekenntnissynode, teil. Im Keller seines Hauses wurden die »Grünen Blätter«, eines der Mitteilungsblätter der Bekennenden Kirche, gedruckt. Nach dem Krieg unterschrieb Heinemann als Mitglied des Rates der EKD das Stuttgarter Schuldbekenntnis, das er ebenso wie die Barmer theologische Erklärung zeitlebens bei sich trug.

Nach 1945 stieg Heinemann in kurzer Zeit in hohe politische Ämter auf. Er gehörte zu den Mitbegründern der CDU im Rheinland, wurde 1946 Oberbürgermeister in Essen, 1947 Justizminister des Landes NRW und 1949 Präses der EKD-Synode. Im selben Jahr machte Adenauer Heinemann zum ersten Innenminister der Bundesrepublik Deutschland, weil er einen prominenten Protestanten im Kabinett brauchte. Doch als Adenauer im Jahr darauf an Kabinett und Parlament vorbei 150.000 deutsche Soldaten für ein militärisches Bündnis gegen den Osten anbot, trat Heinemann aus Protest zurück. Er gründete mit Weggefährten die »Gesamtdeutsche Volkspartei« (GVP), die, von der Regierungspropaganda als »Gandhi-Schwärmer« diffamiert, bei der Bundestagswahl 1953 lediglich 1,2 Prozent der Stimmen erreichte. »Viel verdienen – Soldaten, die es verteidigen – und Kirchen, die beides segnen«, so charakterisierte Heinemann damals, tief enttäuscht, die »herrschende Weltanschauung«.

1957 wird die GVP aufgelöst, Heinemann tritt der SPD bei, wird Bundestagsabgeordneter und rechnet in aufsehenerregenden Reden mit der Deutschlandpolitik Adenauers und den Plänen zur Atombewaffnung der Bundeswehr ab. Als Justizminister der großen Koalition setzt er 1966 eine Reform des Strafrechts in Gang: Abschaffung des »Zuchthauses«, Resozialisierung im Strafvollzug, Abschaffung der Bestrafung von Ehebruch und Homosexualität. Er wirbt um Verständnis der unruhigen Jugend. Legendär ist seine Fernsehansprache nach dem Attentat auf den Studentenführer Rudi Dutschke 1968: »Wer mit dem Zeigefinder allgemeiner Vorwürfe auf den oder die vermeintlichen Anstifter oder Drahtzieher zeigt, sollte daran denken, dass in der Hand mit dem ausgestreckten Zeigefinger zugleich drei andere Finger auf ihn selbst zurückweisen.«

1969 wird Gustav Heinemann zum Bundespräsidenten gewählt. Er versteht sich selbst als »Bürgerpräsident«, der in seinen Reden immer wieder zu »Bürgermut« und Zivilcourage aufruft. Alles Militärische ist ihm zuwider: »Nicht der Krieg ist der Ernstfall, sondern der Friede ist der Ernstfall.« Als Bürgerpräsident ist Heinemann äußerst populär, seine Nüchternheit und Phrasenlosigkeit (»Ich liebe keinen Staat. Ich liebe meine Frau.«) wird hoch geschätzt.

Eine zweite Amtszeit lehnt Heinemann jedoch aus gesundheitlichen Gründen ab. Am 7.7.1976 stirbt Gustav Heinemann im Alter von fast 77 Jahren in Essen.

Wem viel gegeben ist, bei dem wird man viel suchen; und wem viel anvertraut ist, von dem wird man umso mehr fordern. *Lukas 12,48*

GEBET

Gott,
ich gestehe, dass ich nicht an mich geglaubt habe.
Ich habe mir nichts zugetraut.
Ich habe meine Talente vergraben
und meine Fähigkeiten nicht entwickelt.
Ich habe mehr auf das Urteil anderer vertraut als auf mein eigenes.
Ich habe andere mein Leben steuern lassen.
Ich habe mir zu viel gefallen lassen
und bin dem Streit
aus dem Wege gegangen.
Ich habe nicht gewagt zu zeigen,
wozu ich fähig bin.
Gott, du hast mir viel gegeben,
ich habe wenig daraus gemacht.
Richte mich auf!
Gib mir den Glauben an mich selbst!
Amen.

GESANGBUCH

Gott gab uns Atem, damit wir leben,
er gab uns Augen, dass wir uns sehn.
Gott hat uns diese Erde gegeben,
dass wir auf ihr die Zeit bestehn.

Gott gab uns Hände, damit wir handeln.
Er gab uns Füße, dass wir fest stehn.
Gott will mit uns die Erde verwandeln.
Wir können neu ins Leben gehn.

Eckart Bücken (1982), EG 432,1+3

Als »Sekretär vom Gesetz des Himmelsgottes« (Esra 7,12) war der jüdische Priester Esra am persischen Hof als staatlicher Kommissar für jüdische Religionsangelegenheiten zuständig. In dieser Funktion wurde er mit einer Vollmacht des Perserkönigs Artaxerxes nach Jerusalem mit dem Auftrag entsandt, aufgrund der Bestimmungen des »Gesetzes Gottes« die Verhältnisse in der Provinz Juda zu untersuchen. Bei dieser Visitation ging es offenbar darum, für die Einhaltung und Durchführung des jüdischen Gesetzes unter den Untertanen des persischen Reiches zu sorgen, die sich zum jüdischen Volk und zur jüdischen Religion rechneten.

Mit der Beauftragung Esras war eine Genehmigung zur Rückwanderung von Juden aus dem Exil und die Überbringung von Spenden des Königshauses sowie der im Exil verbleibenden Juden an den Tempel in Jerusalem verbunden. In Begleitung von etwa 5000 Juden, zu denen sich noch 238 Leviten und Tempeldiener gesellten, machte sich Esra im Jahr 397 auf die Reise und kam nach vier Monaten in Jerusalem an.

Als Erstes las Esra dem versammelten Volk auf dem Platz vor dem Wassertor jeden Tag von einer eigens errichteten Holztribüne herab das »Gesetz des Mose« vor, vermutlich die fünf Bücher Mose. Der Eindruck war so groß und nachhaltig, dass sich die ganze Gemeinde auf das Gesetz Gottes verpflichtete: In einem großen Bußgottesdienst bekannten alle ihre Sünden und »verpflichteten sich unter Eid, das Gesetz Gottes zu befolgen«. (Nehemia 10,30) Das war ein Vorgang von grundlegender Bedeutung für die ganze weitere Geschichte Israels und des Judentums. Esra machte die Thora, das Gesetz Gottes, für alle verbindlich, die sich zu Israel zählten. Die religiösen schriftlichen Überlieferungen Israels wurden nun zur Grundlage des jüdischen Volks.

Die zweite Reform, die Esra begann, betraf die zahlreichen »Mischehen« in der damaligen Zeit. Viele der schon vor Esra aus dem Exil zurückgekehrten Juden hatten sich mit der inzwischen ortsansässigen nichtjüdischen Bevölkerung verbunden. Rigoros bestimmte Esra, dass Mischehen verboten seien, und verlangte, dass alle Ehen zwischen Juden und Nichtjuden geschieden werden müssten. Esra ging es um die Wiederherstellung der »Reinheit« des Gottesvolkes. Immerhin erreichte er in einer Volksversammlung, dass über 100 jüdische Männer ihre nichtjüdischen Frauen »entließen«, auch wenn sie von ihnen Kinder hatten.

Ob Esra sich mit seinen rigorosen Forderungen im Volk wirklich durchsetzen konnte, ist jedoch zweifelhaft. Seine Maßnahme brachte erhebliche Unruhe ins Land, was die Perser gerade nicht erreichen wollten. Vermutlich ist Esra an den persischen Hof zurückbeordert worden und von dort nicht mehr zurückgekehrt. Trotzdem war seine Mission für das Judentum von großer Bedeutung. Seine Neubestimmung Israels im Sinne einer um die Thora, das Gesetz Gottes, versammelten Gemeinschaft ist eine der Wurzeln des späteren Judentums.

AUFMERKSAM

Wo soll ich anfangen? Am besten bei deinen zahlreichen Beschäftigungen, denn ihretwegen habe ich am meisten Mitleid mit dir. Ich fürchte, dass du, eingekeilt in deine zahlreichen Beschäftigungen, keinen Ausweg mehr siehst und deshalb deine Stirn verhärtest; dass du dich nach und nach des Gespürs für einen durchaus richtigen und heilsamen Schmerz entledigst.
Es ist viel klüger, du entziehst dich von Zeit zu Zeit deinen Beschäftigungen, als dass sie dich ziehen und dich nach und nach an einen Punkt führen, an dem du nicht landen willst. Du fragst: »An welchen Punkt?« An den Punkt, wo das Herz hart wird. Wenn also alle Menschen ein Recht auf dich haben, dann sei auch du selbst ein Mensch, der ein Recht auf sich selbst hat. Warum solltest einzig du selbst nichts von dir haben? Wie lange noch schenkst du allen anderen deine Aufmerksamkeit, nur nicht dir selbst? Ja, wer mit sich selbst schlecht umgeht, wem kann der gut sein?
Denk also daran: Gönne dich dir selbst. Ich sage nicht: »Tu das immer.« Ich sage nicht: »Tu das oft.« Aber ich sage: »Tu das immer wieder einmal. Sei wie für alle anderen auch für dich selbst da, oder jedenfalls sei es nach allen anderen.«

Bernhard von Clairvaux in einem Brief an Papst Eugen III.

(29.7.1905 – 17.9.1961)

Dag Hammarskjöld stammt aus einer alten schwedischen Adelsfamilie. Er ist am 29.7.1905 in Jönköping geboren, doch in Uppsala aufgewachsen, wo sein Vater Regierungspräsident war. Sein Vater, der es für einige Jahre bis zum Ministerpräsidenten brachte, wird als pflichtbewusste und unbeugsame Persönlichkeit beschrieben, ein Erbe, das auf den Sohn überging. Dag Hammarskjöld war ein glänzender Schüler, aber auch einer, der keine Freunde hatte. Sein Leben lang blieb er ein Einzelgänger, aber er litt auch darunter. Auf die Frage von Königin Elisabeth, warum er nicht geheiratet habe, antwortete er: »Ich habe mit angesehen, wie meine Mutter unter der Arbeit meines Vaters litt. Keiner Frau wollte ich das gleiche Schicksal zumuten.« Hammarskjöld macht schnell Karriere als politischer Beamter. Schon mit 31 Jahren wird er Staatssekretär im Finanzministerium, anschließend Präsident der schwedischen Reichsbank. Nach dem Krieg wechselt er ins Außenministerium, zunächst als Staatssekretär, dann als stellvertretender Außenminister. Als Hammarskjöld 1953 zum UN-Generalsekretär gewählt wurde, konnte er schon umfassende politische Erfahrungen vorweisen. Trotzdem war die Wahl eine große Überraschung, er war nicht einmal gefragt worden. Die UNO befand sich auf dem Höhepunkt des Kalten Krieges in einer schweren Vertrauenskrise, wohl deshalb fiel die Wahl auf den Vertreter eines neutralen Landes, von dem man keine besonderen Initiativen erwartete.

Doch Dag Hammarskjöld veränderte die Vereinten Nationen. Er verstand sich als Vertreter der kleinen Länder und trat für eine konsequente Friedenspolitik ein. Er ging keinem Konflikt mit den Großmächten aus dem Weg, wenn es galt, die Interessen der Verfolgten zu vertreten. Er konnte hartnäckig verhandeln und galt als Meister der stillen Diplomatie. Schon 1954 gelang es ihm, die amerikanischen Flieger, die seit dem Koreakrieg in China gefangen gehalten wurden, durch persönliche Verhandlungen in Peking zu befreien. Zwei Jahre später, in der Suez-Krise, gebot er England und Frankreich mitten im Angriff auf Ägypten Einhalt und erreichte es in monatelangen Gesprächen, dass auch Israel seine Eroberungen, die Sinaihalbinsel und den Gazastreifen, räumte. Er erfand die Blauhelmtruppen der UN und bewegte Ägypten, einer Stationierung dieser Friedenstruppen am Suez-Kanal zuzustimmen. Vor der Unterdrückung des ungarischen Aufstands durch sowjetische Truppen im Herbst 1956 stand er jedoch machtlos und gedemütigt. Dennoch wurde er 1957 einstimmig in seinem Amt bestätigt. Er besuchte Südafrika und engagierte sich entschieden gegen die Apartheid und für die Entkolonialisierung Afrikas. Die Libanon- und auch die Laos-Krise Ende der 50er-Jahre konnte er noch einmal entschärfen, doch als 1960 der Kongo von Belgien überstürzt in die Unabhängigkeit entlassen wurde, brach dort ein Chaos aus, das schließlich Hammarskjöld das Leben kosten sollte. Im Kongo rivalisierten verfeindete kongolesische Politiker, Großmächte und die ehemalige Kolonialmacht Belgien miteinander. Auf der Suche nach Frieden und einer eigenständigen Entwicklung für das Land und seine Bevölkerung geriet Hammarskjöld zwischen die Fronten und kam am 17.9.1961 unter ungeklärten Umständen bei einem Flugzeugunglück ums Leben. Posthum wurde ihm in diesem Jahr der Friedensnobelpreis verliehen.

Nach seinem Tod veröffentlichte ein Freund sein Tagebuch »Zeichen am Weg« – persönliche Aufzeichnungen in Form von Aphorismen, Versen und immer wieder Gebeten. Es ist »eine Art Weißbuch meiner Verhandlungen mit mir selbst – und mit Gott«. Unter »Pfingsten 1961« heißt es dort: »Ich weiß nicht, wer – oder was – die Frage stellte. Ich weiß nicht, wann sie gestellt wurde. Ich weiß nicht, ob ich antwortete. Aber einmal antwortete ich ›ja‹ zu jemandem – oder zu etwas. Von dieser Stunde her rührt die Gewissheit, dass das Dasein sinnvoll ist und dass darum mein Leben ... ein Ziel hat.«

Wohl dem Volk, dessen Gott der Herr ist, dem Volk, das er zum Erbe erwählt hat.
Psalm 33,12

Gebet

Gott,
wie war das nur möglich,
dass Menschen, die jahrelang mit ihren Nachbarn friedlich zusammenlebten, plötzlich alle Verbindungen zu ihnen abbrachen, weil sie Juden waren?
Wie war das nur möglich,
dass Menschen, die immer für Recht und Ordnung eintraten, nichts einzuwenden hatten, als den Juden alle Rechte genommen wurden?
Wie war das nur möglich,
dass Menschen, denen das Eigentum immer heilig war, in einer Nacht zu Brandstiftern, Dieben und Plünderern wurden?
Wie war das nur möglich,
dass kluge und nachdenkliche Menschen, die sich nicht leicht hinter das Licht führen ließen, plötzlich alle Lügen und Verleumdungen über Juden unwidersprochen übernahmen?
Wir bitten dich, Gott: Lass uns die Opfer nie vergessen! Lass uns das Schicksal des jüdischen Volkes nie gleichgültig werden!
Lass uns nie wieder schweigen, wenn neues Unrecht droht!
Amen.

Gesangbuch

Freunde, dass der Mandelzweig wieder blüht und treibt,
ist das nicht ein Fingerzeig, dass die Liebe bleibt.
Dass das Leben nicht verging, so viel Blut auch schreit,
achtet dieses nicht gering in der trübsten Zeit.
Tausende zerstampft der Krieg, eine Welt vergeht.
Doch des Lebens Blütensieg leicht im Winde weht.

Schalom Ben-Chorin (1942), EG 651

Das schöne jüdische Waisenmädchen Esther wird persische Königin und rettet sein jüdisches Volk vor der drohenden Vernichtung. Zum Gedenken an dieses Ereignis feiern die Juden bis heute am 14. Adar (= März) das karnevalsähnliche Freudenfest Purim. Das biblische Esther-Buch, das diese Geschichte erzählt, schildert keine historischen Ereignisse. Es ist ein historischer Roman, die Handlung ist frei erfunden. Sie spielt um das Jahr 480 v. Chr. in der Zeit der jüdischen Diaspora unter dem persischen König Xerxes I. am Königshof in Susa. Xerxes, im Ester-Buch heißt er Ahasveros, hatte seine Frau Waschti verstoßen, weil sie sich geweigert hatte, sich in »ihrer Schönheit« vor betrunkenen Männern, nämlich dem König und seinen fürstlichen Saufkumpanen, zu zeigen. Die schöne Esther wird neue Königin, doch auf Rat ihres Vetters und Vormunds, des jüdischen Beamten Mordechai, verschweigt sie, dass sie Jüdin ist. Der loyale Mordechai deckt eine Verschwörung gegen den König auf, aber er verweigert auch Haman, dem Günstling des Königs, den Kniefall. Daraufhin erwirkt der einen königlichen Erlass, dass an einem durch Los auf den 13. Adar festgesetzten Tag alle Juden im persischen Reich getötet werden sollen. Mordechai bittet die zögernde Esther, bei ihrem Mann, dem König, gegen den Erlass zu intervenieren: »Bilde dir nicht ein, im Haus des Königs gerettet zu werden, anders als alle anderen Juden! Wenn du schweigst, wird den Juden von anderer Seite Hilfe und Rettung erstehen ... Wer weiß, ob du nicht gerade dafür in dieser Zeit Königin geworden bist?« (Esther 4,13f.)

Esther lädt den König und Haman zu Festmahlen ein. In der Zwischenzeit hat Haman einen Galgen für die Hinrichtung des ihm verhassten Mordechai aufbauen lassen. Doch da dem König Mordechais Verdienste bei der Aufdeckung der Verschwörung wieder eingefallen sind, muss Haman seinen Intimfeind öffentlich ehren, statt ihn aufhängen zu können. Beim zweiten Festmahl bekennt sich Esther zu ihrer jüdischen Herkunft und bittet um die Rettung ihres Volkes. Als sich der König erkundigt, wer der Verfolger ist, wirft sich Haman flehend auf den Diwan der Königin. Der König missdeutet Hamans Geste als Vergewaltigungsversuch und lässt ihn an dem ursprünglich für Mordechai errichteten Galgen aufhängen. Der Jude Mordechai wird an Hamans Stelle zweiter Mann im Reich.

Der König gestattet nun den Juden, sich an ihren Feinden zu rächen – was im Esther-Buch mit großer Freude und Begeisterung aufgenommen wird. 75.000 Judenfeinde werden daraufhin im ganzen Perserreich getötet. Weil dies am 13. Adar geschah, an jenem Tag, den Haman durch das Pur (= Los) zum Todestag der Juden bestimmt hatte, feiern die Juden seither am 14. Adar, an dem sie wieder in Ruhe und Sicherheit leben konnten, ein ausgelassenes Freudenfest – Purim.

Das biblische Esther-Buch enthält auch befremdliche Züge. Kritiklos ist von der Ermordung von zehntausenden Feinden der Juden die Rede. Gott wird in diesem Buch an keiner einzigen Stelle erwähnt. Er wird aber auch nicht ausgeklammert. Die Geschichte von Esther und Xerxes, Haman und Mordechai lebt von der Gewissheit, dass Gott über das Volk der Juden wacht und ihm zur Seite steht.

Aktualität bekommt das Buch, weil es eine literarische Auseinandersetzung mit dem Problem der Judenfeindschaft bietet. Haman steht für die Judenfeinde aller Zeiten. Seine Argumentation vor dem König lebt von den typischen Vorurteilen, die bis heute jede antijüdische Hetze begleiten: die Juden lebten verstreut und abgesondert, sie seien reich, sie lebten nach eigenen, unverständlichen Gesetzen, sie seien eben »anders«. »Ohne dass das Wort ›Gott‹ im Ester-Buch ausgesprochen würde, ist es doch das Festhalten an dem anderen Gott, das dieses Volk anders macht, absondert und zum Objekt des irrationalen Hasses gemacht hat.« (D. Sölle)

Straßburger Münster, »Ekklesia und Synagoge«, Sandstein, 1220–1230

Zwei vornehme Frauengestalten stehen sich am Südportal des Straßburger Münsters gegenüber: Die eine gekrönt und als Siegerin. Die andere als Verliererin mit zerbrochenem Stab und verbundenen Augen, der die Tafeln des Mose zu entgleiten drohen.
Ekklesia und Synagoge – die beiden Figuren dokumentieren die antijudaistischen Tendenzen in der Geschichte des Christentums. Am Straßburger Münster wirkt die Figur der Synagoge in ihrem Unglück allerdings sympathischer.

(4.8.1912– ?)

»Er handelte einzig und allein aus Mitgefühl und Menschlichkeit.«

(Yehudi Yaron, einer der geretteten ungarischen Juden).

Nichts im Leben Raoul Wallenbergs deutet zuvor darauf hin, dass er in nur sechs Monaten zum »Engel von Budapest« und »Helden des 20. Jahrhunderts« werden würde.
Am 4.8.1912 als Mitglied einer berühmten Industriellen- und Bankiersfamilie in Stockholm geboren, scheint für Wallenberg die Bankkarriere schon vorgezeichnet zu sein. Doch er studiert Architektur, dann Jura, bricht das Studium ab, reist in andere Länder – ohne erkennbare Ausrichtung. 1936 trifft er in Palästina deutsche Juden, die vor den Nazis geflohen waren. Ihre Erlebnisse berühren ihn tief.
Als die amerikanische und die schwedische Regierung eine Person suchen, die nach Budapest reisen und nach Möglichkeiten suchen sollte, jüdischen Menschen zu helfen, fällt die Wahl auf Wallenberg. Er wird zum Ersten Sekretär der schwedischen Botschaft in Budapest ernannt, mit Geld versorgt und erhält Namenslisten von gefährdeten Juden und Widerstandskämpfern. Als er in Budapest ankommt, sorgt er zunächst für »Schwedische Schutzpässe« und richtet über 30 Häuser als Zufluchtsstätten ein. Sein Büro wird zur Anlaufstelle für Tausende von Juden, die Schutz und Hilfe suchen. Wallenberg verhandelt mit ungarischen und deutschen Stellen, nutzt seinen Diplomatenstatus, setzt aber auch Bestechung und Drohung ein, um Juden zu retten. Wann immer ein neuer Deportationsmarsch zusammengestellt wird, ist Wallenberg in seiner großen amerikanischen Limousine nicht weit. »Judenhund« nannte ihn Eichmann fast respektvoll. Es gelingt ihm, Transporte nach Auschwitz zu verhindern und Juden aus schon abfahrbereiten Waggons herauszuholen. Er folgt den Todesmärschen mit dem LKW und holt die Opfer zurück: »Er zeigte uns, dass wir keine Tiere waren, dass sich jemand um uns kümmerte. Die entscheidendste Erfahrung für uns war, dass er selbst kam, persönlich. Für uns blieb er stehen, für jeden Einzelnen von uns«, sagte eine der Geretteten über Wallenberg. Innerhalb von Monaten wird er zur legendären Gestalt. Etwa 100.000 Juden vermag er zu retten. Versuche ungarischer Nationalsozialisten, Wallenberg umzubringen, scheitern auch an dessen guten Kontakten zum amerikanischen Geheimdienst und zu deutschen Stellen. In den letzten Tagen vor der Befreiung Budapests kann Wallenberg noch maßgeblich mithelfen, den Plan von SS und ungarischen Nazis zu vereiteln, das gesamte Budapester Ghetto mit immer noch 100.000 Bewohnern in die Luft zu sprengen.
Nach dem Einmarsch der Roten Armee wird Wallenberg als vermeintlicher Spion verhaftet. Im Gulag registriert man ihn als »Kriegsgefangenen«. Später verbreiten sich immer wieder Gerüchte, nach denen Wallenberg an unterschiedlichen Orten gesehen worden war. Sein Schicksal bleibt lange im Dunkeln. Im Jahr 2000 – da ist Wallenberg längst Ehrenbürger der USA, Kanadas und Israels – erklärt eine russische Untersuchungskommission, dass Wallenberg 1947 mit einer Giftspritze hingerichtet worden sei.

Gott widersteht den Hochmütigen, aber den Demütigen gibt er Gnade.

1 Petrus 5,5

Gebet

Gott,
wir stehen gern groß da und finden es gut, wenn man uns bewundert.
Wir setzen uns gern in Szene und genießen es, wenn man Respekt vor uns hat.
Wer möchte schon gern im Schatten stehen?
Doch, Gott, vor dir zählen die Selbstgefälligen nicht.
Du liebst die Unscheinbaren und Unsicheren, die immer übersehen und nicht beachtet werden.
Guter Gott, wenn wir selbst zu den Unsicheren und Verlierern gehören, dann schick uns Freunde, die uns nicht imponieren wollen, sondern uns aufrichten und neuen Mut geben fürs Leben.
Wenn wir aber nicht zu den Unscheinbaren und Unsicheren gehören, dann lass uns zu ihren Freunden werden, die sie nicht übersehen und nicht einschüchtern, sondern ihnen beistehen und sie stark machen für ihr Leben.
Amen.

Gesangbuch

Meine engen Grenzen, meine kurze Sicht bringe ich vor dich.
Wandle sie in Weite: Herr, erbarme dich.

Meine ganze Ohnmacht, was mich beugt und lähmt, bringe ich vor dich.
Wandle sie in Stärke: Herr, erbarme dich.

Eugen Eckert (1981), EG 600,1+2

Solange Judith lebte, »wagte niemand, Israel anzugreifen«. Hoch geehrt im ganzen Land, wurde sie sehr alt und starb im Alter von 105 Jahren. Als sie starb, »trauerte das ganze Volk um sie sieben Tage lang«. (Judith 16,26ff.) Wer war diese bemerkenswerte Frau? Judith, auf deutsch »Jüdin«, ist die Heldin des Judith-Buches, das Martin Luther, obwohl er es als »fein, gut, heilig, nützlich Buch, uns Christen wohl zu lesen« hoch schätzte, nicht zum Kernbestand des Alten Testaments, sondern zu den »Apokryphen« rechnete.

Das Buch Judith erzählt von Nebukadnezar, dem »König von Assyrien«, der in seinem Größenwahn die universale Weltherrschaft beansprucht. Er schickt Holofernes, den Oberbefehlshaber seiner Truppen, mit einer großen Streitmacht aus, um alle Länder der Erde zu erobern. Unaufhaltsam rückt Holofernes vor, er erobert Volk um Volk, plündert Stadt um Stadt und zerstört alle Götterbilder – denn Holofernes hatte den Auftrag, »alle Götter der Erde zu vernichten, damit alle Völker Nebukadnezar allein dienen und ... ihn allein als ihren Gott anrufen«. (Judith 3,11) Als Holofernes sich dem Gebiet von Judäa nähert, gerät sein Siegeszug ins Stocken. Der erstaunte Holofernes erfährt von Achior, dem Führer seiner ammonitischen Hilfstruppen, dass dem jüdischen Volk »ein Gott beisteht, der das Unrecht hasst« (Judith 5,19) und die Juden, solange sie sich zu diesem Gott bekennen, unbesiegbar seien. Holofernes ist empört, lässt Achior fesseln und zu den Juden in die von ihm belagerte Bergfestung Betulia bringen. Zugleich schneidet er die Stadt von der Wasserzufuhr ab. Nach 34 Tagen Belagerung gehen die Wasservorräte der Stadt schließlich zu Ende, und die verdurstende Bevölkerung fordert die Stadtältesten auf, die Stadt dem Holofernes zu übergeben. Die Stadtältesten aber wollen noch fünf Tage mit der Übergabe warten, um Gott in dieser Zeit Gelegenheit zum Eingreifen zu geben.

In dieser Situation ergreift Judith, eine schöne, reiche und fromme Witwe, die Initiative. Sie verurteilt die Absicht, Gott ein Ultimatum zu stellen, und kündigt an, sie selbst werde Israel mit Gottes Hilfe retten. Sie fleht Gott um Kraft an und geht, festlich gekleidet und reich geschmückt, als vermeintliche Überläuferin in das Lager des Holofernes, wo sie sogleich wegen ihrer Schönheit großes Aufsehen erregt. Holofernes, der »vor Begierde nach ihr entbrannt war«, lädt Judith nach einigen Tagen zu einem intimen nächtlichen Festmahl ein. Judith geht scheinbar auf sein Angebot ein. Doch als er sich bei dem Mahl sinnlos betrinkt und in seinem Rausch einschläft, schlägt Judith dem Holofernes mit dessen eigenem Schwert den Kopf ab. Dann steckt sie diesen in einen Sack und eilt in die Stadt zurück, wo sie der erstaunten Menge den von Achior identifizierten Kopf des Holofernes zeigt. Als die Assyrer am nächsten Morgen ihren Feldherrn tot in seinem Zelt auffinden, bricht im Lager Panik aus, und alle Truppen rennen in wilder Flucht davon. Die Bewohner der Stadt Betulia plündern daraufhin das feindliche Lager und machen reiche Beute. In einer Prozession ziehen alle hinauf nach Jerusalem, wo ein dreimonatiges Fest im Tempel gefeiert wird.

Beim Buch Judith handelt es sich nicht um ein »historisches« Geschehen, sondern um eine romanhafte Lehrerzählung. Judith und Holofernes stehen für zwei entgegengesetzte Welten. Judith repräsentiert das Volk Israel in seiner idealen Form: Sie ist gottesfürchtig, weise, mutig und hält die Gebote. Holofernes ist maßlos, gewalttätig und gotteslästerlich; er repräsentiert das Regime der Besatzer. Er ist der Vertreter einer selbstüberheblichen, gottfeindlichen Weltmacht, dem nicht zufällig eine fromme und mutige Frau als Repräsentantin des kleinen und bedrängten Gottesvolks entgegentritt. Der Kampf, den Judith und Holofernes stellvertretend austragen, ist der Kampf zwischen dem Gott Israels und den selbsternannten Weltherrschern, die mit Gewalt daherkommen und sich gottgleich gebärden.

Salomon de Bray, »Judith mit dem Haupt des Holofernes«, Zeichnung, 1635

Der holländische Maler und Architekt Salomon de Bray zeigt Judith nicht wie damals üblich als Verführerin oder kriegerische Heldin, sondern als fromme junge Frau. Sie ist mit einem priesterlichen Chormantel bekleidet, hält das abgeschlagene Haupt des Holofernes vor sich mit beiden Händen und hat die Augen zum Himmel erhoben – wie jemand, der einen göttlichen Auftrag erfüllt hat.

(9.8.1909–26.8.1944)

»Wenn wir uns schon mit einer Epoche abfinden müssen, in der die größere Wahrscheinlichkeit für ein vorzeitiges Lebensende steht, sollten wir doch wenigstens dafür sorgen, dass es einen Sinn hat, zu sterben – gelebt zu haben«, schreibt der 20-jährige Adam von Trott zu Solz ahnungsvoll 1935.

Am 9.8.1909 in Potsdam geboren, stammte Adam von Trott zu Solz aus einer weltläufigen Familie. Sein Vater war preußischer Kultusminister, die Mutter hatte amerikanische Verbindungen und war Tochter des deutschen Botschafters in Wien. Seine Kindheit und Jugend verbrachte er weitgehend auf dem hessischen Familienbesitz in Imshausen bei Bebra. Nach dem Abitur studierte er Rechts- und Staatswissenschaften und nutzte dabei Auslandsaufenthalte beim Völkerbund in Genf und an der Universität in Oxford, um wichtige internationale Kontakte zu knüpfen. Diese Kontakte, Erfahrungen mit dem liberalen Modell angelsächsischer Demokratie und ein christliches Grundverständnis ließen ihn schon früh auf Distanz zur nationalsozialistischen Weltanschauung gehen. Einen Parteieintritt lehnte er 1934 ab. Nach dem Assessorexamen brach er 1936 zu einer längeren Studienreise auf, die ihn über die USA in den Fernen Osten, nach China und Japan führte. War Trott als Student in Göttingen noch beeindruckt, als er Hitler bei einer Versammlung erlebte, so schrieb er 1938 einem englischen Freund, er kehre nach langem Bedenken nur deswegen nach Deutschland zurück, um gegen das Hitler-Regime zu wirken.

Als er 1939 vom Auswärtigen Amt in diplomatischen Diensten nach England und in die USA geschickt wurde, nutzte er die Anlässe, um seine hochrangigen Gesprächspartner für ein entschiedeneres Auftreten gegen Hitler zu gewinnen. Er stieß dabei auf taube Ohren, wurde gar als Nazi-Agent verdächtigt. Als Ostasien-Kenner wurde Trott als Referendar in der Informationsabteilung des Auswärtigen Amtes eingestellt, zur Tarnung trat er zugleich in die NSDAP ein.

Zur selben Zeit knüpfte er Kontakte zum Widerstand und wurde Mitglied des Kreisauer Kreises. Auf dem schlesischen Gut Kreisau von Helmuth James Graf von Moltke traf sich eine junge Elite, um ein ethisch begründetes, auf den Menschenrechten beruhendes Staats- und Regierungskonzept für die Zeit nach dem Nationalsozialismus zu entwerfen. Gemeinsame Grundlage der verschiedenen Entwürfe, die dort erarbeitet wurden, war das Christentum. Trott wurde eine Art »Außenminister« des Kreisauer Kreises. In zahlreichen Auslandsreisen lotete er bei seinen Gesprächspartnern die Möglichkeiten einer alliierten Unterstützung des deutschen Widerstands aus. Er setzte dabei mehrfach sein Leben aufs Spiel. Umso verzweifelter war er, dass er das Misstrauen der Alliierten nicht durchbrechen konnte. Sie verlangten ein öffentlich erkennbares Zeichen des Widerstands. Auch Trott sah inzwischen keine Alternative mehr zu einem Attentat auf Hitler und er beteiligte sich aktiv an den Vorbereitungen. Zugleich ahnte er: »Wenn dieser Koloss Hitler zusammenbricht, reißt er uns alle mit in die Tiefe.« Nach dem missglückten Attentat vom 20. Juli 1944 lehnte er für sich eine mögliche Flucht ab, »meiner Frau und der Kinder wegen«. Am 25. Juli wurde er verhaftet, seine Frau und seine kleinen Kindern wurden in Sippenhaft genommen. Als er vor dem »Volksgerichtshof« vom Vorsitzenden Freisler gefragt wurde, ob er sich nicht im Klaren sei, dass seine Aktivitäten und Auffassungen zwingend auf die Ermordung des Führers hinausliefen, antwortete Trott mit ruhiger, aber klarer Stimme: »Gewiss!«

Am 26.8.1944 wurde er in Berlin-Plötzensee hingerichtet.

Der Familienbesitz der Trott zu Solz in Imshausen ist heute eine christliche Begegnungsstätte. Jedes Jahr wird am 20. Juli unter einem Holzkreuz, das an Adam von Trott zu Solz erinnert, der Geschehnisse im Juli 1944 gedacht.

Das geknickte Rohr wird er nicht zerbrechen und den glimmenden Docht wird er nicht auslöschen.
Jesaja 42,3

Gebet

Gott,
öffne unsere Augen, dass sie die tiefe Not von Menschen sehen.
Lass unsere Hände sich regen, damit sie Hungrige satt machen.
Rühre unsere Herzen an, damit sie Verzweifelten Wärme geben.
Lehre uns die Großzügigkeit, die Fremde willkommen heißt.
Gib uns die Liebe, die Kranke stärkt.
Lass uns dafür eintreten, dass Gefangenen die Freiheit wiedergegeben wird.
Wenn wir unsere Ängste und unsere Liebe teilen, auch unsere Armut und unser Glück, dann bist du, Gott, selbst mitten unter uns.
Amen.
Aus Simbabwe

Gesangbuch

Wir kennen dein Gebot, einander beizustehen,
und können oft nur uns und unsre Nöte sehen.

O Herr, nimm unsre Schuld, die Dinge, die uns binden,
und hilf, dass wir durch dich den Weg zum andern finden.
Hans-Georg Lotz (1964), EG 235,3+4

Matthäus war nach den Angaben des Matthäusevangeliums (9,9) ein Zöllner aus Kapernaum, den Jesus von seiner Zollstation wegholte und zu einem seiner Jünger machte. Nach alter kirchlicher Überlieferung soll dieser Matthäus als Erster ein Evangelium in hebräischer Sprache verfasst haben. Das uns überlieferte Matthäusevangelium wurde jedoch in griechischer Sprache geschrieben und ist nicht das zeitlich erste Evangelium, sondern benutzt als eine seiner Quellen für die eigene Darstellung das etwas ältere Markusevangelium. Das Matthäusevangelium stammt nicht von einem Augenzeugen der Jesusgeschichte, sondern entstand einige Zeit nach den dramatischen Ereignissen des Jahres 70 n. Chr., als Jerusalem von den römischen Truppen erobert und der Tempel zerstört wurde. Es richtet sich in erster Linie an jüdische Christen, die vermutlich im syrischen Raum in engem Kontakt mit jüdischen Synagogengemeinden lebten. Als Verfasser nimmt man heute einen uns namentlich nicht näher bekannten judenchristlichen Lehrer an, der wahrscheinlich zur zweiten Generation der Christen gehörte.

Matthäus hat Jesus in seinem Evangelium vor allem als »Lehrer der Kirche« dargestellt. Das zeigen etwa die fünf großen Reden, die das Evangelium prägen: besonders die Bergpredigt (5–7), die Jüngeraussendungsrede (10), die Gleichnisrede (13), die Gemeinderede (18) und schließlich die große Endzeitrede (24–25).

»Bessere Gerechtigkeit« ist das Stichwort, unter dem er die ethische Verkündigung Jesu zusammenfasst. Der Maßstab, an dem sie sich auszurichten hat, ist das Liebesgebot. Von diesem Gebot her unterscheidet er Wichtiges und Unwichtiges im alttestamentlichen Gesetz und ordnet er die persönliche Barmherzigkeit allen gottesdienstlichen Ritualen und Opfern über.

Charakteristisch für Matthäus ist auch seine Polemik gegen Pharisäer und Schriftgelehrte. Ihre Frömmigkeit wird pauschal als Heuchelei verurteilt (23). Das Bild, das hier von den Pharisäern gezeichnet wird, wirkt leider bis heute nach. Die Polemik des Matthäus ist nur auf dem Hintergrund der damaligen Auseinandersetzungen zwischen den pharisäisch dominierten Synagogengemeinden und den judenchristlichen Gemeinden zu verstehen.

Andererseits gibt es keine andere Schrift im Neuen Testament, die die Gültigkeit des alttestamentlichen Gesetzes auch für die Christen mit ähnlicher Entschiedenheit behauptet (5,17). Jesus ist im Matthäusevangelium derjenige, der den ursprünglichen Sinn des alttestamentlichen Gesetzes wieder freilegt. Er ist der von den Propheten angekündigte Messias, der aber von Anfang an von den religiösen Führern seines Volkes abgelehnt und verfolgt, von Sündern und Nichtjuden aber anerkannt worden ist. Nach dem Matthäusevangelium ist Jesus zunächst nur zu Israel gesandt. Mit der Auferstehung beginnt aber etwas Neues – die Zeit der Völkermission (28,16–20).

In der Geschichte der Kirche wurde das Matthäusevangelium zum Hauptevangelium, das am meisten gelesen wurde. Es galt als Werk eines Jüngers und Augenzeugen, bot den Stoff in einer klaren Ordnung und zeigte Jesus als vollmächtigen Lehrer und Weltherrscher. Seine ethische Interpretation der Jesus-Botschaft prägte das Christentum ganz wesentlich. Nicht zufällig wurde Matthäus in der Kunstgeschichte darum immer wieder mit einem Engel dargestellt: Nur ein Engel konnte ihm die Worte eingegeben haben.

Tilman Riemenschneider, »Evangelist Matthäus«, Lindenholz, 1490–92

(15.8.1740–21.1.1815)

Das nach allen Umfragen beliebteste deutsche Volkslied ist gar kein Volkslied, sondern ein Gedicht von Matthias Claudius: »Der Mond ist aufgegangen / Die goldnen Sternlein prangen / Am Himmel hell und klar; / Der Wald steht schwarz und schweiget, / Und aus den Wiesen steiget / Der weiße Nebel wunderbar.« Das Bild einer stillen Mondnacht wird zum Abbild einer anderen Welt, die hoch über Mond und Sternen gedacht wird, aber in den Gestirnen zu den Menschen spricht. »So legt euch denn, ihr Brüder, / In Gottes Namen nieder; / Kalt ist der Abendhauch. / Verschon' uns, Gott! mit Strafen, / Und lass uns ruhig schlafen! / Und unsern kranken Nachbarn auch!« Das Lied endet mit einem ungewöhnlichen Schluss, der bescheidenen Bitte um den Schlaf des kranken Nachbarn. Zum Reich Gottes gehört der Glanz des nächtlichen Himmels ebenso wie »des Tages Jammer« im Haus des Nachbarn. Matthias Claudius' Abendlied steht heute in allen Gesangbüchern, gleich welcher Konfession. Am 15. August 1740 in einem Pfarrhaus im holsteinischen Reinfeld geboren, entdeckte Matthias Claudius bereits während seiner Zeit als Student der Theologie und der Rechtswissenschaften in Jena seine Liebe zur Literatur. Nach vergeblichen Versuchen, sich als Hauslehrer und Sekretär eine bürgerliche Existenz aufzubauen, wird er 1768 Journalist bei den »Hamburgischen-Adreß-Comtoir-Nachrichten«. Zwei Jahre später übernimmt er die Redaktion des »Wandsbeker Bothen«, der am 1. Januar 1771 zum ersten Mal erscheint und in kurzer Zeit zu einer der bekanntesten Zeitungen in Deutschland wird. Es gelingt Claudius, berühmte Autoren wie Herder, Lessing und Goethe für Veröffentlichungen zu gewinnen. Der »Wandsbeker Bothe« macht Claudius bekannt, im Botenamt findet er seine Berufung. Seine Botschaft ist der überlieferte Christenglaube als Basis für ein einfaches, aber zufriedenes Leben ohne Selbstüberschätzung und Todesverdrängung und voller Lebensfreude. Obwohl die Zeitung zu den angesehensten Blättern in Deutschland zählt, muss sie bereits vier Jahre später wegen sinkender Nachfrage ihr Erscheinen einstellen.

1772 hatte Matthias Claudius in Wandsbek die Handwerkerstochter Rebekka Behn geheiratet. Er liebt Rebekka zeitlebens als ebenbürtige Partnerin und widmet ihr mehrere Gedichte: »Ich danke Dir mein Wohl, mein Glück in diesem Leben. / Ich war wohl klug, dass ich Dich fand; / Doch ich fand nicht. Gott hat Dich mir gegeben; / So segnet keine andre Hand.« Aus der Ehe gingen zwölf Kinder hervor.

1776 verschafft ihm der befreundete Herder die Stelle eines »Oberlandeskommissars« beim Landgrafen in Darmstadt. Claudius nimmt sie zögernd an und hofft, für die notleidende Landbevölkerung Gutes bewirken zu können. Das entsprach jedoch nicht den Absichten des Landgrafen. »Die Luft konveniert mir nicht«, erklärt Claudius und kehrt nach einem Jahr nach Wandsbek zurück, wo er sich mühsam als freier Schriftsteller durchschlägt, bis ihm 1785 der dänische Kronprinz ein Jahresgehalt bewilligt und ihn zum Bankrevisor im damals dänischen Altona ernennt.

In diesen Jahren beginnt er mit der Veröffentlichung seiner »Sämmtlichen Werke«, die 1812 in acht Bänden vorliegen. Ein Volksschriftsteller will Matthias Claudius sein, der seinen Lesern »kein Ambrosia, keine raffiniert blähige Konditorware, sondern ehrlich hausbacken Brot mit etwas Koriander« vorsetzt, »das dem armen Tagelöhner besser gedeiht und besser gegen Wind und Wetter vorhält«. Matthias Claudius ist kein Dichter der Idylle, entschieden äußert er sich zu politischen Fragen seiner Zeit: zur Französischen Revolution, zu den Nöten des Baumstands, zur Sklaverei in Übersee. Berühmt ist sein pazifistisches Kriegslied (»'s ist Krieg, 's ist Krieg, o Engel Gottes wehre, und rede du darein! 's ist leider Krieg, und ich begehre, nicht schuld daran zu sein.«) und sein »Schreiben eines parforcegejagten Hirschen an den Fürsten, der ihn parforcegejagt hatte«.

Am 21. Januar 1815 stirbt Matthias Claudius im Hause seines Schwiegersohnes, des Verlegers Friedrich Christoph Perthes, in Hamburg.

Christus spricht: Was ihr getan habt einem von diesen meinen geringsten Brüdern, das habt ihr mir getan. *Matthäus 25,40*

Gebet

Gott,
ich wünsche mir von dir nicht eine Million,
ich wünsche mir von dir kein sorgenfreies Leben,
ich wünsche mir von dir auch nicht,
was in den Werbespots des Fernsehens angepriesen wird:
Traumurlaub, makellose Schönheit
und Versicherungsschutz rund um die Uhr.
Ein hörendes Herz, Gott, das wünsche ich mir:
ein hörendes Herz für alle Notsignale,
ein offenes Herz für Entschuldigungen,
ein weiches Herz auch für die Steinharten,
ein mitfühlendes Herz für die Leiden anderer Menschen,
ein weites Herz auch für die, die es nicht verdient haben.
Gott, ich wünsche mir von dir nicht Gold und Silber,
sondern ein Herz,
das für die Menschen schlägt, mit denen ich lebe.
Amen.

Gesangbuch

Wir beten für den Frieden, wir beten für die Welt,
wir beten für die Müden, die keine Hoffnung hält,
wir beten für die Leisen, für die kein Wort sich regt,
die Wahrheit wird erweisen, dass Gottes Hand sie trägt.

Wir hoffen für das Leben, wir hoffen für die Zeit,
für die, die nicht erleben, dass Menschlichkeit befreit.
Wir hoffen für die Zarten, für die mit dünner Haut,
dass sie mit uns erwarten, wie Gott sie unterbaut.

Peter Spangenberg (1989), EG 678,1+2

In einer Zeit, in der die meisten Augenzeugen der Jesus-Geschichte verstorben waren, die Urgemeinde in Jerusalem nach der Zerstörung der Stadt nicht mehr existierte, schrieb Markus als Erster ein »Evangelium« von Jesus Christus und bewahrte damit wichtige Jesus-Überlieferungen vor dem Vergessen. Er sammelte Überlieferungen über Jesus, vor allem Wundererzählungen, Gleichnisse, Streitgespräche, Einzelworte und eine schon ausgeführte Passionsgeschichte, und integrierte diese Stoffe in eine zusammenhängende Erzählung. Im ersten Satz verrät er selbst, wie er seine Schrift verstanden wissen will: als »Evangelium von Jesus Christus, dem Sohn Gottes«. Es ist keine Biografie, wir erfahren nichts von der Geburt, seiner Kindheit und Jugend, von der inneren Entwicklung Jesu – es ist ein Glaubenszeugnis, das selbst zum Glauben aufrufen will.

Nach alter Überlieferung wurde das Evangelium von Johannes Markus verfasst, einem jüdischen Christen aus Jerusalem, der während der ersten Missionsreise Paulus begleitete (Apg 13,5.13) und später als Dolmetscher und Schüler des Petrus erwähnt wird (1 Petr 5,13). Er habe, so heißt es, aus den Lehrvorträgen des Petrus »sorgfältig aufgeschrieben, wessen er sich erinnerte, ... jedoch nicht in guter Ordnung«.

Bei näherem Zusehen zeigt sich jedoch, dass der Evangelist sich in Israel und in jüdischen Gebräuchen nicht besonders gut auskannte, daher kaum aus Jerusalem stammen konnte, und Kenntnisse der dramatischen Ereignisse von der Zerstörung Jerusalems im Jahre 70 n. Chr. hatte. Das Evangelium wird in diesen Jahren entstanden sein. Es ist damals für nichtjüdische Christen geschrieben worden, die nicht mehr nach dem jüdischen Gesetz lebten.

Das Markusevangelium kennt keine Weihnachtserzählung und keine Ostererscheinungen des Auferstandenen. Es endet mit der Begegnung der Frauen mit dem Engel am leeren Grab. Dieser abrupte Schluss (16,8) wurde schon bald als unbefriedigend empfunden und darum im zweiten Jahrhundert durch einen zusätzlichen Anhang (16,9–20) ergänzt.

Mit einem gewissen Recht hat man das Markusevangelium eine »Passionsgeschichte mit ausführlicher Einleitung« genannt. Die Passion Jesu ist für Markus das wichtigste Stück der Geschichte Jesu, auf das die Ereignisse von Anfang an hinauslaufen. Zugleich enthält das Evangelium eine auffällig große Zahl von Wundergeschichten. Es entsteht der Eindruck, dass Jesu Weg durch Galiläa von Wundertaten unterschiedlicher Art begleitet war und diese für Jesus geradezu charakteristisch waren. Dabei fällt auf, dass die Wundertaten Jesu im Markusevangelium oft von einem Schweigegebot begleitet sind. Markus will damit sicherstellen: Allein an seinen Wundern ist Jesus nicht zu messen. Dass Jesus der Sohn Gottes ist, wird erst durch seinen Kreuzestod und seine Auferstehung verstehbar. Das zeigt Markus an dem römischen Hauptmann in der Kreuzigungsszene: »Wahrlich, dieser Mensch ist Gottes Sohn gewesen.« (15,39) Unter dem Kreuz spricht ein Nichtjude das einzige gültige Glaubensbekenntnis im ganzen Evangelium aus.

Obwohl Markus mit seinem Evangelium einen bedeutenden theologischen Entwurf vorgelegt hat, hat das Markusevangelium in der Geschichte der Kirche über lange Zeit hinweg eher ein Schattendasein geführt. Spätere Legendenbildung schenkte Markus mehr Aufmerksamkeit. Er soll Ägypten missioniert haben, Bischof in Alexandria gewesen und dort auch begraben worden sein. 829 raubten die Venezianer seine Gebeine, brachten sie nach Venedig und errichteten im 11. Jahrhundert über seinem Schrein den prächtigen Dom San Marco.

Tilman Riemenschneider, »Evangelist Markus«, Lindenholz, 1490–92

Rudolf Bultmann

(20.8.1884–30.7.1976)

Am 4. Juni 1941, mitten im Zweiten Weltkrieg, hält Rudolf Bultmann in Alpirsbach im Schwarzwald einen Vortrag über »Neues Testament und Mythologie«, der zehn Jahre später in der kirchlichen Öffentlichkeit ein »mittleres Erdbeben« auslösen sollte. In ihm fällt das Stichwort »Entmythologisierung« und der Satz: »Man kann nicht elektrisches Licht und Radioapparat benutzen, in Krankheitsfällen moderne medizinische und klinische Mittel in Anspruch nehmen und gleichzeitig an die Geister- und Wunderwelt des Neuen Testaments glauben.« Das in den biblischen Texten vorausgesetzte Weltbild ist für Bultmann »erledigt«, er will aber die »mythischen« Aussagen der Bibel nicht eliminieren, sondern existenzial interpretieren, indem er das in ihnen zum Ausdruck kommende Existenzverständnis freilegt.

Wie lassen sich kritische Wissenschaft und eine an der Bibel orientierte Frömmigkeit miteinander vereinbaren? Wie kaum ein anderer Theologe hat Rudolf Bultmann ernst damit gemacht, dass Glauben und Theologie nicht mehr hinter die historische Kritik zurückfallen dürfen. Von konservativen Kritikern und in evangelikalen Kreisen als Ketzer verschrien, gilt Bultmann heute zu Recht als einer der wichtigsten Theologen der letzten hundert Jahre.

Seine Lebensstationen sind schnell aufgezählt. Am 20.8.1884 wurde Rudolf Karl Bultmann als Pfarrerssohn in Wiefelstede bei Oldenburg geboren. Er studierte Theologie und Philosophie in Tübingen, Berlin und Marburg, wo er auch 1910 promoviert wurde und sich 1912 für das Fach Neues Testament habilitierte. Mit zwei kurzen Unterbrechungen in Breslau und Gießen wurde Marburg zu seiner akademischen Heimat, wo er 30 Jahre lang an der Universität lehrte, mit seiner Frau Helene bis zu seinem Tod am 30.7.1976 lebte und zu einem weltweit bekannten Theologen wurde.

Früh schloss sich Bultmann der dialektischen Theologie Karl Barths an: »Der Gegenstand der Theologie ist Gott, und der Vorwurf gegen die liberale Theologie ist der, dass sie nicht von Gott, sondern vom Menschen gehandelt hat. Gott bedeutet die radikale Verneinung und Aufhebung des Menschen.« Anders als für Karl Barth gehören für Bultmann aber die Frage nach Gott und die Frage nach dem Menschen untrennbar zusammen: »Das Leben des Menschen wird bewegt durch das Suchen nach Gott, weil es immer, bewusst oder unbewusst, von der Frage nach seiner eigenen Existenz bewegt wird. Die Frage nach Gott und die Frage nach mir selbst sind identisch.« Die Kontroversen zwischen den Schülern Barths und Bultmanns, die persönlich miteinander befreundet blieben, bestimmten jahrzehntelang die theologische Diskussion nach dem Zweiten Weltkrieg.

Während der Zeit des Nationalsozialismus schloss sich Bultmann von Anfang an der Bekennenden Kirche an. Er lehnte die »Blut-und-Boden-Theologie« der deutschen Christen ab und wandte sich entschieden gegen die Diffamierung der Juden. Bekannt ist seine mutige Stellungnahme gegen die Einführung des »Arier-Paragraphen« in der Kirche im Jahr 1933. Drei Jahre später ließ er sich in seiner Gemeinde in den Kirchenvorstand wählen, dem er 15 Jahre angehörte. Oft stand er auf der Kanzel und predigte, und auch als berühmter Professor war er sich nicht zu schade, im Sonntagsgottesdienst regelmäßig die Kollekte einzusammeln.

Rudolf Bultmann gehört zu den wenigen Theologen, die über fachwissenschaftliche Kreise hinaus eine breite Diskussion in der Öffentlichkeit und auch in den Kirchengemeinden ausgelöst hat. Er ist dabei nicht nur kritisiert, sondern etwa von der »Bekenntnisbewegung: Kein anderes Evangelium« auch als Ketzer diffamiert worden. Bultmanns Reaktion darauf: »Ich treibe meine Arbeit in dem Bewusstsein, dass wir nichts gegen die Wahrheit, sondern nur für die Wahrheit tun können.« (2 Korinther 13,8)

Lobe den Herrn, meine Seele, und vergiss nicht, was er dir Gutes getan hat.

Psalm 103,2

Gebet

Gott,
es gibt Menschen, die haben ständig zu klagen.
Sie jammern über das Elend in der Welt und über ihr eigenes Los.
Sie fühlen sich ständig benachteiligt,
und immer sind die anderen daran schuld.
Solche Menschen gehen einem auf die Nerven.
Gott, lass nicht zu, dass sich die Klage
wie ein roter Faden durch unser Leben zieht.
Es gibt mehr als genug, wofür wir danken können:
für das Leuchten der Sonne und die bunten Blumen des Sommers,
für die Gesundheit, die nicht selbstverständlich ist,
für die Freunde, die einspringen, wenn ich sie brauche,
für die Ferien und den regelmäßigen Urlaub im Jahr,
für den guten Schlaf in der Nacht,
für die vielen schönen Feste und Feiern im Jahr.
Gott, gib uns einen Blick für das Schöne
und ein Gedächtnis für alles Gute im Leben.
Amen.

Gesangbuch

Nun lasst uns Gott dem Herren Dank sagen und ihn ehren
für alle seine Gaben, die wir empfangen haben.

Den Leib, die Seel, das Leben hat er allein uns geben;
dieselben zu bewahren, tut er nie etwas sparen.

Wir bitten deine Güte, wollst uns hinfort behüten,
uns Große mit den Kleinen; du kannst's nicht böse meinen.

Erhalt uns in der Wahrheit, gib ewigliche Freiheit,
zu preisen deinen Namen durch Jesus Christus. Amen.

Ludwig Helmbold (1575), EG 320,1.2.7.8

»Schon viele haben es unternommen, einen Bericht über all das abzufassen, was sich unter uns ereignet und erfüllt hat ... So beschloss auch ich, nachdem ich alles von Anfang an sorgfältig erkundet habe, es der Reihe nach für dich aufzuschreiben, verehrter Theophilus ...« (Lukas 1,1ff.)

Anders als die anderen Evangelisten versteht sich Lukas als Geschichtsschreiber. Mit seinem Evangelium und der Apostelgeschichte schreibt er eine zweibändige Ursprungsgeschichte des Christentums. Beiden Büchern stellt er jeweils ein Vorwort voran, in dem er Rechenschaft über Absicht und Ziel seines Werkes gibt. Er will eine gebildete und religiös-philosophisch interessierte städtische Schicht von der Zuverlässigkeit der christlichen Lehre überzeugen.

Dazu setzt er bewusst schriftstellerische Mittel ein. Lukas war ein theologischer Schriftsteller von Format. Er ist literarisch gebildet und schreibt ein gepflegtes Griechisch. Er baut anschauliche Szenen von großer Dramatik in seine Darstellung ein und bringt in längeren Reden, vor allem in der Apostelgeschichte (Petrus, Stephanus, Paulus), seine eigene Sicht der Ereignisse zur Geltung. Einige der bekanntesten Erzählungen des Neuen Testaments finden sich nur im Lukasevangelium: die Weihnachtsgeschichte; die Gleichnisse vom barmherzigen Samariter, vom verlorenen Sohn und vom Pharisäer und Zöllner; die Emmaus-Erzählung oder die Himmelfahrts-Geschichte. »Nicht zufällig hat Lukas unter allen neutestamentlichen Schriftstellern am stärksten die volkstümliche christliche Überlieferung angeregt und auf den kirchlichen Festkalender eingewirkt (Weihnachten, Himmelfahrt, Pfingsten, Marientage, Apostelfeste).« (J. Roloff)

Lukas berichtet auch immer wieder davon, dass sich Jesus der Ausgestoßenen und Armen angenommen hat. Bei keinem anderen Evangelisten hat dieser Aspekt der Jesus-Geschichte ein solches Gewicht wie bei Lukas. Er hebt auch deutlicher als die anderen hervor, dass Frauen im Kreis der Jesusanhänger eine wichtige Rolle gespielt haben.

Evangelium und Apostelgeschichte bilden bei Lukas eine Einheit. Er erzählt die frühe Missionsgeschichte als plausible Fortsetzung der Jesus-Geschichte. Das zeigt vor allem die Himmelfahrts-Erzählung, die beide Bücher verklammert: Die Ausbreitung des Evangeliums von Jerusalem »bis an die Enden der Erde« ist ein Werk des zur Rechten Gottes erhöhten Jesus Christus, der im heiligen Geist die Mission lenkt und die Kirche immer mehr wachsen lässt.

In der Sicht des Lukas wird die Geschichte der Kirche zu einem einzigen Erfolg. Das beginnt schon bei Jesus, dessen öffentliches Wirken von Lukas mehr als von den anderen Evangelisten als erfolgreich geschildert wird. Sein Kreuzestod steht unter dem göttlichen »musste« (Lukas 24,26), Jesus stirbt als »ein Gerechter« (Lukas 23,47). Gleich das erste öffentliche Auftreten der Jünger zu Pfingsten führt zu einem Durchbruch. Der Siegeszug des Christentums manifestiert sich dann vor allem im Wirken des Paulus, durch dessen Arbeit überall christliche Gemeinden entstehen.

Der Vergleich mit den älteren Paulusbriefen zeigt jedoch, dass Lukas keine genauen Kenntnisse von den Anfängen der christlichen Gemeinde hatte. Von den harten Auseinandersetzungen zwischen Judenchristen und Hellenisten oder zwischen Paulus und seinen Gegnern erfahren wir bei Lukas nichts. Die Urgemeinde, die er schildert, ist ein Idealbild, das er der Kirche seiner eigenen Zeit vorhält. Doch dazwischen liegen gut 50 Jahre. Die Zeit des irdischen Jesus und auch die der Urkirche liegen weit zurück. Als Verfasser des Evangeliums und der Apostelgeschichte kommt daher der im Kolosserbrief (4,14) erwähnte Arzt und Paulusbegleiter Lukas wohl kaum in Frage. Der Autor des lukanischen Doppelwerks ist uns leider unbekannt.

Tilman Riemenschneider, »Evangelist Lukas«, Lindenholz, 1490–92

Johann Gottfried Herder

(25.8.1774–18.12.1803)

Johann Gottfried Herder wird am 25.8.1744 als Sohn eines Lehrers und Küsters in Mohrungen in Ostpreußen geboren. Er soll Arzt werden, doch bei der ersten Leichenöffnung fällt er in Ohnmacht. So beginnt er 1762 in Königsberg ein Studium der Theologie und Philosophie und hört Vorlesungen bei Immanuel Kant, mit dem er sich lebenslang auseinandersetzen wird. Noch vor seinem Examen geht der 20-Jährige nach Riga, wo er einen Predigtauftrag an der Domkirche erhält. Herder ist einer der großen evangelischen Prediger des 18. Jahrhunderts, seine Gottesdienste sind immer sehr gut besucht. In Riga erscheinen seine ersten Schriften zur Literaturkritik und Ästhetik, er ist in der Stadt anerkannt und etabliert.

Da bricht er plötzlich 1769 in einem Akt der Selbstbefreiung aus dem »Tintenfass von gelehrter Schriftstellerei« zu einer längeren Schiffsreise über Kopenhagen nach Frankreich auf. »Meine einzige Absicht ist die, die Welt meines Gottes von mehr Seiten kennen zu lernen.« Er will herausfinden, »was ich denke und glaube«. Von den Ideen, die ihm auf bewegter See durch den Kopf gehen, wird Herder sein Leben lang zehren. In Straßburg trifft er Goethe, dem er entscheidende Anregungen gibt, auf der Rückreise in Darmstadt lernt er seine Frau Caroline Flachsland kennen, die ihm zur unersetzlichen Lebenspartnerin wird.

1771 geht Herder als Hofprediger und Generalsuperintendent zum Grafen zu Schaumburg-Lippe nach Bückeburg. In der kleinen Residenzstadt fühlt er sich nicht wohl. Die Leute verstehen ihn nicht. »Mein Feuer ist zu subtil, diesen Klumpen Wald anzuzünden.« 1772 veröffentlicht er seine »Abhandlung über den Ursprung der Sprache«. Mit dieser Schrift beginnt die moderne Sprachphilosophie. Als weltoffenes Mängelwesen muss sich der Mensch die Wirklichkeit sprachlich erschließen. Menschsein heißt für Herder Sprache-haben, Sprache macht den Menschen zu einem geistigen Wesen.

Herder wird der große Entdecker der Volksdichtung. Er gibt die »Stimmen der Völker in Liedern« (das Wort »Volkslied« geht auf Herder zurück) heraus, darunter auch viele slawische, eine Pioniertat. Er stellt auch die Schriften der Bibel in ein neues Licht. Herder hat ein starkes Empfinden für die Vitalität und Schönheit der »hebräischen Poesie«. Er erkennt, dass die Geschichten am Anfang der Bibel Dichtungen sind und nicht als historische Berichte missverstanden werden dürfen. Er bemerkt als Erster, dass auch die Evangelien keine Geschichtsschreibung sind, sondern um des Glaubens willen verfasst wurden. »Menschlich muss man die Bibel lesen: Denn sie ist ein Buch durch Menschen für Menschen geschrieben ... Sie können also sicher glauben, je humaner Sie das Wort Gottes lesen, desto näher kommen Sie dem Zweck seines Urhebers.«

Durch Goethes Vermittlung wird Herder 1776 als Generalsuperintendent und Hofprediger nach Weimar berufen. Hier häufen sich die Aufgaben: Er predigt, konfirmiert und beerdigt, ist für die Finanzen und die Verwaltung zuständig, für die Schule und das Bildungswesen. Das Verhältnis zum Herzog und zu Goethe kühlt sich mit der Zeit ab. Herder ist Republikaner, er begrüßt die Französische Revolution und geht auf Distanz zum Weimarer Geniekult. Zugleich gewinnt er den Eindruck, dass Goethe und der Herzog nicht viel von dem halten, wofür er zuständig ist: Kirche und Schule. Für die Italienreise Goethes ist Geld da, für eine Schulreform nicht.

Herder ist Geschichtsphilosoph und Volkskundler, Sprachforscher und Ästhet, Literat und Bildungsreformer, nicht zuletzt aber ist er Theologe und Prediger. Religion bestimmt sich aber für ihn nicht von ihrem gesellschaftlichen Nutzen her. Religion und Humanität gehören für Herder zusammen. Die Religion ist »die höchste Humanität des Menschen«, und »zur Humanität und Religion ist der Mensch gebildet«.

Am 18.12.1803 ist der Theologe unter den deutschen Klassikern in Weimar gestorben. Über seinem Grab in der Stadtkirche stehen seine drei Lieblingsworte: »Licht, Liebe, Leben«.

Alle eure Sorgen werft auf ihn, denn er sorgt für euch.

1 Petrus 5,7

Gebet

Gott, man hat uns gekauft
mit 45 Fernsehprogrammen, mit Talk-Shows und »Wetten dass«;
alles prallt an uns ab, wir sind ganz ruhig.
Man hat uns gekauft mit Fastfood und Boutiquen,
mit MacDonald's und Hennes und Mauritz;
alles prallt an uns ab, wir sind ganz satt.
Man hat uns gekauft mit dem Versprechen, alles sei austauschbar,
Ehen, Familien, Freundschaften;
alles prallt an uns ab, wir sind unglücklich.
Man hat uns gekauft mit dem guten Leben,
mit Wohlstand für alle und Versicherung vor jedem.
Alles prallt an uns ab, wir sind nicht zufrieden.
Gott, wir haben teuer bezahlt und unsere Freiheit verloren.
Wie kommen wir da wieder heraus?
Amen.

Gesangbuch

Was sind wir doch? Was haben wir auf dieser ganzen Erd,
das uns, o Vater, nicht von dir allein gegeben werd?

Wer hat das schöne Himmelszelt hoch über uns gesetzt?
Wer ist es, der uns unser Feld mit Tau und Regen netzt?

Wer wärmet uns in Kält und Frost? Wer schützt uns vor dem Wind?
Wer macht es, dass man Öl und Most zu seinen Zeiten find't?

Ach Herr, mein Gott, das kommt von dir, du, du musst alles tun,
du hältst die Wach an unsrer Tür und lässt uns sicher ruhn.

Paul Gerhardt (1653), EG 324,3–5.7

Das Johannesevangelium und die drei Johannes-Briefe gehören als Schriften zusammen. Sie zeichnen sich durch eine eigene Sprache und eine eigenständige theologische Konzeption aus. Johannes zählt zu den großen Theologen des Neuen Testaments. In der philosophisch-religiösen Kultur der Antike hat er mit seiner theologischen Begriffsbildung den christlichen Glauben gesprächsfähig gemacht.

Wer war Johannes? Johannes, Sohn des Zebedäus, einer der zwölf Jünger? Oder Johannes, der Presbyter von Ephesus, wie man in der alten Kirche meinte? Oder aber »der Jünger, den Jesus liebte« (21,20), der aber im Evangelium ohne Namen bleibt? Es hat im Laufe der Zeit viele Vorschläge zum Verfasser des Johannesevangeliums gegeben. Letztlich wissen wir nicht, wer das Evangelium geschrieben hat. Vermutlich steht jedoch hinter den johanneischen Schriften eine Gruppierung mehr esoterischer Christen, eine Art »Schule«. Das Johannesevangelium ist das Resultat vieler Diskussionen und Auseinandersetzungen – mit dem Synagogenjudentum, mit enthusiastischen christlichen Gruppen, mit Anhängern Johannes des Täufers – in der johanneischen Gemeinde.

Das Johannesevangelium ist unabhängig von den anderen Evangelien entstanden. Johannes geht sehr frei mit seinen Überlieferungen um. Die historischen Konturen der Gestalt Jesu werden dadurch etwas verwischt. Oft verlieren sich die Erzählungen von Jesus in langen Reden. Johannes will nicht unbedingt erzählen, wie es gewesen ist, sondern er will die theologische Bedeutung des Wirkens Jesu sichtbar machen. Darum beginnt er sein Evangelium nicht mit der Geburt Jesu, sondern geht zurück bis in die Ewigkeit Gottes und lässt die Geschichte Jesu hier ihren Anfang nehmen: »Im Anfang war das Wort (logos), und das Wort war bei Gott, und Gott war das Wort.« (1,1)

Jesus erscheint im Johannesevangelium als der vom Himmel herabgestiegene Gesandte, der aus der göttlichen Welt kommt, um den Menschen Gott zu offenbaren und sie aus der Verlorenheit an die Welt zu befreien. Auf die Bitte der Jünger, ihnen den Vater zu zeigen, antwortet Jesus: »Wer mich sieht, sieht den Vater.« (14,9) In seiner Person begegnet Gott selbst. Zugleich betont Johannes, dass Jesus ein wirklicher Mensch war: »Das Wort ward Fleisch und wohnte unter uns, und wir sahen seine Herrlichkeit, eine Herrlichkeit als des eingeborenen Sohnes vom Vater.« (1,14) Als der Gesandte Gottes führt Jesus die Menschen in eine kritische Situation, sie müssen sich entscheiden: für Glauben oder Nichtglauben, für Finsternis oder Licht.

In sechs großen »Ich-bin-Worten« zeigt Johannes, dass Jesus der oder das ist, wonach die Menschen in ihrem Leben suchen und worauf sie grundlegend angewiesen sind: das »Brot«, das »Licht«, der »gute Hirte«, der »Weg und die Wahrheit und das Leben«, der »Weinstock«, die »Auferstehung und das Leben«. Die dualistische Sprache des Johannesevangeliums weist viele Berührungen mit der damals aufkommenden religiös-philosophischen Bewegung der Gnosis auf. Trotz seiner manchmal gnostischen Sprache ist Johannes aber kein Gnostiker. Himmel und Erde, Gott und Welt fallen nicht auseinander – im Gegenteil: »Also hat Gott die Welt geliebt, dass er seinen eingeborenen Sohn gab ...« (3,16) Und die Christen sollen nicht aus der Welt flüchten, sondern in der Welt das »neue Gebot« der Bruderliebe erfüllen.

Als die Repräsentanten der gottfeindlichen Welt erscheinen im Johannesevangelium »die Juden«. Offenbar ist die judenchristliche Gemeinde des Johannes aus der Synagoge ausgeschlossen und von jüdischer Seite als Ketzer verfolgt worden. Auf diese Verfolgung reagiert das Johannesevangelium mit Antijudaismus: »Ihr habt den Teufel zum Vater.« (8,44) In der bedrängten Minderheitenposition der johanneischen Gemeinde war dies vielleicht eine nachvollziehbare Reaktion, in der Gegenwart ist eine Berufung auf solche Texte nicht mehr nachvollziehbar.

Tilman Riemenschneider, »Evangelist Johannes«, Lindenholz, 1490–92

(? – 5.9.1562)

Lange Zeit war die Geschichte der Reformation eine Geschichte von Männern. Erst nach und nach sind viele Frauen aus dieser Zeit wiederentdeckt worden, die wesentlich am Reformationsgeschehen beteiligt waren und in nicht geringem Maße zur Verbreitung und Konsolidierung der Reformation beigetragen haben. Eine der profiliertesten und mutigsten war Katharina Zell. Ihr Geburtsdatum ist nicht bekannt. Sie wurde 1497 oder 1498 als Katharina Schütz in Straßburg geboren. Aufgewachsen in einer wohlhabenden Tischlerfamilie, konnte sie als Mädchen, ungewöhnlich für die damalige Zeit, eine Schule besuchen. Über ihre Jugend wissen wir sonst nicht viel, nur dass sie als junge Frau, wie sie später schrieb, sich »der Liebe und Gnade Gottes« nicht sicher gewesen sei und »Anfechtungen um des Himmelreiches willen« erlitten habe. Bei der Überwindung dieser Anfechtungen hat ihr offenbar die frühe Lektüre von Luthers Sermonen und Bibelauslegungen geholfen, mit denen sie in Berührung kam.

Katharina Schütz gehörte schnell zu den Anhängern Matthias Zells, der seit 1521 in Straßburg begann, evangelisch zu predigen. Zwei Jahre später heiratete sie den 20 Jahre älteren Priester, der daraufhin vom Bischof exkommuniziert wurde. Gegen diese Exkommunizierung protestierte Katharina Zell mit einem gelehrten, scharf formulierten Brief, in dem sie die Rechtmäßigkeit der Priesterehe aus der Bibel begründete. Als sie im selben Jahr auch noch einen Trostbrief an die Frauen des Städtchens Kenzingen im Breisgau veröffentlichte, deren protestantische Männer aus der Stadt ausgewiesen worden waren, war für den Straßburger Magistrat das Maß voll. Eine Frau, die öffentlich zu theologischen Fragen Stellung nahm – das war ein Tabubruch. Das Verfassen weiterer Streitschriften wurde ihr untersagt. Doch mutig griff Katharina Zell mit weiteren Schriften in die religiösen Auseinandersetzungen der damaligen Zeit ein.

Zugleich war Katharina Zell in Straßburg für ihr soziales Engagement bekannt. In ihrem Haus hieß sie die unterschiedlichsten Gäste willkommen, darunter viele Flüchtlinge, ohne nach deren Gesinnung zu fragen, und begründete das mit den Worten: »Es ist unsere Pflicht, jedem Menschen Liebe, Hilfsbereitschaft und Barmherzigkeit entgegenzubringen. Das hat unser Lehrer Christus uns gelehrt.« Sie besuchte Gefangene im Gefängnis, betreute Kranke und engagierte sich für das »Blatternhaus«, eine Wohlfahrtseinrichtung für Arme und Gebrechliche.

Anfang 1548 starb ihr Mann. Bei der Beerdigung trat sie selbst ans Grab und hielt die »Klag'red«. Das hatte es noch nie gegeben. Um das Andenken ihres Mannes ging es ihr auch in dem »Brieff an die gantze Burgerschafft der Statt Straßburg« von 1557, in dem sie die Anfänge der Reformation in Straßburg gegen ein erstarrtes und intolerant werdendes Luthertum verteidigte.

Als ihr vorgeworfen wurde, sie habe »in der Kirche zu Straßburg Unruhe angefangen«, antwortete sie: »Ja, mir selbst, und nicht der Kirche, hab ich freilich viel Unruhe gemacht und ein Verhalten angefangen, wie das vorhin bei unsern Weibern nicht gewöhnlich gewesen ist. Ist das die Sünde der Unruhe, die ich der Kirche gemacht habe, dass ich, da andere Weiber ihr Haus geziert und auf Hoffart ausgeschaut, … ich aber in armer und reicher Leute Häuser gegangen bin, mit aller Liebe, Treue und Mitleiden, Pestilenz und Sterben getragen habe, die Angefochtenen und Leidenden in Türmen, Gefängnis und Tod heimgesucht und getröstet habe?«

Gegen Ende ihres Lebens sorgte Katharina Zell noch einmal für »Unruhe«. Als ein Straßburger Pfarrer sich weigerte, eine Frau zu beerdigen, die der Täuferbewegung nahegestanden hatte, war Katharina Zell so empört, dass sie sich aus dem Krankenbett zum Friedhof tragen ließ, um selbst den Trauergottesdienst zu halten. Der Rat der Stadt beschloss darauf, Katharina Zell zu verwarnen. Doch der Tadel erreichte sie nicht mehr. Im selben Jahr, am 5. September 1562, starb Katharina Zell, betrauert von großen Teilen der Bevölkerung Straßburgs.

Christus Jesus hat dem Tode die Macht genommen und das Leben und ein unvergängliches Wesen ans Licht gebracht durch das Evangelium.

2 Timotheus 1,10

GEBET

Plötzlich und unerwartet,
auf der Höhe des Lebens, ohne Vorwarnung.
Gott, wir verstehen den Tod nicht.
Wir sind ratlos und verstört, wenn er in unserer Nähe zuschlägt.
Wir wissen, auch wir werden sterben, irgendwann oder demnächst.
Aber wir können es uns nicht vorstellen.
Und doch fürchten wir uns davor.
Wir hoffen auf ein Leben nach dem Tod.
Auch das verstehen wir nicht.
Wo sind wir dann?
Wer sind wir dann?
Aber wir möchten leben.
Und wir möchten hoffen, dass du, Gott, stärker bist als der Tod.
Amen.

GESANGBUCH

Menschliches Wesen, was ist's gewesen?
In einer Stunde geht es zugrunde,
sobald das Lüftlein des Todes drein bläst.
Alles in allen muss brechen und fallen,
Himmel und Erden die müssen das werden,
was sie vor ihrer Erschaffung gewest.

Alles vergehet, Gott aber stehet
ohn alles Wanken; seine Gedanken,
sein Wort und Wille hat ewigen Grund.
Sein Heil und Gnaden, die nehmen nicht Schaden,
heilen im Herzen die tödlichen Schmerzen,
halten uns zeitlich und ewig gesund.

Paul Gerhardt (1666), EG 449,7+8

Im 15. Jahr der Herrschaft des römischen Kaisers Tiberius, im Jahr 29 unserer Zeitrechnung, tritt in der Wüste von Judäa ein Mann auf, der ungeheures Aufsehen erregt. Fasziniert von der Gestalt dieses Mannes, der in ein Kamelfell gehüllt allein in der Wüste lebt und sich von Heuschrecken und wildem Honig ernährt, ziehen die Leute aus Jerusalem und den anderen Städten in die Wüste, um ihn zu hören: Johannes, uns bekannt als Johannes der Täufer.
Er empfängt sie mit den Worten: »Ihr Schlangenbrut! Wer hat euch gesagt, ihr könntet dem kommenden Gericht Gottes entgehen? Bringt Früchte, die der Umkehr würdig sind, und denkt nicht im Stillen: Wir haben ja Abraham zum Vater! ... Die Axt ist schon an die Wurzel der Bäume gelegt, und jeder Baum, der keine guten Früchte bringt, wird umgehauen und ins Feuer geworfen.« (Lukas 3,7–9)
Wer war dieser Johannes? Johannes war etwas älter als Jesus, stammte vermutlich aus der Gegend um Jerusalem und wuchs wohl im Milieu jüdisch-priesterlicher Frömmigkeit auf. Ob seine Eltern Zacharias und Elisabeth mit Maria und Joseph bekannt oder gar verwandt waren, wissen wir nicht, denn Lukas hat in seinem Evangelium die Kindheitsgeschichten des Täufers und die Jesu mit legendarischen Szenen ausgestattet und bewusst parallel gestaltet.
Nicht zufällig tritt Johannes in der Wüste und am Jordan auf. Die Wüste ist der Ort der Begegnung Gottes mit dem Volk Israel und am Unterlauf des Jordans überquerte Israel einst den Fluss, um in das verheißene Land einzuziehen. Johannes lässt sich keiner der damaligen jüdischen Religionsparteien zuordnen, er stellt sich auch durch seine asketische Lebensweise bewusst in die Tradition der Propheten.
Johannes war überzeugt, dass die Geschichte auf ihr Ende zuläuft und das Gericht Gottes bevorsteht. Auch die Zugehörigkeit zum erwählten Volk Israel wird nicht vor diesem Gericht schützen. Es gibt eine letzte Chance zur Rettung: Wer bereit ist zur Umkehr, seine Sünden bekennt, »rechtschaffene Früchte der Buße« (Lukas 3,8) erbringt und sich durch Johannes im Jordanfluss untertauchen lässt, kann auf den erbarmenden Gott hoffen.
Die Taufe des Johannes war in der damaligen religiösen Umwelt ohne Parallele. Johannes verstand sie wohl als eine prophetische Zeichenhandlung: Die bis dahin begangenen Sünden wurden durch das Wasser, wie bei einem normalen Bad, abgewaschen. Die Taufe durch Johannes war Zusage und Zeichen der Rettung vor dem Gericht Gottes. Unter all den vielen, die sich von Johannes taufen ließen, war auch Jesus. Möglicherweise gehörte er für kurze Zeit zum Schülerkreis des Johannes. Einiges spricht dafür, dass die Taufe für Jesus eine Art Berufungserlebnis gewesen ist und er sich danach mit einer eigenen Botschaft vom Täufer getrennt hat.
Als Johannes es wagt, das Verhalten des galiläischen Landesfürsten Herodes Antipater zu verurteilen, der sich von seiner Frau getrennt hatte, um Herodias, seine eigene Nichte und Schwägerin, zu heiraten, lässt Herodes Johannes verhaften und ins Gefängnis werfen. Seine Hinrichtung wird im Markusevangelium in einer grausigen Skandalgeschichte beschrieben, die in der späteren Kunstgeschichte immer wieder dargestellt worden ist: Betört vom Tanz seiner Stieftochter Salome, verspricht ihr Herodes, vor Zeugen, die Erfüllung einer Bitte »bis zur Hälfte meines Königreichs«. Angestiftet von ihrer Mutter Herodias, wünscht sich Salome das Haupt Johannes des Täufers auf einer Schale. Da sich Herodes keine Blöße geben will, lässt er Johannes enthaupten.
Nach seinem Tod verehrten seine Anhänger Johannes noch längere Zeit als wichtige religiöse Gestalt. Zwischen den Johannesjüngern und der sich bildenden christlichen Gemeinde existierte für längere Zeit eine Konkurrenz, bis aus dem eigenständigen und von Jesus sehr geschätzten Täufer in der frühen Kirche ein bloßer »Vorläufer« und »Wegbereiter« für Jesus wurde.

Gebet

Lieber Gott
wir kennen uns leider
nicht persönlich
Ich kenne nur
deine Boten
es sind
die Forsythienzweige
das Lächeln des Säuglings
und
der Geruch des Meeres

und gerne
bin ich bereit
mit ihnen
mich zu begnügen

denn offen gestanden
hab ich mich immer
ein bisschen gefürchtet
vor denen
die ganz weit oben sind
und es muss nicht sein
dass wir uns noch treffen.

oder doch
vielleicht hast du
eine Sekunde Zeit für mich

dann
wenn ich einmal
aus diesem Planeten
stürze.

wann das sein soll
und wo
lieber Gott
überlasse ich dir.

Franz Hohler

(6.9.1729–4.1.1786)

»Es tut mir weh, dass ich um das Recht der Existenz erst bitten soll, welches das Recht eines jeden Menschen ist, der als ein ruhiger Bürger lebt«, kommentiert Moses Mendelssohn 1763 sein Gesuch an Friedrich II., als preußischer Untertan in Berlin leben zu dürfen. Der König gewährte dem bereits berühmten Philosophen zwar den Status als »außerordentlicher Schutzjude« – für seine Nachkommenschaft galt dieses Zugeständnis jedoch nicht. Als er acht Jahre später in die Königliche Akademie der Wissenschaften gewählt wird und diese Wahl zur Bestätigung an den König weitergeleitet wird, würdigt Friedrich II. die Akademie nicht einmal einer Antwort.
Am 6.9.1729 wird Moses Mendelssohn in Dessau als Sohn eines Synagogendieners und Thoraschreibers geboren. Der Knabe, bucklig und schmächtig, wird von dem bekannten Dessauer Rabbiner David Fränkel gefördert, dem er mit 14 Jahren zu Fuß nach Berlin folgt. Dort wird er von jüdischen Lehrern nicht nur in Talmud und Thora, sondern auch in Mathematik und Naturwissenschaft unterrichtet, mehrere Sprachen bringt er sich selbst bei. Bei einem Seidenhändler findet er erst eine Anstellung als Hauslehrer, später tritt er als Buchhalter in das Unternehmen ein und führt es nach dem Tod des Firmenchefs mit dessen Witwe weiter. Die Stellung sichert ihm ein gutes Auskommen und ermöglicht es ihm, 1763 die Hamburger Kaufmannstochter Fromet Gugenheim zu heiraten. Sie haben zehn Kinder, von denen sechs den Vater überleben, der Beginn einer berühmten Dynastie. In Berlin begegnet er dem Dichter Lessing, daraus entwickelt sich eine lebenslange Freundschaft. Durch ihn erwirbt er sein geschliffenes Deutsch und gewinnt den Mut, philosophische Artikel zu veröffentlichen. Für Lessing andererseits bildet Mendelssohn die Vorlage für die Figur des weisen Juden Nathan in seinem gleichnamigen Schauspiel.
Als Geschäftsmann, Philosoph und Autor macht Moses Mendelssohn in den folgenden Jahren eine für einen europäischen Juden bis dahin beispiellose Karriere. 1763 erwirbt er mit einer philosophischen Arbeit den ersten Preis der Königlichen Akademie in Berlin. Vier Jahre später macht ihn sein Werk »Phädon oder über die Unsterblichkeit der Seele«, das in zehn Sprachen übersetzt wird, so berühmt, dass er der »deutsche Sokrates« genannt wird. »In Gelehrtenkreisen erreichte er mehr Anerkennung als jemals zuvor ein Jude in Deutschland.« (M. Brenner)
Mendelssohn galt nun als ein führender Vertreter der Aufklärung in Deutschland. Er respektierte die christliche Religion, beklagte aber auch, dass die Christen nicht nach der Lehre Christi lebten, sondern den Juden in seinem Namen unendliches Leid bereitet hätten. 1769 forderte ihn sein Freund, der Schweizer Theologe Lavater, auf, er solle das Christentum entweder mit Vernunftgründen widerlegen oder selbst Christ werden. Mendelssohn antwortet: »Die verächtliche Meinung, die man von einem Juden hat, wünsche ich durch Tugend und nicht durch Streitschriften widerlegen zu können.«
Kurz vor seinem Tod legt er in seinem religionsphilosophischen Werk »Jerusalem oder über religiöse Macht und Judenthum« seine religiöse Position dar: Das Judentum ist eine vernünftige Religion, die nicht auf offenbarten Glaubenssätzen, sondern auf der Erfüllung von Gesetzen beruht. Anders als im Christentum gibt es im Judentum keine verbindlichen Dogmen, sondern ein von Gott dem Moses offenbartes Gesetz. Es enthält Gebote und Verbote, die das tägliche Leben regeln und die auf freiwilliger Basis zu befolgen sind. Die Erlösung des Menschen hänge daher mehr vom Handeln als vom Glauben eines Menschen ab. Mit dieser Linie hat Mendelssohn dem Selbstverständnis des aufgeklärten Judentums in Deutschland für lange Zeit den Weg gewiesen.
Am 4.1.1786 stirbt Moses Mendelssohn im Alter von 57 Jahren in Berlin. Am Tag seiner Beerdigung schlossen alle jüdischen Kaufleute ihre Geschäfte.

Unser Glaube ist der Sieg, der die Welt überwunden hat.

1 Johannes 5,4

Gebet

Es gibt einen Glauben, der sprachlos ist,
und einen, der immerzu von Gott redet;
der nur noch aus Tradition besteht,
und einen, der alle Tradition über Bord wirft: der alles besser weiß
und einen, der sich aus allem heraushält;
der voller Zweifel ist,
und einen, der keinen Zweifel kennt;
der überhaupt nicht auffällt,
und einen, der überall auffällt,
der alles beim Alten lässt,
und einen, der die Welt verändern möchte;
einen für die Notzeiten
und einen, der unabhängig ist von den Lebensumständen.
Gott, es gibt diesen und jenen Glauben.
Welcher ist richtig?
Gott, gib mir einen Glauben, der das rechte Maß hat.
Amen.

Gesangbuch

Wer nur den lieben Gott lässt walten
und hoffet auf ihn allezeit,
den wird er wunderbar erhalten
in aller Not und Traurigkeit.
Wer Gott, dem Allerhöchsten, traut,
der hat auf keinen Sand gebaut.

Sing, bet und geh auf Gottes Wegen,
verricht das Deine nur getreu
und trau des Himmels reichem Segen,
so wird er bei dir werden neu.
Denn welcher seine Zuversicht
auf Gott setzt, den verlässt er nicht.

Georg Neumark (1641), EG 369,1+7

Im Dorf Betsaida, am Ufer des Sees Genezareth, gibt es einen Blinden. Allein kommt er nicht zurecht. Wenn er zum See gehen will, um sich zu waschen, oder wenn er ins nächste Dorf gehen will – immer braucht er jemanden, der ihn führt. Eines Tages führen ihn einige Leute aus seinem Dorf zu Jesus und bitten ihn: »Leg ihm die Hände auf, du kannst ihn heilen.«
Jesus nimmt den Mann an der Hand und geht mit ihm hinaus aus dem Dorf. Jesus und der Blinde, die beiden allein. Jesus benetzt die Augen des Blinden mit Speichel und legt ihm die Hand auf das blinde Gesicht. »Siehst du etwas?« – »Ich kann die Leute sehen«, sagt der Blinde. »Sie sehen aus wie Bäume, die gehen.« Noch einmal legt ihm Jesus die Hände auf die Augen. Sie öffnen sich. Da sieht der Mann alles klar und deutlich vor sich. Jesus schickt ihn nach Haus zurück: »Geh nicht durch das Dorf zurück!« (Markus 8,22–26)
Mehrfach wird in den Evangelien erzählt, wie Jesus blinde Menschen geheilt hat. Die meisten dieser Blinden bleiben namenlos, nur einer von ihnen wird mit seinem Namen vorgestellt: Bartimäus, der blinde Bettler von Jericho.
Blindheit war in der Antike sehr viel verbreiteter als heute und galt als nahezu unheilbar. Eine einfache Augenheilkunde gab es erst in Ansätzen. Ohnehin konnten sich die meisten Menschen keinen Arzt leisten. Blindheit galt als einer der schwersten Schicksalsschläge, die Menschen erleiden konnten. Die soziale Lage der Blinden war im Normalfall schrecklich. Vom Synagogengottesdienst waren Blinde ausgeschlossen. Ausdrücklich werden die Blinden neben den Lahmen, Taubstummen und »Irren« auch in den Vorschriften der frommen Gemeinschaft von Qumran als ein Personenkreis erwähnt, der nicht aufgenommen werden kann. In der Regel blieb den Blinden nur das Betteln.
Sieht man genauer hin, sind die Evangelien voll von kranken und behinderten Menschen. »Und man brachte alle Kranken zu ihm, von den verschiedensten Gebrechen und Beschwerden Gezeichnete: Besessene, Mondsüchtige und Gelähmte; und er heilte sie.« (Matthäus 4,24) Folgt man den Evangelien, dann hat Jesus die Kranken und Leidenden magisch angezogen. Wenn der Arzt kommt, erscheinen die Kranken. »Und es kamen viele Leute zu ihm, die hatten Lahme, Blinde, Krüppel, Stumme und viele andere Kranke bei sich, und sie legten sie ihm zu Füßen, und er heilte sie.« (Matthäus 15,30)
Blinde und Lahme, Krüppel und Stumme sind Menschen am Rande der Gesellschaft. Sie gehören nicht zum üblichen Umgang von Gesunden und Erfolgreichen. Wenn es geht, machen wir einen Bogen um sie. Bei Jesus ist das anders – und das ist das Besondere der Heilungsgeschichten, die von ihm erzählt werden. Er hält keinen Abstand und heilt nicht aus der Ferne. Er bleibt stehen, wendet sich dem Blinden zu, fragt ihn und erkundigt sich. Er verschreibt keine Medikamente, sondern nimmt ihn bei der Hand, legt ihm die Hände auf und spricht mit ihm. Er demonstriert auch nicht seine Kunst, sondern nimmt ihn beiseite, geht mit ihm aus dem Dorf hinaus und hilft ihm ganz persönlich. Und zum Schluss schreibt er ihm keine Rechnung und veranstaltet auch keine Pressekonferenz, sondern bittet darum, es niemandem weiterzusagen.
Die Jesus-Bewegung war kein Treffpunkt der Gesunden, Starken und Erfolgreichen. Die Menschen, die seine Hilfe suchen, sind durchweg Gestalten am Rande, die aufgrund ihres Schicksals als Ausgestoßene gelten. Als Jesus gefragt wird, warum er sich mit diesen Menschen abgibt, antwortet er: »Nicht die Gesunden brauchen den Arzt, sondern die Kranken.« (Markus 2,17)

Rembrandt, »Der blinde Tobit«, Radierung, 1651

Der blinde Tobit, Vater des Tobias, ist von seinem Stuhl aufgesprungen, um an die Tür zu eilen. Eine alltägliche Szene – doch für einen Blinden fast ein Abenteuer. Tobit hat das Spinnrad umgestoßen, mit seinem Stock tastet er sich voran. Mit den Händen vorgreifend, sucht er nach der Tür, doch er greift daneben und tastet an der Wand entlang. Mit der Figur des blinden Tobit ist es Rembrandt gelungen, Blindheit exemplarisch darzustellen.

(18.7.1504–17.9.1575)

Der Theologe Heinrich Bullinger war eine Persönlichkeit von europäischem Format – und doch ist er auch unter Theologen nicht sonderlich bekannt. Als Nachfolger Zwinglis und Lehrer der reformierten Kirchen übte er im 16. Jahrhundert einen großen Einfluss aus, doch viele seiner Schriften und Briefe sind bis heute noch nicht herausgegeben.

Heinrich Bullinger, der am 18.7.1504 im schweizerischen Bremgarten geboren ist, war der Sohn eines Priesters. Mit 15 Jahren bezog er die Universität in Köln, wo er sich für den Humanisten Erasmus von Rotterdam begeisterte und durch Luthers und Melanchthons Schriften zum evangelischen Glauben fand. Zurück in der Schweiz, war er dort zunächst Lehrer an einer Klosterschule, wurde dann jedoch mit Zwingli bekannt und arbeitete an dessen Bibelübersetzung »Prophezey« mit. In dieser Zeit heiratete er Anna Adlischweiler.

Zwei Monate nach dem Tod Zwinglis in der Schlacht von Kappel wurde der 27-jährige Bullinger an die Spitze der Landeskirche berufen und zum Nachfolger Zwinglis gewählt. In kurzer Zeit gelang es ihm, die Zürcher Kirche zu konsolidieren und die Reformation in der Stadt wieder in geordnete Bahnen zu lenken. Durch freundschaftliche und verwandtschaftliche Kontakte verstand er es, auf der persönlichen Ebene das Vertrauen des Rates der Stadt zu gewinnen. Gegen die Zusicherung des Rechtes »freier Predigt« versprach er, dass sich die Prediger nicht mehr in die aktuellen Staatsgeschäfte einmischen würden. Allerdings sollten sie in nicht-öffentlichen »Fürtragen« (Ratsvorträgen) zu grundsätzlichen Fragen des kirchlichen und politischen Lebens Stellung nehmen dürfen. Bullinger gab der Zürcher Kirche eine feste Prediger- und Synodalordnung und reformierte das Schulsystem.

Trotz seiner vielen kirchenleitenden Aufgaben verstand er sich selbst aber in erster Linie als Pastor. Schon von seinen Zeitgenossen wurden seine Fähigkeiten als Eheberater gerühmt, drei Bücher hat er zum »christlich Ehestand« veröffentlicht. Regelmäßig besuchte er Kranke und Sterbende, gerade in Pestzeiten. Ständig beherbergte er Glaubensflüchtlinge aus ganz Europa in seinem Haus. Vor allem war Bullinger aber ein großer Prediger. Dreimal die Woche, insgesamt etwa 7.500 Mal hat er im Großmünster in Zürich gepredigt und damit eine große Wirkung erzielt. Seine »Dekaden«, 50 Lehrpredigten zu den wichtigen Themen des christlichen Glaubens, waren in viele Sprachen übersetzt und in ganz Europa verbreitet.

Bullingers Aktivitäten beschränkten sich aber nicht auf Zürich, sondern nahmen mit der Zeit immer mehr ökumenische Ausmaße an. Das belegt vor allem sein enorm umfangreicher Briefwechsel. Er korrespondierte mit allen bekannten Zeitgenossen, mit den anderen Reformatoren wie mit Fürsten und Königen. Über 12.000 Briefe sind erhalten, mehr als von jedem anderen in der Reformationszeit. Er gehörte zu den bestinformierten und einflussreichsten Personen seiner Zeit und er tat alles, um die Differenzen in der protestantischen Welt zu überwinden und das reformierte Christentum mit Rat und Tat zusammenzuhalten.

Im »Consensus Tigurinus« (1549) einigte er sich mit Calvin in der zuvor auch unter den Reformierten umstrittenen Abendmahlsfrage. Sein »Zweites Helvetisches Bekenntnis«, das er zunächst mehr zur eigenen theologischen Rechenschaft geschrieben hatte, wurde 1566 auch von den Reformierten Kirchen in Frankreich, Schottland, Polen und Ungarn als verbindliche theologische Grundlage übernommen.

Über 40 Jahre stand Heinrich Bullinger an der Spitze der Zürcher Kirche, die unter ihm eine europäische Ausstrahlung erreichte. Als er am 17.9.1575 in Zürich starb, war er die anerkannte Autorität der Reformierten Kirchen in Europa.

Dieses Gebot haben wir von ihm, dass, wer Gott liebt, dass der auch seinen Bruder liebt.

1 Johannes 4,21

Gebet

Wir wollen Gott um die Kraft der Liebe bitten, in allem, was wir tun.
Wir möchten unseren Pflichten mit Liebe nachkommen,
sonst werden wir verbittert.
Wir möchten Gerechtigkeit mit Liebe üben,
sonst werden wir hart.
Wir möchten die Wahrheit mit Liebe sagen,
sonst werden wir kritiksüchtig.
Wir möchten Klugheit mit Liebe verbinden,
sonst werden wir gerissen.
Wir möchten Freundlichkeit aus Liebe zeigen,
sonst werden wir heuchlerisch.
Wir möchten Ordnung mit Liebe halten,
sonst werden wir kleinlich.
Wir möchten Sachkenntnis mit Liebe zeigen,
sonst werden wir rechthaberisch.
Wir möchten den Glauben mit Liebe verbinden,
sonst werden wir fanatisch.
Darum bitten wir dich, Gott.
Amen.

Gesangbuch

Herr, gib du uns Augen, die den Nachbarn sehen,
Ohren, die ihn hören und ihn auch verstehen.
Hände, die es lernen, wie man hilft und heilt,
Füße, die nicht zögern, wenn die Hilfe eilt.
Herzen, die sich freuen, wenn ein andrer lacht,
einen Mund zu reden, was ihn glücklich macht.

An der östlichen Stadtmauer Jerusalems liegt das Heilbad Bethesda. Bethesda heißt auf Deutsch »Haus der Barmherzigkeit«. Archäologen haben Bethesda vor einiger Zeit wieder ausgegraben. Fünf Hallen und fünf Teiche hat man gefunden, eine große Anlage, tief in den Felsen gehauen. Das Heilbad war ein Anziehungspunkt für chronisch Kranke, Gelähmte und Verkrüppelte, die in den Hallen lagen und darauf warteten, dass die Heilquellen hervorbrachen.
Meistens lagen die Teiche still da, aber in bestimmten Abständen brachen die Quellen auf. Es hieß, ein Engel des Herrn fahre herab und bewege das Wasser. Dann gerieten auch die Kranken auf einmal in Bewegung und stürzten los, so gut sie es konnten. Verwandte und Freunde halfen ihnen, möglichst rasch zum Wasser zu kommen. Jeder wollte der Erste sein. Es hatte sich nämlich das Gerücht verbreitet, dass nur derjenige, der als Erster mit den Heilquellen in Berührung kam, auf Heilung rechnen konnte.
Einer unter den Kranken lag schon 38 Jahre in Bethesda. Er war gelähmt, lag meist auf seiner Matte, konnte sich allein nicht bewegen. Worin die Lähmung bestand und was die Ursache dafür war, wird im Johannesevangelium, das uns die Geschichte (Johannes 5) überliefert hat, nicht erzählt. Auch von dem Gelähmten, den seine Freunde in einem Haus in Kapernaum mitsamt seiner Bahre durch das Dach direkt vor die Füße Jesu herablassen, erfahren wir nur, dass er gelähmt ist – mehr nicht. Von dem Gelähmten, dem Petrus und Johannes an der »schönen Pforte« des Tempels (Apostelgeschichte 3,1–9) begegnen, erfahren wir immerhin, dass er »von Geburt an gelähmt war« – aber nicht, worunter er genauer litt. Die Bibel ist voll von Gelähmten und Verkrüppelten, Opfern von Kriegen und Unfällen, Seuchen und nicht behandelten Krankheiten. An genaueren Krankheitsbeschreibungen ist die Bibel jedoch nicht interessiert – und doch erfahren wir etwas vom Elend dieser Menschen. 38 Jahre lag der Gelähmte in den Badehallen von Bethesda. 38 Jahre auf seiner Matte, 38 Jahre Schmerzen, 38 Jahre Warten. Niemand erinnerte sich noch daran, wer den Mann einmal hergebracht hatte. Fast, so konnte man sagen, gehörte er schon zum festen Bestand des Bades, zum Inventar, an das man sich gewöhnt hatte.
Doch einem fällt er auf. Hier fängt das Wunder in der Geschichte an. Jesus »sieht« das Elend, er sieht den Gelähmten, so wie er auch die »verkrümmte Frau« sieht, die seit 18 Jahren krank war (Lukas 13,10–17) und an deren Anblick sich offenbar alle gewöhnt hatten. Jesus sieht den Gelähmten im Heilbad Bethesda, geht auf ihn zu und fragt ihn: »Willst du gesund werden?« Und was antwortet der Kranke? »Herr, ich habe keinen Menschen!« Keiner hilft ihm in den Teich, wenn sich das Wasser bewegt. Und bis er sich allein aufgerafft hat, ist schon jemand anders da.
Auch in der Welt der Kranken galt das Recht der Stärkeren. Ein Gelähmter, der sich nicht bewegen kann und keine Freunde hat, ist da ganz schlecht dran. Doch »Jesus sagt zu ihm: Steh auf, nimm dein Bett und geh! Und sogleich wurde der Mann gesund, nahm sein Bett und ging hin.« (Johannes 5,8–9)
Ein Wunder! Was hat es mit den Wundern Jesu auf sich? »Zweifellos hat Jesus Wunder getan, Kranke geheilt und Dämonen ausgetrieben.« (G. Theißen) Jesus hatte offenbar die Fähigkeit, Menschen zu heilen. Er hat daraus keine Show gemacht, sondern die Wunder im Zusammenhang des Gottesreiches gesehen. Als Zeichen für das Gottesreich hatte der Prophet Jesaja beschrieben: »Dann werden die Augen der Blinden aufgetan und die Ohren der Tauben geöffnet werden. Dann werden die Lahmen springen wie ein Hirsch, und die Zunge der Stummen wird frohlocken.« (Jesaja 35,5–6)

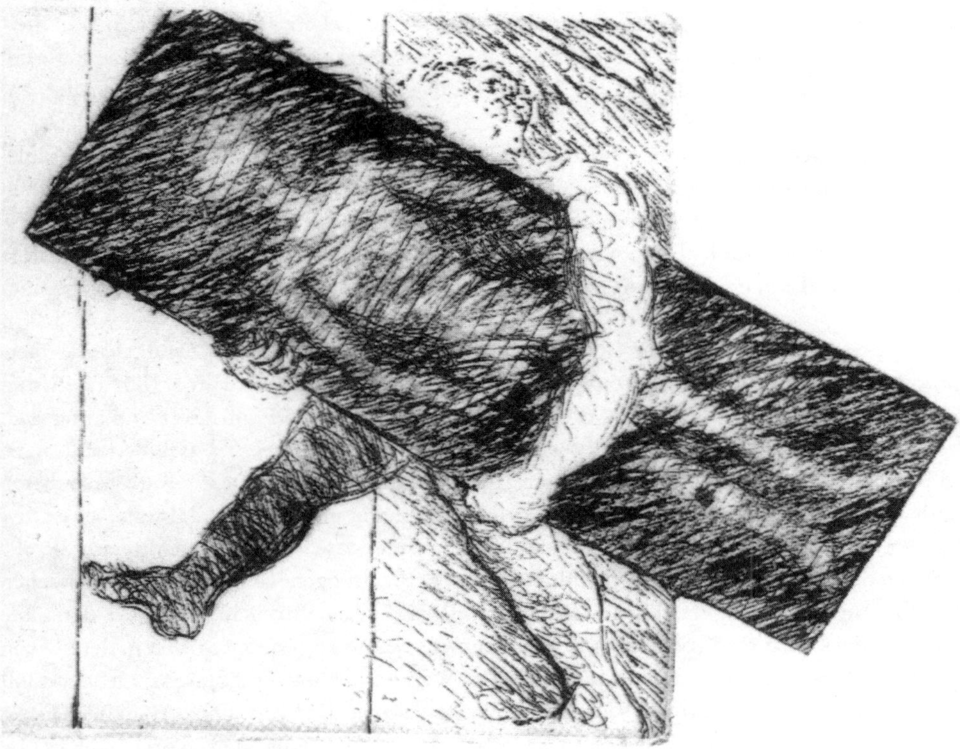

Thomas Zacharias, »Der Gelähmte«, Radierung, © VG Bild-Kunst, Bonn 2011

Das Bild erzählt von der Heilung des Gelähmten. Die senkrechten Felder erscheinen wie Abschnitte aus seinem Leben: Das dunkle Feld markiert den schwärzesten Lebensabschnitt, die Zeit des Gelähmtseins. Der Geheilte lässt seine dunkle Vergangenheit hinter sich und geht in eine helle Zukunft. Auf der Bahre ist seine von Krankheit gezeichnete Gestalt noch zu sehen. Die Erinnerung an seine Leidenszeit trägt er unter dem Arm und nimmt sie mit in sein neues Leben.

(10.5.1760–22.9.1826)

»Ich bin von armen, aber frommen Eltern geboren, habe die Hälfte der Zeit meiner Kindheit bald in einem einsamen Dorf, bald in den vornehmen Häusern einer berühmten Stadt zugebracht. Da habe ich frühe gelernt arm sein und reich sein ... Diese Vorbedeutung von dem Schicksal meiner künftigen Tage hat mir mein Gott in meiner Kindheit gegeben.« Johann Peter Hebel, der mit diesen Sätzen im Alter von 60 Jahren auf sein Leben zurückblickt, wurde am 10.5.1760 in Basel geboren, wo seine Schwarzwälder Eltern in Diensten einer reichen Patrizierfamilie standen. »Ich habe schon in dem zweiten Jahr meines Lebens meinen Vater, in dem dreizehnten meine Mutter verloren. Aber der Segen ihrer Frömmigkeit hat mich nie verlassen. Sie hat mich beten gelehrt; sie hat mich gelehrt an Gott glauben, auf Gott vertrauen, an seine Allgegenwart denken.«

Nach dem Tod der Mutter ermöglichte ihm der Vormund den Besuch des Gymnasiums in Karlsruhe. Anschließend studierte er Theologie in Erlangen. Nach einem eher enttäuschenden Examen schlug er sich als Pfarrvikar in Lörrach durch, bis er 1791 zum Lehrer an seinem alten Gymnasium in Karlsruhe ernannt wurde. Einige Jahre später wurde Hebel durch seine im Dialekt der »geliebten Heimat« verfassten »Alemannischen Gedichte« in der literarischen Szene schlagartig berühmt.

Zu den Privilegien des Karlsruher Gymnasiums gehörte es, den »Badischen Landkalender« herauszugeben, dessen Kauf jedem Untertan vom Großherzog aufgezwungen wurde. 1807 übernahm Hebel die Herausgabe des Kalenders, der im nächsten Jahr vergrößert, illustriert und unter dem Titel »Der Rheinländische Hausfreund« erschien. Rund 300 Erzählungen, Rätsel, Betrachtungen und Kuriosa verfasste Hebel in den nächsten Jahren für den Kalender. Da die Auflage in diesen Jahren sprunghaft anstieg, legte Hebel 1811 eine geringfügig überarbeitete Auswahl seiner Geschichten vor: das »Schatzkästlein des rheinischen Hausfreundes«, ein Stück Weltliteratur, in alle wichtigen Sprachen übersetzt. Die Erzählungen und Betrachtungen handeln vom Menschlichen und Allzu-Menschlichen, aber immer unter der Perspektive der Wirklichkeit Gottes, der, ohne eigens in jeder Geschichte erwähnt zu werden, immer gegenwärtig ist. Sie spielen in der kleinen Welt des Dorfes und der Stadt und in der großen Welt der Könige und Staaten. Hebel erzählt vom »Mittagessen im Hof«, vom »Nachtwächter in Neuhausen« und von »bösen Wintern« ebenso wie vom »Brand von Moskau«, von der »Schlacht von Trafalgar« oder vom »Komet von 1811«. Unter den Geschichten sind wahre Kleinode wie die aus den Lesebüchern bekannten »Kannitverstan«, »Der kluge Sultan«, »Der Husar in Neiße« oder »Unverhofftes Wiedersehen«, nach Ernst Bloch die »schönste Geschichte von der Welt«.

Als seine für den Kalender 1815 geschriebene Erzählung »Der fromme Rat« von der katholischen Kirche beanstandet wurde und die badische Regierung darauf den Kalender beschlagnahmte, zog sich Hebel verärgert aus der Herausgeberschaft zurück. Dafür machte er in den folgenden Jahren in der evangelischen Kirche Karriere. 1819 berief ihn der Großherzog von Baden als Prälaten an die Spitze der evangelischen Kirche in Baden und damit auch in die erste Kammer des Landtags. »Ich bin Mitglied der obersten Kirchenbehörde geworden. Ich bin zuletzt mit einer in unserer vaterländischen Kirche noch nie erhörten Würde geehrt worden und mit Fürsten im Rat gesessen. So bin ich an einer unsichtbaren Hand immer höher hinan, immer weiter von dem Ziel meiner bescheidenen Wünsche hinweg geführt worden ... Was ich im zwanzigsten Jahr meines Lebens bald zu erlangen hoffte, gab mir Gott im sechzigsten.« Im 67. Lebensjahr ist Johann Peter Hebel gestorben. Er starb am 22.9.1826 auf einer Dienstreise in Schwetzingen.

Aller Augen warten auf dich, und du gibst ihnen Speise zur rechten Zeit.

Psalm 145,15

GEBET

Gott, wir haben keinen Grund zur Klage.
Auch in diesem Jahr hatten wir von allem genug. Gesundheit, Arbeit, Wohnung, Strom, ein Kühlschrank – wir nehmen es als selbstverständlich hin, denken erst nach, wenn etwas fehlt oder wenn es Schwierigkeiten gibt.
Gott, lass uns öfter einmal nachdenken, hilf uns, dankbar zu sein!
Wir bitten dich: Herr, erbarme dich!
In anderen Ländern fehlt, was wir zu viel haben. In vielen Ecken der Erde plagen sich die Menschen mit Hungerlöhnen.
Wie viele unterernährte Kinder gibt es, die nie erleben, was satt sein heißt!
Gott, deine Erde kann alle ernähren, hilf uns, von unserem Wohlstand zu teilen!
Wir bitten dich: Herr, erbarme dich!
Gott, obwohl wir deine Erde maßlos ausbeuten, bringt sie immer noch Leben hervor, in unbeschreiblicher Fülle.
Es ist ein Wunder! Wie lange noch?
Wir leben auf Kosten der kommenden Generationen.
Das darf so nicht weitergehen!
Lass uns nicht die Lebenschancen unserer Kinder und Enkel kurzsichtig aufs Spiel setzen.
Wir bitten dich: Herr, erbarme dich!
Amen.

GESANGBUCH

Nun steht in Laub und Blüte, Gott Schöpfer, deine Welt.
Hab Dank für deine Güte, die uns die Treue hält.
Tief unten und hoch oben ist Sommer weit und breit.
Wir freuen uns und loben die schöne Jahreszeit.

Wir wollen gut verwalten, was du uns anvertraut,
verantwortlich gestalten, was unsre Zukunft baut.
Herr, lass uns nur nicht fallen in Blindheit und Gericht.
Erhalte uns und allen des Lebens Gleichgewicht.

Detlev Block (1978)

Es war auf dem großen Platz vor dem Tempel in Jerusalem. Im Johannesevangelium (8,1–11) wird erzählt, wie Jesus dort sitzt und lehrt und das Volk hinzuströmt. Mit einem Mal kommt Bewegung in die Szene. Schriftgelehrte und Pharisäer bringen eine Frau, die beim Ehebruch ertappt worden ist, und stellen sie in die Mitte. Sie selbst haben keinen Zweifel, wie hier zu verfahren ist. Wenn man die Thora, das Gesetz Gottes, kennt, weiß man, welches Urteil hier zu fällen ist. Nun wollen sie von Jesus endlich wissen, ob er noch auf dem Boden des Gesetzes des Mose steht und welche Bedeutung Recht und Gesetz für ihn wirklich haben. »Meister, diese Frau ist beim Ehebruch auf frischer Tat ertappt worden. Im Gesetz aber hat Mose uns vorgeschrieben, solche Frauen zu steinigen. Du nun, was sagst du dazu?« Dies sagten sie, um ihn auf die Probe zu stellen, damit sie einen Grund hätten, ihn anzuklagen.

Womit wollen sie ihn auf die Probe stellen? Würde Jesus die Frau in Schutz nehmen und die Bestimmung des alttestamentlichen Gesetzes in Frage stellen, würde er sich gegen das Gesetz stellen. Ist er für die Bestrafung der Frau, dann stellt er sich in Gegensatz zu seiner sonstigen Zuwendung zu den Sündern und fordert zugleich die römische Besatzungsmacht heraus, die allein eine Todesstrafe verhängen durfte. Was wird Jesus tun?

»Jesus aber bückte sich und schrieb mit dem Finger auf der Erde.« Es ist die einzige Stelle in den Evangelien, wo Jesus etwas schreibt. Keiner kann lesen, was Jesus schreibt – der Sand verschluckt alles, der Sand verweht alle Spuren. Möchte Jesus Zeit gewinnen, um nachzudenken? Oder will er vielmehr den Anklägern Zeit geben, zur Besinnung zu kommen? Doch die dringen auf eine Entscheidung: »Was sagst du dazu?« Jesus jedoch lässt die Fragen wie unbeteiligt an sich ablaufen. Er stellt auch keine Gegenfragen, fragt nicht, mit wem die Frau die Ehe gebrochen habe; fragt nicht, warum sie den Mann nicht mitgebracht hätten oder ob sie ihn schützen wollten. Jesus malt nur Zeichen in den Sand.

»Doch als sie nicht aufhörten, ihn zu fragen, richtete er sich auf und sagte zu ihnen: Wer unter euch ohne Sünde ist, werfe den ersten Stein auf sie.« Die Antwort Jesu ist eine einzige Überraschung. Er bestreitet nicht die Schuld der Frau, auch nicht die Gültigkeit der Thora, des biblischen Gesetzes. Aber er bestreitet das Recht aller, die diese Frau anklagen, über diese Frau auch urteilen zu können. Mit dem Satz »Wer unter euch ohne Sünde ist, der werfe den ersten Stein« nimmt Jesus ihnen die Steine aus der Hand. Denn wer ist ohne Sünde? Die Ankläger werden zu Angeklagten, sie müssen sich eingestehen: Wir sind nicht besser als sie.

Und nun geschieht etwas Unwahrscheinliches in der Geschichte: Die Selbstsicheren zeigen Selbsteinsicht. Sie zeigen sich beschämt und ziehen davon, »einer nach dem anderen, die Ältesten voran.« Sie haben dazugelernt, an diesem Tag fliegen keine Steine.

Und so kommt es, dass die angeklagte Frau mit Jesus allein zurückbleibt. Vor wenigen Minuten war sie nur »die Ehebrecherin«, ein Fall für das Gesetz des Mose, als Frau und Mensch war sie völlig unwichtig. Nun spricht Jesus sie an: »Frau, wo sind sie? Hat keiner dich verurteilt? Sie antwortete: Keiner, Herr. Da sagt Jesus: Auch ich verurteile dich nicht.« Jesus verurteilt sie ausdrücklich nicht. Obwohl er doch, wenn überhaupt einer, als Einziger ein Recht dazu hätte. Doch er, der ohne Sünde ist und den ersten Stein werfen könnte, wirft keine Steine. Er will helfen, nicht richten. Darum fügt er gegenüber der Frau noch etwas hinzu: »Geh und sündige von jetzt an nicht mehr!« Er nimmt die Frau ernst und spricht sie auf ihre Selbstverantwortung an. Er bagatellisiert den Ehebruch nicht und sagt nicht: So schlimm ist das alles nicht. Er verurteilt die Frau nicht, er traut ihr aber zu, ihr Leben in Ordnung zu bringen und neu anzufangen.

DAS MÄDCHEN IN DER STRASSENBAHN

Ich erinnere mich, dass ich im Herbst 1943, gerade 14 Jahre alt geworden, in der Kölner Straßenbahn ein Mädchen mit großen schwarzen Augen anstarrte. Es hatte einen dicken braunen Zopf und stand in meiner Nähe auf der hinteren Plattform. Es erschien mir wunderbar, geheimnisvoll und traurig, und ich überlegte verzweifelt, wie ich, die kleine dünne Blonde mit dem Bubikopf, es ansprechen könnte. Unsere Blicke trafen sich, und ich bildete mir ein, ein winziges Lächeln über ihr Gesicht huschen zu sehen. Dann stiegen am vorderen Eingang Soldaten – oder waren es Polizisten? – ein, mein Mädchen schaute sich wieder und wieder um und verließ, einem plötzlichen Entschluss folgend, die Tram. Beim Aussteigen verschob sich die Tasche, die sie an die Brust gedrückt hielt. Ich sah einen gelben Fleck und das Wort »Jude« in Schwarz darauf geschrieben. Ich wollte aussteigen, ihr nachlaufen, aber die Bahn fuhr schon wieder, und der Novemberregen klatschte an die Scheiben.

Bei dieser Gelegenheit lernte ich ein Stück meiner eigenen Feigheit kennen, im erotischen und im politischen Sinn, und ich erinnere mich, dass ich damals in der Linie 11, die durch das Severinsviertel fuhr, mit Entsetzen notierte, was in mir war. Wer bin ich denn, wenn ich nicht einmal aus der Bahn steigen und einem unbekannten Menschen, der mein Herz bewegt, nachlaufen kann?

Dorothee Sölle

DOROTHEE SÖLLE

(30.9.1929–27.4.2003)

Dorothee Sölle war zeitlebens eine streitbare und provozierende Theologin. Sie hat »nie verstanden, wie eine Theologie nach Auschwitz genau so sein kann wie vorher« und wollte »keinen Satz schreiben, in dem nicht das Wissen von dieser in der Tat größten Katastrophe meines Volkes gegenwärtig ist oder gegenwärtig gemacht werden kann«.

Am 30.9.1929 in Köln geboren, stammte Dorothee Sölle aus einem kirchenfernen Bildungsbürgertum, in dem ihr schon früh politisches Interesse und Zivilcourage vermittelt wurde. Das Interesse an Religion und Theologie wurde durch einen engagierten Religionsunterricht geweckt. Theologie studierte sie nach Germanistik und Philosophie aber nicht, um Pfarrerin zu werden: »Ich wollte ganz einfach die Wahrheit wissen.« Die Zeit nach dem Studium hat sie dann später so beschrieben: »Ich habe dann eine typische Frauenkarriere gemacht, das heißt: keine, jedenfalls in Deutschland. Mit allen Unterbrechungen und frauenspezifischen Verspätungen, die man sich nur denken kann, erst mal Kinder und dann wieder zurück an die Uni, Studienrätin im Hochschuldienst, Lehrerin war ich mit großer Begeisterung, bin dann schließlich in den USA einige Jahre Professorin am Union Theological Seminary in New York gewesen.«

Erstmals bekannt wurde Dorothee Sölle 1965 durch ihr Buch »Stellvertretung. Ein Kapitel Theologie nach dem ›Tode Gottes‹«. Darin vertrat sie die These: »Christus vertritt den abwesenden Gott, solange dieser sich nicht bei uns sehen lässt.« Mit der Überzeugung, dass Gott auf unser Tun angewiesen ist, stellte sie in diesem Buch schon die Weichen für eine »politische Theologie«.

1968 gründete sie mit ihrem zweiten Mann, dem ehemaligen Benediktinerpater Fulbert Steffensky, das »Politische Nachtgebet«, eine Mischung aus politischer Information, Gebet, Gesang, Meditation und Diskussion. An jedem der monatlichen Nachtgebete zu Themen wie Vietnam, Strafvollzug, Frauendiskriminierung und anderen »heißen Eisen« nahmen etwa 1.000 Personen teil. Das »Politische Nachtgebet« trug wesentlich zur politischen Sensibilisierung der evangelischen Kirche bei. Konservative Kreise nahmen jedoch Anstoß an Sölles Überzeugung, »dass jeder religiöse Satz zugleich ein politischer sein muss« und dass es sich daher beim christlichen Glauben um politische Praxis handele.

Als Aktivistin der Friedensbewegung protestiert sie in den 70er-Jahren gegen den Vietnamkrieg und demonstriert in den 80er-Jahren mit Sitzblockaden in Mutlangen gegen die Nachrüstung mit Mittelstreckenraketen. Sie wird zu einer der Mütter der feministischen Theologie in Deutschland – »Gott muss unbedingt mehr als ein Mann sein, sonst ist er nicht Gott. Er ist auch mehr als eine Frau. Er hat den Mann und die Frau geschaffen, darum muss er beides in sich haben, das Männliche und das Weibliche« –, kritisiert die feministische Kultur aber dort, wo sie zu einer »biologischen Kategorie, zu einem anderen Abkömmling des Rassismus« wird.

Über viele Jahre ist Dorothee Sölle einer der Stars evangelischer Kirchentage. Ihre Veranstaltungen mussten oft wegen Überfüllung geschlossen werden. Mit über 40 veröffentlichten Büchern war sie eine der meistgelesenen Theologinnen Deutschlands. Ein Lehrstuhl an einer theologischen Fakultät in Deutschland blieb ihr, die sie Theologie mehr als Kunst denn als Wissenschaft verstand, allerdings vorenthalten. Dafür wurde sie 1975 nach New York berufen, wo sie zwölf Jahre als Professorin für Systematische Theologie lehrte.

In ihren letzten Jahren näherte sich Dorothee Sölle, die auch mehrere Gedichtbände veröffentlicht hat, immer mehr der Mystik. »Ich bin immer tiefer davon überzeugt, dass die radikalste Begründung der menschlichen Würde die Erfahrung des Einsseins mit Gott darstellt. Und diese Erfahrung des Einsseins mit Gott ist Mystik.« Am 27.4.2003 ist Dorothee Sölle auf einer Vortragsreise in Göppingen im Alter von 73 Jahren an den Folgen eines Herzinfarkts gestorben.

Heile du mich, Herr, so werde ich heil; hilf du mir, so ist mir geholfen.

Jeremia 17,14

Gebet

Alles geht seinen gewohnten Gang.
Die täglichen Aufgaben, der gewohnte Stress, ein Tag wie der andere.
Und plötzlich macht der Körper nicht mehr mit.
Ein Zusammenbruch, eine Krankheit
stoppen den gewohnten Lauf der Dinge.
Eine Pause, notgedrungen – oder mehr?
Alles ist mit einem Mal anders.
Ich muss liegen. Ich kann nichts mehr tun.
Ich muss ins Krankenhaus.
Wie aus heiterem Himmel.
Ob die Krankheit ernst ist? Ob ich meine Gewohnheiten ändern muss?
Nur eine Krankheit – und ich fühle mich vom Leben abgeschnitten,
auf ein Abstellgleis gesetzt, abhängig von anderen Menschen.
Gott, du hast mich aus der Bahn geworfen.
Ich bitte dich um meine Gesundheit.
Ich möchte wieder hinausgehen können,
meine vertraute Arbeit wieder machen können,
die kleinen Dinge des alltäglichen Lebens wieder genießen können.
Darum bitte ich dich, Gott: Gib mir meine Gesundheit wieder,
ohne dass ich die Erfahrung der Krankheit vergesse.
Amen.

Gesangbuch

Herr, du hast mich angerührt.
Lange lag ich krank darnieder,
aber nun – die Seele spürt:
Alte Kräfte kehren wieder.
Neue Tage leuchten mir.
Gott, du lebst! Ich danke dir.

Jürgen Henkys (1982), EG 383,1

Juden und Samariter – das war eine jahrhundertealte Geschichte der Feindschaft. Die Samariter hatten sich irgendwann ein eigenes Heiligtum gebaut, auf dem Berg Garizim. Dieses wurde von frommen Juden, die keine Konkurrenz zum Tempel in Jerusalem duldeten, zerstört. Umgekehrt streuten Samariter, um die Juden zu reizen, menschliche Gebeine im Tempelbezirk von Jerusalem aus. Juden und Samariter – eine Geschichte ständiger Spannungen. Die Juden schauten auf die Samariter herab, man vermied den Kontakt mit solchen Leuten.

»Juden verkehren nicht mit Samaritern«, stellt darum die Samariterin fest, der Jesus am Jakobsbrunnen begegnet. (Johannes 4) Auf dem Weg durch Samaria kommt Jesus zu einem Dorf namens Sychar, in dessen Nähe sich ein alter Brunnen befand, der mit dem Erzvater Jakob in Verbindung gebracht wurde. Müde von Hitze und Wanderung, lässt sich Jesus in der Mittagszeit am Brunnen nieder. Die Jünger waren in den Ort vorgegangen, um Lebensmittel einzukaufen. Da kommt eine Samariterin an den Brunnen, um Wasser zu schöpfen. Jesus spricht sie an: »Gib mir zu trinken!« – Die Frau antwortet: »Wie kannst du als Jude mich, eine Samariterin, um Wasser bitten?«

Die Erzählung von Jesus und der Samariterin ist eine vieldeutige Geschichte. Zunächst ist sie die Geschichte einer Grenzüberschreitung. Kein gläubiger Jude, der etwas auf sich hält, spricht mit einer verachteten Samariterin. Beide, Jesus und die Frau, setzen sich hier über Herkunft, Sitte und Anstand hinweg, wenn sie als ein jüdischer Mann und eine samaritische Frau Kontakt miteinander aufnehmen. Nicht umsonst sind die Jünger völlig irritiert, als sie kurze Zeit später aus dem Ort zurückkehren und Jesus und die Frau in einem intensiven Gespräch vorfinden.

Jesus und die Samariterin – das ist wie so oft im Johannesevangelium auch eine Geschichte von Missverständnissen. Jesus sagt der Frau, dass er ihr »lebendiges Wasser« geben könnte. Die Frau meint, er rede von fließendem Quellwasser statt von stehendem Brunnenwasser. Doch Jesus stellt klar, dass er vom »Wasser des Lebens« spricht, das den Lebensdurst auf Dauer stillen kann. Damit meint er keine Wunderdroge, wie die Frau es erneut missversteht, sondern sich selbst als Lebensquell, »dessen Wasser ins ewige Leben sprudelt«.

Jesus und die Samariterin – in dieser Begegnung geht es auch um die Lebensgeschichte dieser Frau. Sie führt ein eher unkonventionelles Leben. Fünf Männer hat sie gehabt. Sie sind entweder gestorben oder haben sich durch Scheidung von ihr getrennt. Mit ihrem jetzigen Mann lebt sie unverheiratet zusammen. Das alles weiß Jesus, doch nirgendwo findet sich bei ihm eine Andeutung von Kritik. Er respektiert die menschlichen Bindungen der Frau, ihren Lebensdurst. Die Frau fühlt sich durchschaut bis in die Tiefe ihres Herzens – und zugleich ernst genommen. Daraus schließt sie, dass er ein Prophet sein muss.

Hier schließt die letzte Geschichte in der Begegnung zwischen Jesus und der Samariterin an: die Geschichte von der wahren Gottesverehrung. Die Frau sieht in ihm einen Propheten, der die alte religiöse Streitfrage zwischen Juden und Samaritern klären kann: »Unsere Väter haben auf diesem Berg gebetet, und ihr sagt, in Jerusalem sei der Ort, wo man beten soll.« Wo findet der wahre Gottesdienst statt? »Das Heil kommt von den Juden«, sagt Jesus, um dann jedoch die Zeit einer neuen, ganz anderen Gottesverehrung anzukündigen: »Aber die Stunde kommt, und jetzt ist sie da, wo Menschen im Geist und in der Wahrheit zu Gott als dem Vater beten werden.« Wo wir uns nicht an Traditionen klammern, sondern Gott im Geist und in der Wahrheit suchen, begegnen wir Gott in ursprünglicher Weise. Denn die Wahrheit ist letztlich nur bei Gott, nicht in Tempeln oder Kultstätten, sei es in Jerusalem, Rom oder Mekka.

Da versteht die Frau, dass der Mann, der so mit ihr redet, der erwartete Messias sein muss. Sie läuft ins Dorf, erzählt dort, was ihr begegnet ist, und fragt: »Ob das nicht der Messias ist?«

Schlüssel

Ich glaube, dass die Krankheiten Schlüssel sind, die uns gewisse Tore öffnen können. Ich glaube, es gibt gewisse Tore, die einzig die Krankheit öffnen kann. Es gibt jedenfalls einen Gesundheitszustand, der es uns nicht erlaubt, alles zu verstehen. Vielleicht verschließt uns die Krankheit einige Wahrheiten; ebenso aber verschließt uns die Gesundheit andere oder führt uns davon weg, sodass wir uns nicht mehr darum kümmern. Ich habe unter denen, die sich einer unerschütterlichen Gesundheit erfreuen, noch keinen getroffen, der nicht nach irgendeiner Seite hin ein bisschen beschränkt gewesen wäre – wie solche, die nie gereist sind.

André Gide

Mahatma Gandhi

(2.10.1869–30.1.1948)

»Ich habe der Welt nichts Neues zu lehren. Wahrheit und Gewaltfreiheit sind so alt wie die Berge. Alles, was ich getan habe, ist, dass ich versuchte, in beiden Experimente auf einer möglichst breiten Basis durchzuführen. Dabei habe ich mich manchmal geirrt, und ich habe von meinen Fehlern gelernt.« (M. Gandhi)

Mohandas Karamchand (seit 1915: Mahatma) Gandhi wurde am 2. Oktober 1869 in Porbandar im westlichen Indien geboren. Er entstammt einer tiefreligiösen Hindufamilie, die zur Kaste der Händler gehörte, und wuchs in wohlhabenden Verhältnissen auf. Mit 13 Jahren wurde er mit der gleichaltrigen Kasturbai verheiratet, mit 16 war er Vater eines Sohnes, mit 19 wurde er zum Jura-Studium nach London geschickt. Von dort wurde er 1893 von einem indischen Geschäftsmann in einem Rechtsstreit nach Südafrika entsandt. Dort empörten ihn die diskriminierenden Rassegesetze, von denen auch die zahlreichen Inder in Südafrika betroffen waren. Gandhi blieb 21 Jahre in Südafrika, gründete dort eine »Indische Kongresspartei« und mobilisierte, selbst mehrfach inhaftiert, die indische Bevölkerung zum beharrlichen Widerstand gegen die Apartheidsgesetze. Er entwickelte dabei, inspiriert von hinduistischen Gedanken, von der Bergpredigt und von Tolstoi, die Methode des gewaltfreien Kampfes, die er »Satyagraha« (Festhalten an der Wahrheit) nannte. Gandhis politisches Engagement ist nicht ohne seine religiösen Überzeugungen zu verstehen. »Für mich ist Wahrheit Gott«, schreibt er, »und es gibt keinen anderen Weg zur Wahrheit als den der Gewaltfreiheit.« Aus dieser zentralen religiösen Aussage leitete er das Gebot der Toleranz in religiösen und weltanschaulichen Fragen sowie die Gleichrangigkeit aller Religionen ab.

Nach seiner Rückkehr nach Indien 1914 begrüßte der Schriftsteller Tagore den inzwischen bekannt gewordenen Gandhi als »Mahatma« (große Seele). Häufig fastend und zum passiven Widerstand aufrufend, vielfach verhaftet, wurde Gandhi ab den 1920er-Jahren zur herausragenden Gestalt der indischen Unabhängigkeitsbewegung. Er organisierte eine Vielzahl von Kampagnen, in denen er im Sinne des gewaltlosen Kampfes zu bürgerlichem Ungehorsam, zum Boykott britischer Waren, britischer Gerichte und Schulen sowie zur Nichtbeteiligung an der britischen Verwaltung und an den Provinzwahlen aufrief. Am bekanntesten wurde 1930 der »Salzmarsch«, mit dem Gandhi und seine Anhänger gegen die private Salzsteuer protestierten. Als sie mit einer symbolischen Handlung einige Salzbrocken am Strand aufhoben und sich damit strafbar machten, erregte das in aller Welt großes Aufsehen.

Gandhi verband den Kampf um die politische Unabhängigkeit mit Aktionen zur Überwindung der Spaltungen in der eigenen Bevölkerung. Leidenschaftlich trat er für die Gleichstellung der »Unberührbaren« im indischen Kastensystem ein, beharrlich warb er für Toleranz zwischen Hindus und Moslems, letztlich vergeblich. Mit Projekten zur Bildung der Massen, zur Förderung des Handwerks und des Ackerbaus setzte Gandhi auf die Dorfentwicklung und Verbesserung für die Landbevölkerung. Das Spinnrad als Zeichen für Handarbeit und Selbstversorgung wurde zum Symbol für Menschenwürde und Freiheit. Gandhi nahm es als Wahrzeichen Indiens in die Nationalfahne auf.

In den Gesprächen mit den Briten über die Unabhängigkeit Indiens erwies sich Gandhi als kompromissloser Verhandlungspartner. Teilzugeständnisse lehnte er ab, sein Ziel war ein einiges unabhängiges Indien, das hinduistische und muslimische Landesteile umfassen sollte. Die 1947 mit der politischen Unabhängigkeit verbundene Teilung des Landes in das islamische Pakistan und in die Republik Indien empfand Gandhi als Niederlage. Dem auf die Teilung des Landes folgenden Gewaltausbruch konnte Gandhi noch Einhalt gebieten, als er ankündigte, bis zum Tode fasten zu wollen. Als er sich aber für Ausgleichszahlungen an das ärmere Pakistan einsetzte, wurde er am 30.1.1948 auf dem Weg zum Gebet von einem radikalen Hindu erschossen.

Es ist dir gesagt, Mensch, was gut ist und was der Herr von dir fordert, nämlich Gottes Wort halten und Liebe üben und demütig sein vor deinem Gott.

Micha 6,8

GEBET

Ach Gott,
sind wir eigentlich die Dummen,
wenn wir noch Steuern zahlen,
wenn wir die Versicherung nicht betrügen,
wenn wir uns nicht bestechen lassen?
Es heißt: Geld regiert die Welt.
Wer kann sich da noch ein Gewissen leisten?
Sind wir eigentlich die Dummen,
wenn wir nicht fremdgehen,
wenn wir sonntags nicht einkaufen wollen,
wenn wir die Alten nicht ins Pflegeheim abschieben,
wenn wir uns nicht einfach nehmen, was uns fehlt?
Musst du ein Schwein sein in dieser Welt,
wenn du es zu etwas bringen willst?
Sind wir eigentlich die Dummen,
wenn wir versuchen, ehrlich zu bleiben,
wenn wir nicht jede Mode mitmachen,
wenn wir uns an deine Gebote halten?
Dann, lieber Gott, lass uns lieber dumm sein als clever,
lieber anständig sein als gewissenlos!
Amen.

GESANGBUCH

In allen meinen Taten lass ich den Höchsten raten,
der alles kann und hat; er muss zu allen Dingen,
soll's anders wohl gelingen, mir selber geben Rat und Tat.

Ich traue seiner Gnaden, die mich vor allem Schaden,
vor allem Übel schützt; leb ich nach seinen Sätzen,
so wird mich nichts verletzen, nichts fehlen, was mir ewig nützt.

Paul Fleming (1633), EG 368, 1.4

»Als sie aber unterwegs waren, kam Jesus in ein Dorf. Da war eine Frau mit Namen Martha, die nahm ihn auf in ihr Haus. Sie hatte eine Schwester, die hieß Maria.« (Lukas 10,38f.) Die beiden gehören nicht zu den Frauen, die zeitweise mit Jesus unterwegs waren, sondern zu denen, die vor Ort waren und bei denen er auch mal einkehrte.

Als Jesus ins Haus kommt, verhalten sich die beiden Frauen ganz unterschiedlich: »Maria setzte sich zu Füßen Jesu und hörte seinen Worten zu. Martha aber war ganz mit der Bewirtung beschäftigt.« Womit Martha genauer beschäftigt ist, wird nicht näher gesagt, wir können es uns aber vorstellen. Wenn unangemeldet wichtiger Besuch ins Haus kommt, muss schnell noch einiges weggeräumt und aufgeräumt, saubergemacht und geputzt werden, muss etwas zubereitet und auf den Tisch gebracht werden. Martha sieht die praktischen und wirklichen Aufgaben und sie packt sie an. Es ist das tägliche und normale Leben, eine endlose Kette von Arbeiten, immer wieder neu und immer wieder gleich, im Haus, im Beruf, im Umgang mit anderen Menschen. Martha tut, was getan werden muss und worauf wir nicht verzichten können. Genauer betrachtet, ist die Mühe, die Martha sich macht, die Voraussetzung dafür, dass Jesus überhaupt in ihr Haus einkehren kann.

Anders Maria! Maria sitzt da und hört zu. Sie sitzt zu Jesu Füßen, sie selbst sagt kein einziges Wort. Sie sieht, dass es eine ungewöhnliche, eine besondere Stunde ist, wo Regeln und Konventionen außer Kraft gesetzt sind. Sie tut, was die Stunde fordert, und unterbricht den Alltag. Sie benimmt sich, als wäre sie die Schülerin dieses Rabbi Jesus. Damit besetzt sie eine Rolle, die Frauen damals nicht zugestanden wurde. Nach dem Urteil ihrer Zeit gehörte sie in die Küche, aber nicht in die Schule, nicht in die Lehre.

Aber: Ist es nicht ungerecht und unfair, sich einfach hinzusetzen und andere die Arbeit machen zu lassen? Martha beschwert sich bei Jesus: »Herr, kümmert es dich nicht, dass meine Schwester mich allein arbeiten lässt? Sage ihr doch, sie soll mir zur Hand gehen.« Jesus aber antwortete ihr: »Martha, Martha, du sorgst und beunruhigst dich um vieles« – und wir können ergänzen: Vor lauter Beschäftigtsein kommst du gar nicht zum Hören. Die Sorge und die Mühe nehmen dir den Atem für eine wirkliche Anteilnahme. Und Jesus fährt fort: »Notwendig ist nur eines. Maria hat sich für das gute Teil entschieden.« (Lukas 10,41f.) Es gibt eine Zeit zum Hören und es gibt eine Zeit zum Handeln. Maria scheint dies unmittelbar gespürt und verstanden zu haben. Als Jesus kommt, unterbricht sie den Alltag: Es ist Zeit zum Hören, während Martha mit ihren alltäglichen Verrichtungen genauso fortfährt wie vor dem Kommen Jesu.

Martha und Maria – was ist im Lauf der Jahrhunderte nicht alles in diese Geschichte hineingelesen worden? Die Abwertung der Hausarbeit, die Rivalität von Schwestern, die Gleichberechtigung von Frauen. Die Erzählung handelt nicht von zwei verschiedenen Charakteren, gleichsam Maria- und Martha-Typen. Sie will nicht sagen, dass ein stiller und beschaulicher Charakter Gott wohlgefälliger als ein tätiger und betriebsamer, dass Kontemplation besser ist als Aktion. Nichts von alledem will diese Geschichte sagen. Es handelt sich dabei auch nicht um eine Frauen-Geschichte, sondern um eine Jesus-Geschichte, die genauso auch von zwei Männern erzählt werden könnte. Es geht um Jesus und wie man reagiert, wenn er uns begegnet: ob man den Alltag um Jesu willen unterbricht wie Maria oder ob man so weitermacht wie bisher, wie Martha es tut.

Es gibt eine Zeit zum Hören und zum Handeln. Unmittelbar vor der Erzählung von Maria und Martha steht im Lukasevangelium die Geschichte vom barmherzigen Samariter. Das ist kein Zufall. Das Handeln des Samariters, seine zupackende Barmherzigkeit hat auch ihre Stunde ebenso wie das Zuhören der Maria.

Rembrandt, »Maria und Martha«, Federzeichnung, 1648/1650

Anders als in der biblischen Geschichte sitzt Maria in Rembrandts Zeichnung nicht zu Füßen Jesu, sondern mit ihm zusammen am Tisch. Um ihre Aufmerksamkeit für die Worte Jesu zu unterstreichen, stellt Rembrandt sie dar, wie sie (in der Bibel?) liest. Sie hat »das gute Teil erwählt«.

Auch für Martha wäre am Tisch noch Platz gewesen, doch sie macht sich am Kamin zu schaffen. Diese Seite hat Rembrandt, um den Unterschied zwischen Maria und Martha hervorzuheben, dunkel gelassen.

Rembrandt Harmenszoon v. Rijn

(15.7.1606–4.10.1669)

»Wenn man Frans Hals sieht, bekommt man Lust zu malen. Wenn man Rembrandt sieht, möchte man es aufgeben«, seufzte der berühmte Max Liebermann. Ganze Generationen europäischer Maler wurden von Rembrandts Kunst beeinflusst, der am 15.7.1606 als Sohn eines Müllers in Leiden geboren wurde. Seine Eltern schickten den begabten Sohn auf die Universität, weil er Gelehrter werden sollte. Doch Rembrandt brach das Studium ab, weil er unbedingt Maler werden wollte – ein Wunsch, dem die Eltern nach anfänglicher Weigerung schließlich nachgaben. Nach einer Lehrzeit bei den Malern Swanenburgh und Lastman zog Rembrandt 1631 nach Amsterdam, weil er sich dort lukrative Aufträge erhoffte. Mit dem Gruppenbild der »Anatomie des Dr. Tulp« wurde der 26-Jährige schlagartig berühmt. Die Lebendigkeit der Figuren, die dramatische Spannung und der Realismus, mit dem die Leiche bis in alle Einzelheiten gezeigt wurde, erregten großes Aufsehen. Nun häuften sich die Aufträge. Rembrandt verdiente viel Geld, gab es aber sofort für Kunstwerke und Requisiten wieder aus.

1634 heiratete er Saskia van Uylenburgh, die Tochter eines wohlhabenden Bürgermeisters, erwarb ein eigenes Haus, eröffnete ein eigenes Atelier und beschäftigte dort zahlreiche Gehilfen und Schüler. 1642 vollendete er sein berühmtestes Gemälde, das Gruppenbildnis der Schützenkompanie des Hauptmanns Frans Banningh Coq, besser bekannt als »Nachtwache«, in den Niederlanden eine Art Nationalheiligtum. Als es 1885 in dem damals neuen Rijksmuseum aufgehängt wurde, sollen die Anwesenden spontan die holländische Nationalhymne gesungen haben. 1642 starb aber auch seine Frau Saskia. Ihr Tod stürzte Rembrandt in eine Krise. Die Mitgift seiner Frau und das eigene Vermögen waren aufgezehrt, größere Aufträge blieben aus. Blamable Streitigkeiten um Geld und Testament brachten ihn in Verruf; die Haushälterin, die für seinen kleinen Sohn sorgte, klagte ihn wegen eines nicht eingelösten Eheversprechens an. Zu einem regelrechten Skandal kam es schließlich, als bekannt wurde, dass er mit Hendrickje Stoffels, einer jungen Magd, ein Verhältnis hatte. Hendrickje blieb für den Rest ihres Lebens an Rembrandts Seite, obwohl er sie nie heiratete, weshalb die reformierte Kirche sie vom Abendmahl ausschloss.

1656 musste der bis dahin so erfolgreiche Maler Konkurs anmelden; seine Gemälde wurden versteigert, sein Haus wurde verkauft und er musste in eine Mietwohnung umziehen. Doch in der Zeit persönlichen Kummers und wirtschaftlicher Misere entstanden seine besten Werke. Seine späten Bilder zeichnen sich durch eine ganz von innen her erlebte Dramatik aus. Wie kein anderer Maler sonst konnte Rembrandt den besonderen emotionalen Gehalt einer Szene durch die Gesichts- und Gebärdensprache seiner Figuren sowie durch eine einzigartige, fast mystische Lichtführung wiedergeben. Zudem war Rembrandt ein hervorragender Beobachter, der menschliche Charaktere und seelische Stimmungen mit einer ungeheuer scharfen Beobachtungsgabe so nuanciert zum Ausdruck bringen konnte, dass man ihn nicht ohne Grund als »das Wunder des Jahrhunderts« gepriesen hat.

Der Protestant Rembrandt war zugleich ein Maler, Radierer und Zeichner der Bibel. Kaum ein anderer Maler hat sich zeit seines Lebens so intensiv mit biblischen Erzählungen auseinandergesetzt. Aus seinen mehr als 600 Gemälden, 300 Radierungen und 1.800 Handzeichnungen lässt sich mühelos eine illustrierte Bibel zusammenstellen. Vor allem im Alter hat Rembrandt die eigene Lebenssituation oft mit der Darstellung biblischer Personen verbunden. Als er am 4. Oktober 1669 starb, stand als sein letztes unvollendetes Bild der greise »Simeon mit dem Christuskind« auf seiner Staffelei.

Lass dich nicht vom Bösen überwinden, sondern überwinde das Böse mit Gutem.

Römer 12,21

GEBET

Wir bitten dich, Gott, um den Mut,
allen entgegenzutreten, die an gewaltsame Lösungen denken.
Wir bitten dich um die Kraft,
denen zu widerstehen, die an Gewalt und Brutalität ihre Freude haben.
Wir bitten dich um die Sensibilität,
selber darauf zu achten, wo wir uns persönlich
zu sehr aufspielen und andere Menschen einschüchtern.
Wir bitten dich um die Bereitschaft,
unsere Feindbilder zu überprüfen und unseren Gegnern zu verzeihen.
Wir bitten dich um die Unbeirrbarkeit,
für die Opfer von Gewalt, für Verfolgte und Flüchtlinge einzutreten.
Wir bitten dich, Gott, um die Unfähigkeit,
uns an Hass und Gewalt zu gewöhnen.
Lass uns nicht gleichgültig bleiben,
wenn die Mächtigen sich vergessen
und die Ohnmächtigen vergessen werden.
Lass uns selber dazu beitragen,
dass die Kälte in unserer Gesellschaft nicht noch zunimmt,
sondern Menschlichkeit und Gerechtigkeit sich ausbreiten
wie die Glut eines Feuers, an dem sich jeder wärmen kann.
Amen.

GESANGBUCH

Frieden gabst du schon, Frieden muss noch werden,
wie du ihn versprichst uns zum Wohl auf Erden.
Hilf, dass wir ihn tun, wo wir ihn erspähen –
die mit Tränen säen, werden in ihm ruhn.

Dieter Trautwein (1978), EG 170,3

Simon stammte vermutlich aus Betsaida, einem Fischerdorf am Nordufer des Sees Genezareth. Später besaß seine Familie ein Haus in Kapernaum, eine ärmliche Wohnanlage, die man vor etwa 50 Jahren bei Ausgrabungen entdeckt hat. Dort lebte Simon mit Frau, Schwiegermutter und Bruder Andreas, die Familie lebte vom Fischfang und hatte wohl ein eigenes Boot.

Jesus ruft Simon als ersten Jünger, zusammen mit seinem Bruder Andreas, in die Nachfolge. Für Simon bedeutete das eine Lebenswende, wie der Evangelist Lukas es in einer symbolhaften Geschichte erzählt: Obwohl Simon die ganze Nacht über vergeblich gearbeitet und nichts gefangen hat, fährt er, auf Jesu Wort hin, noch einmal auf den See hinaus und wirft die Netze aus. »Da fingen sie eine große Menge Fische, und ihre Netze drohten zu reißen.« Selbst zwei Boote können den großen Fang kaum an Land bringen. Simon ist überwältigt und erschrocken und er wirft sich Jesu zu Füßen: »Herr, geh weg von mir, denn ich bin ein sündiger Mensch!« Jesus aber ruft ihn in seine Nachfolge: »Fürchte dich nicht! Von jetzt an wirst du Menschen fangen.« (Lukas 5,1–11)

Schon bald tritt Simon als Sprecher des Jüngerkreises auf. In allen Jüngerlisten der Evangelien wird er an erster Stelle genannt. Jesus verleiht ihm den aramäischen Beinamen Kephas (griech. Petros = Stein, Fels), der Beiname unterscheidet ihn von einem zweiten Simon im Zwölferkreis. Simon Petrus steht Jesus besonders nahe. Er ist es, der Fragen stellt, die alle Jünger interessieren; er ist es, der von Außenstehenden stellvertretend angesprochen wird. Er macht Einwände und wird von Jesus korrigiert. Als Jesus seine Jünger nach ihrer Meinung über ihn fragt, ist es Petrus, der bekennt: »Du bist der Messias, der Sohn des lebendigen Gottes.« (Matthäus 16,16) Jesus nennt Simon Petrus daraufhin »selig« und verspricht: »Du bist Petrus, und auf diesen Felsen werde ich meine Kirche bauen.« Katholische und evangelische Ausleger sind sich heute darin einig, dass dieses Wort nicht auf Jesus zurückgeht, sondern die Rolle des Petrus in der frühen Christenheit spiegelt. Petrus hatte eine Brückenfunktion zwischen dem Leben Jesu und dem Leben der frühen Kirche. An ihm, der wie kein anderer das Wirken Jesu miterlebt hatte, konnte man sich in den ersten Jahrzehnten orientieren, um die verschiedenen Richtungen in der Kirche zusammenzuhalten.

Petrus ist in den Evangelien aber nicht nur der exemplarische Schüler Jesu, exemplarisch ist er auch in seinem Schwanken zwischen Glauben, Kleinglauben und Scheitern. Er bekennt Jesus als Gottessohn und scheut sich zugleich vor dem Leiden (Matthäus 16,22). Im Garten Gethsemane schläft er wie die anderen Jünger einfach ein (Markus 14,37). Er wirft sich dem übers Wasser wandelnden Jesus voller Mut entgegen und sinkt doch Sekunden später ein (Matthäus 14,28–31). Besonders eindrücklich werden der Mut und die Schwäche des Petrus in der Verleugnungsgeschichte erzählt. Er ist der einzige Jünger, der versucht, die Verhaftung Jesu mit Gewalt zu verhindern. Er wagt es als Einziger, seinem verhafteten Herrn in den Hof des hohenpriesterlichen Palastes zu folgen. Doch dann wird er drei Mal auf seine Zugehörigkeit zu Jesus hin angesprochen, drei Mal weist er jede Beziehung zurück. Nach der ersten Frage stellt er sich nur dumm, nach der zweiten schwört er, das dritte Mal beginnt er zu fluchen: »Ich kenne diesen Menschen nicht, von dem ihr redet.« Da krähte, wie von Jesus vorausgesagt, der Hahn zum zweiten Mal. »Und Petrus ging hinaus und weinte bitterlich.« (Matthäus 26,75)

Kurz darauf wird er, wie auch die anderen Jünger, nach Galiläa, in die Heimat geflohen sein. Weder bei der Kreuzigung Jesu noch bei der Grablegung ist er dabei. In Galiläa erfährt Petrus jedoch eine Vision des auferstandenen Jesus. Er sammelt andere Jesus-Anhänger, erlebt eine zweite Vision im Kreis der Jünger, eine dritte in einem größeren Anhängerkreis (1 Korinther 15,5–7) und wird die führende Autorität der Jerusalemer Urgemeinde. Nach dem Bericht der Apostelgeschichte führt Petrus die Jesus-Gemeinde durch öffentliche Predigten aus der Abgeschiedenheit heraus und gewinnt neue Anhänger (Apostelgeschichte 2). Ob in der Pfingstpredigt, bei der Rede anlässlich der Heilung des Gelähmten oder vor dem Hohen Rat in Jerusalem – immer ist es Petrus, der die Initiative zur missionarischen Verkündigung ergreift: »Wir können's ja nicht lassen, von dem zu reden, was wir gesehen und gehört haben.« (Apostelgeschichte 4,20) Auch wenn die Reden der Apostelgeschichte weitgehend die Handschrift des Lukas tragen, dürfte das Wissen um die Initiative des Petrus darin zutreffend aufbewahrt sein.

Als einziger aus dem Kreis der Zwölf unternimmt Petrus Missionsreisen. Zusammen mit seiner Frau (1 Korinther 9,5) missioniert er zunächst im palästinischen Raum vorwiegend unter Juden. In Caesarea bekehrt er den »gottesfürchtigen« römischen Hauptmann Cornelius und verteidigt in seinem Bericht vor der Jerusalemer Gemeinde den Schritt zur »Heidenmission« (Apostelgeschichte 10 und 11). Während der ersten Verfolgung der christlichen Gemeinde durch König Herodes Agrippa, bei der der Jünger Jakobus hingerichtet wird, wird auch Petrus inhaftiert. Er muss mit dem Tod rechnen, doch er kann aus dem Gefängnis fliehen und Jerusalem verlassen (Apostelgeschichte 12). Auf dem Apostelkonvent 48 n. Chr. vertritt Petrus neben Johannes und dem Jesusbruder Jakobus die judenchristliche Partei, die heidenchristliche Seite wird durch Paulus vertreten. Beide Lager einigen sich: Nicht-Juden sollten sich nicht erst beschneiden lassen müssen, um Christen werden zu können. Offen blieb, wie man mit den jüdischen Speisegeboten umgehen sollte. In Antiochia kommt es darüber zwischen Petrus und Paulus zum Streit. Petrus aß dort zunächst gemeinsam mit den Heidenchristen, ohne die Speisegebote einzuhalten. Als aber Abgesandte der Jerusalemer Gemeinde eintrafen und monierten, dass jüdische und nichtjüdische Christen Tischgemeinschaft hielten, gab Petrus dem Druck von außen nach und begann, die jüdischen Speisevorschriften wieder zu beachten. Daraufhin trat ihm Paulus »persönlich entgegen« (Galater 2,11), nannte ihn zornig einen Heuchler und erinnerte ihn an die von Christus geschenkte Freiheit. In Antiochia trennten sich die Wege von Petrus und Paulus, die beiden führenden Gestalten des frühen Christentums haben sich wohl nicht mehr wiedergesehen.

Nach Antiochia verliert sich die Spur des Petrus. Lukas lässt ihn in der zweiten Hälfte der Apostelgeschichte sang- und klanglos abtreten und erwähnt ihn kein einziges Mal mehr. Aufgrund einer alten Notiz aus dem 1. Clemensbrief (96 n. Chr.) darf man aber als sicher annehmen, dass Petrus noch bis Rom gelangt ist und um 65 n. Chr. im Zuge der Christenverfolgung unter Nero den Märtyrertod erlitten hat. Alt ist die Legende, nach der Christus dem aus der Stadt Rom fliehenden Petrus am Stadttor begegnet sein und auf die Frage des Petrus »Herr, wohin gehst du?« (Quo vadis, domine) geantwortet haben soll: »Nach Rom, um wiederum gekreuzigt zu werden.« Woraufhin Petrus umgekehrt und in Rom mit dem Kopf nach unten gekreuzigt worden sei.

(10.10.1861 – 13.5.1930)

Der Norweger Fridtjof Nansen hat wahrscheinlich mehr Menschen gerettet als sonst jemand. Als er am 13.5.1930 starb, hieß es: Norwegen hat ihn geboren, aber die Welt hat ihn verloren.

Der junge Fridtjof Nansen, der am 10.10.1861 auf dem Gut Store Fröen bei Oslo geboren wurde, hatte früh den Traum, Grönland, das Eismeer und den Nordpol zu erkunden. Er studierte Zoologie und trainierte zugleich mit großer Ausdauer Schwimmen und Skilaufen. Bald galt er als der beste Skispringer und Skiläufer Norwegens. Seine zoologischen Studien schloss er mit einer Doktorarbeit ab, für die er vom König eine Goldmedaille erhielt. Die Medaille verkaufte er heimlich, um seine erste große Grönland-Expedition zu finanzieren. Als Erster durchquerte er zusammen mit fünf weiteren Forschern auf Skiern das Inlandeis Grönlands von Ost nach West, was niemand damals für möglich gehalten hatte. Die Abenteuer dieser Expedition hat er in seinem Bericht »Auf Schneeschuhen durch Grönland« festgehalten, in dem er zugleich als erster die Kolonisierung und Ausbeutung der Inuit durch Europäer und Amerikaner anprangerte. 1893 startete Nansen mit einer neuen Expedition zum Nordpol. In einer kühnen Aktion ließ er das Schiff Fram im Eis einfrieren und mit der Eisdrift zum Pol treiben. So erreichte er nach zwei Jahren zwar nicht den Nordpol, aber den 86. Breitengrad, die nördlichste Stelle der Erde, die damals je ein Mensch betreten hatte. Weitere Forschungsreisen führten ihn nach Island, zu den Shetland-Inseln, nach Spitzbergen und schließlich, über Land, quer durch Sibirien.

Politisch setzte sich der inzwischen weltberühmte Polarforscher für die Unabhängigkeit Norwegens von Schweden ein. Durch sein diplomatisches Geschick hatte er großen Anteil an der friedlichen Entlassung Norwegens in die Selbstständigkeit. 1919 wurde Nansen Delegierter Norwegens beim neu gegründeten Völkerbund in Genf. Damit begann für ihn ein neuer Lebensabschnitt. Der Völkerbund beauftragte ihn mit der schweren Aufgabe, Hunderttausende von Kriegsgefangenen, die sich noch in russischen und deutschen Lagern befanden, in ihre Heimat zurückzuführen. Nansen schaffte es in drei Jahren, eine halbe Million Menschen aus 26 Ländern in ihre Heimatländer zurückzubringen.

Das Flüchtlingselend war die nächste Herausforderung. Infolge des Bürgerkriegs in Russland, des Völkermords an den Armeniern und des Krieges zwischen Griechenland und der Türkei waren Anfang der 20er-Jahre Millionen von Menschen auf der Flucht. Nansen, vom Völkerbund zum »Hochkommissar für die Flüchtlingshilfe« ernannt, richtete Auffanglager ein und ließ besondere Pässe, »Nansen-Pässe« mit seinem Bild, drucken, mit denen die Staatenlosen in 52 Völkerbund-Ländern Aufnahme und Unterstützung fanden.

Inzwischen war in Russland nach Krieg, Revolution, Bürgerkrieg und Missernten eine Hungersnot ausgebrochen, durch die Millionen von Menschen akut bedroht waren. Zusammen mit dem amerikanischen Industriellen Herbert Hoover organisierte Nansen eine Kampagne, hielt Vorträge in Europa und den USA und brachte durch große Kundgebungen so viel Geld auf, dass er Schiffe chartern, Getreide aus Kanada herüberschaffen und 4.000 Eisenbahnzüge mit zwei Millionen Tonnen Getreide nach Russland schicken konnte. Mit dieser Hilfsaktion konnte er sieben Millionen Menschen vor dem sicheren Hungertod retten.

Am 9.12.1922 erhielt Fridtjof Nansen in Oslo den Friedensnobelpreis.

Bei dir ist die Vergebung, dass man dich fürchte.

Psalm 130,4

Gebet

Gott, wir sind nicht so,
wie wir vor anderen gern dastehen möchten.
Jeder von uns hat seine Masken.
Jeder von uns hat seine Fehler.
Jeder von uns hat seine Geheimnisse.
Jeder von uns, Gott, hat seine Schuld.
Wir haben schlecht über andere geredet.
Wir haben anderen das Leben schwer gemacht.
Wir haben uns um Hilfe gedrückt.
Gott, wir stehen auch vor dir nicht so da,
dass wir stolz auf uns sein könnten.
Wir haben nicht gehört, was du uns gesagt hast.
Wir haben nicht getan, worum du uns gebeten hast.
Wir haben dich vergessen.
Du, Gott, kennst uns, so wie wir sind,
aber wir hoffen und wir bitten dich –, für einen jeden von uns –
dass du uns nicht verurteilst. Amen.

Gesangbuch

Bei dir gilt nichts denn Gnad und Gunst,
die Sünden zu vergeben.
Es ist doch unser Tun umsonst,
auch in dem besten Leben.
Vor dir niemand sich rühmen kann;
des muss dich fürchten jedermann
und deiner Gnaden leben.

Darum auf Gott will hoffen ich,
auf mein Verdienst nicht bauen.
Auf ihn mein Herz soll lassen sich
und seiner Güte trauen,
die mir zusagt sein wertes Wort;
das ist mein Trost und treuer Hort.
Des will ich allzeit harren.

Martin Luther (1524), EG 299,2.3

Bei den Christen, von denen im Neuen Testament erzählt wird, begegnet zweimal der Name Philippus: Philippus, einer der zwölf Jünger Jesu, und, für die Geschichte der frühen Kirche wichtiger, der Evangelist Philippus, einer der selbstständig wirkenden Missionare in den Anfängen des Christentums. Er war nach Stephanus die bedeutendste Gestalt aus dem Kreis der hellenistischen Judenchristen in Jerusalem. Der Märtyrertod des Stephanus und die Vertreibung der Hellenisten aus Jerusalem markierten auch für Philippus einen Übergang: Er begann mit der Wandermission. Als einziger Jesus-Anhänger, der weder auf ein direktes Schülerverhältnis zu Jesus noch wie Paulus auf eine besondere Beauftragung verweisen konnte, erhält Philippus in der Apostelgeschichte den Titel »Evangelist«.

Er ist es, der als Erster bewusst die Mission der Samariter in Angriff nimmt. Angesichts des gespannten Verhältnisses zwischen Juden und Samaritern war das ein kühnes Unternehmen. Auch unter Christen gab es Widerstände gegen eine Samaria-Mission (Matthäus 10,5), obwohl Jesus gerade einen Samariter zum Vorbild uneingeschränkter Nächstenliebe gemacht hatte. Philippus hat unter den Samaritern großen Erfolg: »Und sie kamen in Scharen und folgten aufmerksam den Ausführungen des Philippus; und sie stimmten ihm zu, als sie seine Worte hörten und die Zeichen sahen, die er tat.« (Apostelgeschichte 8,6) Er heilt psychisch Kranke und Gelähmte. Zugleich erfahren wir aus der Apostelgeschichte, dass Philippus in Samaria einen gefährlichen Konkurrenten hatte, der vor ihm das Feld beherrschte und großen Zulauf hatte – Simon Magus, eine schillernde Gestalt, ein Zauberer und Magier, der von sich selbst behauptete: »Ich bin die große Kraft« und sich damit als Repräsentanten Gottes verstand. Philippus kann den Magier »Simon zum Glauben an Jesus Christus bekehren; er lässt sich taufen und hält sich fortan an Philippus und er war fassungslos angesichts der großen Zeichen und Wunder, die da geschahen«. (Apostelgeschichte 8,13) Für die Apostelgeschichte aber ist die Bekehrung des bekannt-berüchtigten Simon Magus ein Beweis für die missionarische Kraft des Philippus.

Historisch gesehen ist auf jeden Fall Philippus einer von denen, die den Weg zur Heidenmission angebahnt haben. Das zeigt sich auch an der Erzählung von der Bekehrung und Taufe des äthiopischen Kämmerers durch Philippus. (Apostelgeschichte 8,26–40) Er ist im Neuen Testament der Erste aus dem Kreis der »gottesfürchtigen« Nichtjuden, der getauft wird. Philippus erscheint in dieser Erzählung als ein vom Geist getriebener Wandermissionar, der ganz unvermittelt hier und dort auftaucht, um Einzelne für das Heil zu gewinnen. Der äthiopische Kämmerer ist ein Eunuch, der wohl mit dem Judentum sympathisieren, aber nicht Jude werden durfte. Philippus vermag seine religiöse Frage aufzugreifen. Im Text vom leidenden Gottesknecht, den Philippus ihm auslegt, kann er sich wiederfinden. Er löst damit ein, was den Eunuchen beim Propheten Jesaja verheißen wird: »Den Eunuchen …, die an meinem Bund festhalten, gebe ich in meinem Haus und in meinen Mauern Denkmal und Name, was mehr ist als Söhne und als Töchter.« (56,4f.) Nach erfüllter Aufgabe verschwindet Philippus und taucht in Asdod wieder auf, wo er an der Küstenstraße entlang des Mittelmeers seine missionarische Tätigkeit fortsetzt. Aus einer späteren Notiz der Apostelgeschichte erfahren wir, dass er sich dann in Caesarea niedergelassen hat und hier zusammen mit seinen vier unverheirateten prophetischen Töchtern ein christliches Zentrum, vielleicht eine Art »Lehrhaus«, betrieben hat. Hier besuchte ihn Paulus, der ihn noch von Jerusalem kannte, und übernachtete mehrere Tage. Damals hatte Paulus Stephanus, Philippus und die anderen Hellenisten verfolgt, nun war Paulus selbst auf dem Weg nach Jerusalem, der mit seiner Verhaftung und Inhaftierung enden sollte.

Das weisse Band am Apfelbaum

Einmal saß ich bei einer Bahnfahrt neben einem Mann, dem sichtlich etwas Schweres auf dem Herzen lastete. Schließlich rückte er dann auch damit heraus, dass er ein entlassener Sträfling und jetzt auf der Fahrt nach Hause sei. Seine Verurteilung hatte Schande über seine Frau und seine Kinder gebracht, sie hatten ihn nie im Gefängnis besucht und auch nur ganz selten geschrieben. Er hoffte aber trotzdem, dass sie ihm verziehen hatten.

Um es ihnen aber leichter zu machen, hatte er ihnen in einem Brief vorgeschlagen, sie sollten ihm ein Zeichen geben, an dem er, wenn der Zug an der kleinen Farm vor der Stadt vorbeifuhr, sofort erkennen könne, wie sie zu ihm stünden. Hatten die Seinen ihm verziehen, so sollten sie in dem Apfelbaum an der Strecke ein weißes Band anbringen. Wenn sie ihn aber nicht wieder daheim haben wollten, sollten sie gar nichts tun, dann werde er im Zug bleiben und weiterfahren, weit weg, Gott weiß, wohin.

Als der Zug sich seiner Heimatstadt näherte, wurde seine Spannung so groß, dass er es nicht über sich brachte, aus dem Fenster zu schauen. Ein anderer Fahrgast tauschte den Platz mit ihm und versprach, auf den Apfelbaum zu achten. Gleich darauf legte der dem jungen Sträfling die Hand auf den Arm. »Da ist er«, flüsterte er, und Tränen standen ihm plötzlich in den Augen, »alles in Ordnung. Der ganze Baum ist voller weißer Bänder.«

In diesem Augenblick schwand alle Bitternis, die ein Leben vergiftet hatte. »Mir war«, sagte der Mann später, »als hätt' ich ein Wunder miterlebt. Und vielleicht war's auch eines.«

Nach John Kord Lageman

(14.1.1906–4.12.1975)

»Das Entscheidende ist der Tag gewesen, an dem wir von Auschwitz erfuhren ... Das war wirklich, als ob der Abgrund sich öffnet. Weil man die Vorstellung gehabt hat, alles andere hätte irgendwie noch einmal gutgemacht werden können ... Dies nicht. Dies hätte nie geschehen dürfen. Da ist irgendetwas passiert, womit wir alle nicht fertig werden«, sagte Hannah Arendt in einem Interview mit Günter Gaus, das 1964 im deutschen Fernsehen ausgestrahlt wurde. Hannah Arendt wollte verstehen. »Ich kann sehr wohl leben, ohne etwas zu tun. Aber ich kann nicht leben, ohne nicht zumindest den Versuch zu machen, das Geschehene, was immer es sei, zu verstehen.« Bei dem Versuch, Auschwitz und die politischen Entwicklungen des 20. Jahrhunderts zu verstehen, wurde aus einer eher apolitischen Philosophin die bedeutendste Theoretikerin der Politik im letzten Jahrhundert. Hannah Arendt stammte aus einer säkularisierten jüdischen Familie. »Ich habe von Haus aus nicht gewusst, dass ich Jüdin bin.« Am 14.1.1906 in Linden bei Hannover geboren, wuchs sie in Königsberg auf und studierte ab 1924 in Marburg Philosophie und Theologie bei Martin Heidegger und Rudolf Bultmann. Heidegger, mit dem sie als junge Studentin eine Liebesbeziehung eingeht, wird zum Zentrum ihres Denkens. Sie promoviert bei dem Philosophen Karl Jaspers in Heidelberg, der ihr zum lebenslangen Freund wird, und beginnt eine Studie über die jüdische Romantikerin Rahel Varnhagen, in deren Lebensschicksal sie sich wiederentdeckt – als Außenseiterin in der Gesellschaft.
Im Sommer 1933 von der Gestapo vorübergehend verhaftet, flieht sie nach ihrer Freilassung sofort nach Paris, wo sie sich der zionistischen Bewegung anschließt. Als Generalsekretärin der »Jugend-Alija« kümmert sie sich mehrere Jahre um die Auswanderung jüdischer Flüchtlingskinder nach Palästina. 1940 heiratet sie in zweiter Ehe den Ex-Kommunisten Heinrich Blücher. Mit ihm und mit ihrer Mutter flieht sie nach der Besetzung Frankreichs über Portugal in die USA, wo sie im Mai 1941 ankommt. In New York schreibt sie für Zeitungen, arbeitet für Verlage und beginnt mit der Arbeit an ihrem ersten großen Buch »Elemente und Ursprünge totaler Herrschaft«, das 1951 in englischer Sprache erscheint und die Autorin mit einem Schlag bekannt macht. »Das Wesen totalitärer Herrschaft ... ist der Terror.« Nationalsozialismus und Bolschewismus erscheinen ihr als »Variationen ein und desselben Modells«; sie setzen sich über geltendes Recht hinweg, weil sie im Namen eines vermeintlich übergeordneten Gesetzes agieren und nach dessen Maßstäben das gesamte gesellschaftliche Leben umgestalten wollen. Es endet im Verlust der Freiheit.
1961 verfolgt Hannah Arendt als Berichterstatterin einer New Yorker Zeitschrift den Eichmann-Prozess in Jerusalem und entdeckt in Eichmann keinen sadistischen Unmenschen, sondern das Böse in Form von Anpassung und Gedankenlosigkeit. »Er hatte sich niemals vorgestellt, was er eigentlich anstellte.« Arendts Beobachtungen zur »Banalität des Bösen« lösen heftige Diskussionen und eine lang andauernde Hetzkampagne gegen sie aus. Dennoch erfährt Hannah Arendt in den folgenden Jahren als Professorin an amerikanischen Universitäten und mit wichtigen Preisen in den USA und in Europa große Anerkennung als herausragende Gestalt politischen Denkens im 20. Jahrhundert. Ihr Hauptanliegen war es, die Wirklichkeit zu verstehen: »Kurz gesagt: Verstehen heißt, unvoreingenommen und aufmerksam der Wirklichkeit, wie immer sie ausschauen mag, ins Gesicht zu sehen und ihr zu widerstehen.« Das ist »die spezifisch menschliche Weise, lebendig zu sein«.
Politisch ließ sich Hannah Arendt mit dieser Haltung nicht festlegen, ihre Unabhängigkeit war ihr wichtiger als die Zugehörigkeit zu einer Richtung oder Gruppe. »Denken ohne Geländer, das ist es in der Tat, was ich zu tun versuche.«
Am 4.12.1975 ist Hannah Arendt in New York gestorben.

Einen anderen Grund kann niemand legen als den, der gelegt ist, welcher ist Jesus Christus. *1 Korinther 3,11*

Bekenntnis

Wir glauben nicht,
dass die Kirche von ihrer Finanzkraft und ihrem öffentlichen Einfluss lebt,
sondern von den Zeiten, in denen sie es wagte, gegen den Strom zu schwimmen.
Wir glauben nicht,
dass sich die Kirche durch Events und Großveranstaltungen erneuern kann,
sondern durch die Orientierung an Jesus von Nazareth und der Bibel.
Wir glauben nicht,
dass die Bischöfe und Pop-Stars der Schatz der Kirche sind,
sondern die vielen Mitarbeiterinnen und Mitarbeiter
in den Gemeinden und kirchlichen Einrichtungen.
Wir glauben nicht,
dass wir in der Kirche am besten unter uns bleiben sollten, sondern dass wir vom Glauben der Geschwister auf der einen Erde nur lernen können.
Wir glauben nicht,
dass die Unterschiede zwischen den Konfessionen Christen trennen müssen,
sondern dass sie den Reichtum und die Vielfalt der einen Kirche ausmachen.
Wir glauben nicht,
dass wir es sind, die die Kirche erhalten können, sondern der, der gesagt hat:
»Ich bin bei euch alle Tage bis an der Welt Ende.«
Amen.

Gesangbuch

Ein feste Burg ist unser Gott, ein gute Wehr und Waffen.
Er hilft uns frei aus aller Not, die uns jetzt hat betroffen.
Der alt böse Feind, mit Ernst er's jetzt meint,
groß Macht und viel List sein grausam Rüstung ist,
auf Erd ist nicht seinsgleichen.

Und wenn die Welt voll Teufel wär und wollt uns gar verschlingen,
so fürchten wir uns nicht so sehr, es soll uns doch gelingen.
Der Fürst dieser Welt, wie sau'r er sich stellt,
tut er uns doch nicht; das macht, er ist gericht':
ein Wörtlein kann ihn fällen.

Martin Luther (1529), EG 362,1.3

Lukas zeichnet in den ersten Kapiteln der Apostelgeschichte ein harmonisches Bild der frühen christlichen Gemeinde in Jerusalem, die beständig wächst und untereinander »ein Herz und eine Seele« ist. Nur einmal fällt ein Schatten auf das ideale Bild, als es zu Auseinandersetzungen zwischen den griechischen und den hebräischen Judenchristen in der Frage der Armenfürsorge kommt (Apostelgeschichte 6). Die griechischen Judenchristen beklagen sich darüber, dass ihre Witwen bei der täglichen Versorgung benachteiligt werden.

In Wirklichkeit steckte hinter diesem Konflikt, den Lukas verharmlosend als Verteilungsproblem dargestellt hat, die einschneidendste Umwälzung in der frühen Geschichte des Urchristentums: die Entstehung einer eigenständigen hellenistisch-judenchristlichen Gemeinde in Jerusalem. Ihr führender Kopf war Stephanus. Er gehörte zu den griechisch sprechenden Juden aus der Diaspora, die sich in Jerusalem relativ früh der christlichen Gemeinde angeschlossen hatten. Die Apostelgeschichte nennt noch sechs weitere Personen, alle mit griechischem Namen, die offenbar das Leitungsgremium der hellenistischen Gemeindegruppe innerhalb der Jerusalemer Christen darstellten. Sie waren nicht nur für die Armenpflege zuständig, sondern missionierten eigenständig im Umfeld der hellenistischen Synagogen in Jerusalem. Stephanus war die herausragende Gestalt dieser Siebenergruppe. Von ihm heißt es: »Stephanus, voller Gnade und Kraft, vollbrachte große Zeichen und Wunder im Volk.«

Daraufhin traten einige Juden aus den griechischen Synagogen der Diaspora auf, »um mit Stephanus zu disputieren. Doch sie vermochten dem Geiste und der Weisheit, mit der er sprach, nicht standzuhalten«. (Apostelgeschichte 6,8f.) Darum wählen sie, wie Lukas erzählt, den Weg der Intrige. Sie lassen gezielt im Volk die Behauptung ausstreuen, Stephanus habe den Gesetzgeber Mose und Gott gelästert, und sie haben damit Erfolg. Die Feindschaft gegen Stephanus erfasst weite Kreise des Volkes – und der Grund dafür ist deutlich: Stephanus gilt als einer, der die Grundlagen der jüdischen Religion angegriffen hat. Er wird vor den Hohen Rat geschleppt und mit dem Vorwurf konfrontiert, er habe gegen das Gesetz des Mose und gegen den Tempel in Jerusalem polemisiert. Stephanus antwortet mit einer großen Verteidigungsrede. Statt sich gegen die Vorwürfe der Zeugen zur Wehr zu setzen, klagt er seine Richter an: Von Anfang an hat Israel die Gesandten Gottes immer wieder abgelehnt – von Mose bis in die Gegenwart, bis zu Jesus. »Als sie dies hörten, ging es ihnen durch und durch, und sie knirschten mit den Zähnen über ihn.« (7,54) Die Anklage gegen Stephanus endet damit, dass Stephanus in einem Akt von Lynchjustiz als erster Märtyrer der frühen Christenheit gesteinigt wird.

Lukas stilisiert seinen Tod zu einem Beispiel für christliches Sterben: Zunächst empfiehlt er seinen Geist dem auferstandenen Jesus, dann betet er, wie Jesus am Kreuz, für die, die ihn töten: »HERR, rechne ihnen diese Sünde nicht an!«

Die Hinrichtung des Stephanus bewahrheitet die Erfahrung der alten Kirche: »Das Blut der Märtyrer ist der Same der Kirche.« Denn durch die anschließende Verfolgung und Vertreibung der hellenistischen Judenchristen gelangt das Christentum in die Küstenregionen Palästinas bis nach Damaskus und Syrien. Diese »Hellenisten« werden die ersten Jesus-Anhänger gewesen sein, die sich missionierend auch an Nicht-Juden wandten – Voraussetzung für die wenig später einsetzende epochale Missionstätigkeit des Paulus.

EVANGELISCH – AUS GUTEN GRÜNDEN:

1. Wir denken oft: Du bekommst im Leben nichts geschenkt. Du musst einmal für alles bezahlen. Was du wert bist, zeigt sich daran, was du aus deinem Leben gemacht hast. Die Bibel sagt genau das Gegenteil: Das Beste im Leben bekommst du geschenkt. Was unser Leben reich und wertvoll macht, Freundschaft, Liebe, Vertrauen, Vergebung, das kannst du dir nicht kaufen und nicht erarbeiten. Du musst dir und anderen nicht ständig beweisen, wie gut du bist. Die Sorge hat Gott dir längst abgenommen. Er sagt ja zu dir, egal, wer du bist, egal, was du kannst, egal, was du aus deinem Leben gemacht hast. Gott steht mit seiner Liebe hinter deinem Leben. Das hat Luther im Römerbrief wiederentdeckt. Das ist evangelisches Grundgefühl.

2. Du musst nicht glauben, was du nicht glauben kannst. Es geht um deinen eigenen, deinen persönlichen Glauben. Du brauchst dir den Glauben nicht vorschreiben zu lassen. Deinen Verstand musst du nicht ausschalten. Die Zweifel gehören dazu. Gott hält das aus. Zweifelnde sind ihm lieber als Menschen, die zu allem Ja und Amen sagen. Im Glauben müssen wir keine Profis werden, Amateure, das reicht. Das letzte Wort Luthers vor seinem Tode war: »Wir sind Bettler. Das ist wahr.«

3. Als evangelischer Christ sehe ich überhaupt nicht ein, wieso ich vor irgendeiner menschlichen Instanz auf die Knie fallen sollte: weder vor dem Papst noch vor der Bundeskanzlerin, weder vor unserem Präses noch vor dem Oberbürgermeister. Die evangelische Kirche steht dafür ein, dass nichts Menschliches vergöttert wird, weder die Rasse, noch das Volk, weder das Geld und die Wirtschaft noch Fußballstars oder prominente Fernsehstars. Wir bleiben frei, wir sind nicht käuflich, wir sind niemandem untertan.

4. Evangelisches Christentum verträgt sich nicht mit dem Rückzug nur noch ins Privatleben. Dass es eine wachsende Kinderarmut unter uns gibt, der Klimawandel vor allem die armen Länder bedroht und immer noch jeden Tag 30.000 Kinder in Afrika und Asien verhungern – darüber werden wir Evangelischen uns nicht beruhigen können. Eine gewisse politische Wachheit hat den evangelischen Glauben immer ausgezeichnet. Dabei muss es auch bleiben – wobei es nicht ums Meckern und Kritisieren geht, sondern ums Einmischen und Verantwortung übernehmen.

Hans-Martin Lübking

(20.8.1886–22.10.1965)

»Die Grenze ist der eigentlich fruchtbare Ort der Erkenntnis.« Paul Tillich war zeit seines Lebens ein Grenzgänger – zwischen Theologie und Philosophie, zwischen Christentum und Sozialismus, zwischen Kirche und Kultur, zwischen Europa und Amerika. Der Begriff der Grenze, so schreibt er, »ist geeignet, Symbol für meine ganze persönliche und geistige Entwicklung zu sein.«

Am 20.8.1886 in Starzeddel (heute in Polen) in einem lutherischen Pfarrhaus geboren, studierte Tillich in Berlin, Tübingen und Halle Theologie. Schon früh fühlte er sich aber auch zur Philosophie hingezogen, in der Studentenverbindung Wingolf hatte er den Spitznamen »das Absolute«. In kurzer Zeit promovierte er nacheinander in Philosophie und Theologie. Mit dem Ausbruch des Ersten Weltkriegs meldete sich Tillich als Feldprediger. Seine ersten Feldpredigten waren noch von nationaler Begeisterung erfüllt, doch immer mehr wurde der Krieg für ihn zu einer erschütternden Erfahrung. »Das vierjährige Erleben des Krieges riss den Abgrund für mich und meine ganze Generation so auf, dass er sich nie mehr schließen konnte.« Es kam auch zu einem Bruch in seinem privaten Leben. Seine Ehe war zerbrochen, seine Frau erwartete das Kind seines Freundes. Tillich tauchte tief ein in das Berliner Leben der Nachkriegszeit, erkundete neue kulturelle Strömungen, führte ein »freies Leben«, heiratete 1924 erneut.

Als Theologieprofessor lehrte er nach dem Krieg zunächst in Berlin, dann in Marburg und Dresden. In diesen Jahren schloss er sich dem Berliner Kreis religiöser Sozialisten an, die eine Synthese von Christentum und Sozialismus anstrebten. Tillich schwebte dabei mehr eine »freie Bewegung« vor, die Umsetzung in praktische politische Formen war nicht im Blick. 1929 wurde er als Professor für Philosophie und Soziologie nach Frankfurt berufen. Er nahm das Engagement für den religiösen Sozialismus wieder auf, trat in die SPD ein, warnte öffentlich vor dem aufkommenden Nationalsozialismus und veröffentlichte Anfang 1933 das Buch »Die sozialistische Entscheidung«, das sofort verboten wurde und zu den am 10.5.1933 von den Nationalsozialisten verbrannten Büchern gehörte. Kurz darauf gehörte Tillich zur ersten Gruppe deutscher Hochschullehrer, die mit Berufsverbot belegt wurden.

Nach einigem Zögern nahm Tillich gegen Ende 1933 das Angebot einer Gastprofessur in New York an. Er konnte kaum Englisch, bekam in den USA erst 1937 eine feste Anstellung und gehörte doch bald zu den führenden Köpfen der Emigrantenkreise. In den USA wurde Tillich zu einem der großen Theologen des 20. Jahrhunderts. In seinem dreibändigen Hauptwerk, der Systematischen Theologie (1951–1963), legte Tillich eine umfassende Neuinterpretation der christlichen Lehrüberlieferung vor. Er geht dabei von der Überzeugung aus, »dass unsere am tiefsten empfundenen Anliegen implizit religiöse Anliegen sind«. Gegenstand der Theologie ist darum »das, was den Menschen unbedingt angeht«. Tillich sagt: »Religion ist das Ergriffensein von einem letzten Lebenssinn, es ist die Dimension der Tiefe in unserem Leben.« Alle traditionellen Glaubenssätze über Gott, Jesus Christus und die Kirche werden in der »Systematischen Theologie« auf die darin zum Vorschein kommenden existenziellen Themen hin befragt, auf die sie eine Antwort sind. Diese Antworten dürfen nicht als dogmatische Lehrsätze, sondern müssen als Symbole verstanden werden. Das, was den Menschen unbedingt angeht, ist nach Tillich nur als Symbol darstellbar.

Seit 1940 amerikanischer Staatsbürger, übernahm Tillich Professuren in New York, Harvard und Chicago, wurde zum bekannten Redner quer durch Amerika und unternahm ausgedehnte Vortragsreisen nach Europa und Asien. Nicht nur in Amerika, auch in Deutschland wurden ihm hohe Ehrungen zuteil, darunter 1962 der Friedenspreis des Deutschen Buchhandels. Am 22. Oktober 1965 starb Paul Tillich in Chicago an einem Herzinfarkt.

Dem König aller Könige und Herrn aller Herren, der allein Unsterblichkeit hat, dem sei Ehre und ewige Macht. *1 Timotheus 6,15.16*

Gebet

Gebet für meine Stadt

Ich wohne gern in meiner Stadt,
ich fühle mich wohl, in meiner Straße,
in meinem Viertel.
Aber manches gefällt mir nicht:
Es gibt so wenig Spielplätze für die Kinder.
Sollen sie nur noch vor dem Fernseher sitzen?
Die alten Leute müssen weit laufen bis zur Post.
Das ist doch nicht zumutbar!
Obdachlose werden aus der Fußgängerzone
vertrieben – aber wo sollen sie hin?
Die Jugendzentren werden geschlossen,
aber für ein neues Straßenpflaster ist Geld da.
Es gibt so wenig Radwege, der Autoverkehr erstickt alles.
Die letzten Grünflächen werden jetzt bebaut.
Wer im Grünen sein will, muss weit fahren.
Die alten Geschäfte verschwinden aus dem Viertel,
Filialen großer Ketten übernehmen alles.
Das gefällt mir nicht.
Ich möchte, Gott, dass meine Stadt ein menschliches
Gesicht behält und nicht bestimmt wird von Geld und Kommerz.
Amen.

Gesangbuch

Die Güt und Treue werden schön einander grüßen müssen;
Gerechtigkeit wird einhergehn, und Friede wird sie küssen;
die Treue wird mit Lust und Freud auf Erden blühn,
Gerechtigkeit wird von dem Himmel schauen.

Der Herr wird uns viel Gutes tun, das Land wird Früchte geben,
und die in seinem Schoße ruhn, die werden davon leben;
Gerechtigkeit wird dennoch stehn
und stets in vollem Schwange gehn zur Ehre seines Namens.

Paul Gerhardt (1653), EG 283,6.7

Das Neue Testament kennt fünf Personen, die den Namen Jakobus tragen: 1. Jakobus, Sohn des Zebedäus, Jünger Jesu. 2. Jakobus, Sohn des Alphäus, Jünger Jesu. 3. Jakobus der Kleine, Sohn der Jesus-Anhängerin Maria. 4. Jakobus, Vater des Apostels Judas und schließlich 5. Jakobus, leiblicher Bruder Jesu.

Nach einer Notiz des Markusevangeliums hatte Jesus vier namentlich erwähnte Brüder, Jakobus, Joses, Judas, Simon und anonym bleibende Schwestern. Zu Lebzeiten Jesu scheint die Familie auf Distanz zu ihm gegangen zu sein. Markus spricht davon, dass die Angehörigen Jesu diesen für verrückt hielten (3,21). Wann Jakobus seine Haltung zu Jesus und seiner Botschaft grundlegend änderte, ist letzthin ungewiss. Es spricht aber einiges dafür, dass Jakobus durch eine Erscheinung des Auferstandenen zu einem Anhänger Jesu wurde. Paulus berichtet im 1. Korintherbrief von einer Christus-Vision, die Jakobus nach dem Tod Jesu empfing (15,7).

Als Paulus nach seiner Bekehrung einige Zeit später zum ersten Mal Jerusalem besucht, gehört Jakobus schon zu den führenden Personen der Gemeinde. Als Petrus wegen der Verfolgung unter Herodes Agrippa aus Jerusalem fliehen muss (Apostelgeschichte 12,1–17), lässt er die Nachricht über seine Flucht ausdrücklich »dem Jakobus und den Brüdern« zukommen. Jakobus übernimmt in der Folgezeit ganz offensichtlich die Leitung der Jerusalemer Gemeinde. Beim sog. »Apostelkonzil« (ca. 48 n. Chr.) gehört er neben Petrus und Johannes zu den »Säulen« der judenchristlichen Fraktion aus Jerusalem. In der Apostelgeschichte findet sich hier die einzige Stelle, in der im Neuen Testament einige Sätze von Jakobus überliefert sind. »Deshalb bin ich der Meinung, man sollte den Nichtjuden, die sich zu Gott bekehren, keine Schwierigkeiten machen, sondern ihnen lediglich vorschreiben, dass sie sich von jeder Verunreinigung von Götzenverehrung, von Unmoral sowie vom Genuss von Blut und nicht ausgeblutetem Fleisch fernhalten.« (15,19f.) Jakobus ist kein Gegner der beschneidungsfreien Heidenmission. Darum ist es fraglich, ob sich die judaistischen Gegner des Paulus, von denen er im Galaterbrief berichtet (»die falschen Brüder und Schwestern, die sich eingeschlichen hatten, um unsere Freiheit auszukundschaften«), zu Recht auf Jakobus berufen konnten.

Andererseits konnten sich Jakobus und die judenchristliche Gemeinde in dem schwierigen jüdischen Umfeld in Jerusalem wohl nur behaupten, wenn es auch einen äußerlich sichtbaren Unterschied zwischen Juden- und Heidenchristen gab. Eine Tischgemeinschaft zwischen Juden und Nichtjuden verstieß aber gegen jüdisches Gesetz und verwischte die Unterschiede. Darum weicht Petrus in Antiochia vor den »Anhängern des Jakobus« zurück und beendet die zuvor praktizierte Gemeinschaft mit den nichtjüdischen Christen.

Die Frömmigkeit des Jakobus, der später den Beinamen »der Gerechte« erhielt, muss auch von den Juden in Jerusalem anerkannt worden sein. Er konnte bis zum Jahr 62 in Jerusalem wirken und die Gemeinde leiten. Als Paulus um 57/58 n. Chr. in Jerusalem eintrifft, um der Gemeinde die von ihm gesammelte Kollekte zu übergeben, wird nur er verhaftet und dann den Römern überstellt. Jakobus und die judenchristliche Gemeinde bleiben unbehelligt. Dennoch gerieten auch sie immer mehr in Verdacht. Von jüdischen Behörden her suchte man nur nach einem Anlass, die Judenchristen zu beseitigen. Diese Gelegenheit ergab sich, als der römische Prokurator Festus plötzlich starb. In der folgenden Vakanz ließ der neue Hohepriester Hannas Jakobus und einige Gesinnungsgenossen verhaften und steinigen (62 n. Chr.). Seine Hinrichtung empörte fromme Juden, unter denen Jakobus hohes Ansehen genoss, und führte schließlich zur Absetzung des Hohepriesters.

Die Legende vom Grossinquisitor

In dieser Legende erzählt der russische Schriftsteller Fjodor Dostojewski, dass Jesus im 16. Jahrhundert wieder zurück auf die Erde kommt – in Spanien zur Zeit der Inquisition. Überall brennen Scheiterhaufen, Ketzer werden verbrannt. Jesus kommt leise und unauffällig, doch alle erkennen ihn. Wie damals heilt er Blinde, erweckt ein totes Kind und löst im Volk Bestürzung aus. In diesem Moment geht der 90-jährige Großinquisitor über den Platz, sieht Jesus, erkennt ihn und lässt ihn verhaften. In der Nacht sucht der Großinquisitor Jesus in seinem Kerker auf. »Warum bist du gekommen, uns zu stören? Weißt du, dass ich dich morgen richten und als den schlimmsten aller Ketzer auf dem Scheiterhaufen verbrennen werde?« Der Großinquisitor wirft Jesus vor, dass er den Menschen die Freiheit gebracht habe, doch »nichts ist jemals dem einzelnen Menschen unerträglicher gewesen als die Freiheit.« Ein Glaube aus Freiheit, ohne Zwang, ohne Lohn, ohne Beweise, das sei allenfalls etwas für eine kleine idealistische Minderheit. Die Masse will keine Freiheit, sie will gelenkt werden, sie will satt werden. »Wir, die Kirche, haben dein Evangelium darum abgeändert und es begründet auf dem Wunder, dem Geheimnis und der Autorität. Da waren die Menschen froh, dass man sie wiederum wie eine Herde führte.« Und der Großinquisitor fährt fort: »Ich sage dir ein Geheimnis, aber du kennst es längst: Wir sind schon lange nicht mehr mit dir, sondern mit ihm, dem Teufel, schon seit Jahrhunderten.«
Lange redet der Großinquisitor auf Jesus ein. Als er verstummt, wartet er, was sein Gefangener ihm antwortet. Doch Jesus blickt dem Greis ruhig in die Augen, sagt aber nichts. Der Großinquisitor möchte eine Antwort haben. Da nähert sich Jesus »schweigend dem Greis und küsst ihn still auf seine blutleeren 90-jährigen Lippen«. Der Greis fährt zusammen, er zittert, geht zur Tür, öffnet sie und sagt zu Jesus: »Geh und komm nie wieder!«

(11.11.1821 – 9.2.1881)

Ebenso ungewöhnlich wie Dostojewskis Romane und Erzählungen war sein Leben selbst. Am 11.11.1821 als Sohn eines adligen Militärarztes in Moskau geboren, absolvierte er in St. Petersburg die Militäringenieurschule, nahm aber nach kurzer Tätigkeit im Kriegsministerium seinen Abschied und lebte danach als freier Schriftsteller. Gleich mit seinem ersten Roman » Arme Leute« erzielte er einen großen Erfolg. Schon hier wird ein Grundton aller Bücher Dostojewskis angeschlagen – das Mitleid mit den einfachen, auch mit den entrechteten Menschen. Vier Jahre später, im April 1849, wurde Dostojewski als Mitglied eines Kreises revolutionärer Sozialutopisten verhaftet, zum Tode verurteilt und im Rahmen einer makabren Scheinhinrichtung in letzter Minute begnadigt. »Uns allen wurde das Todesurteil verlesen, man ließ uns das Kreuz küssen, zerbrach über unseren Köpfen die Degen und kleidete uns für die Hinrichtung an. Dann stellte man drei zur Vollstreckung des Urteils an den Pfahl. Endlich wurde zum Abbruch getrommelt, und man verlas uns, dass Seine Kaiserliche Majestät uns das Lebens schenkte.«

Das Urteil wurde umgewandelt in Zuchthaus und anschließenden Militärdienst in Sibirien. Zehn Jahre verbrachte Dostojewski in Sibirien, davon vier in Ketten unter Schwerverbrechern. Seit der sibirischen Haft litt er unter schweren epileptischen Anfällen. In seinen »Aufzeichnungen aus einem Totenhaus« hat er diese Zeit geschildert, die Lebens- und Arbeitsbedingungen im Zuchthaus, die menschliche Würde auch der einfachsten Gefangenen und seine eigene Wiedergeburt zum christlichen Glauben. Ein Neues Testament, auf dem Transport ihm zugesteckt, war im Straflager seine einzige Lektüre.

Gewandelt, als gläubiger Christ und Gegner sozialrevolutionärer Ideen, kehrte Dostojewski 1860 nach St. Petersburg zurück, wo er sich in den folgenden Jahren an verschiedenen Zeitschriftenprojekten versuchte. Sie endeten mit einem finanziellen Fiasko. Die Unfähigkeit, mit Geld umzugehen, und seine krankhafte Spielsucht überschatteten jahrelang seine Lebensverhältnisse. Immer wieder brach er, um seinen Gläubigern zu entfliehen, zu Reisen nach Westeuropa auf, wo seine ersten großen Romane meist unter erheblichem zeitlichen Druck entstanden. Erst seine zweite Frau brachte Ruhe in sein Leben und Ordnung in seine Finanzen.

In seinem letzten Lebensjahrzehnt wurde Dostojewski in Russland zum berühmten und anerkannten Schriftsteller. Nun entstanden seine letzten großen Romane, die heute zur Weltliteratur zählen. »Alle seine Romane sind so geschrieben, als ob es jedes Mal um Tod oder Leben ginge.« (Manes Sperber) Ganz Russland nahm an dem Schicksal des Studenten und Mörders Raskolnikow Anteil, man zitterte, man litt, man bereute mit ihm. Unentdeckt gebliebene Verbrecher sollen danach zu den Gerichten gegangen sein und ihre Schuld bekannt haben. Im Zuchthaus erfuhr Dostojewski die Haltlosigkeit des aufklärerischen Menschenbildes, weil »die Eigenschaft zum Henker fast in jedem Menschen liegt«. Aushalten lässt sich das labile menschliche Wesen nur durch die Annahme eines metaphyischen oder religiösen Haltepunkts – für Dostojewski ist das die Gestalt Jesu Christi, die ihn zeitlebens fasziniert hat. »Wenn mir jemand beweisen würde, dass die Wahrheit außerhalb Christus ist, so zöge ich es vor, lieber mit Christus als mit der Wahrheit zu bleiben.« Ohne Christus und die Idee der Unsterblichkeit bleibt der Mensch für ihn eine »transitorische Erscheinung«, dessen »fließende« Existenz sich letztlich im Nichts verliert.

Nach dem Erscheinen seines letzten Romans »Die Brüder Karamasow«, für Sigmund Freud »der großartigste Roman, der je geschrieben wurde«, wurde Dostojewski auch in Europa bekannt und in Russland zur moralischen Institution. Dostojewski starb am 9.2.1881 in St. Petersburg. Als er einige Tage später auf dem Friedhof des Alexander-Newskij-Klosters bestattet wurde, folgten 60.000 Menschen seinem Sarg.

Siehe, jetzt ist die Zeit der Gnade, siehe, jetzt ist die Zeit des Heils.

2 Korinther 6,2b

GEBET

Vieles ist mir unklar:
Wie es mit mir weitergehen wird.
Wie mein Leben in zehn Jahren aussehen wird.
Wo ich dann sein werde.
Wer dann zu mir gehört oder ob ich allein bin.
Manches ist mir auch rätselhaft:
Warum das Leben oft so mühsam ist.
Warum ich aus alten Fehlern so wenig lerne.
Warum Freundschaften zerbrechen
und Beziehungen kaputt gehen.
Einmal werde ich alles wissen.
Warum mein Leben so und
nicht anders verlaufen ist.
Was es mit den Rätseln auf sich hat
und auch, was nach dem Tod kommt.
Einmal werde ich klar sehen.
Dann werde ich Gott sehen,
so, wie er mich heute schon kennt.
Bis dahin gehe ich meinen Weg,
auch wenn ich manches nur undeutlich sehe
wie ein verzerrtes Bild in einem Spiegel.
Amen.

GESANGBUCH

Erkennt, dass Gott ist unser Herr,
der uns erschaffen ihm zur Ehr,
und nicht wir selbst: durch Gottes Gnad
ein jeder Mensch sein Leben hat.

Er ist voll Güt und Freundlichkeit,
voll Lieb und Treu zu jeder Zeit;
sein Gnad währt immer dort und hier
und seine Wahrheit für und für.

David Denicke (1646), EG 288,2+6

»Joseph aber, der von den Aposteln den Beinamen ›Barnabas‹ erhalten hatte, der ›Aufmunterer‹, ein Levit, der aus Zypern stammte und einen Acker besaß, verkaufte ihn, brachte das Geld und legte es den Aposteln zu Füßen.« (Apostelgeschichte 4,36f.) Dies ist die erste Nachricht über Joseph Barnabas im Neuen Testament. Es gibt nur wenige Notizen über ihn in der Apostelgeschichte, in denen er jeweils als ein Mann »aus der zweiten Reihe« erscheint. In Wahrheit war er aber eine der führenden Gestalten der frühen Kirche. Er stammte aus der jüdischen Diaspora, aus Zypern, war nach Jerusalem übergesiedelt, wo er Landbesitz hatte, und hatte sich dort schon früh der christlichen Gemeinde angeschlossen. In der Jerusalemer Gemeinde nahm Barnabas offenbar eine Vermittlerrolle wahr – zwischen den Aramäisch sprechenden und den griechischsprachigen Gemeindegruppen, zwischen Hebräern und Hellenisten, die für die Heidenmission eintraten.
Barnabas ist es, der den gerade bekehrten Paulus in Jerusalem bei den Aposteln einführt, und er ist es, der von der Jerusalemer Gemeinde nach Antiochia geschickt wird, um die dort praktizierte Heidenmission zu inspizieren. Barnabas bleibt in Antiochia, holt Paulus aus dessen Heimatstadt Tarsus für die Organisation der Gemeindearbeit in der Antiochener Gemeinde und wird selbst zum führenden Kopf der aus »Propheten und Lehrern« bestehenden Leitungsgruppe.
Mit damals etwa 500.000 Einwohnern war das an dem Fluss Orontes gelegene Antiochia (heute die kleine türkische Stadt Antakya) die wichtigste Metropole im Osten des Römischen Reiches. Die Anfänge der christlichen Gemeinde in Antiochia liegen im Dunkeln. Interessanterweise berichtet Lukas in der Apostelgeschichte aber: »In Antiochia wurden die Jünger zuerst Christen genannt.« (Apostelgeschichte 11,26) Die Jesus-Gemeinde trat hier zum ersten Mal als von der jüdischen Synagoge zu unterscheidende Gruppe in Erscheinung.
Barnabas hat Erfolg in Antiochia, durch ihn wird »eine stattliche Zahl von Menschen für den Herrn gewonnen«. Unter seiner Führung wird die Gemeinde Antiochias zum zweiten Zentrum der Urchristenheit nach Jerusalem. Von Antiochia aus unternimmt Barnabas zusammen mit Paulus auch Missionsreisen, zunächst in das syrische Umland, die nähere Umgebung, dann nach Zypern, Kilikien und Südgalatien, heute im Gebiet der Türkei. In der gemeinsamen Mission war Barnabas zunächst der führende Mann. Auf ihn gehen wohl auch die Missionsgrundsätze zurück, an die sich auch Paulus später halten wird: Mission zu zweit und Verzicht auf Unterhalt und Versorgung der Missionare durch die Gemeinden. Barnabas und Paulus haben ihre missionarische Tätigkeit weitgehend durch eigene Arbeit finanziert.
Für einige Jahre bilden Barnabas und Paulus ein erfolgreiches Team in der Missionsarbeit. Sie verbindet das gleiche Konzept: gesetzesfreie Mission unter den Nichtjuden und gleichzeitige Wahrung der Einheit der Kirche durch Rückbindung an die Jerusalemer Gemeinde. Beide überbringen sie der durch eine Hungersnot bedrängten Gemeinde in Jerusalem eine in Antiochia gesammelte Kollekte, gemeinsam vertreten sie die gesetzesfreie Heidenmission beim Apostelkonzil. Ihre Wege trennen sich, als sich Barnabas beim Streit zwischen Paulus und Petrus über die Tischgemeinschaft zwischen jüdischen und nichtjüdischen Christen (Galater 2,11ff.) auf die Seite des Petrus stellt. Paulus warf ihm Heuchelei vor, dem kompromissfähigen Barnabas wird es aber wohl um die Einheit der Christen gegangen sein.
Der Respekt des Paulus vor Barnabas bleibt aber erhalten, wie man den Notizen entnehmen kann, in denen Paulus ihn in seinen Briefen erwähnt. Nach der Trennung von Paulus begab sich Barnabas in seine Heimat Zypern und nahm dort die Missionsarbeit wieder auf. In Zypern verlieren sich seine Spuren.

Caspar David Friedrich, »Die Jacobikirche in Greifswald als Ruine«, Bleistift, um 1815

In der Jacobikirche seiner Heimatstadt Greifswald ist C.D. Friedrich getauft und konfirmiert worden. Friedrich hat sie als Ruine gezeichnet, obwohl sie nie Ruine war, damals nicht und später auch nicht.

Kirchenruinen zählen zu den Motiven, die C.D. Friedrich in seinen Werken immer wieder dargestellt hat. Er hat sie als Metaphern der Vergänglichkeit verstanden. Auf diesem Bild ist das Dach eingestürzt und das Mauerwerk zerfallen. Nur eines ist in dieser Ruine stabil: Das Kruzifix hängt fest am Gewölbe, das Kruzifix fällt nicht.

(23.5.1873–2.11.1956)

»Solange noch ein Jude in Deutschland geblieben ist, ist mein Platz bei ihm.«

Leo Baeck war ein Mann von unbeugsamer innerer Integrität. Er überlebte das Konzentrationslager und zeigte dabei geistigen Widerstand allein durch seine unbeirrbare Humanität. So weckte er Hoffnung auch in denen, die wussten, dass sie verloren waren.

Als siebtes von elf Kindern einer orthodoxen Rabbinerfamilie wird Leo Baeck am 23.5.1873 in Lissa (Polen) geboren. Auch er wird Rabbiner, öffnet sich aber der liberalen Reformbewegung. Seit 1897 führt ihn sein beruflicher Weg über das Rabbinat in Oppeln und Düsseldorf nach Berlin. Hier übernimmt er neben seiner Tätigkeit als Gemeinderabbiner die Aufgabe, an der »Hochschule für die Wissenschaft des Judentums« Praktische Theologie zu lehren. Gegen die verzerrende Darstellung des Judentums als überholter Gesetzesreligion, die in der evangelischen Theologie weit verbreitet ist, schreibt er sein Hauptwerk »Das Wesen des Judentums«, in dem er auf die jüdischen Wurzeln des Christentums verweist. Nach dem Ersten Weltkrieg wird er zur führenden Persönlichkeit des deutschen Judentums, dem so gut wie alle höchsten Ehrenämter übertragen werden. In seelische Konflikte gerät er, als er als Vorsitzender der »Reichsvertretung der deutschen Juden« mit den Nazis verhandeln muss.

Nach der Verabschiedung der »Nürnberger Rassegesetze« lässt Baeck den jüdischen Gemeinden überall im Deutschen Reich für Jom Kippur, den hohen jüdischen Feiertag der Buße und Versöhnung, ein Gebet zukommen: »Wir stehen vor unserem Gott. Mit derselben Kraft, mit der wir unsere Sünden bekannt, die Sünden des Einzelnen und die der Gesamtheit, sprechen wir es mit dem Gefühl des Abscheus aus, dass wir die Lüge, die sich gegen uns wendet, die Verleumdung, die sich gegen unsere Religion und ihre Zeugnisse kehrt, tief unter unseren Füßen sehen ...« Für diese Worte wird er kurzfristig inhaftiert.

Als ihm die Auswanderung angeboten wird, weigert er sich, seine Gemeinde und die Juden Deutschlands zu verlassen. Im August 1939 bringt er einen Kindertransport nach London und kehrt danach sofort wieder zurück.

1942 wird Baeck mit den Resten der Berliner Gemeinde ins Konzentrationslager Theresienstadt deportiert. Er, der einst Zugang zum Kaiser gehabt hatte, ist nun nur noch eine Nummer – 187894 – und wird, 70-jährig, jeden Tag, um die Pferde zu schonen, vor die schweren Müllkarren gespannt. Abends hält er seinen Mithäftlingen Vorlesungen und Vorträge über Philosophie und Kultur, predigt und übt Seelsorge an denen, die »in den Osten« geschickt werden: »Das waren Stunden, die allen gehörten ... Stunden der Freiheit.«

Die Schriftstellerin Ruth Klüger schreibt: »Leo Baeck redete zu uns auf dem Dachboden. Wir saßen zusammengedrängt und hörten den berühmten Berliner Rabbiner ... Er gab uns unser Erbe zurück, die Bibel im Geiste der Aufklärung.«

Er selbst steht längst auf der Todesliste, doch vor der schon angeordneten Hinrichtung wird das Lager befreit. Als russische Soldaten und befreite Juden Rache am deutschen Lagerkommando nehmen wollen, stellt Baeck sich schützend vor die SS-Leute.

Nach dem Krieg geht Baeck nach London, wo er am Hebrew Union College lehrt und zum weltweit geehrten Repräsentanten des liberalen Judentums wird. In den frühen 50er-Jahren wird Leo Baeck zu einem der Väter des beginnenden christlich-jüdischen Dialogs. Er fährt wieder nach Deutschland und hält Vorträge, ein Wiederaufleben des jüdischen Lebens in Deutschland hält er aber nicht mehr für möglich.

In London stirbt Leo Baeck am 2.11.1956.

Wir müssen alle offenbar werden vor dem Richterstuhl Christi.

2 Korinther 5,10

GEBET

Herr, unser Gott,
wir denken heute an die Opfer
von Krieg und Gewalt in unserer Zeit:
an die Soldaten, die in den beiden Weltkriegen
gefallen oder in Gefangenschaft gestorben sind;
an die Frauen, Kinder und Männer, die durch
Kriegshandlungen oder auf der Flucht zu Tode gekommen sind.
Wir denken aber auch an die von uns Deutschen
umgebrachten Millionen von jüdischen Mitbürgern
und an all die, die unter der Gewaltherrschaft Opfer
ihrer Überzeugung und ihres Glaubens wurden.
Gott, du kennst jeden dieser Toten mit Namen.
Vor dir ist keiner von ihnen verloren.
Wir bitten dich:
Lass uns nicht dabei stehen bleiben,
feierliche Reden zu halten.
Gib uns die Kraft, konsequent und mutig für
Versöhnung einzutreten, für den Frieden zu arbeiten
und Gewalt zu beenden, wo immer sie sich ausbreiten will.
Amen.

GESANGBUCH

Ach, dass ich hören sollt das Wort erschallen bald auf Erden,
dass Friede sollt an allem Ort, wo Christen wohnen, werden!
Ach dass uns doch Gott sagte zu
des Krieges Schluss, der Waffen Ruh und alles Unglücks Ende!

Ach dass doch diese böse Zeit bald wiche guten Tagen,
damit wir in dem großen Leid nicht möchten ganz verzagen.
Doch ist ja Gottes Hilfe nah,
und seine Gnade stehet da, all denen, die ihn fürchten.

Paul Gerhardt (1653), EG 283,3+4

»Seine Briefe wiegen schwer und sind stark; sein persönliches Auftreten aber ist kläglich und seine Rede ist erbärmlich«, urteilten die Korinther über Paulus (2 Korinther 10,10). An Paulus, dem ersten und einflussreichsten Theologen des Christentums, mit dessen jeweiliger Wiederentdeckung bisher noch fast jede Erneuerung in der Kirche begonnen hat, scheiden sich bis heute die Geister. Hat er die Botschaft Jesu verändert, war er der eigentliche Begründer des Christentums?

Paulus wurde etwa um die Zeitenwende als Sohn einer jüdischen Familie in Tarsus (an der Südküste der Türkei) geboren. Er trug wohl von Anfang an den Doppelnamen Saulus Paulus. Von seinem Vater hatte er das römische Bürgerrecht geerbt. Er erlernte das Handwerk des Zeltmachers und blieb, für einen Juden ungewöhnlich, unverheiratet. Zum Studium ging er nach Jerusalem, wo er sich der Gruppe der Pharisäer anschloss. In Galater 1,14 bekennt er: »Ich übertraf im Judentum viele Altersgenossen in meinem Volk und eiferte über die Maßen für die väterlichen Überlieferungen.« Dieser Eifer machte aus ihm einen »Christenverfolger« (Galater 1,13). Vermutlich stieß er auf die hellenistischen Judenchristen, die wie Stephanus die Loslösung von Tempel und Beschneidung predigten und damit in den Augen des Paulus das Gesetz des Mose verrieten.

Die Wende vom Christenverfolger zum christlichen Heidenmissionar kam für Christen und Juden damals völlig überraschend. Seine Bekehrung, mit dem Ort Damaskus verbunden, bestand in einer Vision des auferstandenen Jesus, die Paulus zweifellos als real empfunden hat, sodass er sich selbst als den letzten Auferstehungszeugen bezeichnete. Diese Bekehrung hat Paulus zugleich als Berufung zum Heidenmissionar verstanden. Immer wieder führte er später seinen missionarischen und apostolischen Anspruch auf die Damaskuserfahrung zurück. Inhaltlich hat Paulus die Bekehrung als Wende vom jüdischen Gesetz hin zu Christus interpretiert: »Was mir Gewinn war, das habe ich um Christi willen für Schaden erachtet. (Philipper 3,7)

Nach seiner Bekehrung wird Paulus von Barnabas ins syrische Antiochia geholt, der neben Jerusalem wichtigsten Gemeinde in der Frühzeit des Christentums. Hier lebten Juden und Nichtjuden zum ersten Mal als christliche Gemeinde zusammen. Im Auftrag dieser Gemeinde unternahm Paulus zusammen mit Barnabas seine erste Missionsreise, die ihn nach Zypern und ins südöstliche Kleinasien führte, wo es zur Gründung von heidenchristlichen Gemeinden kam.

Auf dem sogenannten Apostelkonzil in Jerusalem (49 n. Chr.) trat Paulus schon als Sprecher der heidenchristlichen Gemeinden auf. In Verhandlungen mit den Jerusalemer Autoritäten konnte er durchsetzen, dass sich Nichtjuden bei ihrem Übertritt zum christlichen Glauben nicht beschneiden lassen mussten und die bisherige Praxis der Heidenmission auch von den »Jerusalemern« anerkannt wurde. Kurz darauf kam es jedoch in der Frage der Tischgemeinschaft zwischen Judenchristen, die sich an die jüdischen Speisegesetze gebunden fühlten, und Heidenchristen, die davon frei waren, in der Gemeinde von Antichochia zu einem Konflikt. Paulus konnte sich dabei gegen Petrus und Barnabas nicht durchsetzen. Er trennte sich daraufhin von der Gemeinde in Antichochia, verließ die Stadt und begann, selbstständig missionarisch zu wirken.

Zwei große Missionsreisen führen ihn nach Kleinasien, Mazedonien und Griechenland, wo er christliche Gemeinden gründet, denen er sich in besonderer Weise verbunden fühlt. Von städtischen Zentren aus, in denen sich Paulus jeweils für einige Zeit niederlässt (z. B. Korinth, Ephesus), wird das Umfeld missioniert. Ein Kreis von Paulusmitarbeitern trägt nicht nur im Auftrag des Paulus die Mission weiter, sondern stellt auch den Kontakt der Gemeinden zum Apostel und untereinander sicher. Hält Paulus sich länger an einem Ort auf, lebt er von seiner eigenen Arbeit,

»um keinem von euch zur Last zu fallen«, wie er den Thessalonichern schreibt. Den Kontakt zu den Gemeinden hält Paulus mit seinen Briefen, die im Gottesdienst verlesen werden. In ihnen nimmt er zu bestimmten Fragen und Problemen in der Gemeinde Stellung, setzt sich gegen Vorwürfe zur Wehr und gibt Weisungen für die Gestaltung des alltäglichen Lebens. Diese Weite und Dynamik des paulinischen Missionskonzeptes hat einen theologischen Grund: Als von Christus berufener »Völkerapostel« sieht Paulus es als seine besondere Aufgabe an, noch vor der in Kürze erwarteten Wiederkehr Christi repräsentativ in der ganzen damals bekannten Welt christliche Gemeinden zu gründen und aufzubauen. Nicht ohne Stolz stellt Paulus im Römerbrief fest, dass durch ihn in den fünf Jahren eigenständiger Missionsarbeit überall in Kleinasien und Griechenland das Christentum Fuß gefasst hat. Berücksichtigt man dabei, dass Paulus in dieser Zeit öfter im Gefängnis gesessen hat, immer wieder selbst gearbeitet hat und bei seinen Reisen weitgehend zu Fuß gewandert ist, kommt einem die Leistung des Paulus völlig unglaublich vor.

Paulus war der wichtigste Theologe des frühen Christentums. Seine theologische Begrifflichkeit, seine Rede von der »Gerechtigkeit Gottes«, vom »Wort vom Kreuz«, vom »Leib Christi«, von der christlichen Freiheit oder von den »Gnadengaben«, sind für die christliche Theologie prägend geworden. Doch häufig greift Paulus auch auf Traditionen zurück, die bereits vor ihm im Urchristentum formuliert wurden: Jesusworte, alte Bekenntnisse, Einsetzungsworte zum Abendmahl. Paulus hat das Christentum nicht erfunden, er baut auf vielfältigen Traditionen auf. Aber er hat diese Traditionen zu einer eigenen Sicht vom Handeln Gottes in Jesus Christus zusammengeführt. Zukunftsweisend war er dabei mit seiner Überzeugung, dass dem Glauben an Jesus Christus eine Gemeinschaft entspricht, in der soziale, kulturelle, nationale und ethnische Trennungen überwunden sind.

Diesen Ausspruch erhob Paulus zumindest für die Gemeinden, die er gegründet hatte. Es waren Hausgemeinden, in denen die Christen vor Ort zusammenkamen. Es gab »leitende Personen«, aber noch keine festen Ämter, schon gar keine Hierarchie. Jeder hatte seine eigene Gabe, jeder brachte Dienstleistungen, und ansonsten schaffte der Geist Gottes selbst Ordnung. In den christlichen Hausgemeinden konnten sich Frauen stärker entfalten, die Grußlisten in den Briefen des Paulus geben davon Zeugnis. Innerhalb der Hausgemeinden war es auch möglich, ein neues Verhältnis zwischen Sklaven und Freien zu praktizieren: »Hier ist nicht Jude noch Grieche, hier ist nicht Sklave noch Freier, hier ist nicht Mann noch Frau; denn ihr seid allesamt einer in Christus Jesus.« (Galater 3,28) Das gemeinsame »Herrenmahl« war der zentrale Ort, an dem die Gemeinde diese Einheit praktizierte.

Beim Apostelkonzil hatte sich Paulus verpflichtet, eine Kollekte für »die Armen« in Jerusalem zu sammeln. Diese Kollekte war mehr als eine karitative Aktion, sie sollte auch sichtbare Darstellung der einen Kirche aus Juden und Heiden sein. Doch die Überbringung der Kollekte in Jerusalem endet in einer Katastrophe. Er wird von römischen Soldaten verhaftet, nachdem Juden ihn angeklagt hatten, den Tempel entweiht zu haben. Nach zweijähriger Haft in Caesarea wird er nach Rom deportiert, wo sich seine Spuren verlieren. Alle Indizien sprechen dafür, dass er in Rom nicht mehr freikam. Entweder wurde er aufgrund einer Anklage verurteilt und enthauptet oder er fiel der Christenverfolgung unter dem römischen Kaiser Nero zum Opfer.

Wie prägend die Person des Paulus gewesen ist, erkennt man auch daran, dass nach seinem Tod zahlreiche neutestamentliche Schriften im Namen des Paulus oder von Paulusschülern verfasst wurden. Man wollte die paulinische Theologie bewahren und zugleich in eine neue geschichtliche Situation fortschreiben.

(11.11.1491–28.2.1551)

Fünf Jahre nach dem Tod Martin Bucers in England veranstaltete die katholische Königin Mary einen regelrechten Ketzerprozess gegen den Toten. Sein Sarg wurde auf dem Marktplatz von Cambridge an den Schandpfahl gekettet und mitsamt seinen Schriften verbrannt. Vier Jahre später, 1560, wurde Bucer in einem feierlichen Akt von Königin Elizabeth I. rehabilitiert.
Martin Bucer wurde in ärmlichen Verhältnissen am 11.11.1491 im elsässischen Schlettstadt geboren. Mit 16 Jahren trat er in das Dominikanerkloster seiner Heimatstadt ein. Im Orden wurde der begabte junge Mann für eine akademische Laufbahn bestimmt und zur Universität nach Heidelberg geschickt. Dort begegnete er 1518 Martin Luther bei dessen Heidelberger Disputation. Durch diese Begegnung und ein folgendes längeres Gespräch mit Luther wurde Bucer für die Reformation gewonnen. Er trat 1521 aus dem Kloster aus und erreichte auch die Befreiung von seinem Ordensgelübde. Im folgenden Jahr heiratete er die ehemalige Nonne Elisabeth Silbereisen und vollzog damit demonstrativ den Übertritt ins reformatorische Lager.
Nach unruhigen Wanderjahren kam Bucer 1523 mit seiner schwangeren Frau als Flüchtling nach Straßburg. In kurzer Zeit wurde der mittellose Prediger zur treibenden Kraft der Reformation in der Reichsstadt. Er führte eine evangelische Gottesdienstordnung ein, schaffte die katholische Messe ab und legte auf der ersten städtischen Synode von 1533 eine »Kirchenzuchtordnung« vor, die das alltägliche Zusammenleben regeln sollte. Denn Gott »als einen Vater erkennen und anrufen« bedeutete für Bucer, »dass wir alle Menschen als unsere Brüder auch erkennen und ihnen dienen«. Gegenüber den Täufern und Sektierern aller Schattierungen, die zu dieser Zeit nach Straßburg strömten, zog er klare Grenzen. Andererseits teilte er mit den Täufern die Überzeugung, dass das christliche Bekenntnis notwendigerweise ethische Konsequenzen haben müsse. Deswegen machte er sich für die katechetische Unterweisung der Kinder und die Einführung einer »Konfirmation« als Bestätigung und Fortführung der Kindertaufe stark.
Als Reformator Straßburgs und als Sprecher der evangelischen Gemeinden Süddeutschlands kämpfte Bucer seit den 1530er-Jahren unermüdlich für eine Überwindung des den Protestantismus damals lähmenden Abendmahlsstreits. 1536 gelang es ihm endlich, in der »Wittenberger Konkordie« mit Luther und Melanchthon zu einem Ausgleich zu kommen, in den die schweizerischen Reformierten allerdings nicht einbezogen waren. Zu Fuß oder zu Pferd legte Bucer in dieser Zeit jedes Jahr mehr als 2.000 km zurück, um das Kirchenwesen in vielen Territorien vor allem im Südwesten Deutschlands zu organisieren oder als Vermittler und Schlichter in reformatorischen Streitfragen tätig zu sein. An den großen Religionsgesprächen der 1540er-Jahre war er federführend beteiligt. Er war um die Einheit der Kirche bemüht. Doch seine Versuche, theologische Brücken zu katholischen Positionen zu schlagen, machten ihn bei manchen reformatorischen Mitstreitern verdächtig und wurden von katholischer Seite nicht honoriert. Letztlich musste Bucer erleben, wie alle Religionsgespräche an der Realpolitik scheiterten. Als jedoch 1548 der Magistrat der Stadt Straßburg dazu aufforderte, sich den harten Religionsbestimmungen Kaiser Karls V. (»Augsburger Interim«) zu unterwerfen, weigerte sich Bucer entschieden. Er, der sich immer wieder gegen den Verdacht wehren musste, der katholischen Seite zu weit entgegenzukommen, sah in der Unterwerfung einen »Abfall von Jesus Christus«. Nach langen internen Diskussionen wurde Bucer entlassen. Im April 1549 verließ er die Stadt, in der er 26 Jahre gewirkt hatte, und ging nach England, wo ihm in Cambridge eine Professur angeboten worden war. Hier entwarf er noch ein umfassendes Programm der Kirchen- und Gesellschaftsreform, das er dem jungen König Edward VI. widmete. Seine letzten Jahre waren jedoch von ständiger Krankheit gekennzeichnet. Am 28.2.1551 ist er in Cambridge gestorben.

Gerechtigkeit erhöht ein Volk; aber die Sünde ist der Leute Verderben.

Sprüche 14,34

GEBET

Vermutlich, Gott, sind wir heute
besser ernährt, besser gekleidet,
besser informiert als die meisten Menschen,
die vor uns gelebt haben.
Wahrscheinlich hatten die Menschen
noch nie so viel Geld zur Verfügung
wie heute, so viel Freizeit,
so viel Urlaub, so viele Gelegenheiten,
das Leben zu genießen.
Sicherlich wissen wir heute
über die Welt und ihre Länder,
über die Natur und ihre Gesetze,
über die Menschen und ihre Krankheiten
mehr als jede Generation vor uns.
Nicht sicher ist, ob wir so,
wie wir leben,
wie wir mit unserem Geld umgehen,
wie wir andere Menschen behandeln,
wie wir Wissenschaft betreiben,
vor dir, Gott, bestehen können.
Vielleicht, Gott, haben wir deine Gnade
nötiger als alle, die vor uns gelebt haben.
Amen.

GESANGBUCH

Er hat uns wissen lassen sein herrlich Recht und sein Gericht,
dazu sein Güt ohn Maßen, es mangelt an Erbarmung nicht;
sein' Zorn lässt er wohl fahren, straft nicht nach unsrer Schuld,
die Gnad tut er nicht sparen, den Schwachen ist er hold;
sein Güt ist hoch erhaben ob den', die fürchten ihn;
so fern der Ost vom Abend, ist unsre Sünd dahin.

Johann Gramann (um 1530), EG 289,2

Wieder einmal sitzt Paulus im Gefängnis, vermutlich im kleinasiatischen Ephesus. Seine Haftbedingungen sind erträglich, er kann Besuche empfangen und Briefe schreiben. Eines Tages sucht ihn ein unbekannter Mann auf, er heißt Onesimus, »der Nützliche«. Im Gespräch erfährt Paulus, dass Onesimus aus Kolossä stammt, drei Tagesreisen entfernt, und dort bei dem wohlhabenden Kaufmann Philemon als Sklave arbeitet. Philemon war von Paulus bekehrt worden, in seinen vermutlich stattlichen Räumen kam seitdem eine christliche Hausgemeinde zusammen. Onesimus aber fühlt sich von Philemon nicht besonders gut behandelt, und so läuft er ihm eines Tages davon. Zuvor hat er aber möglicherweise noch Geld mitgehen lassen, auf jeden Fall aber wohl bei Philemon Schulden hinterlassen. Auf Sklavenflucht standen schwere Strafen – Auspeitschung, Galeeren- oder Bergwerksarbeit oder auch Kreuzigung. Ausgebildete Sklavenfänger sorgten dafür, dass nur Wenigen dauerhaft die Flucht gelang.
In dieser Situation flieht Onesimus zu Paulus ins Gefängnis, von dem er gewiss im Haus seines Herrn gehört oder den er dort gesehen hat. Im Gefängnis gewinnt Paulus Onesimus für den christlichen Glauben. Der Sklave wird, wie Paulus sich ausdrückt, sein Kind, das er in der Haft gezeugt hat – oder, wie er an anderer Stelle sagt (1 Korinther 7,22), ein »Freigelassener des Herrn«. Er hat ihn liebgewonnen und würde ihn am liebsten bei sich behalten, als Gehilfen in der Missionsarbeit. Doch damit würde er sich strafbar machen. Er schickt Onesimus zu Philemon zurück und gibt ihm einen Brief mit, den Philemonbrief aus der Bibel. Es ist der kürzeste Brief des Paulus und der einzige Privatbrief der Bibel. Man hat ihn ins Neue Testament aufgenommen, weil er von beispielhafter Bedeutung für die seelsorgliche Behandlung einer im Urchristentum sehr wichtigen Frage war. Die Sklavenfrage war in den ersten Jahrhunderten für die urchristlichen Gemeinden ein aktuelles Problem. Viele Christen in Korinth und in den anderen großen Städten waren Sklaven. Für die christlichen Gemeinden stellte sich die Frage: Wie verträgt sich das Evangelium von der Freiheit der Kinder Gottes mit der Sklaverei? Sollten nicht die christlichen Herren verpflichtet werden, alle ihre Sklaven freizulassen?
Der Philemonbrief ist ein Meisterwerk subtiler Rhetorik und zugleich »eyn meysterlich lieblich exempel Christlicher liebe« (M. Luther). Er beginnt mit dem Dank gegenüber Gott, dass Philemon den christlichen Glauben angenommen hat. Und zugleich setzt er Philemon mit einer »fast erpresserischen Herzlichkeit« (D. Hildebrandt) unter Druck: »So wie ich bin, Paulus, ein alter Mann, nun aber auch ein Gefangener für Jesus, bitte ich dich für meinen Sohn Onesimus ... Ich schicke ihn dir zurück und damit mein eigenes Herz ... Ohne dein Einverständnis wollte ich nichts unternehmen, damit das Gute, das du tust, nicht aus Zwang geschieht, sondern freiwillig ... Wenn du mich nun für deinen Freund hältst, dann nimm ihn auf wie mich selber.« Konnte sich Philemon diesen Worten entziehen? »Wenn er dich aber geschädigt hat oder dir etwas schuldig ist, so stelle es mir in Rechnung. Ich werde dafür aufkommen – und rede gar nicht davon, dass du dich eigentlich selbst mir schuldest.« Was kann Philemon dem noch entgegensetzen?
Paulus erwartet von Philemon, dass er seinen Sklaven Onesimus in Zukunft nicht als Sklaven, sondern als seinen christlichen Bruder ansieht. Das ist keine politische Veränderung der antiken Sklavenhaltergesellschaft, aber es ist eine Veränderung, die das Denken und die Einstellung von Menschen verändert. Die Standesunterschiede werden nicht aufgehoben, aber sie verlieren ihre Bedeutung.
Was ist aus Onesimus geworden? Offenbar hat Philemon seinen Sklaven freigelassen. Jedenfalls wird er im späteren Kolosserbrief als Missionsmitarbeiter erwähnt, und einige Jahrzehnte später lobt Ignatius von Antiochien in einem Brief an die Epheser deren Bischof Onesimus.

Die Kaiser-Wilhelm-Gedächtnis-Kirche in Berlin, und die alte Vaterunser-Bitte: Vergib uns unsere Schuld – die paar Worte, einmal mit Inbrunst ausgesprochen. Von der Inbrunst ist etwas zurückgeblieben, ein kleines inneres Brennen, seltsam genug. Denn an Schuld weigern wir uns doch zu glauben und fühlen uns entschuldigt von vornherein. Wir erklären unsere Verfehlungen mit unserer Erbmasse, unserer Umwelt, unserer Erziehung, unseren neurotischen Anlagen, unschuldig sind allenfalls Kinder, und auch die nicht, was liest man nicht alles über sechsjährige Diebe und elfjährige Mörder, und müssten diese, einmal zu Verstand gekommen, nicht ihrerseits vergeben, ihrem Schöpfer vergeben, der sie so werden ließ? Es wird da aber, bei der alten Gebetszeile, noch einmal das Wort zauberkräftig und ruft die Empfindung hervor, nicht wir müssten Verzeihen vollbringen, sondern sie würde uns abgenommen auf wunderbare Weise, mit diesem Anruf, dieser Bitte, und nicht im kindlich-törichten Sinn. Als Kind har man sich wohl gefragt, was man denn gesündigt habe, die freche Antwort, die schludrige Schularbeit, und hat dabei gefühlt, dass mit der Schuld etwas anderes gemeint sein müsse, etwas, das erst noch auf einen zukommen würde, etwas ganz Entsetzliches gewiss. Deshalb der Schauer, deshalb die Inbrunst, und wie sehr hat man sich gegen das Schreckgespenst Erbsünde gewehrt. Es ist aber doch gekommen und hat Mitschuld geheißen oder Mitverantwortung, war also gar nichts Persönliches und doch etwas Persönliches. So höre ich am Ende des Lebens die alte Vaterunser-Bitte wieder mit der alten Ergriffenheit.

Marie-Luise Kaschnitz

(27.12.1571 – 15.11.1630)

»Er (der Schöpfer), der selber unsterblich ist, möge mir gnädig sein und mich davor bewahren, dass ich etwas über seine Werke berichte, das vor seiner Herrlichkeit nicht bestehen kann.« Diese Bitte stellt Johannes Kepler seinem großen astronomischen Werk »Harmonices mundi« voran. Für Kepler, einen der revolutionären Naturwissenschaftler zu Beginn der Neuzeit, ist ein Gegensatz zwischen Religion und Naturwissenschaft gar nicht denkbar. Er ist überzeugt, dass die Grundstruktur der Welt harmonisch ist und auf Gott verweist.

Johannes Kepler ist am 27.12.1571 im württembergischen Weil der Stadt geboren. Seine Familie gehörte in der kleinen katholischen Reichsstadt zum evangelischen Teil der Bürgerschaft. Nach dem Besuch der Klosterschule Maulbronn ging Johannes Kepler 1589 zum Theologiestudium nach Tübingen, wo er aber auch intensive mathematische und astronomische Studien betrieb. Dabei wurde er zum Anhänger des Kopernikus, der entdeckt hatte, dass die Erde um die Sonne kreist. Nach dem Studium nahm Kepler eine Stelle als Mathematiklehrer an der protestantischen Landschaftsschule in Graz an. In Graz verfasste er seine erste astronomische Arbeit, die ihn sofort bekannt machte. »Ich wollte Theologe werden, nun seht, wie Gott durch mich in der Astronomie gefeiert wird.« Als 1598 im Zuge der konfessionellen Streitigkeiten im Vorfeld des Dreißigjährigen Krieges alle evangelischen Pfarrer und Lehrer aus der Steiermark ausgewiesen wurden, musste auch Kepler aus Graz fliehen. Er ging nach Prag, wo der berühmte dänische Astronom Tycho Brahe den mittellosen Flüchtling und seine Familie aufnahm. Als Brahe bald darauf starb, wurde Kepler sein Nachfolger als kaiserlicher Mathematiker. In die Prager Jahre fallen Keplers erste große wissenschaftliche Entdeckungen. Bei der Auswertung des großen Datenmaterials, das Brahe in jahrzehntelanger Himmelsbeobachtung zusammengetragen hatte, entdeckte Kepler, dass sich die Planeten auf Ellipsenbahnen und nicht auf Kreisbahnen um die Sonne bewegen. Dieses erste Keplersche Gesetz bildet mit zwei weiteren Gesetzen, die er bei seinen astronomischen Studien entdeckte, die Grundlage einer neuen Astronomie. Seit Kepler gilt: Allein die empirisch erfahrbare und messbare Erkenntnis ist ein wissenschaftlich vertretbarer Weg der Naturerklärung.

1619 veröffentlicht Kepler in Linz sein Hauptwerk »Harmonices mundi«, in dem er sich um den Nachweis bemüht, dass im Weltall, auch in der Bewegung der Gestirne, eine mathematisch beschreibbare göttliche Harmonie herrscht. Er war überzeugt, dass Gott in der Schöpfung, im Buch der Natur, ebenso zu erkennen ist wie im Buch der Bibel. Die Natur erkennen war für Kepler nichts anderes, als die Gedanken und Absichten Gottes bei der Schöpfung nachzudenken.

Johannes Kepler war überzeugter lutherischer Christ, aber in konfessioneller Toleranz. Er unterschrieb die Konkordienformel, eine lutherische Bekenntnisschrift, nicht, weil darin die Calvinisten verdammt wurden. Daraufhin wurde er vom Abendmahl ausgeschlossen und von seiner württembergischen Heimatkirche exkommuniziert. Andererseits wurde er in Graz, Prag und Linz von katholischer Seite als Protestant immer wieder vertrieben und verfolgt. Er lehnte ein ehrenvolles Stellenangebot Kaiser Ferdinands II., das ihn von allen Geldsorgen befreit hätte, ab, weil es mit der Bedingung verknüpft war, katholisch zu werden. »Es tut im Herzen wehe, dass die drei großen Factiones die Wahrheit unter sich also elendiglich zerrissen haben, dass ich sie stückweise zusammensuchen muss.«

Als seine Mutter der Hexerei bezichtigt wird, verteidigt er sie in einem gegen sie angestrengten Hexenprozess so hartnäckig bis zu ihrem Freispruch, dass in den Prozessakten vermerkt wird: »Die Verhaftin erscheint leider mit Beistand ihres Herrn Sohns, Johann Keplers Mathematici.«

Am 15.11.1630 ist Johannes Kepler in Regensburg gestorben, wo er auf dem Reichstag beim Kaiser seine noch ausstehende Besoldung einzutreiben gehofft hatte.

Lasset eure Lenden umgürtet sein und eure Lichter brennen.

Lukas 12,35

GEBET

Wenn ich heute sterben würde,
was würden die Leute morgen von mir sagen?
Er wird uns fehlen. Wir wissen nicht,
wie es ohne ihn gehen soll.
Oder: Zuletzt war nicht mehr viel mit ihm los.
Oder auch: Wir weinen ihm keine Träne nach.
Ist ein Ersatz bald zur Stelle oder bleibt
da eine Lücke auf lange Zeit?
In den Anzeigen steht viel geschrieben
von Liebe und Dankbarkeit,
von »Unvergessen« und »ewigem Gedenken«.
Sind das nur Höflichkeiten oder gar Lügen?
Warum schreibt niemand: Es war ein schwieriger Mensch ...?
Wenn ich heute sterben würde,
was würdest du, Gott, zu meinem Leben sagen?
An deinem Urteil, Gott, liegt mir mehr.
Denn du bist der Einzige, der mich wirklich
kennt, durch und durch.
Ich hoffe, Gott, du bist mir gnädig.
Amen.

GESANGBUCH

Gott, lass dein Heil uns schauen,
auf nichts Vergänglichs trauen,
nicht Eitelkeit uns freun;
laß uns einfältig werden und vor dir hier auf Erden
wie Kinder fromm und fröhlich sein.

Wollst endlich sonder Grämen
aus dieser Welt uns nehmen
durch einen sanften Tod;
und wenn du uns genommen, lass uns in' Himmel kommen,
du unser Herr und unser Gott.

Matthias Claudius (1779), EG 482,5+6

In Europa hat das Christentum nach dem Bericht der Apostelgeschichte in der nordgriechischen Stadt Philippi begonnen. Angefangen hat es nicht mit einer kirchlichen Großkundgebung, sondern mit einer kleinen Versammlung an einem Bach und mit einer einzigen Frau, der Purpurhändlerin Lydia.

Von Troas aus, an der kleinasiatischen Westküste, waren Paulus und seine Begleiter per Schiff über das ägäische Meer gesegelt, in der griechischen Hafenstadt Neapolis (heute: Kavalla) gelandet und zu Fuß übers Küstengebirge in die römische Garnisonsstadt Philippi gewandert. In dieser Stadt, die vor allem von römischen Kolonisten bewohnt war, lebten kaum Juden, sodass für Paulus sein wichtigster Anknüpfungspunkt entfiel. Sie erfahren aber, dass sich am Sabbat einige Leute am Fluss, dem Gangites, außerhalb der Stadt versammeln. So warten sie bis zum Sabbat und gehen dann hinaus an den Fluss, wo sie eine offene Gebetsstätte und einige Frauen finden, die sich dort zum Gebet getroffen hatten. »Eine dieser Frauen – sie hieß Lydia – war eine Purpurhändlerin aus Thyatira, eine gottesfürchtige Frau, die an den Gott Israels glaubte. Während sie uns zuhörte, öffnete ihr der Herr das Herz, sodass sie das, was Paulus sagte, bereitwillig aufnahm.« (Apostelgeschichte 16,14)

Lydia war in Philippi eine Fremde. Ihr Name deutet zugleich ihre Herkunft an: Sie stammt aus der Stadt Thyatira in Lydien, die berühmt war wegen ihrer Purpurindustrie. Purpur, aus Purpurschnecken gewonnen, war in der Antike ein besonders kostbarer violettroter Farbstoff. Ein Purpurkleid kostete ein Vermögen. Purpurstoffe waren eine teure Luxusware, der Handel mit ihnen war ein einträgliches Geschäft. So war Lydia sicher eine wohlhabende und unabhängige Frau, die in Philippi als Chefin eines kleinen Betriebs mit mehreren Angestellten bekannt war und zur Oberschicht in der Stadt gehörte.

Diese vermögende Frau lässt sich »mit allen, die in ihrem Haus lebten«, taufen. Lydia ist die erste getaufte Christin Europas! Am Rande der heutigen Ruinenstadt Philippi liegt heute am Fluss eine kleine Taufkapelle, die an dieses Ereignis erinnert. Mit ihr werden auch weitere Familienangehörige, ihr Personal und andere Mitglieder ihres »Hauses« getauft. Denn Lydia war als Familienvorstand und als Herrin ihres Hauses nach griechisch-römischem Verständnis auch für die religiösen Angelegenheiten ihres Familienverbandes zuständig.

Lydia ist eine energische und tatkräftige Frau. Sie hat ein großes Haus und duldet nicht, dass Paulus und seine Begleiter sich irgendein Quartier suchen und dort unterkommen müssen: »Wenn ihr überzeugt seid, dass ich jetzt eine Christin bin und an den Herrn glaube, sagte sie, dann kommt in mein Haus und seid meine Gäste! Sie drängte uns so, dass wir einwilligten.« (Apostelgeschichte 16,15) Lydia bietet den Missionaren Quartier und sammelt in ihrem Haus die erste Gemeinde auf europäischem Boden.

Lydia und ihre Hausgemeinde in Philippi ist nur das erste Beispiel. Priska und Chloe in Korinth, Phöbe in Kenchreä, Nympha in Laodizea, Junia, Tryphaina und Tryphosa in Rom und viele weitere im Neuen Testament erwähnte Frauen zeigen, dass Frauen in den paulinischen Gemeinden wichtige Positionen innehatten und für die Ausbreitung des christlichen Glaubens eine maßgebliche Rolle gespielt haben.

Ernst Barlach, »Der Schwebende«, Bronze, 1926/27
© der Vorlage: akg-images, Berlin

Die Bronze-Skulptur »Der Schwebende« hat Barlach als Mahnmal für die Gefallenen des Ersten Weltkriegs für den Dom in Güstrow geschaffen. 1937 wurde es als Beispiel für »entartete Kunst« gebrandmarkt, aus dem Dom entfernt und eingeschmolzen.
Nach eigenen Angaben schuf Barlach mit dem Schwebenden eine Figur, »die ganz in sich geschlossen sei und ein Höchstes an Konzentration darstelle. Sie solle über den Alltag hinausführen in eine andere Welt«. In ihm, dem Engel, und damit in der Wirklichkeit Gottes sind die im Krieg sinnlos Getöteten bewahrt und aufgehoben.

(9.9.1828–20.11.1910)

Graf Leo Tolstoi, der am 9. September 1828 in Jasnaja Poljana bei Tula geboren wurde, stammte aus einer alten russischen Adelsfamilie. Nach dem frühen Tod seiner Eltern wuchs er bei Verwandten in Kasan auf und studierte zunächst Jura und orientalische Sprachen. Doch nach drei Jahren brach er das Studium ab, weil er »etwas Nützliches« tun wollte. In Jasnaja Poljana, dem ererbten väterlichen Gut, errichtete er eine Schule für die leibeigenen Bauern und ihre Kinder, fand damit aber – zunächst – kein Verständnis. Er trat in die Armee ein und nahm als Offizier am Krimkrieg (1851–56) teil. Die Kriegs- und Grenzerfahrungen im Kaukasus verarbeitete er in Tagebuchaufzeichnungen und mehreren Erzählungen, die ihn als Schriftsteller in Russland bekannt machten. Auf seinem Gut gründete er erneut eine Schule – diesmal mit Erfolg und großer Resonanz –, gab ein pädagogisches Journal heraus und setzte sich in seinem Landkreis als Friedensrichter für die Rechte der Bauern ein. 1862 heiratete er Sofia Behr, die 18-jährige Tochter eines befreundeten Moskauer Arztes. Das Ehepaar hatte 13 Kinder. In den darauf folgenden Jahren entstanden seine großen Romane »Krieg und Frieden« und »Anna Karenina«, die ihn in ganz Europa berühmt machten.

Doch auf dem Gipfel seines Erfolgs erfasste ihn eine schwere Lebenskrise, weil er auf die Frage nach dem Sinn seines Lebens keine Antwort geben konnte. Angewidert vom Materialismus und Fortschrittsglauben seiner Zeit, schreibt er in dem Traktat »Meine Beichte«: »Ich hatte nichts, wofür ich hätte leben können ... Ich konnte für keine einzige Handlung einen vernünftigen Grund angeben, noch einen Sinn für mein Leben als Ganzes.« In dieser Zeit wandte sich Tolstoi intensiv dem Studium der Bibel zu und entdeckte in der Bergpredigt die »wahre Lehre Jesu«, an der er seine Lebenspraxis ausrichten wollte. Er kritisierte die Riten, Dogmen und Institutionen der russisch-orthodoxen Kirche und stellte ihnen seine eigene Auffassung vom Evangelium entgegen, das keine »mystische Lehre, sondern ein neues Lebensverständnis« sei. Tolstois Christentum war radikal diesseitig, ihn interessierte keine Religion, die ein »jenseitiges Glück verheißt, sondern Glück auf dieser Erde gewährt«. Von der Arbeit anderer zu leben, das wurde ihm zum Gräuel. Diese Einstellung stürzte den Gutsbesitzer und weltberühmten Schriftsteller Tolstoi, der kein Schmarotzer sein wollte, in eine tiefe Gewissenskrise: »Die Bauern verhungern, und die Reichen spielen Beethoven.« Er entfernte sich immer mehr vom Leben des Adels, überließ seiner Frau sein Vermögen, trug demonstrativ den altrussischen Bauernkittel und sah das Heil nun in der Rückkehr zur Frömmigkeit und zum einfachen Leben der russischen Bauern. Seine Ehefrau brachte für seinen Wunsch, so arm wie ein Bettler zu sein, wenig Verständnis auf. Sie fürchtete, er könne die ganze Familie an den Bettelstab bringen – ein Ehedrama, an dem ganz Russland Anteil nahm.

Vom Staat schon lange unter Polizeiaufsicht gestellt, wurde Tolstoi 1901 schließlich auch von der orthodoxen Kirche exkommuniziert. Sein Wohnsitz Jasnaja Poljana war längst zu einem Wallfahrtsort für Bewunderer und Aussteiger aus ganz Europa geworden, die in Tolstoi einen intellektuellen Wegbereiter für ein gewaltfreies und naturverbundenes Leben sahen.

Als der greise Tolstoi im November 1910 heimlich seine Familie und sein Gut verließ, um als armer Pilger sein Leben zu beschließen, war ganz Russland erschüttert. Am Ende seines Lebens wollte Tolstoi sein Leben endlich in Einklang mit seinen Überzeugungen bringen. Als er unterwegs erkrankte, wurden seine letzten Tage zu einem Medienspektakel. Korrespondenten aus aller Welt umlagerten die kleine Eisenbahnstation Astapowo im Süden Russlands, wo Graf Leo Tolstoi am 20.11.1910 starb.

Siehe, dein König kommt zu dir, ein Gerechter und ein Helfer.

Sacharja 9,9

Gebet

Jesus,
wir glauben, dass du auch heute noch
Menschen verändern kannst.
Darum bitten wir dich in dieser Adventszeit:
Komm auch zu uns!
Komm zu denen, die erschöpft und
abgestumpft sind und nicht mehr an
diese Liebe glauben können.
Komm zu denen, die einsam sind und
auf einen warten, mit dem sie reden können.
Komm zu denen, die sich ausgeschlossen
fühlen und glauben, dass das Leben an
ihnen vorbeigeht.
Komm zu den vielen jungen und alten
Menschen, die keinen Sinn in ihrem Leben
sehen und nichts mehr mit sich anfangen können.
Herr, komm auch zu uns!
Wir haben es nötig!
Amen.

Gesangbuch

Komm, o mein Heiland Jesu Christ,
meins Herzens Tür dir offen ist.
Ach zieh mit deiner Gnade ein;
dein Freundlichkeit auch uns erschein.
Dein Heilger Geist uns führ und leit
den Weg zur ewgen Seligkeit.
Dem Namen dein, o Herr, sei ewig Preis und Ehr.

Georg Weissel (1623), EG 1,5

»Ich habe euch Timotheus geschickt, den ich liebe, als wäre er mein eigener Sohn, und der mir ein zuverlässiger Mitarbeiter in meinem Dienst für den Herrn ist.« (1 Korinther 4,17)
Von allen Mitarbeitern des Paulus stand ihm Timotheus (deutsch: »Fürchtegott«) am nächsten. Er stammte aus Lystra an der Südküste der Türkei, wo Paulus ihn auf seiner zweiten Missionsreise zum Christentum bekehrte. Von da an begleitete Timotheus den Apostel Paulus bei allen seinen großen Reisen. Er wurde zu seinem wichtigsten Mitarbeiter, zwischen beiden entwickelte sich ein familiäres Verhältnis wie zwischen Vater und Sohn. Im Philipperbrief sagt Paulus über ihn: »Ich habe nämlich keinen, der in allem so mit mir übereinstimmt und der sich, wenn er zu euch kommt, so aufrichtig um eure Belange kümmern wird wie er ... Ihr wisst ja selbst, was für ein bewährter Mitarbeiter Timotheus ist: Wie ein Sohn an der Seite seines Vaters, so hat er mit mir zusammen dem Evangelium gedient.« (2,20ff.)
Wiederholt wird er von Paulus mit heiklen Aufgaben betraut. Als Paulus vorzeitig aus Thessalonich fliehen muss, lässt er Timotheus und Silas in der Stadt zurück und vertraut ihnen die dortige Gemeinde an. Paulus schickt ihn in die zerstrittene Gemeinde von Korinth, um die Korinther an seine Verkündigung zu erinnern. Der Gemeinde in Philippi überbringt er einen Brief des in Ephesus oder Rom inhaftierten Apostels. In den meisten seiner Briefe erwähnt Paulus Timotheus als Mitabsender. Vermutlich hat Timotheus Paulus auch nach Abschluss der Missionsarbeit im Osten bei seiner Reise zur Überbringung der Kollekte nach Jerusalem begleitet und dort die Gefangensetzung des Paulus miterlebt.
Nach Timotheus war Titus der engste Mitarbeiter des Paulus, der Titus vermutlich schon als führendes Mitglied der heidenchristlichen Gemeinde in Antiochia kennen gelernt hatte. Paulus nahm den Griechen Titus als Vertreter der Heidenchristen mit zum sogenannten »Apostelkonzil« in Jerusalem, wo Titus von den »maßgeblichen Leuten« im vollen Sinn als Mitchrist anerkannt wurde. Paulus betraute ihn später mit der geplanten Kollekte der paulinischen Gemeinden zugunsten der armen Judenchristen in Jerusalem. Im 2. Korintherbrief schreibt er: »Darum haben wir Titus gebeten, dieses Werk der Gnade, so wie er es einst begonnen hatte, nun auch bei euch zu Ende zu führen.« (2 Korinther 8,6) Leider wissen wir nicht, wie diese Kollekte, für die sich Titus besonders eingesetzt hat, in Jerusalem aufgenommen worden ist.
Aus dem Korintherbrief wissen wir aber, dass Titus ein besonderes Geschick im Umgang mit Menschen gehabt haben muss. Als die Beziehungen zwischen Paulus und der korinthischen Gemeinde aufs Äußerste angespannt waren und die Gemeinde drauf und dran war, sich von Paulus zu lösen, gelang es Titus, die Gemeinde für Paulus zurückzugewinnen. Als er mit dieser Nachricht bei Paulus eintraf, schickte ihn dieser postwendend nach Korinth zurück, um einen neuerlichen Besuch des Paulus vorzubereiten und die Kollekte zu organisieren. Auch damit war der diplomatisch begabte Titus erfolgreich.
Über das spätere Wirken der beiden wichtigsten Mitarbeiter des Paulus haben wir keine historisch zuverlässigen Nachrichten. Nach alter kirchlicher Überlieferung starb Timotheus im hohen Alter als Bischof von Ephesus, während Titus noch als Missionar auf Kreta gewirkt und dort als erster Bischof gestorben sein soll.
Timotheus und Titus stehen für die über 50 namentlich erwähnten Mitarbeiter des Paulus. Dessen Heidenmission war kein Ein-Mann-Unternehmen, sondern eine wohl durchdachte Organisation großen Ausmaßes. Dabei hat Paulus Wert darauf gelegt, dass die Mitarbeiter nicht »seine Gehilfen« waren, sondern, wie er es von Timotheus schreibt, »Mitarbeiter Gottes am Evangelium von Christus«. (1 Thessalonicher 3,2)

STERNE

Zu wenig Zeit genommen
Für die Betrachtung der Sterne
Ich rede nicht von Teleskopen
Ich spreche von einer Dachluke
In einer ganz gewöhnlichen
Wolkenlosen Nacht
Vom Heimweg zu später Stunde
Nur flüchtig aufschauend
Den Schlüssel schon im Schloss
Nicht was ich nicht weiß
Reut mich
Mich reut der nachlässige Gebrauch
Meiner Augen.

Rainer Malkowski

(24.6.1891–29.11.1975)

Heinrich Grüber, am 24.6.1891 in Stolberg geboren, stammte aus dem Rheinland, seine Mutter war gebürtige Holländerin. Er studierte Theologie in Bonn, Berlin und Utrecht und nahm als Freiwilliger am Ersten Weltkrieg teil. 1920 trat er seine erste Pfarrstelle in Dortmund-Brackel an, wurde aber schon drei Jahre später nach Konflikten mit der französischen Besatzungsmacht aus Dortmund ausgewiesen. Nach kurzer Tätigkeit bei den Düsseltaler Anstalten übernahm er 1926 die Leitung des Waldhofs, eines evangelischen Erziehungsheims in Templin in Brandenburg. Als er sich 1933 offen gegen die Nationalsozialisten bekannte, wurde er als Direktor der »Jugenderziehungsanstalt Waldhof« entlassen. 1934 zum Pfarrer in Kaulsdorf im Osten Berlins gewählt, schloss er sich schnell der Bekennenden Kirche an. Als nebenamtlicher Geistlicher der niederländischen Gemeinde in Berlin wurde er in dieser Zeit immer wieder um Hilfe bei der Auswanderung gebeten. Besonders groß war die Not der christlichen »Nichtarier und Mischlinge«, für die sich niemand zuständig erklärte und die zwischen allen Stühlen saßen. 1938 machte Pfarrer Paul Braune von den Lobetaler Anstalten mit der Denkschrift »Zur Lage der nichtarischen Christen«, die er auch in der Reichskanzlei einreichte, auf ihre Situation aufmerksam. Dies führte im Herbst 1938 zur Gründung der »Hilfsstelle für nichtarische Christen«, deren Leitung Heinrich Grüber übertragen wurde.

Das »Büro Pfarrer Grüber« hatte bis zu 30 Mitarbeiter, fast alles »nichtarische Christen«, von denen nur wenige das Dritte Reich überlebt haben. Nach der Reichspogromnacht am 9. November 1938 schwoll die Zahl der Auswanderungssuchenden gewaltig an. Täglich suchten mehr als 100 Personen Hilfe und Beratung. Es ging aber auch um die Suche nach Unterkünften, um schulische Betreuung, um Fürsorge für Alte und Kranke, die nicht auswandern konnten, und nicht zuletzt um Seelsorge gerade auch an denen, die von ihren »arischen« Ehepartnern verlassen wurden. Die Arbeit wurde anfangs auch von staatlichen Stellen geduldet und zum Teil unterstützt, man hoffte, dadurch viele Juden loszuwerden. Von Eichmann wurde Grüber gefragt: »Warum setzen Sie sich so für diese Juden ein? Sie haben doch keine jüdische Verwandtschaft.« Grübers Antwort: »Sie kennen doch das Gleichnis vom barmherzigen Samariter? Da heißt es am Schluss: Gehe hin und tue desgleichen!«

Als Heinrich Grüber 1940 gegen die Deportation von Juden protestierte, wurde er von der Gestapo verhaftet und das »Büro Pfarrer Grüber« geschlossen. Drei Jahre verbrachte er im Konzentrationslager Dachau, bis er 1943 unter strengen Auflagen entlassen wurde und wieder die Pfarrstelle in Kaulsdorf übernehmen konnte. Nach Kriegsende setzten ihn die Russen 1945 zunächst als Bürgermeister in Kaulsdorf ein, er wurde dann aber bald zum Propst der Evangelischen Kirche für Ostberlin und Leiter des Beirates für Kirchenfragen im Berliner Magistrat bestellt. Als Mitgründer der »Vereinigung der Verfolgten des Naziregimes« (VVN) wurde er vom Westen argwöhnisch beäugt, als Bevollmächtigter des Rates der EKD bei der DDR-Regierung eckte er im Osten immer wieder an. Als er gegen die Verfolgung der »Jungen Gemeinde« protestierte und sich für politische Gefangene einsetzte, wurde er von Ulbricht und Grotewohl als kirchlicher Gesprächspartner nicht mehr akzeptiert. Grüber übernahm wieder eine Pfarrstelle in Berlin. 1961 fand er jedoch noch einmal weltweite Beachtung. Als einziger deutscher nicht-jüdischer Zeuge wurde er zum Eichmann-Prozess in Jerusalem eingeladen. Seine Aussage als Zeuge der Anklage wurde live im Radio und Fernsehen Israels übertragen.

Am 29.11.1975 ist Heinrich Grüber in Berlin gestorben.

Seht auf und erhebt eure Häupter, weil sich eure Erlösung naht.

Lukas 21,38

GEBET

Jesus Christus,
wir warten auf dein Kommen, so wie wir auf Frieden hoffen,
in unserem Land, im Nahen Osten oder in Afrika.
Wir warten auf dein Kommen,
so wie wir nach Gerechtigkeit hungern
zwischen den Ländern des Nordens und des Südens
und zwischen den Reichen und den Armen unter uns.
Wir warten auf dein Kommen,
so wie wir uns sehnen nach Liebe nicht nur in der Familie
und unter Freunden, auch in der Schule, auch bei der Arbeit,
auch im täglichen Umgang miteinander.
Wir bitten dich:
Gib denen die Hoffnung wieder, die sie verloren haben.
Gib denen die Liebe wieder,
die schon lange lieblos miteinander umgehen.
Wecke in uns den Sinn für die Gerechtigkeit,
damit wir uns nicht abfinden mit trostlosen Zuständen.
Amen.

GESANGBUCH

Die ihr noch wohnt im Tal der Tränen,
wo Tod den schwarzen Schatten wirft:
Schon hört ihr Gottes Schritt,
ihr dürft euch jetzt nicht mehr verlassen wähnen.

Er kommt mit Frieden. Nie mehr Klagen,
nie Krieg, Verrat und bittre Zeit!
Kein Kind, das nachts erschrocken schreit,
weil Stiefel auf das Pflaster schlagen.

Die Liebe geht nicht mehr verloren.
Das Unrecht stürzt in vollem Lauf.
Der Tod ist tot. Das Volk jauchzt auf
und ruft: »Uns ist ein Kind geboren!«

Jürgen Henkys (1981), EG 20,2–4

In den weihnachtlichen Krippen steht Joseph, der Vater Jesu, meist im Hintergrund, wie jemand, der nicht viel zu sagen hat. War Joseph in der Jesus-Geschichte nur ein stummer Zuschauer?

Die Evangelien zeichnen ein anderes Bild von Joseph. Nach dem Matthäusevangelium war Joseph mit Maria verlobt, als diese – nicht von ihm – schwanger wurde. Seine Reaktion wird als sehr ehrenwert beschrieben. Er will seine Verlobte nicht, wie gesetzlich möglich, durch ein Ehebruchsverfahren der Schande preisgeben, gedenkt aber, sie heimlich zu verlassen. Nachdem ihm ein Engel die wahren Umstände von Marias Schwangerschaft mitgeteilt hat, beschließt er, sie zu heiraten. Ausdrücklich betont Matthäus, dass Joseph mit Maria bis zur Geburt Jesu keinen Geschlechtsverkehr hatte. Als das Kind geboren war, gab Joseph ihm, wie ihm der Engel gesagt hatte, den Namen Jesus. Zugleich adoptierte er damit dieses Kind und nahm es als sein eigenes an. Matthäus charakterisiert Joseph deswegen als einen »Gerechten«.

Im Matthäusevangelium bleibt Joseph der aktive Teil der jungen Familie. Ihm erscheint der Engel im Traum und befiehlt ihm, mit Frau und Kind vor den Nachstellungen des Herodes nach Ägypten zu fliehen. Das war eine lange und strapaziöse Wanderung. Wie hat Joseph die kleine Familie in dem fremden Land ernähren und beschützen können?

Nach dem Lukasevangelium stammte Joseph aus Bethlehem, der Stadt Davids, wohnte jedoch in Nazareth, wo er als Zimmermann oder Bauhandwerker arbeitete. Zur Steuerschätzung, so erzählt es Lukas, musste er mit seiner schwangeren Verlobten nach Bethlehem reisen. Das ist die Ausgangsbasis für die berühmte Weihnachtsgeschichte des Lukasevangeliums, in der manches ungesagt bleibt: Wer organisierte die Wanderung nach Bethlehem, quer durchs Land? Wer beschaffte das Quartier, in dem Maria ihr Kind zur Welt brachte? Wer besorgte die Windeln für das kleine Kind? Joseph – ein stummer Zuschauer in der Weihnachtsgeschichte? Das ist schwer vorstellbar.

Mit Maria hatte Joseph mindestens sieben Kinder: fünf namentlich bekannte Söhne und eine unbekannte Zahl von Töchtern. Diese große Familie musste versorgt werden. Als Bauhandwerker könnte Joseph Arbeit in der benachbarten Stadt Sepphoris gefunden haben, die der galiläische Landesfürst Herodes Antipater in jener Zeit glanzvoll ausbauen ließ. Kein Zimmermannsidyll in heimischer Werkstatt, sondern harte Lohnarbeit auf städtischen Baustellen.

Von Joseph berichten die Evangelien nur in den Kindheitsgeschichten Jesu. Später ist von ihm nicht mehr die Rede. Jesus wird dann nur noch »Sohn der Maria« genannt.

Die wahrscheinlichste Erklärung dafür ist: Als Jesus öffentlich zu wirken begann, war Joseph vermutlich schon gestorben.

In den Weihnachtskrippen gehört Joseph meist zur stummen Staffage. Doch nach der Bibel war er keineswegs nur ein blasser Zuschauer im Hintergrund, sondern ein tatkräftiger und entschlossener Mann, der alles tut, seine junge Familie am Leben zu erhalten.

ICH HABE EINEN TRAUM

Ich habe einen Traum. Ich halte die Welt der schlechten Nachrichten einfach an. Aus den Studiolautsprechern kommt eine Durchsage des Regisseurs: »Das heute-journal fällt aus. Es gibt nichts, was wir zu vermelden brauchten. Wir senden stattdessen ein Schwarzbild. Schönen Feierabend.« Ich zappe durch zwei deutsche Nachrichtenkanäle. Auf n-tv läuft nur das Wetter. N24 wiederholt Tierdokumentationen aus den 60er-Jahren. Auf dem Laufband steht: »Es gibt gerade nichts Neues.« Die Telefone laufen heiß. Tausende Zuschauer beschweren sich. »Wo bleiben die Toten, wo die miserablen Konjunkturdaten?«, fragen sie empört. Das ZDF bringt nach dem 30-minütigen Schwarzbild eine Sondersendung zum Thema: »Nichts ist das Neue. Wie wir ab sofort ohne News leben müssen.« RTL vermeldet unter dem Signet: »Breaking News«: »Ruhe vor dem Sturm: Geheimnisvoller Frieden erschüttert die Welt. Tausende Reporter bald ohne Arbeit?« Die Nachrichtenagentur dpa versendet eine Eilmeldung: »Bild hat Hinweise auf Kollaboration von friedlichen Elementen weltweit.« Die ARD ruft eilig die Chefredakteure der Regionalsender zusammen. Der Programmauftrag sei in Gefahr. Schon befürchte man einen Einbruch bei den Gebühren. Die Nachrichtenagenturen überbieten sich mit immer neuen Deutungen der plötzlich gewaltlosen Weltlage. Im ZDF senden wir weiter Schwarzbild mit Untertiteln (»Es gibt nichts zu berichten – bleiben Sie dran!«).

Am nächsten Morgen legt man uns die Zuschauerzahlen auf den Tisch: Es waren die höchsten Einschaltquoten aller Zeiten.

Marietta Slomka, aufgezeichnet von Marc Kayser

(2.12.1909–11.3.2002)

Marion Gräfin Dönhoff wird am 2.12.1909 auf Schloss Friedrichstein bei Königsberg in Ostpreußen geboren. Die unbeschwerte Jugend, zum großen Teil auf dem Rücken ihrer Pferde verbracht, endet für die junge Comtesse aus altem preußischen Adel mit einem lebensgefährlichen Autounfall. Anfangs von Hauslehrern unterrichtet, kommt sie jetzt nach Potsdam, wo sie in einer Jungenklasse als einziges Mädchen das Abitur ablegt. Während des Studiums der Volkswirtschaft in Frankfurt/Main wird sie als »rote Gräfin« bezeichnet, weil sie gemeinsam mit kommunistischen Studenten gegen die aufkommenden Nazis kämpft. Sie wechselt ins neutrale Basel und promoviert dort über das Zustandekommen eines ostpreußischen Großgrundbesitzes.

Zurück in Ostpreußen, arbeitet sie sich auf Wunsch der Familie in die Verwaltung der umfangreichen Familiengüter ein. Als ihre Brüder zu Beginn des Zweiten Weltkriegs als Soldaten eingezogen werden, übernimmt sie die Bewirtschaftung des Familienbesitzes. Sie hat viele Freunde in den Widerstandsgruppen gegen Hitler, für die sie Kurierdienste übernimmt. Nach dem 20. Juli 1944 wird auch sie von der Gestapo verhört, am Ende aber freigelassen. »Nichts konnte schlimmer sein, als alle Freunde zu verlieren und allein übrig zu bleiben«, schreibt sie später.

Im eiskalten Januar 1945 flieht Marion Dönhoff im letzten Moment mit ihrem Pferd Alarich aus Ostpreußen und erreicht nach einem abenteuerlichen Ritt von sieben Wochen den Ort in Westfalen, von dem ihre Vorfahren 700 Jahre zuvor gen Osten aufgebrochen waren: »Sieben Jahrhunderte ausgelöscht.«

Nach dem Zweiten Weltkrieg beginnt das zweite Leben der Marion Gräfin Dönhoff. Als den Gründern der Wochenzeitung »Die ZEIT« ihr an die britische Besatzung gerichtetes Memorandum zur Deutschlandpolitik in die Hände fällt, wird sie eingeladen, an der Zeitung mitzuwirken. Erst als Redakteurin, dann als Ressortleiterin für Politik, als Chefredakteurin, schließlich als Herausgeberin der »ZEIT« begleitet sie kritisch die Entwicklung der Bundesrepublik Deutschland. »Alles Denken«, schreibt sie später, »kreiste um die geistige und politische Erneuerung. Wie sollte das neue Deutschland aussehen?«

Zu ihren wichtigsten Anliegen gehört die Aussöhnung mit dem Osten. Adenauers Deutschlandpolitik ist für sie »Heuchelei«, der Verzicht auf die Ostgebiete die einzige realistische Friedensgarantie. Sie unterstützt die Ostpolitik Willy Brandts, doch als Brandt sie einlädt, ihn zur Vertragsunterzeichnung in Warschau zu begleiten, sagt sie zwei Tage vorher ab: »Zwar hatte ich mich damit abgefunden, dass meine Heimat Ostpreußen endgültig verloren gegangen ist, aber selber zu assistieren, während Brief und Siegel daraufgesetzt werden, und dann ein Glas auf den Abschluss des Vertrags zu trinken, das erschien mir plötzlich mehr, als man ertragen kann.«

Mit zunehmendem Alter bewegt sie die Sorge über die Fixierung der Gesellschaft auf materielle statt geistige Güter. »Alles Geistige, Musische, Humane wird an den Rand gedrängt«, klagt sie in dem Buch »Zivilisiert den Kapitalismus« und fordert, »dass die Fragen nach dem Sinn von Arbeit und Produktion, nach den Grenzen der Macht, dem Wesen des Fortschritts und dem Zuschnitt der Gesellschaft neu gestellt und ernsthaft diskutiert werden«. Längst gilt die große alte Dame des Journalismus in Deutschland als moralische Instanz. Sie wird mit Preisen und Auszeichnungen überhäuft, die Stadt Hamburg verleiht ihr die Ehrenbürgerschaft.

Marion Gräfin Dönhoff stirbt am 11.3.2002 im Alter von 92 Jahren auf Schloss Crottorf im Siegerland bei ihren Verwandten. Kurz vor ihrem Tod antwortet sie auf die Frage, ob sie an ein Leben nach dem Tod glaube: »Ich habe mir nie konkrete Vorstellungen gemacht. Ich gehe aber davon aus, dass da etwas kommt. Aber ob ich da jemanden wiedertreffe, das habe ich nie konkretisiert … Wozu auch? Ich denke, dass alles seine Zeit und seinen Platz hat.«

Bereitet dem Herrn den Weg; denn siehe, der Herr kommt gewaltig.

Jesaja 40,3.10

Gebet

O Gott, was für ein Leben!
Jeden Tag gehe ich durch die Geschäfte.
Ich kenne alle Markenartikel,
ich weiß, was »in« ist und was »out«.
Bei jedem Gewinnspiel bin ich dabei.
Doch mein Leben in Ordnung zu bringen,
dafür fehlt mir die Zeit.
Liebevoll dekoriere ich meine Wohnung:
hier ein Bild, dort ein Blumenstrauß.
Jedes Jahr räume ich einmal um,
alte Möbel raus, neue rein.
Doch in meine persönliche
Inneneinrichtung,
was habe ich da investiert?
Sorgfältig pflege ich vor dem Spiegel meine Haut,
Falten haben bei mir keine Chance.
Meine Aufmachung ist mir nicht egal,
mein Aussehen und mein Ansehen.
Doch was tue ich,
um meine Seele zu pflegen?
O Gott, was für ein Leben!

Gesangbuch

Ach mache du mich Armen zu dieser heilgen Zeit
aus Güte und Erbarmen, Herr Jesu, selbst bereit.
Zieh in mein Herz hinein vom Stall und von der Krippen,
so werden Herz und Lippen dir allzeit dankbar sein.

Valentin Thilo (1642), EG 10,4

Die Liste der Titel und Würdenamen, mit denen Maria in der katholischen und in der orthodoxen Kirche angerufen wird, ist lang: »Mutter Gottes, immerwährende Jungfrau, Mittlerin aller Gnaden, Schmerzensmutter, Königin des Himmels, Mutter der Kirche, seligste Jungfrau, Maria voll der Gnade« sind nur die bekanntesten. Am 2. Februar wird Mariä Lichtmess gefeiert, am 25. März Mariä Verkündigung, am 2. Juli Mariä Heimsuchung, am 15. August Mariä Himmelfahrt, am 8. September Mariä Geburt, am 8. Dezember Mariä unbefleckte Empfängnis. Am 8. Dezember 1854 verkündete Papst Pius IX. das Dogma von der »unbefleckten Empfängnis« Marias, am 1. November 1950 erhob Papst Pius XII. die leibliche Aufnahme Marias in den Himmel für die katholische Kirche zum Dogma.

Der ausufernde Marienkult steht in einem auffälligen Missverhältnis zur Bescheidenheit der biblischen Informationen über Maria, die Mutter Jesu. Wenn wir uns an die einigermaßen wahrscheinlichen Daten aus dem Leben Marias halten, ist ihr Leben schnell erzählt:

Maria stammte aus dem kleinen Dorf Nazareth im galiläischen Bergland. Anders, als es spätere Legenden erzählen, wissen wir über ihre Eltern und Vorfahren nichts. Ihr späterer Mann Joseph arbeitete in Nazareth als Zimmermann oder Bauhandwerker. Über eine strapaziöse Reise der schwangeren Maria nach Bethlehem, die wunderbare Geburt Jesu, den märchenhaften Besuch der drei Magier aus dem Morgenland, die Flucht Josephs und Marias mit dem kleinen Jesus nach Ägypten oder den Disput des zwölfjährigen Jesus mit seiner aufgebrachten Mutter berichten nur die mehr legendenhaften Kindheitsgeschichten des Lukas- und des Matthäusevangeliums.

Nach dem historisch zuverlässigen Markusevangelium hatten Maria und Joseph fünf Söhne und mehrere Töchter. Nachdem der älteste Sohn Jesus sich von Gott berufen wusste, die Familie verlassen und das unstete Leben eines umherziehenden Wanderpredigers begonnen hatte, scheint die Familie anfänglich auf Distanz zu ihm gegangen zu sein: »Und als es die Seinen hörten, machten sie sich auf und wollten ihn festhalten; denn sie sprachen: Er ist von Sinnen.« (Markus 3,21) In einer weiteren Szene wird im Markusevangelium erzählt, wie die besorgte Mutter Maria – zu dieser Zeit wohl schon Witwe, denn von Joseph ist nicht mehr die Rede – zusammen mit den Brüdern Jesus aufsucht, ihn zu sprechen wünscht und von Jesus abgewiesen wird: »Und er antwortete ihnen und sprach: Wer ist meine Mutter und meine Brüder? Und er sah ringsum auf die, die um ihn im Kreise saßen, und sprach: »Siehe, das ist meine Mutter und das sind meine Brüder!« (3,33–35) Auch Jesu Kommentar zu seinem Misserfolg in Nazareth spricht nicht für eine enge Beziehung zu seiner Mutter und zu seiner Familie: »Ein Prophet gilt nirgends so wenig wie in seiner Vaterstadt und bei seinen Verwandten und in seiner Familie.« (6,4) Schließlich fällt auch auf, dass Maria, die Mutter Jesu, nach den übereinstimmenden Berichten des Markus-, des Matthäus- und des Lukasevangeliums nicht zu den Frauen gehörte, die Jesus in seinen letzten Tagen in Jerusalem begleiteten, die Kreuzigung verfolgten oder am Ostermorgen zu seinem Grab eilten. Man kann es drehen und wenden, wie man will, zu seinen Lebzeiten gehörte Maria wohl nicht zu den Anhängern ihres Sohnes. Dies änderte sich aber nach Ostern. In einer kurzen Notiz in der Apostelgeschichte (1,14) erzählt Lukas, dass sich die Jünger und andere Anhänger Jesu nach Ostern regelmäßig in einer Jerusalemer Wohnung trafen. Als Mitglieder dieser ersten christlichen Gemeinde werden namentlich auch Maria, die Mutter Jesu, und seine Brüder genannt, von denen Jakobus später zum Leiter der Jerusalemer Gemeinde aufstieg. Danach verlieren sich die Spuren der historischen Maria im Dunkel der Geschichte.

Einige Jahrhunderte später begann der Aufstieg Marias zur Schutz- und Schirmfrau der mittelalterlichen Volksfrömmigkeit.

Albrecht Dürer, »Bildnis der Mutter«, Kohlezeichnung, 1514

Kurz vor ihrem Tod zeichnet Dürer das Porträt seiner Mutter Barbara. Die Züge der 62-jährigen Frau sind geprägt vom entbehrungsreichen Leben des ausgehenden Mittelalters. 18 Kinder hatte sie geboren, bis auf drei starben alle frühzeitig. Harte Arbeit und schwere Krankheiten hatten ihren Körper ausgezehrt. Die kompromisslose Wiedergabe einer verhärmten Greisin wirkt nicht schön, aber die Ehrlichkeit der Zeichnung macht sie zum großen Kunstwerk.

(27.1.1756–5.12.1791)

»Ich bin mir nicht sicher, ob die Engel im Himmel, wenn sie Gott loben wollen, gerade Bach spielen. Ich bin mir aber völlig sicher, dass sie, wenn sie unter sich sind, Mozart spielen, und dass ihnen dann doch auch der liebe Gott besonders gern zuhört«, vermutete der Theologe Karl Barth.

Auf allen Gebieten der Musik schuf Mozart »himmlische Musik« von großer Klarheit und Tiefe. Zu seinen mehr als 600 Werken gehören Sinfonien, Opern, Konzerte, Kammer- und Kirchenmusik – darunter zahllose Meisterwerke. Bekannt wurde der am 27. Januar 1756 in Salzburg geborene Johannes Chrysostomus Wolfgangus Theophilus Mozart schon als Wunderkind. Mit drei Jahren spielte er Klavier, mit fünf komponierte er bereits, mit sieben brachte er sich selbst Orgel und Geige bei. Vater Leopold, der ebenfalls Musiker war, führte ihn an allen Fürstenhöfen Europas vor und ließ ihn zusammen mit seiner älteren Schwester »Nannerl« Konzerte geben. In Wien empfing Kaiserin Maria Theresia den Sechsjährigen: »Der Wolferl ist der Kayserin auf die Schooß gesprungen, sie um den Halß bekommen und rechtschaffen abgeküsst«, berichtete der begeisterte Vater in einem Brief. Mit 13 Jahren wurde Mozart Konzertmeister beim Erzbischof von Salzburg, mit 15 war er eine europäische Berühmtheit. Trotz seines Erfolgs erhielt Mozart jedoch nie eine feste Anstellung. In Salzburg, wo viele seiner Messen und Kirchenwerke entstanden, wurde er zwar zum »Hof- und Domorganisten« ernannt, aber ein Zusammenstoß mit dem Salzburger Erzbischof führte 1781 zu seiner Entlassung.

Als freischaffender Komponist ging Mozart nach Wien. Die Stadt mit ihrer regen Konzertpraxis gab Mozart Gelegenheit, sich als Klavierlehrer, Pianist und Komponist zu betätigen. Mozarts Arbeitsweise war verblüffend. Er komponierte häufig im Kopf und schrieb das Stück dann einfach nieder. 1782 wurde das Singspiel »Die Entführung aus dem Serail« uraufgeführt. Die Opern »Die Hochzeit des Figaro« und »Don Giovanni« brachten ihm die Ernennung zum »Kaiserlichen Kammerkomponisten«. Seine letzte Oper »Die Zauberflöte«, in der der Freimaurer Mozart die Freimaurerideale verherrlicht, wurde vom Publikum begeistert aufgenommen.

Mozarts Jahreseinkommen war fürstlich, sein Lebensstil allerdings auch. 1782 hatte Mozart Constanze Weber, die Schwester seiner Jugendliebe, geheiratet. Die Familie befand sich fast immer in Geldnot. Als säumige Mieter mussten sie mehrmals die Wohnung wechseln. Zu den finanziellen Sorgen kam die jahrelange Überanstrengung, die sich nun in Krankheiten niederschlug und den Körper schwächte.

1791 besuchte ihn ein geheimnisvoller Bote mit dem anonymen Auftrag, ein Requiem zu komponieren. Es wurde Mozarts eigene Totenmesse. Kurz vor Vollendung des Requiems starb Mozart am 5. Dezember 1791 im Alter von nur 35 Jahren in Wien. Die Todesursache blieb ungeklärt, sein Leichnam wurde einige Tage später in einer »allgemeinen Grube«, einem anonymen Massengrab, beigesetzt.

Seinem Vater hatte Mozart kurz vor dessen Tod geschrieben: »Da der Tod der wahre Endzweck unseres Lebens ist, so habe ich mich seit ein paar Jahren mit diesem wahren besten Freunde des Menschen so bekannt gemacht, dass sein Bild nicht allein nichts Schreckendes mehr für mich hat, sondern recht viel Beruhigendes und Tröstendes! ... Ich lege mich nie zu Bette, ohne zu bedenken, dass ich vielleicht (so jung als ich bin) den andern Tag nicht mehr sein werde – und es wird doch kein Mensch von allen, die mich kennen, sagen können, dass ich im Umgange mürrisch oder traurig wäre.«

Freut euch in dem Herrn allewege, und abermals sage ich: Freut euch!
Der Herr ist nahe! *Philipper 4,4–5*

Gebet

Die Wunschzettel sind geschrieben, die meisten Geschenke sind schon besorgt.
Was werden wir selbst dieses Jahr bekommen?
Die einen wünschen sich Geld, andere hoffen auf etwas Persönliches,
viele wünschen sich vor allem ein paar schöne Tage
ohne Frust und Ärger in der Familie.
Nicht alle Wünsche werden in Erfüllung gehen.
Doch vielleicht bekommen wir auch etwas geschenkt,
das wir uns gar nicht gewünscht haben:
Schmuck und Kleidung haben wir schon genug,
aber ein Herz voller Mitgefühl, empfänglich für alles Schöne,
leidenschaftlich bewegt für alles Gute,
und betroffen von den Nöten dieser Welt –
ein solches Herz schenke uns, Herr,
auch wenn wir vergessen haben, es auf unseren Wunschzettel zu schreiben.
Amen.

Gesangbuch

Noch manche Nacht wird fallen auf Menschenleid und -schuld.
Doch wandert nun mit allen der Stern der Gotteshuld.
Beglänzt von seinem Lichte, hält euch kein Dunkel mehr,
von Gottes Angesichte kam euch die Rettung her.

Gott will im Dunkel wohnen und hat es doch erhellt.
Als wollte er belohnen, so richtet er die Welt.
Der sich den Erdkreis baute, der lässt den Sünder nicht.
Wer hier dem Sohn vertraute, kommt dort aus dem Gericht.

Jochen Klepper (1938), EG 16,4+5

Simeon und Hanna sind Repräsentanten der jüdischen Hoffnung auf die messianische Befreiung Israels. Lukas erzählt von ihnen in seinem Evangelium am Ende der Kindheitsgeschichte Jesu. Simeon hatte die Verheißung bekommen, noch vor seinem Tode den Messias zu sehen. Sein Leben war über diesem Warten alt geworden. Oft wird man mit Fingern auf ihn gezeigt haben, wenn er mit tastenden Schritten den Weg zum Tempel ging, um dort täglich seine Gebete zu verrichten.

Neben Simeon steht Hanna, auch sie hochbetagt, eine Frau, die über 50 Jahre als Witwe gelebt hatte, in all der Einsamkeit und Armut, die dies für eine Frau jener Zeit bedeutete. Auch sie wartet auf den Befreier, der Israel die Erlösung bringen soll.

Als eines Tages eine kleine Gruppe in den Tempel kommt, um dort, wie es im Gesetz des Mose vorgeschrieben war, den Armenbetrag für den erstgeborenen Sohn zu entrichten, zwei Tauben, ist daran nichts ungewöhnlich. Auch das kleine Kind nicht. Es trägt keinen Heiligenschein – ein kleiner Säugling, der aussieht wie tausend andere Neugeborene auch.

Aber Simeon sieht mehr. In diesem Kind kleiner Leute sieht er den, auf den er ein Leben lang gewartet hat. Da weiß Simeon, dass sein Leben an sein Ziel gekommen ist: »Herr, nun lässest du deinen Diener in Frieden fahren, denn du hast deine Zusage erfüllt. Mit eigenen Augen habe ich das Heil gesehen, das du bereitet hast für alle Welt, ein Licht zu erleuchten die Völker und zur Herrlichkeit deines Volkes Israel.« (Lukas 2,29–32)

Den allgemeinen Hoffnungen auf den Messias entspricht das Kind nicht. Der Messias sollte kommen und das Land befreien. Er sollte kommen und Gottes Reich aufrichten. Dass die ganze Herrlichkeit des Messias in diesem einfachen Kind zu sehen ist, kann der Glaube nur gegen den Augenschein behaupten. Doch wer glaubt, sieht weiter. Simeon und Hanna, sie rechnen so selbstverständlich mit Gott, dass sie seine Zusagen und Verheißungen für wirklicher halten als die unscheinbare Gegenwart.

Das kleine Kind ist der erwartete Retter. Freilich nicht so, wie manche es erwarten. Simeon weiß, an diesem Kind werden sich die Geister scheiden: »Er ist dazu bestimmt, dass viele in Israel an ihm zu Fall kommen und viele durch ihn aufgerichtet werden. Er wird ein Zeichen sein, dem widersprochen wird.« (Lukas 2,34)

Wer glaubt, sieht weiter. Simeon sieht nicht nur das Licht zur Erleuchtung der Völker, sondern auch »das Schwert, das durch die Seele dringt«. Simeon sieht über dem kleinen Kind im Tempel in der Ferne schon das Kreuz aufragen. »Herr, nun lässest du deinen Diener in Frieden fahren ... denn mit eigenen Augen habe ich das Heil gesehen, das du bereitet hast.«

In Frieden sterben können. Der alte Jakob will gerne sterben, nachdem er seinen Sohn Josef noch lebend wieder sehen konnte. Kurz vor seinem Tode darf Mose noch das Gelobte Land sehen – und dann sterben. In der Odyssee wartet die alte Amme des Odysseus 20 Jahre auf seine Rückkehr. Als er dann wirklich noch kommt, kann sie in Ruhe sterben. Von Großeltern wird manchmal erzählt, dass ihr Leben zu Ende ging, nachdem sie noch die Geburt von Enkelkindern erleben konnten.

Simeon und Hanna haben nicht vergeblich gewartet, nicht vergeblich gelebt. Sie sind an das Ziel eines langen Weges gelangt und können nun in Frieden gehen. Sie haben gesehen, woran sie geglaubt haben – denn Gott steht zu seinem Wort.

Der bekannte Theologe Karl Barth, der vor Kurzem gestorben ist, war mir nahe verbunden. Noch am Abend vor seinem Tode habe ich ein Telefongespräch mit ihm geführt. Er wusste wohl, dass ihm sein Ende bevorsteht, aber er ahnte nicht, dass es schon in der kommenden Nacht eintreten werde. Er war sogar wohlgelaunt und heiter gestimmt. Wir sprachen über die Weltlage von heute. Er meinte: »Ja, die Welt ist dunkel.« Und er sagte das, weil er das Weltgeschehen sehr genau verfolgte. Aber dann fügte er etwas hinzu, was ich nicht vergessen werde. Er rief mir nämlich zu: »Nur ja die Ohren nicht hängen lassen! Nie! Denn es wird regiert, nicht nur in Moskau oder in Washington oder in Peking, sondern es wird regiert, und zwar hier auf Erden, aber ganz von oben, vom Himmel her! *Gott* sitzt im Regimente! Darum fürchte ich mich nicht. Bleiben wir doch zuversichtlich auch in dunkelsten Augenblicken! Lassen wir die Hoffnung nicht sinken, die Hoffnung für alle Menschen, für die ganze Völkerwelt! Gott lässt uns nicht fallen, keinen Einzigen von uns und uns alle miteinander nicht!« Das war das letzte Wort, das ich von meinem Freunde zu hören bekam und das ich hier weitergebe. Ein paar Stunden später ist er still und kampflos eingeschlafen. Er ist eingegangen in das Geheimnis des ewigen Lebens, dessen er ganz zuversichtlich und gewiss war.

Eduard Thurneysen

KARL BARTH

(10.5.1886–10.12.1968)

Er war der einflussreichste Theologe des 20. Jahrhunderts, der ganze Pfarrergenerationen geprägt hat. Zwölf Ehrendoktorhüte und zahlreiche europäische Auszeichnungen sind ihm verliehen worden, mehr als 10.000 Bücher und Artikel sind über ihn geschrieben worden. Doch mit dem ihm eigenen Humor hat Karl Barth über seine Auszeichnungen gesagt: »Wenn ich in den Himmel komme, muss ich alle Doktorhüte und Diplome an der Garderobe abgeben.«
Karl Barth wird am 10.5.1886 in Basel in der Schweiz geboren. Er tritt in die Fußstapfen seines Vaters, der Theologieprofessor war, und studiert Theologie, vor allem in Deutschland, wo er die Blütezeit des Kulturprotestantismus erlebt. Nach der Rückkehr in die Schweiz wird er 1911 Pfarrer in der Industriegemeinde Safenwil. Hier nimmt er Partei für die Arbeiter, verhandelt mit den Fabrikbesitzern und wird zum »unbequemen Pfarrer«.
In dieser Zeit kommt es zur Wende im theologischen Denken Karl Barths. Als er 1914 zu Beginn des Ersten Weltkriegs feststellen muss, dass seine deutschen theologischen Lehrer den Kriegseintritt Deutschlands jubelnd begrüßen, bricht für Barth sein eigenes theologisches Denkgebäude zusammen. Er beschließt zusammen mit seinem lebenslangen Freund Eduard Thurneysen, noch einmal ganz von vorn die Bibel zu lesen, um »mir von ihr direkter als bisher sagen zu lassen, was es mit dem Christentum auf sich haben möchte.« Das Ergebnis ist ein Kommentar zum Römerbrief des Paulus, der großes Aufsehen erregt und einen starken Einfluss auf die Generation der Theologen nach dem Ersten Weltkrieg ausübt. In einer mitreißenden Sprache rechnet Barth hier mit allen Versuchen ab, Gott vor den Karren menschlicher Leistungen und kultureller Entwicklungen zu spannen. Gott ist anders, er steht allen menschlichen Anknüpfungen, Vermittlungen und Voraussetzungen absolut frei gegenüber. Aufgrund dieses Buches wird Barth, der nie promoviert hat, direkt als Theologieprofessor an die Universität Göttingen berufen. 14 Jahre lang lehrt er an deutschen Universitäten und wird in dieser Zeit zum beherrschenden Theologen in Deutschland.
Als die Nationalsozialisten die Macht in Deutschland übernehmen, wird Barth von Anfang an zum scharfen Gegner der nationalsozialistischen Kirchenpolitik. 1934 verfasst er die Barmer Theologische Erklärung, das Fundament der Bekennenden Kirche. Der erste Satz ist zugleich eine kurze Zusammenfassung der gesamten Theologie Karl Barths: »Jesus Christus, wie er uns in der Heiligen Schrift bezeugt wird, ist das eine Wort Gottes, das wir zu hören, dem wir im Leben und im Sterben zu vertrauen und zu gehorchen haben.« Ein Jahr später muss Karl Barth Deutschland verlassen, weil er den uneingeschränkten Treueeid auf den Führer Adolf Hitler verweigert. Er kehrt in die Schweiz zurück, wo er in Basel eine theologische Professur übernimmt. In Basel setzt Barth vor allem die Arbeit an seinem Hauptwerk, der »Kirchlichen Dogmatik«, fort. Bis 1962 wird sie zwölf Bände und mehr als 9.000 Seiten umfassen und trotzdem unvollendet bleiben. Hatte er anfangs im »Römerbrief« den unendlichen Unterschied zwischen Gott und Mensch betont, so wird er nun nicht müde, die Menschenfreundlichkeit Gottes herauszustellen. Immer mehr rückt Jesus Christus in die Mitte seiner Theologie. »In ihm ist ein für allemal darüber entschieden, dass Gott nicht ohne den Menschen ist.«
Barths Theologie hatte eine »starke politische Komponente«, in politische und öffentliche Fragen hat er sich immer wieder eingemischt. Schon 1938 hat er das tschechische Volk zum Widerstand gegen Hitler aufgefordert. Er hat in öffentlichen Briefen den Christen in der DDR den Rücken gestärkt und die Wiederaufrüstung der Bundesrepublik Deutschland ebenso kritisiert wie den Vietnamkrieg der USA. Am 10. Dezember 1968 ist Karl Barth im Alter von 82 Jahren in Basel gestorben.

Das Wort ward Fleisch und wohnte unter uns, und wir sahen seine Herrlichkeit.

Johannes 1,14a

Gebet

Alle Jahre wieder
die langen Samstage vor Weihnachten,
das große Gedränge vor den Geschäften,
die langen Schlangen an den Kassen.
Alle Jahre wieder
der große Weihnachtsputz zu Hause,
Staubsaugergeräusche aus allen Zimmern.
Alle Jahre wieder
der Ärger mit dem Tannenbaum: »Steht der nicht schief?«
Alle Jahre wieder
das große Essen: stundenlange Vorbereitungen in der Küche,
die Kuchenberge am ersten Weihnachtstag,
die Reste am zweiten.
Alle Jahre wieder
Geschenke, Geschenke, Geschenke!
Im Durchschnitt für jeden Deutschen im Wert von 500 Euro.
Alle Jahre wieder
die Verlegenheit, wenn alle Geschenke ausgepackt sind: »Was machen wir jetzt?«
Alle Jahre wieder
die Diskussion ums Fernsehprogramm: »Was gibt's denn heute?
Das sind ja lauter Wiederholungen!«
Aber wehe, der Fernseher geht kaputt!
Alle Jahre wieder
wird es Weihnachten.
Aber – wen feiern wir da eigentlich?

Gesangbuch

Lobt Gott, ihr Christen alle gleich, in seinem höchsten Thron,
der heut schleußt auf sein Himmelreich
und schenkt uns seinen Sohn, und schenkt uns seinen Sohn.

Heut schließt er wieder auf die Tür zum schönen Paradeis;
der Cherub steht nicht mehr dafür.
Gott sei Lob, Ehr und Preis, Gott sei Lob, Ehr und Preis!

Nikolaus Herman (1560), EG 27,1+6

»Es begab sich aber zu der Zeit, dass ein Gebot von dem Kaiser Augustus ausging, dass alle Welt geschätzet würde. Und diese Schätzung war die allererste und geschah zur Zeit, da Quirinius Statthalter in Syrien war. Und jedermann ging, dass er sich schätzen ließe, ein jeder in seine Stadt.« (Lukas 2,1–3)

In seiner Weihnachtserzählung verknüpft Lukas die Geschichte Jesu mit der großen Weltgeschichte. Die Erzählung beginnt mit dem römischen Kaiser Augustus, zu Deutsch »der Anbetungswürdige«. Augustus (zuvor: Octavian) war von 29 vor bis 14 nach Christus römischer Kaiser. Er beendete im Römischen Reich die Epoche der blutigen Bürgerkriege, sorgte für die Wiederherstellung von Ruhe und Ordnung, ordnete Gesetzgebung, Verwaltung und Steuerwesen neu, gründete neue Kolonien und sicherte Roms Weltmachtstellung. Er verzichtete auf weitere Eroberungen und festigte das Römische Reich an seinen Grenzen. Das Imperium Romanum erstreckte sich unter seiner Herrschaft vom Atlantischen Ozean bis an den Euphrat.

Er reformierte die römische Gesellschaft nach den alten römischen Tugenden der Schlichtheit, der harten Arbeit und ehelichen Treue – und wurde darin von den einflussreichen Schriftstellern seiner Zeit (Vergil, Horaz, Livius, Properz) unterstützt. Frieden, Wohlstand und eine große kulturelle Blüte prägten die Regierungszeit des Augustus. Sein Zeitalter gilt als Höhepunkt römischer Kultur.

Schon zu Lebzeiten im Osten des Reiches wie ein Gott verehrt, wurde Augustus kurz nach seinem Tod auch offiziell im Römischen Reich zum Gott erhoben.

Mit Augustus beginnt ein neues Zeitalter. Eine Inschrift feiert ihn als »Heiland«, der der Welt den Frieden brachte. Das entsprach auch seinem Selbstverständnis, er wollte ein Friedensfürst sein. Doch in Wirklichkeit ruhte der Frieden, den er dem Römischen Reich für einige Zeit brachte, auf den Waffen der römischen Soldaten. Darum ließ er »pax«, den »Frieden«, auf Münzen auch so darstellen: lorbeerbekränzt, mit Lanze, Speer und Schild, den Fuß auf dem Nacken eines besiegten Feindes. Friede durch Gewalt! Gewalt bestimmt auch die »Schätzung«, von der in der Weihnachtserzählung die Rede ist. Die Bevölkerung wurde zusammengetrieben und erfasst, Volkszählung zum Zwecke einer massiven Besteuerung. Rom brauchte Geld, die Legionäre mussten bezahlt werden.

Lukas stellt in seiner Weihnachtserzählung bewusst zwei Welten gegenüber: hier der römische Kaiser, dort das kleine Kind; hier Rom, die Hauptstadt der Weltmacht, dort die Kleinstadt Bethlehem; hier der königliche Palast, dort die Notunterkunft; hier die Mächtigen, dort die Hirten; hier der militärische Frieden, dort der Friede Gottes auf Erden. »Euch ist heute der Heiland geboren, welcher ist Christus, der Herr.« »Heiland« – das war der Titel, unter dem sich der römische Kaiser gern als Friedensbringer und Wohltäter feiern ließ. »Herr« (kyrios) – das war die Bezeichnung des römischen Kaisers im offiziellen Kaiserkult. Als die Christen verfolgt wurden, konnten sie sich retten, wenn sie den Kaiser als »Herrn« bekannten und vor dem Bild des Kaisers opferten.

Die politische Brisanz der lukanischen Weihnachtserzählung ist deutlich: Sie will zeigen, wie die wahren Machtverhältnisse sind. Der allmächtige Gott setzt auf den Weg der Niedrigkeit. Am Anfang der Stall, am Ende der Galgen. Und sie will Antwort geben auf die Frage: Wer bringt wirklich den Frieden, Augustus oder Jesus? Die Weihnachtserzählung gibt eine klare Antwort.

Paul Klee, »Engel voller Hoffnung«, Bleistift, 1939

»Einst werde ich liegen im Nirgend
Bei einem Engel Irgend.« (P. Klee)

Paul Klee hat diesen Engel 1939 gezeichnet, ein Jahr vor seinem Tod.

(18.12.1879–29.6.1940)

Paul Klee, der zu seinen Lebzeiten vom breiten Publikum kaum wahrgenommen wurde, gilt heute als einer der populärsten Künstler des 20. Jahrhunderts. Weltweit ziehen Ausstellungen seines Werkes große Besucherzahlen an. 1937, in der nationalsozialistischen Ausstellung »Entartete Kunst«, in der 17 Bilder Klees gezeigt wurden, waren die Werke Klees noch mit »der Kunst von Geisteskranken« verglichen worden.

Paul Klee, der am 18.12.1879 in Münchbuchsee bei Bern als Sohn eines Musiklehrers und einer Sängerin geboren wurde, wuchs in Bern auf, bevor er 1898 nach langem Schwanken zwischen Musik und Malerei in die Kunststadt München ging, um dort Kunst zu studieren. Seine künstlerische Laufbahn vollzog sich langsam und in kleinen Schritten. In München begegnete er den Künstlern des »Blauen Reiters«, die ihn stark beeinflussten. Auf einer gemeinsam mit den Freunden Moillet und Macke unternommenen Tunesien-Reise erschließt sich ihm die Bedeutung der Farbe. 1920 wurde Klee als Professor an das »Staatliche Bauhaus« in Weimar und danach in Dessau berufen. Klee hatte anfänglich große Freude an den Lehrverpflichtungen, fand aber auch Zeit für eine reiche und vielfältige künstlerische Produktion. Sein Freund Kandinsky urteilte: »Als Beispiel der restlosen Hingabe an seine Arbeit können wir alle bei Klee lernen. Klee verbreitete am Bauhaus eine gesunde, befruchtende Atmosphäre – als großer Künstler und als klarer, reiner Mensch.«

1931 nahm Klee eine Professur an der Düsseldorfer Kunstakademie an. Ausstellungen in Berlin und New York machen ihn in Künstlerkreisen international bekannt. Doch dann erfolgt die Zäsur: Nach der Machtübernahme durch Hitler wird Klee von den Nationalsozialisten fristlos aus seinem Amt an der Kunstakademie entlassen. Mit seiner Familie verließ Klee Deutschland und kehrte nach Bern zurück. Die dortige Kunsthalle veranstaltete aus Anlass seiner Rückkehr eine Ausstellung mit 273 seiner Bilder; die lokale Künstlerschaft und die nationale Presse standen seiner Kunst jedoch weitgehend ablehnend gegenüber. Die Bearbeitung seines Antrages auf Schweizer Staatsbürgerschaft zog sich über Jahre hin, und er starb, ohne sie erlangt zu haben. 1935 erkrankte Klee an einer heimtückischen, letztlich tödlich verlaufenen Hautkrankheit. Er starb am 29. Juni 1940 in einer Klinik in Locarno, nachdem er die letzten Lebensjahre noch einmal eine außerordentliche Produktivität entwickelt hatte.

»Kunst gibt nicht Sichtbares wieder, sondern macht sichtbar.« Dieser vielzitierte Satz Klees beschreibt sein künstlerisches Anliegen. Er geht von Formen, Linien und Farbskalen aus, die einen Künstler »so anregen wie etwa einen Musiker, der sich ans Klavier setzt, um zu improvisieren«. Es bekümmerte ihn nicht, dass das so entstandene Bild dem Uneingeweihten wie eine kindliche Kritzelei vorkam. »So wie Picasso sehnte auch er sich danach, die trockene ›Vernünftigkeit‹ der Erwachsenen loszuwerden und die unverdorbene Phantasie der Wilden und der Kinder wiederzugewinnen.« (E. Gombrich)

Ein Leitmotiv von Klees spätem Werk sind die Engelsfiguren. Es gibt »wachsame«, »vergessliche«, »noch tastende«, »neugierige«, »zweifelnde«, »noch weibliche«, »noch unvollendete«, aber auch »Engel voller Hoffnung«. Vor allem in Zeiten persönlichen Zweifels und Leidens zeichnete Klee solche »Engel im Werden«, im Übergang von einer irdischen zu einer überirdischen Existenzform. Seine nur sparsam angedeuteten Engel wirken spirituell, weil sie nah sind und zugleich fern, eigentlich nicht zu fassen und schwerelos. Ähnlich hatte es Paul Klee einmal für sich selbst in einem Tagebucheintrag formuliert, der nun auf seinem Grabstein zu lesen ist: »Diesseitig bin ich gar nicht fassbar, denn ich wohne grad so bei den Toten wie den Ungeborenen. Etwas näher dem Herzen der Schöpfung als üblich. Aber noch lange nicht nahe genug.«

Das Wort ward Fleisch und wohnte unter uns, und wir sahen seine Herrlichkeit.
Johannes 1,14a

GEBET

Den Menschen so sehen, wie du, Gott, ihn gemeint hast:
alte Menschen nicht abschreiben, sondern ihre Würde erkennen;
die Stillen nicht übersehen,
über die Fremden nicht herziehen,
sich über die Langsamen nicht lustig machen,
die Überflieger nicht als Streber abstempeln,
um die Behinderten keinen Bogen machen,
im politischen Gegner nicht den Feind sehen,
auch noch im Verbrecher den Menschen sehen und achten –
das ist, Gott, viel verlangt.
Den Menschen so sehen, wie du, Gott, ihn gemeint hast,
und ihn auch so behandeln,
das ist ziemlich schwer und geht uns gegen den Strich.
Aber dafür ist Jesus auf die Welt gekommen,
und dafür hat er gelebt.
Und davon leben wir alle.
Amen.

GESANGBUCH

Das ewig Licht geht da herein, gibt der Welt ein' neuen Schein;
es leucht' wohl mitten in der Nacht und uns des Lichtes Kinder macht.
Kyrieleis.

Er ist auf Erden kommen arm, dass er unser sich erbarm
und in dem Himmel mache reich und seinen lieben Engeln gleich.
Kyrieleis. *Martin Luther (1524), EG 23,4–6*

In der Bibel ist Herodes nur eine Randfigur. Und doch hat sich sein Name unauslöschlich im Gedächtnis der Christenheit als Inbegriff verschlagener Grausamkeit eingeprägt. Er steht für die Verfolgung des neugeborenen Jesuskindes und den Mord an den unschuldigen Kindern in Bethlehem, von denen das zweite Kapitel des Matthäusevangeliums berichtet. Mittelalterliche Darstellungen zeigen Herodes darum oft in der Gesellschaft von Teufeln und Dämonen.
Dazu passt es gar nicht, dass Herodes in der neueren Geschichtsschreibung ab und zu den Beinamen »der Große« erhält. Handelt es sich hier um ein und dieselbe Person?
Herodes und seine Familie waren Idumäer, die erst kurz zuvor zum Judentum konvertiert waren. Herodes wurde als König von frommen Kreisen nicht als vollwertiger Jude und von den alten Eliten als Emporkömmling betrachtet. Mit brutaler Konsequenz betrieb Herodes darum die Sicherung der eigenen Macht. Er brachte nicht nur sämtliche Vertreter des alten Herrschergeschlechts der Hasmonäer um, sondern schreckte auch vor dem Mord an eigenen Familienangehörigen nicht zurück. Seine eigene Gattin Mariamne, drei seiner Söhne, Schwäger und Onkel ließ der zehnmal verheiratete Herodes hinrichten. Das Urteil des jüdischen Historikers Flavius Josephus fällt vernichtend aus: »Er war ein Mann, der gegen alle ohne Unterschied mit gleicher Grausamkeit wütete, im Zorn kein Maß kannte und sich über Recht und Gerechtigkeit erhaben dünkte, dabei aber die Gunst des Glückes wie kein anderer erfuhr.«
Politisch konnte Herodes nur mit Hilfe Roms bestehen. Die römischen Machthaber erblickten in Herodes den geeigneten Mann, das unruhige Volk der Juden am Rande des Imperiums zu befrieden und der Gewalt Roms unterzuordnen. Als »verbündeter König und Freund des römischen Volkes« hatte er im eigenen Land völlig freie Hand, durfte außenpolitisch aber nichts gegen Rom unternehmen. Durch großes Geschick und mehrfachen Frontenwechsel gelang es Herodes, ein verhältnismäßig großes Reich zusammenzuschmieden und für fast 30 Jahre den Frieden zu sichern. Opposition unterdrückte er rücksichtslos. Die Hohenpriester setzte er nach eigenem Gutdünken ab und ein. Die Frommen im Lande provozierte er durch seinen hellenistischen Herrschafts- und Lebensstil und dadurch, dass er Theateraufführungen, Gladiatorenkämpfe und Wagenrennen in Jerusalem einführte.
Herodes war ein großer Bauherr. Im ganzen Land ließ er Theater und Bäder, Stadien und Kolonnaden errichten. Er baute neue Festungen und neue Städte, allen voran die Hafenstadt Caesarea. Vor allem aber ließ er in Jerusalem den Tempel groß und prächtig umbauen. »Meister, sieh, was für Steine und was für Bauten!« (Markus 13,1), sagen die aus der galiläischen Provinz stammenden Jünger zu Jesus, als sie in Jerusalem vor dem neu erbauten Tempel stehen.
Dass die Steuerlasten für diese Unternehmen im Volk keine allzu positiven Erinnerungen hinterließen, kann kaum überraschen.
Herodes regierte Judäa 34 Jahre lang. Seine Regierungszeit war die letzte längere Zeit begrenzter jüdischer Selbstständigkeit – bis zur Gründung des Staates Israel fast 2.000 Jahre später.
In der christlichen Tradition wird der »große« Herodes durchweg negativ gesehen, als Gegenspieler und brutaler Kindermörder. Die heutige neutestamentliche Wissenschaft sieht jedoch in der Geschichte vom Kindermord in Bethlehem eine Legende, die an antike Traditionen von der Bewahrung und Rettung bedrohter Königskinder, vor allem an die Verfolgung und wunderbare Rettung des kleinen Mose anknüpfte. Doch auch diese Information wird an dem schlechten Ruf des Herodes unter den Christen wenig ändern können. Nach dem apokryphen koptischen Bartholomäusevangelium sind Kain, Judas und Herodes die Einzigen, die nicht von Christus erlöst werden.

Meister Gislebertus, »Der Traum der Magier«, Sandstein, um 1125

Die Darstellung der drei Könige oder Magier schmückt das Kapitell einer romanischen Säule im Chorraum der Kirche Saint Lazare in Autun (Burgund). Die drei Könige schlafen einträchtig nebeneinander unter einer kostbaren Decke. Zärtlich berührt der Engel mit seinem langen Finger die Hand eines der Könige. Dessen Augen sind schon geöffnet. Die zweite Hand des Engels weist schon auf den Stern, der über den Köpfen der Könige erschienen ist. Er wird die Könige »auf einem anderen Weg heim in ihr Land« bringen.

(7.3.1940–24.12.1979)

Rudi Dutschke, der am 7. März 1940 in Luckenwalde geboren wurde, verbrachte seine Jugendjahre in der DDR. Von seiner Mutter, an der er zeitlebens sehr hing, religiös erzogen, war er aktives Mitglied der christlichen »Jungen Gemeinde« in Luckenwalde. Zugleich war Dutschke als Jugendlicher auch begeisterter Leichtathlet und talentierter Zehnkämpfer. Sein Traum war es, Sport zu studieren und Sportjournalist zu werden. Wegen seines christlichen Glaubens und wegen seiner Ablehnung des (damals freiwilligen) Wehrdienstes in der DDR wird ihm aber nach dem Abitur das Hochschulstudium verweigert. Um doch noch studieren zu können, pendelt er nach West-Berlin, macht dort noch einmal das Abitur und beginnt 1961, kurz vor dem Mauerbau, mit dem Studium der Soziologie an der Freien Universität Berlin.

Was ihn bewegt, ist ein christlicher Sozialismus. 1978 äußert er in einem Gespräch mit Martin Niemöller: »Ich bin Sozialist, der in der christlichen Tradition steht. Ich bin stolz auf diese Tradition. Ich sehe Christentum als spezifischen Ausdruck der Hoffnungen und Träume der Menschheit.« Zugleich fühlt er sich von linken politischen Gruppen angezogen. 1965 wurde er in den Beirat des Sozialistischen Deutschen Studentenbundes (SDS) gewählt, der für einen radikalen Umbau der Gesellschaft eintrat. Mit seiner außerordentlichen rhetorischen Begabung wurde Dutschke schnell zum Wortführer einer studentischen Protestbewegung. Er organisierte mit dem SDS zahlreiche Demonstrationen für Hochschulreformen, gegen die damalige Große Koalition und vor allem gegen den Vietnamkrieg der USA. Dutschke rief zur »Außerparlamentarischen Opposition« (APO) auf, zu der auch damals neue Protestformen wie »Sit-Ins«, »Go-Ins« und kalkulierte Regelverletzungen gehörten. Bilder von untergehakten Demonstranten, von Wasserwerfern und Polizeiketten gehörten bald zum Alltag in den Medien.

Nach den Todesschüssen auf den Studenten Benno Ohnesorg am 2.7.1967 machten Dutschke und der SDS die kampagnenartige Berichterstattung der Springer-Presse für Ohnesorgs Tod mitverantwortlich. Dutschke wurde nun ein gefragter Mann bei Podiumsdiskussionen und im Fernsehen, er galt als Sprecher der Studentenbewegung und als persönliche Verkörperung der Rebellion. Er hatte einen ausgesprochenen Sinn für Medien und suchte die Aufmerksamkeit. Sein Auftreten polarisierte die Öffentlichkeit. In der BILD-Zeitung wurde zur Jagd auf Dutschke aufgerufen: »Stoppt den Terror der Jungroten jetzt! … Man darf nicht die ganze Drecksarbeit der Polizei und ihren Wasserwerfern überlassen.« Das nahm der junge Arbeiter Josef Bachmann wörtlich und schoss am 11.4.1968 in Berlin dreimal auf Dutschke. Der erlitt lebensgefährliche Gehirnverletzungen und überlebte nur knapp. Bei den folgenden Osterunruhen kam es zu den bis dahin schwersten Ausschreitungen in der Geschichte der Bundesrepublik. In vielen Städten bildeten sich spontan Großdemonstrationen. In Berlin wurde das Gebäude des Springerverlages angegriffen und Auslieferungsfahrzeuge für die Zeitungen angezündet.

Dutschke gesundete nur langsam, musste erst wieder sprechen lernen und zog sich nach Großbritannien und Dänemark zurück, wo ihm die Universität Arhus eine Stelle als Dozent anbot. Seinem Attentäter Bachmann schreibt er ins Gefängnis: »Ich bin Ihnen wirklich nicht böse ... Ich glaube nicht, dass Sie Faschist bleiben oder überhaupt sind. Mit Sicherheit werden Sie in nicht allzu langer Zeit ein freies und neues Leben beginnen können.« Doch Bachmann wird sich im Gefängnis umbringen – und auch Rudi Dutschke wird gut zehn Jahre nach dem Attentat von den Spätfolgen ereilt. Er ertrank am 24.12.1979 in Arhus während eines epileptischen Anfalls in der Badewanne. Sechstausend Menschen begleiteten seinen Sarg zum Friedhof Berlin-Dahlem, die Traueransprache hielt sein Freund, der Theologe Helmut Gollwitzer.

Barmherzig und gnädig ist der Herr, geduldig und von großer Güte.

Psalm 103,8

GEBET UND GESANGBUCH

Von guten Mächten treu und still umgeben,
behütet und getröstet wunderbar,
so will ich diese Tage mit euch leben
und mit euch gehen in ein neues Jahr.

Noch will das alte unsre Herzen quälen,
noch drückt uns böser Tage schwere Last.
Ach Herr, gib unsern aufgeschreckten Seelen
das Heil, für das du uns geschaffen hast.

Und reichst du uns den schweren Kelch, den bittern,
des Leids, gefüllt bis an den höchsten Rand,
so nehmen wir ihn dankbar ohne Zittern
aus deiner guten und geliebten Hand.

Doch willst du uns noch einmal Freude schenken
an dieser Welt und ihrer Sonne Glanz,
dann wolln wir des Vergangenen gedenken,
und dann gehört dir unser Leben ganz.

Lass warm und hell die Kerzen heute flammen,
die du in unsre Dunkelheit gebracht,
führ, wenn es sein kann, wieder uns zusammen.
Wir wissen es, dein Licht scheint in der Nacht.

Wenn sich die Stille nun tief um uns breitet,
so lass uns hören jenen vollen Klang
der Welt, die unsichtbar sich um uns weitet,
all deiner Kinder hohen Lobgesang.

Von guten Mächten wunderbar geborgen,
erwarten wir getrost, was kommen mag.
Gott ist bei uns am Abend und am Morgen
und ganz gewiss an jedem neuen Tag.

Dietrich Bonhoeffer (1944), EG 65

»Und es brach im Himmel ein Krieg aus. Michael und seine Engel kämpften mit dem Drachen. Und der Drache und seine Engel nahmen den Kampf auf, doch er vermochte sich nicht zu behaupten, und es gab für sie keinen Platz mehr im Himmel. Und hinabgeworfen wurde der große Drache, die alte Schlange, die auch Teufel oder Satan heißt und den ganzen Erdkreis verführt. Und er wurde auf die Erde geworfen, und seine Engel wurden mit ihm hinabgeworfen.« (Offenbarung 12,7–9)

Der Drache ist hier der Widersacher Gottes und seines Volkes auf Erden. Doch nicht Gott selbst tritt in dieser Vision des Apokalyptikers Johannes gegen den Drachen zum Kampf an, sondern der Fürst der Engel, die Gott dienen, kämpft gegen den Fürsten der von Gott abgefallenen Engel. Der Erzengel Michael ist in der jüdisch-apokalyptischen Tradition der Schutzengel des Gottesvolkes. Der Kampf endet damit, dass der Drache und seine Engel aus dem Himmel auf die Erde gestürzt werden. Die Scheidung von Gut und Böses wird vollzogen: Der Himmel ist frei vom Bösen, die Erde wird nun zum Herrschaftsbereich des Satans.

Michael (hebr. »Wer ist wie Gott?«) ist in der Bibel die führende Gestalt unter den Erzengeln. Sein Name wird erstmals im Daniel-Buch genannt (10,13.21). Er kommt als Schutzengel Israels (12,1) dem bedrängten Volk zu Hilfe und kämpft gegen dessen Feinde. Im Neuen Testament tritt Michael mit seinen Engeln gegen den Satan an und wirft ihn aus dem Himmel. Er ist vermutlich auch mit dem Erzengel gemeint, der im ersten Thessalonicherbrief (4,16) am Jüngsten Tag zum Gericht blasen wird (M. Luther: »schlafen bis Michl tutet.«).

Als Drachentöter und Teufelsbezwinger, Seelenbegleiter und Paradieswächter und vor allem als Schutzpatron der angegriffenen Christenheit spielt Michael im Christentum eine ungewöhnlich große Rolle. Von Kleinasien bis nach Norwegen entstehen im frühen Mittelalter überall große Michael-Heiligtümer, das bekannteste, der Mont St. Michel, auf einer Insel vor der Normandie. Schon bei der siegreichen Schlacht des Franken Karl Martell gegen die Araber (732) und dann vor allem bei dem Sieg Ottos des Großen über die heidnischen Ungarn (955) wurden den siegreichen christlichen Heeren »Michaelsbanner« vorangetragen. (Die geschlagenen Ungarn berichteten, dass ein »Gott mit goldenen Flügeln« [das Bild Michaels] den Feinden geholfen habe, den Sieg zu erringen.) Der Erzengel Michael gewann eine solche Bedeutung, dass Karl der Große 813 auf der Mainzer Synode das bis dahin unbedeutende Michaelsfest am 29. September vom Papst zum allgemeinen Feiertag erheben ließ. Über Jahrhunderte war »Michaelis« Ende September einer der Schlüsseltage im Jahr – ein wichtiger Termin für die Ernte, für bestimmte Feldarbeiten, vor allem für Märkte und Feste. Im Mittelalter wurde Michael zum Schutzpatron der Deutschen. Zahlreiche Kirchen wurden dem »heiligen Michael« geweiht. Viele Orte in Deutschland wurden nach ihm benannt, Michael war einer der beliebtesten männlichen Taufnamen. Wie aus dem strahlenden Erzengel Michael dann aber im 16. Jahrhundert der eher tumbe und schlafmützige »deutsche Michel« werden konnte, ist bis heute nicht wirklich geklärt.

Albrecht Dürer, »Michaels Kampf mit dem Drachen«, Holzschnitt, 1496–1498

Mit seinen Holzschnitten zur Apokalypse, seinem ersten großen Hauptwerk, wurde der 27-jährige Dürer mit einem Schlag in ganz Europa berühmt. Nie zuvor waren die Endzeitvorstellungen der Offenbarung des Johannes so eindringlich dargestellt worden. Dem Bild liegt Offenbarung 12,7–9 zugrunde. Der Engel Michael packt die Lanze mit beiden Händen und stößt sie mit aller Kraft in den Rachen des Ungeheuers – und dieser entscheidende Stoß beherrscht die ganze Szene. Der Kampf ist bereits gewonnen, das Böse muss nur noch hinabgeschleudert werden. Unten schlummert menschenleer eine helle, idyllische Landschaft mit kleinen Städtchen, weitem Gewässer und Gebirge am Horizont.

MAX BECKMANN

(12.2.1884–27.12.1950)

»Was bist du? Was bin ich? Das sind Fragen, die mich unaufhörlich verfolgen und quälen, aber vielleicht auch zu meiner künstlerischen Arbeit beitragen ... Denn das Ich ist das größte und verschleiertste Geheimnis der Welt.«
Max Beckmann malt und zeichnet fast 200 Selbstporträts. Er malt sich als Clown und Lebemann, in Sträflingskleidung und Karnevalskostüm, mit seiner Frau und im Gespräch mit Christus: »Ich habe mich mein ganzes Leben bemüht, eine Art ›Selbst‹ zu werden. Und davon werde ich nicht abgehen, und es soll kein Winseln um Gnade und Erbarmen geben.«
Der am 12. Februar 1884 in Leipzig geborene Max Beckmann kommt schon früh zur Malerei: Mit 13 Jahren malt er sein erstes Selbstbildnis, mit 16 wird er in der Weimarer Kunstschule aufgenommen und schon 1913 erscheint das erste Buch über den Künstler. Aus dem Ersten Weltkrieg kehrt er, der sich davon zunächst neue Energien für seine Kunst versprochen hatte, desillusioniert und traumatisiert zurück. Grauenvolle Kriegserlebnisse verarbeitet Beckmann mit expressiven Bildern und religiösen Themen (»Kreuzabnahme«, »Christus und die Sünderin«, »Auferstehung«) – aber ohne Hoffnung und Aussicht auf Erlösung.
1919 entsteht sein berühmtes Gemälde »Die Nacht«, ein Schlüsselbild deutscher Malerei zwischen den Kriegen. Es zeigt eine aus den Fugen geratene Welt, in der Gewalt und Chaos in das bürgerliche Leben eindringen.
In den 20er-Jahren befindet sich Beckmann mit zahlreichen Ausstellungen und Ehrungen auf dem Höhepunkt seines Ruhms. Mit seinen Bildern schon zuvor Zielscheibe nationalsozialistischer Attacken, wird Beckmann nach Hitlers Machtergreifung als Professor in Frankfurt entlassen. Als er 1937 als »entarteter Künstler« gebrandmarkt wird, verlässt er am nächsten Tag Deutschland für immer. Im Amsterdamer Exil entstehen während des Krieges große existenzielle Bilder: »Ich suche nach der Brücke, die vom Sichtbaren ins Unsichtbare führt.« Immer wieder greift Beckmann dabei auf die alten Mythen der Menschheit zurück, vor allem die antiken, aber auch die biblischen, als eine Möglichkeit, eine überzeitliche und doch unmittelbar gültige menschliche Dimension zu gewinnen. Er will damit »den Menschen ein Bild ihres Schicksals geben«.
Als die Niederlande 1940 von den Deutschen besetzt werden, verschlechtern sich seine Lebensbedingungen. In einer Tagebuchnotiz hält er seine Situation fest: »4. Mai 1940. Dieses neue Heft beginne ich im Stadium der vollkommensten Unsicherheit über meine Existenz und den Zustand unseres Planeten. Chaos und Unordnung, wohin man blickt. – Völlige Undurchsichtigkeit der politischen, kriegerischen Angelegenheiten ... Bei alledem den Kopf hoch zu halten, ist nicht einfach und es ist eigentlich ein Wunder, dass ich überhaupt noch existiere.«
1947 siedelt Beckmann in die USA über, wo er eine Professur für Malerei übernimmt. »Ich möchte, dass Sie Ihr eigenes ›Selbst‹ entdecken, und dazu sind viele Wege und Umwege nötig«, erklärt er den Studenten.
Max Beckmann stirbt am 27.12.1950 in New York, einen Tag, nachdem er sein letztes großes Bild, »Die Argonauten«, vollendet hatte. Es zeigt die »Abfahrt vom trügerischen Schein des Lebens zu den wesentlichen Dingen ..., die hinter den Erscheinungen stehen. Dies bezieht sich aber letzten Endes auf alle meine Bilder.«

1. Biblische Personen

2. Personen

Januar
01.01.1484 * Huldrych Zwingli
04.01.1786 † Moses Mendelssohn
04.01.1898 * Hermann Stöhr
04.01.1960 † Albert Camus
12.01.1797 * Annette von Droste-Hülshoff
14.01.1906 * Hannah Arendt
16.01.1931 * Johannes Rau
21.01.1815 † Matthias Claudius
22.01.1729 * Gotthold Ephraim Lessing
27.01.1756 * Wolfgang Amadeus Mozart
27.01.2006 † Johannes Rau
28.01.2002 † Astrid Lindgren
30.01.1948 † Mahatma Gandhi
31.01.1901 * Marie-Luise Kaschnitz

Februar
03.02.1809 * Felix Mendelssohn Bartholdy
05.02.1781 † Gotthold Ephraim Lessing
05.02.1993 † Hans Jonas
08.02.1878 * Martin Buber
09.02.1881 † Fjodor Dostojewski
12.02.1884 * Max Beckmann
16.02.1497 * Philipp Melanchthon
17.02.1998 † Ernst Käsemann
22.02.2006 † Hilde Domin
28.02.1551 † Martin Bucer

März
06.03.1831 * Friedrich von Bodelschwingh
07.03.1833 † Rahel Levin Varnhagen
07.03.1940 * Rudi Dutschke
11.03.2002 † Marion Gräfin Dönhoff
12.03.1607 * Paul Gerhardt
12.03.1663 * August Hermann Francke
16.03.1940 † Selma Lagerlöf
21.03.1685 * Johann Sebastian Bach
30.03.1853 * Vincent van Gogh

April
02.04.1910 † Friedrich von Bodelschwingh
03.04.1953 † Katharina Staritz
08.04.1848 * Helene Lange
19.04.1560 † Philipp Melanchthon
19.04.1872 * Alice Salomon
20.04.1558 † Johannes Bugenhagen
22.04.1945 † Käthe Kollwitz
27.04.2003 † Dorothee Sölle
29.04.1972 † Harald Poelchau

Mai
02.05.1860 * Theodor Herzl
05.05.1813 * Sören Kierkegaard
09.05.1760 † Nikolaus Ludwig Graf von Zinzendorf
10.05.1760 * Johann Peter Hebel
10.05.1886 † Karl Barth
10.05.1903 * Hans Jonas
13.05.1930 † Helene Lange
13.05.1930 † Fridtjof Nansen
19.05.1771 * Rahel Levin Varnhagen
23.05.1873 * Leo Baeck
24.05.1848 † Annette von Droste-Hülshoff
26.05.1700 * Nikolaus Ludwig Graf von Zinzendorf
27.05.1525 † Thomas Müntzer
27.05.1564 † Johannes Calvin
27.05.1676 † Paul Gerhardt

Juni
03.06.1963 † Johannes XXIII.
08.06.1727 † August Hermann Francke
13.06.1965 † Martin Buber
19.06.1623 * Blaise Pascal
21.06.1942 † Hermann Stöhr
24.06.1891 * Heinrich Grüber
26.06.1485 * Johannes Bugenhagen
29.06.1940 † Paul Klee

Juli
01.07.1646 * Gottfried Wilhelm Leibniz
03.07.1904 † Theodor Herzl
07.07.1976 † Gustav Heinemann
08.07.1867 * Käthe Kollwitz
10.07.1509 * Johannes Calvin
12.07.1906 * Ernst Käsemann

15.07.1606 * Rembrandt Harmenszoon van Rijn
18.07.1504 * Heinrich Bullinger
18.07.1939 † Paul Schneider
23.07.1899 * Gustav Heinemann
25.07.1903 * Katharina Staritz
27.07.1909 * Hilde Domin
28.07.1750 † Johann Sebastian Bach
29.07.1905 * Dag Hammarskjöld
29.07.1890 † Vincent van Gogh
30.07.1976 † Rudolf Bultmann

August
04.08.1912 * Raoul Wallenberg
09.08.1909 * Adam von Trott zu Solz
15.08.1740 * Matthias Claudius
19.08.1662 † Blaise Pascal
20.08.1884 * Rudolf Bultmann
20.08.1886 * Paul Tillich
25.08.1774 * Johann Gottfried Herder
26.08.1944 † Adam von Trott zu Solz
29.08.1897 * Paul Schneider
30.08.1948 † Alice Salomon

September
05.09.1562 † Katharina Zell
06.09.1729 * Moses Mendelssohn
09.09.1828 * Graf Leo Tolstoi
17.09.1575 † Heinrich Bullinger
17.09.1961 † Dag Hammarskjöld
22.09.1826 † Johann Peter Hebel
30.09.1929 * Dorothee Sölle

Oktober
02.10.1869 * Mahatma Gandhi
04.10.1669 † Rembrandt Harmenszoon van Rijn
05.10.1903 * Harald Poelchau
10.10.1861 * Fridtjof Nansen
11.10.1531 † Huldrych Zwingli
22.10.1965 † Paul Tillich

November
02.11.1956 † Leo Baeck
04.11.1847 † Felix Mendelssohn Bartholdy
07.11.1913 * Albert Camus
10.11.1974 † Marie-Luise Kaschnitz
11.11.1491 * Martin Bucer
11.11.1821 * Fjodor Dostojewski
11.11.1855 † Sören Kierkegaard
14.11.1716 † Gottfried Wilhelm Leibniz
14.11.1907 * Astrid Lindgren
15.11.1630 † Johannes Kepler
25.11.1881 * Johannes XXIII.
20.11.1858 * Selma Lagerlöf
20.11.1910 † Graf Leo Tolstoi
29.11.1975 † Heinrich Grüber

Dezember
02.12.1909 * Marion Gräfin Dönhoff
04.12.1975 † Hannah Arendt
05.12.1791 † Wolfgang Amadeus Mozart
10.12.1968 † Karl Barth
18.12.1803 † Johann Gottfried Herder
18.12.1879 * Paul Klee
24.12.1979 † Rudi Dutschke
27.12.1571 * Johannes Kepler
27.12.1950 † Max Beckmann

ohne Monatsangaben
1489/90 * Thomas Müntzer

S. 13: Marie-Luise Kaschnitz »Adam und Eva«, aus: dies.: Eines mittags, Mitten im Juni, Scherpe Verlag, Krefeld. – *S. 15:* Hans-Hermann Bittger, © Bistum Essen, Bischöfliches Generalvikariat. – *S. 19:* Detlev Block, aus: ders.: In deinen Schutz genommen. Geistliche Lieder (Dienst am Wort 34), 4., durchgeseh. und erw. Aufl., © Vandenhoeck & Ruprecht GmbH & Co. KG, Göttingen 2001, S. 74f. – *S. 21:* Hilde Domin, aus: dies.: Gesammelte Gedichte, © S. Fischer Verlag GmbH, Frankfurt a.M. 1987 – *S. 27:* Kurt Rommel, © by Gustav Bosse Verlag, Kassel. – *S. 29:* Astrid Lindgren, © Verlag Friedrich Oetinger, Hamburg. – *S. 33:* Marie-Luise Kaschnitz, aus: dies.: Überallnie. Ausgewählte Gedichte 1928-1965, © 1965 Claassen Verlag in der Ullstein Buchverlage GmbH, Berlin. – *S. 37:* Erhard Eppler, © beim Autor. – *S. 39:* Walter Schulz, © Strube Verlag, München/Berlin. – *S. 45:* Dietrich Bonhoeffer, aus: ders.: Widerstand und Ergebung, © 1998, by Gütersloher Verlagshaus, Gütersloh, in der Verlagsgruppe Random House GmbH, München. – *S. 51:* Lothar Zenetti, aus: Evangelisches Gesangbuch 382,3, nach dem niederländischen »Ik sta voor U in leegte en gemis« von Huub Oosterhuis 1969, © Christophorus in der Verlag Herder GmbH, Freiburg/Br. 1973. – *S. 53:* Hilde Domin, aus: dies.: Gesammelte Gedichte, © S. Fischer Verlag GmbH, Frankfurt a.M. 1987 – *S. 55:* Eugen Eckert, © Strube Verlag, München/Berlin. – *S. 63:* Klaus Peter Hertzsch, © beim Autor. – *S. 67:* Jürgen Henkys, © Strube Verlag, München/Berlin. – *S. 69:* Rudolf Otto Wiemer, aus: ders.: Chance der Bärenraupe, FH. Kerle Verlag, Freiburg/Heidelberg 1980, © Rudolf Otto Wiemer Erben, Hildesheim. – *S. 71:* Uwe Seidel, aus: Das Liederbuch – zwischen Himmel & Erde, S. 215, 2010/6, © tvd-Verlag, Düsseldorf 2006. – *S. 79:* Dietrich Bonhoeffer, aus: ders.: Widerstand und Ergebung, © 1998, by Gütersloher Verlagshaus, Gütersloh, in der Verlagsgruppe Random House GmbH, München. – *S. 85:* Franz Hohler, aus: ders.: Vom richtigen Gebrauch der Zeit, München 2006, © Franz Hohler. – *S. 91:* Jürgen Henkys, © Strube Verlag, München/Berlin. – *S. 101:* Halleluja, aus: Geistliches Wunderhorn, © Verlag C.H. Beck oHG, München 2001, S. 15f. – *S. 103:* Lothar Zenetti, © Strube Verlag, München/Berlin. – *S. 105:* Kurt Marti, aus: ders.: O Gott! Lachen, Weinen, Lieben, © Radius-Verlag, Stuttgart 1995. – *S. 107:* Johann Christoph Hampe, © beim Autor. – *S. 109:* Kurt Marti, aus: ders.: geduld und revolte. die gedichte am rand, © Radius-Verlag, Stuttgart 2011. – *S. 111:* Kurt Rommel und Martin Schmeisser, © Martin Schmeisser, Verlag am Eschbach der Schwabenverlag AG, Eschbach/Markgräflerland. – *S. 113:* Kurt Marti, aus: ders.: gott gernekklein. gedichte, © Radius-Verlag, Stuttgart 2011. – *S. 119:* Markus Jenny, © beim Autor. – *S. 139:* Klaus Peter Hertzsch, © beim Autor. – *S. 241:* Rainer Malkowski, aus: ders.: Die Herkunft der Uhr. Gedichte, © Carl Hanser Verlag, München 2004. *S. 143:* Karl-Heinz Hecke, © beim Autor. – *S. 147:* Hans von Lehndorff, © Evangelischer Sängerbund e.V., Wuppertal. – *S. 151:* Dieter Trautwein, © Strube Verlag, München/Berlin. – *S. 155:* Eckart Bücken, © Strube Verlag, München/Berlin. – *S. 159:* Schalom Ben-Chorin, nach Jer 1,11, © SCM Hänssler, Holzgerlingen 1942. – *S. 163:* Eugen Eckert, aus: Aus Liebe zum Menschen, © Studio Union im Lahn Verlag, Kevelaer. – *S. 167:* Hans-Georg Lotz, © Verlag Singende Gemeinde, Wuppertal. – *S. 171:* Peter Spangenberg, beim Autor, www.p-spangenberg.de – *S. 185:* Franz Hohler, aus: ders.: Vom richtigen Gebrauch der Zeit, München 2006, © Franz Hohler. – *S. 195:* Detlev Block, aus: ders.: In deinen Schutz genommen. Geistliche Lieder (Dienst am Wort 34), 4., durchgeseh. und erw. Aufl., © Vandenhoeck & Ruprecht GmbH & Co. KG, Göttingen 2001, S. 94. – *S. 197:* Dorothee Sölle, aus: dies.: Gegenwind, Erinnerungen, Gesammelte Werke, Bd. 12, hg. von U. Baltz-Otto und F. Steffensky, © Verlag Herder GmbH, Freiburg/Br. 2010, S. 12 (Überschrift redaktionell). – *S. 199:* Jürgen Henkys, © Strube Verlag, München/Berlin. – *S. 201:* André Gide, aus: ders.: Gesammelte Werke in zwölf Bänden, Bd. 3: Tagebuch 1923-1939, © 1991, Deutsche Verlags-Anstalt in der Verlagsgruppe Random House GmbH. – *S. 207:* Dieter Trautwein, © Strube Verlag, München/Berlin. – *S. 233:* Marie-Luise Kaschnitz, Auszug aus: Orte. Aufzeichnungen,© Insel Verlag, Frankfurt a.M./Leipzig 1991. – *S. 241:* Rainer Malkowski, aus: ders.: Die Herkunft der Uhr. Gedichte, © Carl Hanser Verlag, München 2004. – *S. 243:* Jürgen Henkys, © Strube Verlag, München/Berlin. – *S. 245:* Marietta Slomka, aufgezeichnet von Marc Kayser, © Marc Kayser, Berlin. – *S. 251:* Jochen Klepper, »Weihnachtslied«, aus: Kyrie. Geistliche Lieder, 23. Aufl., © Luther Verlag, Bielefeld 2011. – *S. 253:* Eduard Thurneysen, © Nachkommen Eduard Thurneysen. – *S. 263:* Dietrich Bonhoeffer, aus: ders.: Widerstand und Ergebung, © 1998, by Gütersloher Verlagshaus, Gütersloh, in der Verlagsgruppe Random House GmbH, München.